Studien- und Übungsbücher der Wirtschafts- und Sozialwissenschaften

Herausgegeben von
Dr. Heiko Burchert
und
Privatdozent
Dr. Thomas Hering

Bisher erschienene Werke:

Burchert · Hering, Betriebliche Finanzwirtschaft –
Aufgaben und Lösungen
Burchert · Hering · Rollberg, Produktionswirtschaft
Guba · Ostheimer, PC-Praktikum

Produktionswirtschaft

Aufgaben und Lösungen

Herausgegeben von
Dipl.-Ing. oec. Dr. Heiko Burchert
PD Dr. Thomas Hering
Dipl.-Kfm. Dr. Roland Rollberg

Mit Illustrationen von
Bettine Rosenberger

R. Oldenbourg Verlag München Wien

Die Deutsche Bibliothek - CIP-Einheitsaufnahme

Produktionswirtschaft : Aufgaben und Lösungen / hrsg. von Heiko
Burchert ... Mit Ill. von Bettine Rosenberger. – München ; Wien :
Oldenbourg, 2000
   (Studien- und Übungsbücher der Wirtschafts- und
   Sozialwissenschaften)
   ISBN 3-486-25372-7

© 2000 Oldenbourg Wissenschaftsverlag GmbH
Rosenheimer Straße 145, D-81671 München
Telefon: (089) 45051-0, Internet: http://www.oldenbourg.de

Gedruckt auf säure- und chlorfreiem Papier
Druck: Hofmann-Druck Augsburg GmbH, Augsburg
Bindung: R. Oldenbourg Graphische Betriebe Binderei GmbH

ISBN 3-486-25372-7

Vorwort

Eine Auseinandersetzung mit den vorwiegend quantitativen Fragestellungen der Produktionswirtschaft führt insbesondere dann zum gewünschten Lernerfolg, wenn sich der Lektüre einschlägiger Fachliteratur und/oder dem Besuch theorielastiger Vorlesungen die praktische Anwendung des Erlernten anschließt. In der vorliegenden Fallstudiensammlung unterbreiten 26 Autoren von zehn deutschen Universitäten, einer australischen Universität und zwei Fachhochschulen 33 Fallstudien zur Produktionswirtschaft, die Studenten das Selbststudium und Lehrenden die Vorbereitung entsprechender Übungen im Grund- und Hauptstudium erleichtern sollen.

Eigens für dieses Buch schuf die Künstlerin BETTINE ROSENBERGER zahlreiche Illustrationen, die vor allem Inhalte der einzelnen Fallstudien aufgreifen und versinnbildlichen. Dabei verweist sie unter Rückgriff auf Protagonisten japanischer Herkunft augenzwinkernd auf die in der betriebswirtschaftlichen Fach- und in der populärwissenschaftlichen Managementliteratur vielbeschworene Überlegenheit japanischer Produktionsbetriebe. Wer an einer Übersetzung der in den Zeichnungen zu findenden japanischen Begriffe interessiert ist, möge das Buch von AKIRA YAMASHIRO, Japanische Managementlehre, 1997 erschienen im OLDENBOURG-Verlag, zur Hand nehmen. Drei weitere Arbeiten vermitteln einen Einblick in das sonstige Schaffen der Künstlerin.

HEIKO BURCHERT, THOMAS HERING, ROLAND ROLLBERG

Inhaltsverzeichnis

I. Grundlagen und Grundbegriffe der Produktionswirtschaft

Bettine Rosenboger.
Mengebostel
Niedersachsen 1999

Heiko Burchert

Produktionsplanung

Aufgabe 1

Die Produktion ist ein Kombinationsprozeß, in dessen Verlauf Produktionsfaktoren in absatzreife Produkte (Sach- und/oder Dienstleistungen) transformiert werden. Dieser güterwirtschaftliche Transformationsprozeß knüpft an die Beschaffung an, in welcher die Produktionsfaktoren bereitgestellt werden, und schafft die Voraussetzungen für den sich anschließenden Prozeß der Leistungsverwertung.

Die Planung betrieblicher Produktionsprozesse untergliedert sich in eine Reihe von Teilplanungen, von denen jede ein spezifisches Teilproblem der Produktionsplanung berücksichtigt.

a) Charakterisieren Sie diese Teilpläne an Hand einer Graphik! Beachten Sie dabei auch die unterschiedlichen Zeithorizonte der Planung!

b) Worin bestehen die Aufgaben der Produktionsdurchführungsplanung?

c) Welche Problembereiche sind im Rahmen der Produktionsdurchführungsplanung zu beachten? Kennzeichnen Sie kurz ihren Gegenstand!

Aufgabe 2

Zwischen den Problembereichen der Produktionsdurchführungsplanung gibt es eine Vielzahl von wechselseitigen Beziehungen. Sie beeinflussen sich gegenseitig und haben Rückwirkungen auf die Planung des Produktionsprogramms.

a) Verdeutlichen Sie diese Interdependenzen graphisch!

b) Interpretieren Sie kurz jede der einzelnen Beziehungen!

Lösung

Aufgabe 1

a) Die Produktionsplanung ist ein Teil der Unternehmensplanung. Sie gliedert sich in Teilpläne auf, die in wechselseitigen Abhängigkeitsverhältnissen zueinander stehen. Die Abbildung 1 gewährt einen Einblick in die Teilpläne der Produktionsplanung, wie sie sich bei einer Systematisierung nach der Fristigkeit ergeben.

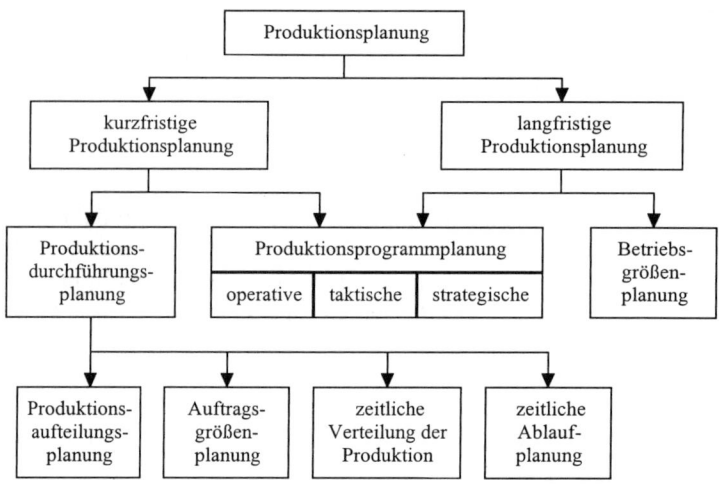

Abb. 1: Teilpläne der Produktionsplanung

(Vgl. *ADAM* (Produktionsdurchführungsplanung, 1990) S. 682.)

b) Der Produktionsdurchführungsplanung fällt die Aufgabe zu, ein nach Art und Menge definiertes Fertigungsprogramm hinsichtlich folgender Aspekte zu betrachten: 1) Art der erforderlichen Produktionsfaktoren, einschließlich der Intensität ihrer Beanspruchung, 2) Größe der Fertigungsaufträge, in welche das Fertigungsprogramm aufzuteilen ist, und 3) Zeitpunkte des Bearbeitungsbeginns und -abschlusses der Fertigungsaufträge in der Produktion.

c) Bezogen auf die Aufgaben der Produktionsdurchführungsplanung ergeben sich daraus vier Problembereiche:

1. Um ein hinsichtlich Art und Menge gegebenes Fertigungsprogramm mit minimalen Produktionskosten zu erstellen, ist es im Rahmen der *Produktionsaufteilungsplanung* erforderlich, festzustellen, welche Aggregate in welchen Mengen, über welche Zeit und mit welcher Intensität zum Einsatz gebracht werden müssen.

2. Dient eine Produktionsanlage der Fertigung unterschiedlicher Produktarten, muß beim Wechsel zwischen zwei Produkten die Maschine abgestellt und umgerüstet werden. Dies ist mit Rüst- und Stillstandskosten verbunden. Gegenstand der *Auftragsgrößenplanung* ist es, die Größe der Fertigungsaufträge so festzulegen, daß das gesamte Fertigungsprogramm mit einem Minimum an Rüst- und Lagerkosten hergestellt werden kann.

3. Die Produktionsmengen in den einzelnen Teilzeiträumen der Planungsperiode sind so mit den Absatzmöglichkeiten in Übereinstimmung zu bringen, daß das Fertigungsprogramm mit den geringstmöglichen Produktions- und Lagerkosten

für die Fertigerzeugnisse bis zu den vorgesehenen Absatzterminen der einzelnen Aufträge gefertigt werden kann. Darin besteht die Aufgabe der *zeitlichen Verteilung der Produktion*.

4. Mit dem Ziel, im Rahmen eines mehrstufigen Produktionsprozesses die Kosten für die Zwischenlagerung der Erzeugnisse und die ablaufbedingten Stillstandszeiten der Produktionsanlagen zu minimieren, wird in der *zeitlichen Ablaufplanung* der zeitliche Durchlauf der Fertigungsaufträge durch die einzelnen Produktionsstufen festgelegt und ein zeitlich durchsetzbarer Maschinenbelegungsplan ermittelt. Im wesentlichen beschränkt sich die Ablaufplanung auf die Festlegung einer Bearbeitungsreihenfolge, mittels welcher die Wartezeiten der Aufträge vor der entsprechenden Fertigungsstufe und die Stillstandszeiten der Maschinen reduziert werden. Bei Werkstattfertigung ist allerdings der als „Dilemma der Ablaufplanung" bekannte Zielkonflikt zwischen Durchlaufzeit und Auslastung zu beachten.

Aufgabe 2

a) Die Produktionsdurchführungsplanung bildet mit ihren Teilplänen und der Produktionsprogrammplanung den Ausgangspunkt der Bereitstellungsplanung (vgl. auch die Fallstudie von *ROSEMANN* in diesem Band). Die Abbildung 2 zeigt die Interdependenzen zwischen diesen Planungsbereichen.

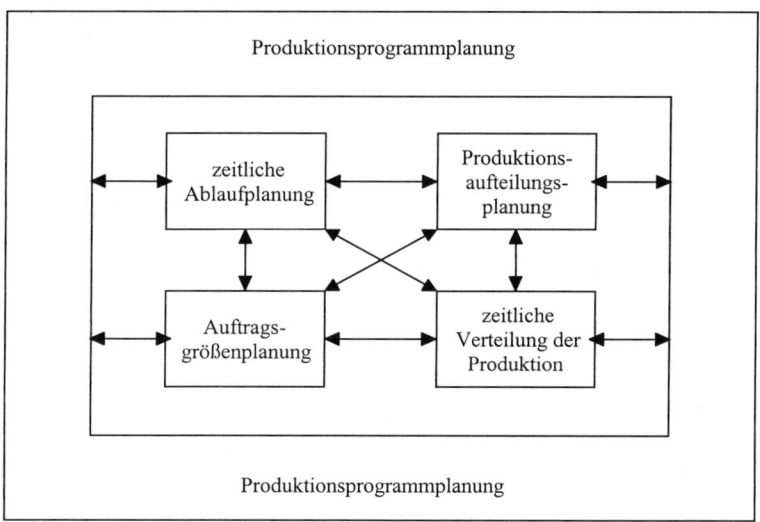

Abb. 2: Interdependenzen zwischen der Produktionsprogrammplanung und den Teilplänen der Produktionsdurchführungsplanung
(Vgl. *ADAM* (Produktionsmanagement, 1998) S. 122.)

b) Zwischen allen Teilplänen der Produktionsdurchführungsplanung existieren wechselseitige Beeinflussungen. Zudem hat die Auswahl der zu produzierenden Erzeugnisse nach Art und Menge ebenso Auswirkungen auf die Planung des gesamten Produktionsprogramms, wie jede Programmentscheidung Einfluß auf die Produktion eines einzelnen Produktes ausübt. Betrachtet man die Wechselwirkungen zwischen all diesen Plänen, werden zwei unterschiedliche Zielsetzungen deutlich. Im Rahmen der Kostenpolitik werden mit dem Ziel der Kostenminimierung die Interdependenzen zwischen den vier Teilplänen der Produktionsdurchführungsplanung in den Mittelpunkt unternehmerischer Entscheidungen gestellt. Eine Einbeziehung der Auswirkungen auf das Produktionsprogramm hat hingegen den Wechsel der Zielsetzung hin zur Gewinnorientierung zur Folge. Statt bisher die Kosten für ein Produkt zu minimieren, finden hier die von der Produktentscheidung ausgehenden Wirkungen auf die Erlöse für das Gesamtprogramm Beachtung.

Im folgenden werden zuerst die Wechselwirkungen zwischen den Teilplänen der Produktionsdurchführungsplanung genauer betrachtet.

Zeitliche Ablaufplanung – Produktionsaufteilungsplanung: Mit dem Ziel der Minimierung der Produktionskosten erfolgt in der Produktionsaufteilungsplanung die Zuordnung der Fertigungsaufträge zu bestimmten Maschinen. Der zeitlichen Ablaufplanung fällt dann die Aufgabe zu, unter der Maßgabe der Reduzierung von Stillstandszeiten und Zwischenlagerkosten die den Maschinen zugeordneten Aufträge in eine Bearbeitungsreihenfolge zu bringen. Beeinflußt wird dies durch die Anzahl und die Art der den Maschinen zugeordneten Aufträge. Ein darüber hinausgehender zweiter Aspekt des Verhältnisses der Produktionsaufteilungsplanung und der zeitlichen Ablaufplanung ist die Planung der Produktionsintensität, denn mit deren Festlegung wird neben den Produktionskosten auch auf die Durchlaufzeit eingewirkt.

Produktionsaufteilungsplanung – zeitliche Verteilung der Produktion: Die Produktionsaufteilungsplanung ist ein Bestandteil der zeitlichen Verteilung der Produktion. Dieses Unterordnungsverhältnis ergibt sich daraus, daß im Rahmen der zeitlichen Verteilung der Produktion nur dann das optimale Produktionsniveau in den einzelnen Zeitabschnitten des Planungszeitraums gefunden werden kann, wenn neben den Lagerkosten auch die Produktionskosten berücksichtigt werden. Die Höhe der Produktionskosten hängt dabei von der gewählten Kombination der Anpassungsformen in den einzelnen Teilperioden des Planungszeitraumes ab. Somit sind die Verbindungen zwischen der Produktionsaufteilungsplanung und der zeitlichen Verteilung der Produktion auf die vom Produktionsniveau je Zeitabschnitt abhängenden Produktionskosten zurückzuführen.

Zeitliche Verteilung der Produktion – Auftragsgrößenplanung: Beide Teilpläne der Produktionsdurchführungsplanung setzen sich mit der Lagerzeit der Fertigerzeugnisse und den sich daraus ergebenden Kosten auseinander, wenn auch verbunden mit einer Ausblendung des jeweils anderen Teilplans. Sind jedoch beide Probleme parallel zu lösen, kann nur mittels Simultanplanung eine zielsetzungsgerechte Planung sichergestellt werden.

Auftragsgrößenplanung – zeitliche Ablaufplanung: Bei der Auftrags- oder Losgrößenplanung wird die Größe einer ohne Unterbrechung, etwa durch die Bearbeitung anderer Erzeugnisse, herzustellenden Menge eines Produktes mit dem Ziel der Minimierung von Rüst- und Fertiglagerkosten ermittelt. Hierbei wird außer acht gelassen, welcher Einfluß von der Menge und der Größe der zu bearbeitenden Lose auf den Ablaufplan ausgeht, um eine Reduzierung der Zwischenlagerkosten und Maschinenstillstandszeiten herbeizuführen (vgl. auch die Fallstudien von DINGE und von HERING in Kapitel V).

Zeitliche Ablaufplanung – zeitliche Verteilung der Produktion: Die zeitliche Verteilung der Produktion hat die Bestimmung der Termine zum Inhalt, zu welchen die Aufträge spätestens abzuschließen sind. Indem so Fertigungsendtermine definiert werden, leitet sich daraus für die Ablaufplanung ab, wann unter Beachtung der Produktionsdauer die Aufträge in die Fertigung eingesteuert werden müssen. Ziel ist es, die Aufträge möglichst nahe am Auslieferungstermin fertigzustellen, um Lagerkosten für die Fertigerzeugnisse zu minimieren.

Auftragsgrößenplanung – Produktionsaufteilungsplanung: Die Auftrags- oder Losgrößenplanung geht bei der Ermittlung der optimalen Auftragsgröße klassischerweise vom Einsatz einer Maschine aus. Sieht die Produktionsaufteilungsplanung zwei oder mehrere funktionsgleiche, aber hinsichtlich der Kosten verschiedene Maschinen vor, stößt die Auftragsgrößenplanung an ihre Grenzen. Bezogen auf jede Maschine ergäbe sich zwar eine kostenminimale Auftragsgröße je Produktart. Keine davon stellt aber die optimale Größe dar, wenn die Prämissen der klassischen Losgrößenformel bedingt durch die Aufteilung der Produktion nicht mehr erfüllt sind.

Aus den folgenden Interdependenzen zwischen den Teilplänen der Produktionsdurchführungsplanung und der Programmplanung wird deutlich, daß einerseits die Teilpläne der Produktionsdurchführungsplanung von einem festgelegten Produktionsprogramm ausgehen, welches als gewinnmaximal gilt. Um aber genau dies beurteilen zu können, sind Ergebnisse, insbesondere die Kostengrößen, der Teilplanungen erforderlich. Zur Lösung dieses Problems ist auf simultane Ansätze oder heuristische Planungsprinzipien zurückzugreifen.

Produktionsprogrammplanung – zeitliche Ablaufplanung: Im betrieblichen Planungsprozeß ist die Ablaufplanung der Produktionsprogrammplanung zeitlich nachgeordnet. Auf Basis eines bekannten Produktionsprogramms kann der zeitliche Durchlauf der Fertigungsaufträge durch die einzelnen Produktionsstufen festgelegt werden. Die Aufstellung eines „gewinnmaximalen" Produktionsprogramms setzt jedoch neben der Kenntnis der Preise auch die der Fertigungs- und Zwischenlagerkosten voraus. Insbesondere letztere sind in der Regel erst nach einer durchgeführten Ablaufplanung bekannt (vgl. auch die Fallstudie von HERING in Kapitel V).

Produktionsprogrammplanung – Produktionsaufteilungsplanung: Die Produktionsaufteilungsplanung generiert eine kostenminimale Kombination der zeitlichen, inten-
sitäts- und mengenmäßigen Anpassung der Potentialfaktoren zur Hervorbringung
eines gegebenen Produktionsprogramms. Jedes bereits vor einer durchzuführenden
Produktionsaufteilungsplanung festgelegte „gewinnmaximale" Produktionsprogramm
kann somit allenfalls zufällig optimal sein, denn es bedarf der erst im nachhinein ermittelten Kostengrößen für die Berechnung des Gewinnbeitrages (vgl. auch die Fallstudie von *JOHANNWILLE* in Kapitel V).

Produktionsprogrammplanung – zeitliche Verteilung der Produktion: Ziel der zeitlichen Verteilung der Produktion ist die produktions- und lagerkostenminimale Aufteilung eines gegebenen Produktionsprogramms auf einzelne Zeiträume der Planungsperiode. Als Ergebnis gehen aus dieser Planung die effektive Höhe der Produktionskosten je Erzeugniseinheit sowie die Lagerkosten hervor. Dies widerspricht der Annahme, daß das der Produktionsdurchführungsplanung zugrundeliegende Produktionsprogramm für den Betrieb „gewinnmaximal" ist. Um diese Einschätzung treffen
zu können, hätte es die Kenntnis der Kosten, also des Ergebnisses der zeitlichen Verteilung der Produktion voraussetzen müssen.

Produktionsprogrammplanung – Auftragsgrößenplanung: Die Auftragsgrößenplanung ermittelt die kostenminimale Auftragsgröße bei gegebenem Programm. Um bei
einer vollen Auslastung der Produktion die Ausbringung und damit die Erlöse zu erhöhen, kann beispielsweise eine Reduzierung der Rüstzeiten (Umwandlung von Rüst-
in Produktionszeiten) erfolgen, die wiederum aus einer Vergrößerung der Aufträge
resultiert. Da jedoch die ursprüngliche Auftragsgröße kostenminimal war, würde jede
auf diese Weise erreichte Erlössteigerung mit einer Kostenerhöhung erkauft werden.
Erst eine simultan aufeinander abgestimmte Planung der Auftragsgröße und des Produktionsprogramms führt zu einem gewinnmaximalen Produktions- und Auftrags-
programm (vgl. auch die Fallstudien von *HERING* und von *LETMATHE* in Kapitel V).

Literaturhinweise

ADAM, D.: Produktionsmanagement, 9. Aufl., Wiesbaden 1998.

ADAM, D.: Produktionsdurchführungsplanung, in: *JACOB, H.* (Hrsg.), Industriebetriebslehre, 4. Aufl., Wiesbaden 1990, S. 673–918.

ROLLBERG, R.: Interdependenzen in der Unternehmensplanung, Dresdner Beiträge zur
   Betriebswirtschaftslehre, Nr. 19/98, Dresden 1998.

Michael Rosemann

Vergleich der Teilpläne der Produktionsplanung mit dem Aufbau von PPS-Systemen

Aufgabe 1

Skizzieren Sie die „klassischen" Teilpläne der Produktionsplanung! Gehen Sie auf exemplarische Interdependenzen ein!

Aufgabe 2

Beschreiben Sie den grundsätzlichen funktionalen Aufbau von Systemen zur Produktionsplanung und -steuerung (PPS-Systemen)! Erläutern Sie am Beispiel des Ansatzes mittlerer Durchlaufzeiten Problemfelder einer derartigen Sukzessivplanung!

Aufgabe 3

Ordnen Sie die Teilpläne der Produktionsplanung (Aufgabe 1) und die durch PPS-Systeme unterstützten Funktionen (Aufgabe 2) einander zu!

Lösung

Aufgabe 1

„Die Produktionsplanung industrieller Unternehmen umfaßt die Planung des Produktionsprogramms, die Planung der Bereitstellung jener Produktionsfaktoren, die zur Produktion der Erzeugnisse des Unternehmens benötigt werden, und die Planung des Produktionsprozesses." (Gutenberg, 1983, S. 149).

Im Rahmen der *Produktionsprogrammplanung* wird für eine Planungsperiode das gewinnmaximale Produktionsprogramm nach Art und Menge festgelegt. Dabei können im wesentlichen die beiden Fälle unterschieden werden, daß das Absatzprogramm vorgegeben oder Gegenstand der Planung ist. Weiterhin wird die Festlegung der Fertigungstiefe sowie die Qualitätsplanung zur Programmplanung gezählt.

Aufgabe der *Bereitstellungsplanung* ist die Disposition aller zur Fertigung der durch das Produktionsprogramm festgelegten Produkte benötigten Ressourcen, im wesentlichen Sekundärbedarf, Betriebsmittel und Personal. Im Kern handelt es sich dabei vor allem um die Bereitstellungsplanung für am externen Markt zu beschaffende Rohstoffe, Teile und Baugruppen.

Die Planung des Produktionsprozesses – auch *Produktionsdurchführungsplanung* bzw. Prozeßplanung genannt – setzt sich aus der Produktionsaufteilungsplanung, der innerbetrieblichen Auftragsgrößenplanung, der zeitlichen Verteilungsplanung und der zeitlichen Ablaufplanung zusammen.

Innerhalb der *Produktionsaufteilungsplanung* werden bei gegebenem Produktionsprogramm für eine Periode die zur Produktion heranzuziehenden Betriebsmittel aufgrund von kostentheoretischen Modellen ermittelt. Hierzu wird je Betriebsmittel die kostenminimale (optimale) Intensität errechnet. Soweit möglich wird das Betriebsmittel mit dieser Intensität eingesetzt und die Betriebsdauer dem erwünschten Output angepaßt (zeitliche Anpassung). Sollte dies jedoch dazu führen, daß das angestrebte Produktionsprogramm nicht realisiert werden kann, wird – bei maximaler Einsatzzeit – von der Optimalintensität abgewichen (intensitätsmäßige Anpassung).

Sofern auf zumindest einem Aggregat nicht ausschließlich ein Produkt gefertigt wird, ist die optimale Auflagenhöhe festzulegen. Hierzu ist die kostenminimale Losgröße zu errechnen, welche sich aus der Minimierung der mit einem Los verbundenen Summe aus Rüst- und Lagerkosten ergibt. Dies ist die Aufgabe der *innerbetrieblichen Auftragsgrößenplanung*.

Den Anforderungen einer zeitübergreifenden Planung trägt die *zeitliche Verteilungsplanung* Rechnung. Grundsätzlich ist dabei zu entscheiden, inwieweit das Produktionsprogramm dem Absatzprogramm entsprechen soll. Die beiden Extrempolitiken bei im Zeitablauf schwankenden Absatzzahlen sind die Synchronisation – das Produktionsprogramm entspricht in jeder Periode exakt dem Absatzprogramm – und die Emanzipation – das Produktionsprogramm ist vom Absatzprogramm entkoppelt. Zielsetzung der zeitlichen Verteilungsplanung ist die Minimierung der dadurch beeinflußbaren Kosten aus Produktion und Lagerhaltung (strenggenommen sind auch Erlöswirkungen in Form von entgangenen Erlösen (Fehlmengenkosten) zu berücksichtigen).

Die *zeitliche Ablaufplanung* als Prozeßplanung im engsten Sinne legt fest, welche Arbeitsgänge auf welchem Betriebsmittel durchzuführen sind. Zum einen wird dabei die Reihenfolge der abzuarbeitenden Aufträge determiniert (Auftragsreihenfolgeplanung). Zum anderen werden die konkreten Termine ermittelt, zu denen die einzelnen Aufträge auf der jeweiligen Maschine abzuarbeiten sind (Maschinenbelegungsplanung).

In Ergänzung zu diesen Planungsaufgaben wird, den gestiegenen Anforderungen durch das Umweltmanagement Rechnung tragend, nunmehr auch die *Demontageplanung* als Teilbereich der Produktionsplanung angesehen. Dabei handelt es sich um die aus dem Kreislaufwirtschafts- und Abfallgesetz abgeleitete Aufgabe, das Ausmaß der Zerlegung von Altprodukten und der Weiter-/Wiederverwendung bzw. -verwertung zurückgewonnener Komponenten und Rohstoffe zielsetzungsgerecht festzulegen.

Die skizzierten Teilpläne der Produktionsplanung können nicht sukzessiv aufgestellt werden, weil zwischen ihnen vielfältige *Interdependenzen* bestehen, von denen im folgenden nur einige exemplarisch beschrieben werden (vgl. auch Abbildung 1).

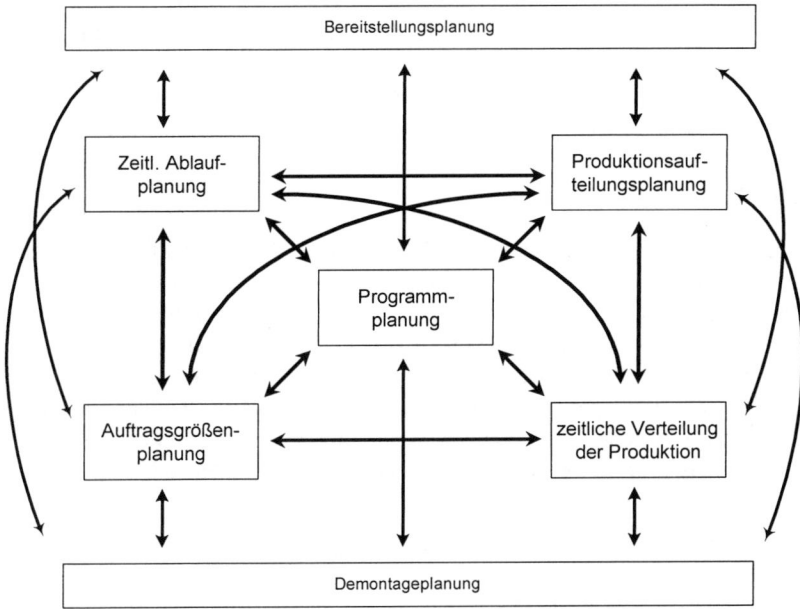

In Anlehnung an Adam (1998), S. 122.

Abb. 1: Beziehungen zwischen den Teilplänen der Produktionsplanung

- *Programmplanung ↔ Bereitstellungsplanung*

Die Bereitstellungsplanung benötigt das Produktionsprogramm, um daraus die Bedarfsanforderungen für die extern zu beschaffenden Einsatzteile abzuleiten. Im Gegenzug sind die Einstandspreise der extern zu beschaffenden Einsatzteile Input für die Programmplanung. Die beiden Teilaufgaben sind interdependent, da die Bereitstellungsplanung von einer abgeschlossenen Make-or-Buy-Entscheidung ausgeht; diese hängt aber wiederum von den (auch mengenabhängigen) Einstandspreisen als Ergebnis der Bereitstellungsplanung ab.

- *Programmplanung ↔ Produktionsaufteilungsplanung*

Die Produktionsaufteilungsplanung benötigt das Produktionsprogramm (die Produktionsmenge) zur Ermittlung der optimalen Anpassungspolitik. Ergebnis dieser Anpassungspolitik sind unter anderem die Produktionsstückkosten. Damit sind beide Teilaufgaben interdependent, denn die Programmplanung braucht bereits die Produktionsstückkosten zur Bestimmung des gewinnmaximalen Programms bzw. für die Make-or-Buy-Entscheidung. Die Produktionsaufteilungsplanung benötigt demgegenüber die

„verabschiedete" Produktionsmenge, um die optimale Anpassungspolitik ermitteln zu können.

- *Bereitstellungsplanung ↔ Produktionsaufteilungsplanung*

Beide Teilaufgaben stellen Ergebnisse für die Make-or-Buy-Entscheidung bereit und sind insofern über die Programmplanung voneinander abhängig. Im Rahmen eines iterativen Prozesses wird die jeweils optimale Anpassungspolitik (Produktionsaufteilungsplanung) bzw. Beschaffungspolitik (Bereitstellungsplanung) bestimmt.

Aufgabe 2

Im Gegensatz zu den in Aufgabe 1 erörterten Teilplänen der Produktionsplanung, welche diese Domäne theoretisch zu strukturieren versuchen, ist die funktionale Architektur von PPS-Systemen aus der Notwendigkeit entstanden, realisierbare Konzepte zur Produktionsplanung aufzustellen. Aus den Schwierigkeiten einer Simultanplanung ergibt sich, daß PPS-Systeme im wesentlichen einem Sukzessivplanungsansatz folgen. Das zugrundeliegende Konzept ist der MRP-II-Ansatz (Manufacturing Resource Planning), welches im folgenden in vereinfachender Form (vgl. Abbildung 2), d. h. insbesondere diverse Iterationen vernachlässigend, erläutert wird.

Quelle: Becker, Rosemann (1993), S. 173.

Abb. 2: Aufbau von PPS-Systemen

Innerhalb der *Primärbedarfsplanung* (Master Production Schedule) wird der Bedarf an Endprodukten und Ersatzteilen aus konkret vorliegenden Kundenaufträgen bzw. auftragsanonym mit Hilfe von Prognoseverfahren ermittelt. Als Ergebnis liegt der Bruttoprimärbedarf vor.

Im Rahmen der *Materialwirtschaft* (MRP = Material Requirements Planning) werden für Teile mit hohem Periodenverbrauchswert bedarfsgesteuert aufgrund der in den Stücklisten enthaltenen Informationen und der in den Stücklisten angegebenen Vorlaufverschiebungen periodenbezogene Bruttobedarfe für die untergeordneten Teile errechnet. Sofern die Sekundärbedarfsermittlung mittels Verfahren zur Bedarfsschätzung (u. a. Mittelwertverfahren, exponentielle Glättung) erfolgt, handelt es sich um eine verbrauchsgesteuerte Bedarfsermittlung. Aus dem Bruttobedarf ergibt sich nach Abzug des verfügbaren Lagerbestands der Nettobedarf. Diese Bedarfe werden gegebenenfalls aus Gründen der optimalen Bestellmengen- bzw. Losgrößenbildung neu zusammengefaßt, d. h. teilweise zeitlich nach vorne verschoben. Durch die Berücksichtigung der Vorlaufverschiebungen sind die gebildeten Fertigungsvorgaben bereits Perioden zugewiesen. Ergebnis der Materialwirtschaft sind demnach Fertigungsaufträge, also Vorgaben, welche Menge welchen Teils in welcher Periode fertigzustellen ist.

Der Materialwirtschaft folgt als nächster Schritt die *Zeit- und Kapazitätswirtschaft* mit den Teilschritten „Durchlaufterminierung" und „Kapazitätsabgleich". Die im Rahmen der Materialwirtschaft gebildeten Fertigungsaufträge werden zunächst vorwärts- und/oder rückwärtsterminiert. Die sich ergebenden frühesten Endtermine bzw. spätesten Starttermine zeigen auf, inwieweit eine termingerechte Produktion möglich ist bzw. ob es einer Verkürzung der Durchlaufzeit bedarf. Für letzteres werden im wesentlichen die Reduktion der Übergangzeit, das Auftrags- bzw. Arbeitsgangsplitting sowie die kontinuierliche Fertigung unterschieden. Die Ergebnisse der Durchlaufterminierung werden anschließend auf die verfügbaren Betriebsmittel projiziert, wobei sich je Betriebsmittel bzw. Betriebsmittelgruppe Kapazitätsgebirge (graphische Gegenüberstellungen von Kapazitätsnachfrage und -angebot über die Zeit) ergeben. Kommt es zu Kapazitätsnachfragen, welche das Kapazitätsangebot überschreiten, sind Umplanungen im Zuge des Kapazitätsabgleichs notwendig. Dabei werden Maßnahmen zur Anpassung des Kapazitätsangebots (Überstunden, Auswärtsvergabe, intensitätsmäßige Anpassung, investive Maßnahmen) und der Anpassung der Kapazitätsnachfrage (Verschiebung von Lageraufträgen, Wahl von Ausweichmaschinen, terminliche Anpassungen) unterschieden.

Mit der *Auftragsfreigabe* erfolgt der Übergang von den Planungs- zu den Steuerungs- bzw. Realisierungsphasen. Dabei werden die dringlichen Fertigungsaufträge selektiert, eine Verfügbarkeitsprüfung für die zur Fertigung notwendigen Ressourcen (z. B. Material, NC-Programme, Personal, Meß- und Prüfmittel) vorgenommen und die notwendigen Fertigungsunterlagen ausgedruckt.

Innerhalb der *Fertigungssteuerung* erfolgt die feinterminierte Zuordnung von Arbeitsgängen auf Maschinen. Hierzu kommen oftmals in Ergänzung zu PPS-Systemen elektronische Leitstände zum Einsatz, welche automatische, halbautomatische und manuelle Verfahren der Belegungsplanung unterstützen.

Die mit Systemen der Betriebsdatenerfassung gewonnenen Daten zum Produktionsfortschritt werden erfaßt (*Fertigungsmonitoring*) und im Rahmen des *Fertigungscontrolling* (Kontrolle von Mengen, Zeiten und Kosten) verdichtet, visualisiert und interpretiert.

Die skizzierte *Sukzessivplanung* ist aufgrund der vielfältigen Interdependenzen zwischen den einzelnen Funktionen mit diversen Problemen behaftet. Dies soll exemplarisch am Beispiel des Ansatzes von mittleren Durchlaufzeiten aufgezeigt werden.

Zunächst sind im Rahmen der Datenverwaltung Angaben zur Durchlaufzeit im Teilestammsatz und zur Vorlaufverschiebung im Stücklistenstammsatz sowie zu detaillierten Rüst-, Bearbeitungs- und Übergangszeiten in den Arbeitsplänen zu pflegen.

In der Abfolge der einzelnen Funktionen wird die Vorlaufverschiebung in der Materialwirtschaft verwendet. Bereits durch die periodenübergreifende Zusammenfassung von Bedarfen innerhalb der Losgrößen„optimierung" erfolgt jedoch eine Vorverlagerung der Bedarfe, d. h., das sich durch die angesetzte Vorlaufverschiebung ergebende Zeitgerüst wird modifiziert. Gleiches gilt bei Verwendung des Dispositionsstufenverfahrens innerhalb der bedarfsgesteuerten Materialdisposition. Dabei werden Teile und Baugruppen, die auf mehreren Ebenen der Stückliste auftreten, auf die tiefste Fertigungsstufe, auf der das Teil bzw. die Baugruppe in irgendeiner Erzeugnisstruktur vorkommt, verschoben. Dadurch werden jedoch Bedarfe frühzeitig kumuliert, obwohl Teile davon erst zu späteren Zeitpunkten relevant sind.

In der sich anschließenden Zeitwirtschaft, welche die detaillierteren Arbeitsplandaten verwendet, bedarf es ggf. einer Verkürzung der Durchlaufzeit, wenn der früheste Endtermin hinter dem geplanten Fertigstellungstermin liegt bzw. wenn der späteste Starttermin vor dem frühestmöglichen Zeitpunkt des Produktionsbeginns liegt. In diesen Fällen wird durch die genannten Verfahren (Reduktion der Übergangszeit, Auftrags- bzw. Arbeitsgangsplitting, kontinuierliche Fertigung) die Durchlaufzeit erneut verändert.

Sollten sich in der folgenden Kapazitätswirtschaft Über- oder wesentliche Unterauslastungen der Betriebsmittel ergeben, wird oftmals die Kapazitätsnachfrage verändert. Damit ergibt sich wiederum eine Verschiebung der Arbeitsgänge bzw. Fertigungsaufträge, welche zudem mit diversen Nebeneffekten verbunden ist, da vor- bzw. nachgelagerte Arbeitsgänge bzw. Aufträge oftmals davon betroffen sind und ebenfalls umgeplant werden müssen.

Mit der Auftragsfreigabe wird festgelegt, wann die Produktion endgültig beginnen kann. Die Frequenz des Freigabelaufs kann abermals die Durchlaufzeit beeinflussen, da sie die möglichen Startpunkte für die Durchlaufzeit determiniert. Ein weiterer Einfluß besteht darin, daß die Fertigungsaufträge in der Erwartung, daß dadurch Lieferterminverzögerungen vermieden werden können, ggf. verfrüht freigegeben werden. Dies führt jedoch oft zu weiteren Steigerungen der Durchlaufzeit (Durchlaufzeitensyndrom).

Schließlich liegen im Regelfall auch auf der Ebene der Fertigungssteuerung dispositive Freiheitsgrade vor, durch die die Durchlaufzeiten beeinflußt werden. Weiter kommen hier Maschinenstörungen, Personalausfälle oder Eilaufträge zum Tragen, welche die Durchlaufzeit wesentlich verändern.

Aufgabe 3

Zunächst erfolgt eine Betrachtung aus Sicht der Teilpläne der Produktionsplanung.

Die *Produktionsprogrammplanung* ist deckungsgleich mit der Primärbedarfsplanung. In beiden Fällen besteht die Zielsetzung in der Bestimmung eines gewinnmaximalen Produktionsprogramms. Dabei sind jeweils sowohl konkrete Auftragseingänge als auch Absatzprognosen mit einzubeziehen.

Die *Bereitstellungsplanung* ist zumindest hinsichtlich der einzusetzenden Rohstoffe, Teile und Baugruppen durch die Materialwirtschaft in PPS-Systemen repräsentiert. Die Disposition des Personals wird entweder durch Systeme, welche eine Mehrressourcenplanung erlauben, oder durch dezidierte Personalwirtschaftssysteme unterstützt.

Die *zeitliche Verteilung der Produktion* findet sich im vorherrschenden Aufbau von PPS-Systemen nicht als separierte Funktion. Es handelt sich bei der grundsätzlichen Entscheidung für eine synchronisierte Fertigung, eine emanzipierte Fertigung oder eine Zwischenform um eine mittelfristige Entscheidung, die nicht bei jedem Planungslauf durch die PPS-Funktionen zu treffen ist. Aspekte der Zuordnung von Fertigungsaufträgen auf einzelne Perioden finden sich in der groben Kapazitätswirtschaft.

Die in der Betriebswirtschaftslehre in den letzten Jahrzehnten extensiv diskutierte „optimale Losgröße" nimmt in PPS-Systemen einen demgegenüber deutlich geringeren Stellenwert ein. Die *Auftragsgrößenplanung* ist innerhalb von PPS-Systemen Gegenstand der Materialdisposition. Sie wird im Anschluß an die Ermittlung des Nettosekundärbedarfs zur Konsolidierung periodenübergreifender Bedarfe angesetzt. Der Losgrößenplanung schließt sich die Vorlaufverschiebung an.

Der *Produktionsaufteilungsplanung* wurden zwei Aufgaben zugeschrieben: die Bestimmung der Optimalintensität sowie die an den variablen Produktionsstückkosten orientierte Zuordnung von Fertigungsaufträgen zu Betriebsmittelgruppen bzw. einzelnen Betriebsmitteln. Die Ermittlung der kostenminimalen Intensität ist eine Aufgabe, welche gemeinhin nicht durch PPS-Systeme unterstützt wird. Sie ist vielmehr Eingangsdatum bei der Attribuierung der eingesetzten Betriebsmittel. Bezüglich der Aufgabe der Zuordnung von Fertigungsaufträgen zu einzelnen Kapazitätseinheiten entspricht die Produktionsaufteilungsplanung der Kapazitätswirtschaft. Während jedoch in der theoretischen Diskussion zur Produktionsaufteilungsplanung die kostenorientierte Disposition dominiert, liegt der Schwerpunkt bei der praktischen Umsetzung der Kapazitätswirtschaft in der Ermittlung eines realisierbaren Belegungsplans.

Die *zeitliche Ablaufplanung* weist Bezugspunkte zur Fertigungssteuerung auf. In beiden Fällen handelt es sich um die Aufgabe der Zuordnung von Aufträgen bzw. Arbeitsgängen zu Betriebsmitteln. Da auch die Ablaufplanung die Bestimmung umsetzbarer Belegungspläne verfolgt, liegen ferner Analogien zur Kapazitätswirtschaft vor.

Der *Demontageplanung* kann explizit keine Funktion von PPS-Systemen zugeordnet werden. In den einzelnen PPS-Funktionen wie insbesondere der Stücklisten- und Arbeitsplanpflege können aber für die Demontageplanung benötigte Funktionalitäten identifiziert werden. Damit kommt zum Ausdruck, daß die Demontageplanung nicht als eine der PPS nachgelagerte Funktion (End-of-the-Pipe-Ansatz) angesehen wird, sondern eine integrativ wahrzunehmende Aufgabe darstellt.

In einem zweiten Schritt wird abschließend kurz und möglichst redundanzarm erörtert, welche Funktionen von PPS-Systemen mit welchen Teilplänen der Produktionsplanung korrespondieren.

Die *Primärbedarfsplanung* entspricht wie bereits skizziert der Produktionsprogrammplanung. Die *Materialwirtschaft* wird durch die Bereitstellungsplanung abgedeckt. Die *Kapazitätswirtschaft* kann unter Einbezug der skizzierten Bedingungen mit der Produktionsaufteilungsplanung verglichen werden. Für die *Zeitwirtschaft* findet sich kein Analogon bei den klassischen Teilplänen der Produktionsplanung. Gleiches gilt für die *Auftragsfreigabe*, welche am Übergang von der Produktionsplanung zur Produktionssteuerung liegt – ein Übergang, der sich bei der klassischen Produktionsplanung in dieser Form nicht ausmachen läßt. Die Fertigungssteuerung läßt sich mit der zeitlichen Ablaufplanung in Verbindung setzen. Die Funktionen des *Fertigungsmonitoring und -controlling* besitzen in der Struktur der Teilpläne der Produktionsplanung keine Entsprechung.

Literaturhinweise

ADAM, D.: Produktionsmanagement, 9. Aufl., Wiesbaden 1998.

BECKER, J., ROSEMANN, M.: Logistik und CIM, Berlin et al. 1993.

GUTENBERG, E.: Die Produktion. Band 1, 24. Aufl., Berlin et al. 1983.

KURBEL, K.: Produktionsplanung und -steuerung, 3. Aufl., München 1998.

Alexander Dilger

Lean Production als Organisationsprinzip

Aufgabe 1

Was wird unter „Lean Production" verstanden, und woher stammt dieser Begriff?

Aufgabe 2

Stellen Sie die grundsätzlichen organisatorischen Prinzipien der Lean Production im Vergleich zur herkömmlichen Massenfertigung dar!

Aufgabe 3

Welche Probleme sind bei der Einführung von Lean Production besonders zu beachten?

Lösung

Aufgabe 1

„Lean Production" heißt übersetzt „schlanke Produktion". Gelegentlich wird auch von „straffer Produktion" und „Lean Management" gesprochen. Der letztgenannte Begriff ist insofern irreführend, als nicht unbedingt das Management verschlankt wird, sondern vor allem der Produktionsprozeß. Grundlegend ist hierbei der Abbau von Puffern in jeglicher Hinsicht (Material, Zeit, Personal).

„»Lean production« ... ist »schlank«, weil sie von allem weniger einsetzt als die Massenfertigung – die Hälfte des Personals in der Fabrik, die Hälfte der Produktionsfläche, die Hälfte der Investition in Werkzeuge, die Hälfte der Zeit für die Entwicklung eines neuen Produktes. Sie erfordert auch weit weniger als die Hälfte des notwendigen Lagerbestands, führt zu viel weniger Fehlern und produziert eine größere und noch wachsende Vielfalt von Produkten" (Womack/Jones/Roos 1991, S. 19). Siehe Aufgabe 2, welche weitreichenden Konsequenzen der Verzicht auf Puffer und Lager bei der Lean Production hat.

Der Begriff „Lean Production" stammt von John F. Krafcik (1988). Krafcik stellt dem amerikanischen Produktionssystem in der Automobilindustrie gemäß den Prinzipien von Taylor und Ford, welches er als „buffered" (gepuffert) bezeichnet, das Toyota-Produktionssystem gegenüber, das von ihm „lean" (schlank) genannt wird. Dabei wird das Toyota-Produktionssystem, welches seit den fünfziger Jahren von Eiji Toyoda und Taiichi Ohno entwickelt wurde, nicht nur bei Toyota, sondern in zahlreichen japanischen Unternehmen und mittlerweile weltweit angewandt. Zur Verbreitung und Popularisierung des Begriffs „Lean Production" haben insbesondere Womack/Jones/Roos (1990, deutsch 1991) beigetragen.

Aufgabe 2

Lean Production ist schlank, herkömmliche Massenfertigung gepuffert. Bei der Massenproduktion nach den Prinzipien von Taylor und Ford läßt sich die Bildung zahlreicher Reserven beobachten, um immer wieder vorkommende Fehler und Verzögerungen auffangen zu können. Bei der klassischen Fließbandproduktion soll möglichst vermieden werden, daß das Fließband angehalten werden muß, weil dies zu einer Stockung der gesamten Produktion führt und mit sehr hohen Kosten verbunden ist. Wenn nur an einer Stelle nicht weitergearbeitet wird, kann dies zu einer Zwangspause der ganzen Belegschaft mit Tausenden von Beschäftigten führen. Deswegen gibt es zahlreiche Lager für jedes nur denkbare Teil. Jede Maschine sollte mehrfach vorhanden sein und Ersatzpersonal bereitstehen. Für jedes Vorprodukt werden möglichst Beziehungen zu mehreren alternativen Lieferanten unterhalten, um nicht von einem einzigen völlig abhängig und damit erpreßbar zu sein.

Kernidee der Lean Production ist es, auf die Puffer im Produktionsprozeß zu verzichten (*Null-Puffer-Zielsetzung*). Dies hat jedoch weitreichende, die Organisation des gesamten Unternehmens betreffende Konsequenzen, so daß auch von einer „*ganzheitlichen Management-Philosophie*" gesprochen wird. Der (weitestgehende) Verzicht auf Lagerhaltung erfordert eine *Just-in-Time-Produktion*. Jede Fertigungsstufe muß ihr Zwischenprodukt genau dann fertigstellen, wenn es von der nächsten Stufe benötigt wird. Im *Kanban-System* gibt es noch kleine Zwischenlager. Jede Entnahme hieraus führt zum Zurücksenden eines mit einer Bestellkarte (japanisch „Kanban") ausgestatteten standardisierten Teilebehälters, der nach dem *Holprinzip* die Fertigung des entsprechenden Teils durch die vorgelagerte Arbeitsstation auslöst. Es ergibt sich ein *selbststeuernder Regelkreis* mit einander entgegengerichtetem Informations- und Materialfluß. Häufig wird die *Fertigung segmentiert*, um mit standardisierten Vorprodukten nach dem *Baukastensystem* zu einer hohen *Variantenvielfalt* bei den Endprodukten zu gelangen. Dazu trägt auch ein *perfektionierter Werkzeugwechsel* bei, der die Umrüstzeiten auf Minuten verkürzt und *kleine Losgrößen* wirtschaftlich macht.

Um ohne Personalreserven arbeiten zu können, müssen die Mitarbeiter nicht nur höher *qualifiziert, flexibel und hochmotiviert*, sondern auch an *Teamarbeit* gewöhnt sein. Wenn es an einer Stelle zu Problemen kommt, müssen die Arbeiter an benachbarten Orten der Produktion zur Mithilfe bei der schnellen Problemlösung in der Lage und bereit sein. Dazu wird ein systematischer Arbeitsplatzwechsel (*Job Rotation*) betrieben, damit *universalqualifizierte Fertigungsteams* entstehen. Der Handlungsspielraum und die Verantwortung der Beschäftigten sind dabei groß (*Job Enrichment*). Die schlanke Fertigung besitzt ein *enges Layout*, welches den Beschäftigten an benachbarten Arbeitsstationen Blickkontakt und unmittelbare Kommunikation erlaubt.

Außerdem informieren von allen einsehbare *Andon-Tafeln* über den aktuellen Stand der Fertigung und gegebenenfalls über aufgetretene Probleme.

Hohe Qualität steht im Vordergrund (*Total Quality Management*). Fehler sind nicht im nachhinein zu korrigieren, sondern von vornherein zu vermeiden. Es gibt eine *Null-Fehler-Ausrichtung*, wonach es möglichst zu gar keinen Fehlern kommen darf. Kommt es doch einmal zu Problemen, wird eine *Fehlerbeseitigung an der Wurzel* vorgenommen, um die Ursachen zu beheben, statt nur an Symptomen zu kurieren. Außerdem nehmen die Mitarbeiter an *Qualitätszirkeln* teil, um aufgetretene Fehler zu analysieren und Verbesserungsvorschläge zu erarbeiten.

Die Beziehungen zu den Lieferanten (und Abnehmern) sind *kooperativer* als bei der herkömmlichen Massenfertigung. Für jedes Vorprodukt gibt es möglichst nur einen Zulieferer (*Single Sourcing*), zu dem ein enges Verhältnis besteht, der in den schlanken Produktionsprozeß eingebunden ist und mit dem gemeinsam an der Verbesserung seiner Produkte gearbeitet wird. Bei einer starken *Kundenorientierung* sollen starre Unternehmensgrenzen zugunsten eines *integrierten Netzwerkes* über die gesamte Wertschöpfungskette hinweg überwunden werden, wobei sich jedes Unternehmen auf seine *Kernaktivitäten* konzentriert.

Der Produktionsprozeß wird möglichst *frühzeitig und umfassend geplant*, wobei Kundenwünsche, Anregungen der Lieferanten und Verbesserungsvorschläge der Mitarbeiter berücksichtigt werden. *Ganzheitlich definierte Geschäftsprozesse* ermöglichen einen weitestgehenden Verzicht auf Hierarchien. Die *ständige Verbesserung* (japanisch „Kaizen") sowohl der Produkte als auch sämtlicher Produktionsprozesse hat höchste Priorität. Es wird *Perfektion* angestrebt und jede Form der Verschwendung (japanisch „Muda") bekämpft, seien es Lagerbestände, lange Transportwege, Wartezeiten oder Doppelarbeiten.

Aufgabe 3

Es ist wichtig, bei jeder betrieblichen Maßnahme nicht nur die Vorteile zu sehen, sondern diesen auch ihre Nachteile und Kosten gegenüberzustellen. Die Vorteile der Lean Production sind offenkundig erhebliche Einsparmöglichkeiten im Produktionsprozeß, verbunden mit höherer Flexibilität und gegebenenfalls auch Variantenvielfalt. Trotzdem hat es in der Praxis oftmals Probleme gegeben, wenn amerikanische und europäische Firmen dieses aus Japan stammende Konzept übernehmen wollten. Die zwei entscheidenden Problemursachen sind dabei das erhöhte Risiko durch den Verzicht auf Lager und sonstige Puffer sowie die Ganzheitlichkeit des Lean-Production-Ansatzes.

Die herkömmliche Massenproduktion leistet sich nicht ohne Grund zahlreiche Puffer. Das Risiko von Fehlern und Störungen sowie daraus resultierender Kosten ist hoch.

Werden die Lagerbestände abgebaut, dann können sich doch noch auftretende Produktionsstockungen verheerend auswirken. Beim „Single Sourcing" muß sich das Unternehmen auf den einzig verbliebenen Lieferanten für ein wichtiges Teil auch wirklich verlassen können. Wenn dieser Lieferprobleme bekommt oder solche in erpresserischer Absicht herbeiführt, kann dies das schlanke Unternehmen in den Konkurs treiben.

Damit zusammen hängt die Ganzheitlichkeit des Lean-Production-Prinzips. Es nützt nicht nur nichts, sondern ist höchst schädlich, nur einzelne Elemente umzusetzen. Beispielsweise würde ohne eine grundlegende Erhöhung der Qualität und Mitarbeiterflexibilität der Abbau der Lagerbestände nicht zu Einsparungen von Produktionskosten, sondern zu ständigen Produktionsausfällen führen. Folglich ist die Einführung der Lean Production sorgfältig und langfristig zu planen. Sie ist nicht ohne erhebliche Anfangsinvestitionen und den Konsens aller Beteiligten zu verwirklichen. Insbesondere für die mittleren und unteren Manager sind Konzepte zu erarbeiten, damit sie durch den Abbau von Hierarchieebenen und eine aktive Beteiligung der einfachen Mitarbeiter nicht nur verlieren. Auch die normalen Beschäftigten sind an Effizienzgewinnen zu beteiligen, damit nicht der Eindruck entsteht, daß ihre Flexibilisierung und stärkere Einbeziehung nur zu Entlassungen und Mehrarbeit für die verbleibende Belegschaft führen.

Literaturhinweise

CORSTEN, H., WILL, TH. (Hrsg.): Lean Production – Schlanke Produktionsstrukturen als Erfolgsfaktor, Stuttgart/Berlin/Köln 1993.

BLOHM, H., BEER, TH., SEIDENBERG, U., SILBER, H.: Produktionswirtschaft – Mit Kontrollfragen sowie Aufgaben und Lösungen, 3. Auflage, Herne/Berlin 1997.

BOGASCHEWSKY, R., ROLLBERG, R.: Prozeßorientiertes Management, Berlin u. a. 1998.

JÜRGENS, U.: Lean Production, in: CORSTEN, H. (Hrsg.), Handbuch Produktionsmanagement, Wiesbaden 1994, S. 369–379.

KRAFCIK, J. F.: Triumph of the Lean Production System, in: Sloan Management Review 30, Herbst 1988, S. 41–52.

LEVINE, D. I.: Reinventing the Workplace: How Business and Employees Can Both Win, Washington, D. C. 1995.

PFEIFFER, W., WEISS, E.: Lean Production, in: KERN, W., SCHRÖDER, H.-H., WEBER, J. (Hrsg.), Handwörterbuch der Produktionswirtschaft, 2. Auflage, Stuttgart 1996, Sp. 1046–1061.

ROLLBERG, R.: Lean Management und CIM aus Sicht der strategischen Unternehmensführung, Wiesbaden 1996.

WOMACK, J. P., JONES, D. T., ROOS, D.: The Machine that Changed the World, New York u. a. 1990.

WOMACK, J. P., JONES, D. T., ROOS, D.: Die zweite Revolution in der Autoindustrie: Konsequenzen aus der weltweiten Studie aus dem Massachusetts Institute of Technology, Frankfurt a. M./New York 1991.

Jürgen Bernhardt

Simultaneous Engineering und Projektmanagement

Aufgabe 1

Warum ist die Parallelisierung von Produkt- und Prozeßentwicklungsmaßnahmen für Hersteller von komplexen, technischen Konsum- oder Investitionsgütern eine wichtige Option in der strategischen Produktionsplanung? Beachten Sie hierbei das relevante Wettbewerbsumfeld bei Produktinnovationen, und diskutieren Sie Vor- und Nachteile des Konzepts des Simultaneous Engineering!

Aufgabe 2

a) Nennen Sie die innerbetrieblichen Einflußparameter einer erfolgreichen Parallelisierungsstrategie in der Produktentwicklung!

b) Welches ist das Hauptinstrument des (zeitlichen) Projektmanagements? Beschreiben Sie dieses kurz!

Lösung

Aufgabe 1

Angesichts einer stetig zunehmenden Dynamik der Produktentwicklungsprozesse und im relevanten Wettbewerbsumfeld des innovierenden Unternehmens erscheint ein rein sequentielles Vorgehen bei der Neuproduktplanung/-entwicklung nicht mehr opportun. Insbesondere der Einsatz von neuer Informations- und Kommunikationstechnik hat zu einer starken Verkürzung der Produktlebenszyklen geführt, so daß diese heute – insbesondere bei technischen Produkten – bereits kürzer sind als die dazugehörigen Entwicklungszeiten. Der Marktzyklus, der zum Abschöpfen der Konsumentenrente zur Verfügung steht, kann also unter Umständen zur Amortisation der Forschung- und Entwicklungskosten nicht mehr hinreichend lang sein („Zeitfalle"). Wird von einer gegebenen Produktlebensdauer ausgegangen, dann verringert ein späterer Markteintritt ceteris paribus die Zahl der verkauften Produkteinheiten (Umsatz/ Betriebsergebnis). Verstärkt wird dieser Effekt durch tendenziell sinkende Preise (durch auf den Markt drängende Nachahmerprodukte) während des Marktzyklus.

Die Entscheidung über den Markteintrittszeitpunkt (Time to Market) kann vor allem in schnell wachsenden, jungen Märkten – hierzu gehören insbesondere viele Investitionsgüterbereiche und „High-Tech"-Märkte – zum wettbewerbsentscheidenden Vorteil werden. Auf solchen, häufig kurzlebigen Märkten kann das innovierende Unternehmen leicht in die oben beschriebene Zeitfalle geraten, falls es nicht in der Lage war, die Serienreife des Produkts durch parallele Produkt- **und** Prozeßentwicklung – Entwicklungen, die Produktionstechnik und Ablaufplanung betreffen – zu gewährleisten. Die Zeit wird in diesem Fall zu einem dominanten strategischen Erfolgsfaktor.

Die strategischen Ansätze des *Simultaneous Engineering* versuchen diesen marktlichen Herausforderungen mit zwei Gestaltungsgrundprinzipien in der Produktentwicklungsphase zu begegnen: der *Parallelisierung* (oder merklichen Überlappung) der Einzelaufgaben von der Produktkonzeption bis zum Fertigungsbeginn und der *Integration* (starke planerische Abstimmung und Informationsaustausch zwischen allen an der Produktentwicklung Beteiligten unter Einbeziehung von Kosten- und Qualitätsaspekten) der Teilaufgabenerledigung im Innovationsprozeß.

Frühzeitige Entwicklungen im Bereich der Produktions- und Prozeßtechnik in der (Serien-) Produktion tragen darüber hinaus dazu bei, eine hohe Produktqualität vom Markteintrittszeitpunkt an sicherzustellen. Auf diese Weise wird das Simultaneous Engineering zu einem integralen Bestandteil der unternehmerischen Bemühungen um die „Nullfehlerquote" im Rahmen eines sog. Total Quality Management. Dies gewinnt um so mehr an Bedeutung, als potentielle Abnehmer am Markt in aller Regel nicht mehr bereit sind, sogenannte Kinderkrankheiten bei technischen Produkten zu akzeptieren, und das Unternehmen so nicht mehr in der Lage ist, wie oftmals früher noch, Produktverbesserungen erst nach Initiierung der Maßnahme durch Kundenbeschwerden vorzunehmen.

Um den geplanten Markteintrittszeitpunkt auch unter Berücksichtigung der produktionstechnischen Erfordernisse einhalten zu können, sind die Unternehmen zur Parallelisierung der einzelnen Entwicklungsschritte gezwungen, die Arbeitsabläufe verschiedener Funktionsbereiche zu harmonisieren. Diese Parallelisierung von Entwicklungsabläufen führt zu *simultanen* Leistungsabläufen, woraus sich das für die moderne Forschungs-, Entwicklungs- (F&E) und Produktionsplanungsstrategie stehende begriffliche Konstrukt des Simultaneous Engineering gebildet hat (in der Literatur werden teilweise synonym verwandt: Concurrent Engineering/Design, Overlapping Engineering oder Simultaneous Development). Dieses Konzept der simultanen Prozesse in der Produktentwicklung ist im Vergleich und als Weiterentwicklung gegenüber dem früher Üblichen zu sehen. In der traditionellen seriellen bzw. sequentiellen Produktentwicklung waren die Arbeitsabläufe noch in – logische – hintereinander abfolgende Einzelschritte unterteilt, bei denen der folgende erst begann, wenn der vorhergehende abgeschlossen war. Der übliche Ablauf war (vgl. auch Abbildung 3):

Produktentwicklung → Produktionseinrichtung → Markteinführung

Der strategische Kerngedanke eines F&E-orientierten Unternehmens muß daher sein, die Produktentwicklung so zu organisieren, daß ein entsprechend der Konkurrenzsituation rechtzeitiger Markteintrittszeitpunkt, der die entstehenden Kosten, die Unternehmensressourcen und die Produktionskapazität berücksichtigt, gewährleistet ist. Der Kostenaspekt ist aus absatzpolitischer Sicht vor allem unter dem Gesichtspunkt der am Markt für das Produkt erzielbaren Preise zu beachten. Das Prinzip der retrograden, sich an den am Markt durchsetzbaren Absatzpreisen orientierenden Kostenplanung (*Target Costing*), also der Kosten, die das Entwicklungsprojekt verursachen „darf", findet seine Begründung in dieser Erkenntnis. Hier fand eine Abkehr vom früher häufig praktizierten „over-engineering" technischer Produkte, die am Markt wegen zu hoher Preise keine Akzeptanz fanden, statt.

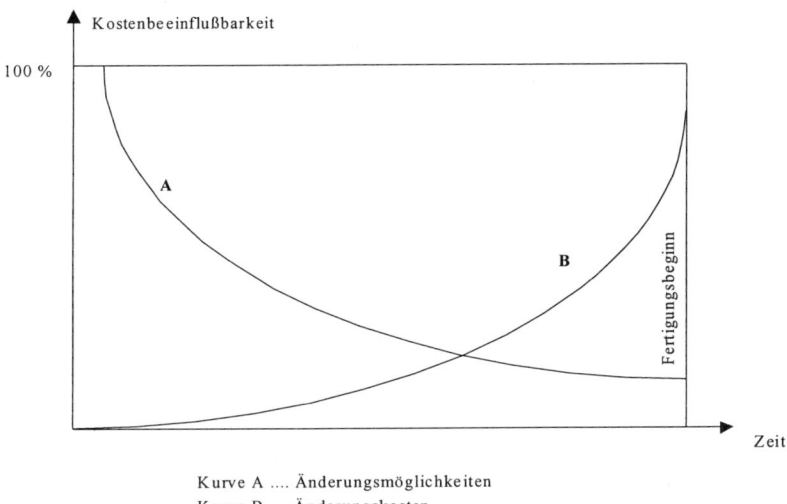

Kurve A .... Änderungsmöglichkeiten
Kurve B .... Änderungskosten

Abb. 1: Änderungsmöglichkeiten und Änderungskosten

Das Entwicklungsmanagement hat ein vitales Interesse daran, erforderliche Änderungen (durch neue technologische oder marktliche Situationen) am Produkt oder der Produktionstechnik möglichst früh zu erkennen und durchführen zu können. Den kostenorientierten Aspekt für das simultane Vorgehen in der Projektorganisation von (Neu-) Produktentwicklungen liefert der oben in Abbildung 1 prinzipiell dargestellte Zusammenhang von Änderungsmöglichkeiten und Änderungskosten im Zeitablauf des Entwicklungsprozesses (der Fertigungsbeginn wird normalerweise mit dem Markteintritt identisch sein).

Die wesentlichen Unterschiede in den Arbeitsabläufen bei einem herkömmlichen, stufenweisen Prozeß im Vergleich zu dem moderneren, überlappenden Vorgehen in den Planungsschritten der Produktentwicklung zeigt die folgende Gegenüberstellung:

sequentiell	überlappend
• Beginn einer Phase nach Abschluß der vorherigen Phase	• Beginn einer Phase bereits vor Abschluß der vorherigen Phase
• Verzögerung einzelner Phasen verzögert Gesamtprojekt	• Verzögerung einzelner Phasen kann aufgefangen werden
• hohe Aufgabenbestimmtheit und Kontrollmöglichkeit	• geringe Aufgabenbestimmtheit in nachfolgenden Phasen und Gefahr von Fehlarbeit
• geringer Koordinationsbedarf	• hoher Koordinationsbedarf
• geringe Möglichkeiten zur Abstimmung zwischen Phasen	• gute Abstimmungsmöglichkeiten und Flexibilität und Feedback
• Erkennung von Problemen erst beim Übergang zwischen Phasen	• ständige Problembehandlung und daher schnellere Lösung
• getrennte Verantwortung und Reaktionsdenken	• kollektive Verantwortung und kooperatives Denken

Abb. 2: Merkmale sequentieller und überlappender Projektorganisation
         (Quelle: Bühner (1996), S. 212)

Wie hieraus leicht ersichtlich ist, birgt das parallele gegenüber dem sequentiellen Vorgehen durchaus auch Risiken, die jedoch in aller Regel durch die strategischen, am Markt wirksamen Vorteile überwogen werden.

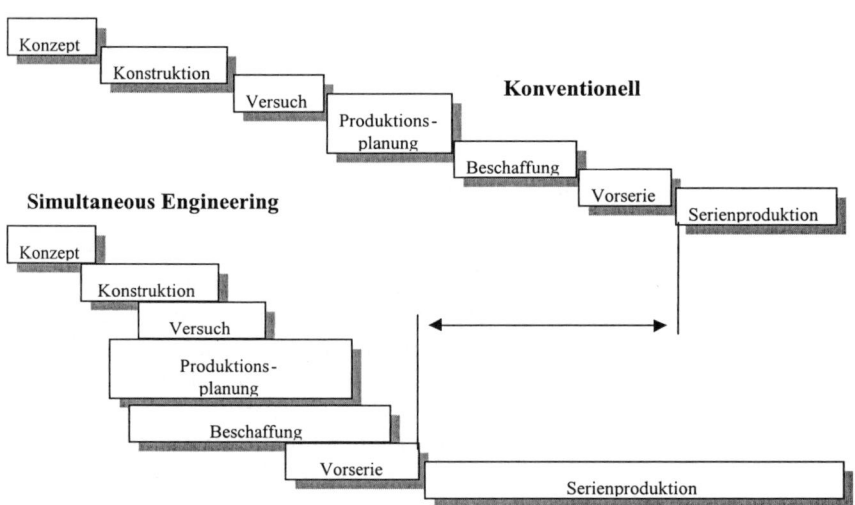

Abb. 3: Verkürzung von Projektlaufzeiten durch früheren Markteintritt bei Parallelisierung

Ein Vorteil der überlappenden Vorgehensweise liegt allein schon in der Verkürzung der Projektlaufzeit und dem damit früher möglichen Markteintritt, der einen entscheidenden komparativen Vorteil gegenüber der Konkurrenz bedeuten kann. Wie eine konkrete Ablaufplanung in beiden Verfahren aussehen könnte, zeigt Abbildung 3 auf der vorhergehenden Seite.

Aufgabe 2

a) Die Vorgehensweise einer integrierten Produktentwicklung kann nur dann wirtschaftlich und erfolgversprechend im Unternehmen umgesetzt werden, wenn dafür geeignete Strukturen, Werkzeuge, Hilfsmittel und, als wahrscheinlich wichtigster Erfolgsfaktor, qualifiziertes und motiviertes Personal zur Verfügung stehen. Die Mitarbeiter müssen zur praktischen Durchsetzung der Parallelisierung in der Lage sein, eventuell vorhandene Hemmschwellen zur − interdisziplinären − Zusammenarbeit zwischen verschiedenen Unternehmensbereichen zugunsten des gemeinsamen Entwicklungszieles zu überwinden. Verbesserungen in der Entwicklungszeit sind eine permanente Aufgabe des Entwicklungsmanagements und erfordern ein abgestimmtes Zusammenwirken von Produktplanung/Produktgestaltung sowie Entwicklungsorganisation/-controlling und setzen damit eine enge Zusammenarbeit zwischen den Unternehmensbereichen Marketing, Vertrieb, Entwicklung und Fertigung voraus. Eine institutionalisierte Projektsteuerung kann hierbei ein wichtiges Hilfsmittel darstellen (vgl. Teilaufgabe b).

Zusammenfassend wird die Entwicklungszeit und damit, wie bereits in Aufgabe 1 festgestellt, möglicherweise auch der wirtschaftliche Erfolg der Innovation im wesentlichen durch folgende Parameter beeinflußt:

- Produkt: Marktanforderungen und technisches Konzept;
- Entwicklungsorganisation: Aufbau- und Ablauforganisation;
- Entwicklungscontrolling: Planung, Steuerung und Ergebniskontrolle;
- Personalführung: Führungsstil, Delegationsgrad;
- Mitarbeiter: Qualifikation und Motivation;
- Sachmittel: Ausstattung und Nutzung.

b) Simultaneous Engineering stellt in der Konzeption und an den Ablaufplan der Entwicklungsaufgaben bereits in der Frühphase sehr hohe Anforderungen an das Projektmanagement. Die weitaus komplexere Strukturierung der daraus folgenden prozeßorientierten Abläufe erfordert eine Projektorganisation, die in der Lage ist, den Ablauf der parallel stattfindenden Prozesse effektiv (mit hohem Zielerreichungsgrad) und effizient (mit hohem Wirkungsgrad) zu steuern. Als Hauptinstrument der − zeitlichen − Projektsteuerung dient die *Netzplantechnik* mit der formalen Grundlage der Graphentheorie. Mit diesem Instrument hat man auf der Projektebene die Möglichkeit zur optimalen Dekomposition (Aufteilung) des Projektauftrages in Teilprojekte und Arbeitspakete sowie zur Festlegung einer den Terminerfordernissen genügenden Ressourcenallokation.

Mit der Netzplantechnik können die Aktivitäten, Reihenfolgebedingungen, Zeiten, Kosten, Einsatzfaktoren und weitere Einflußgrößen in der (Projektablauf-) Planung berücksichtigt werden. Die Netzplantechnik umfaßt im Ablauf folgende Phasen:

- Vorüberlegungen (z.B. Projektdefinition, Detaillierungsgrad, Projektteam);
- Projektanalyse (z.B. nach Kosten-, Kapazitäts- und Materialgesichtspunkten);
- Ablaufplanung mit den Hauptschritten: Zeitplanung und Kostenplanung;
- Ressourceneinsatz und Materialbereitsstellung;
- Projektsteuerung und Kontrolle.

Literaturhinweise

BACKHAUS, K.: Industriegütermarketing, 5. Aufl., München 1997.

BÜHNER, R.: Betriebswirtschaftliche Organisationslehre, 8. Aufl., München/Wien 1996.

GERPOTT, T.: Simultaneous Engineering, in: *KERN, W.* (Hrsg.), Handwörterbuch der Produktionswirtschaft, 2. Aufl., Stuttgart 1996, Sp.1852–1861.

GÜNTHER, H.-O., TEMPELMEIER, H.: Produktion und Logistik, 3. Aufl., Berlin/Heidelberg/New York u.a. 1997.

KROTTMAIER, J.: Leitfaden Simultaneous Engineering – Kurze Entwicklungszeiten, niedrige Kosten, hohe Qualität, Berlin/Heidelberg/New York 1995.

SEIDENSCHWARZ, W.: Target Costing, in: *HORVÁTH, P., REICHMANN, TH.* (Hrsg.), Vahlens großes Controllinglexikon, München 1993, S. 626–629.

II. Bereitstellungsplanung

Helmut Maltry

Einsatz von Direkt- und Gesamtbedarfsmatrizen

Der nachfolgende Gozinto-Graph GG_1 stellt für einen einfachen Produktionsprozeß die quantitativen Beziehungen zwischen Rohstoffen, Zwischen- und absatzbestimmten Endprodukten dar. Die Knoten des Gozinto-Graphen bezeichnen die Kostenstellen, in denen Rohstoffe beschafft und veredelt (KS_1, KS_2) sowie Zwischen- (KS_3) oder absatzbestimmte Endprodukte (KS_4, KS_5) hergestellt werden. Zur Vereinfachung wird dabei unterstellt, daß in jeder Kostenstelle genau ein Rohstoff beschafft bzw. genau ein Produkt gefertigt und abgesetzt wird, so daß die Numerierung der Rohstoffe und Produkte mit der Numerierung der jeweiligen Kostenstelle übereinstimmt. Die Zahlen an einem Pfeil zwischen zwei Kostenstellen KS_j und KS_i geben an, wieviel Mengeneinheiten des Vorprodukts j direkt zur Fertigung einer Mengeneinheit des Folgeprodukts i benötigt werden. Sie werden daher als Direktbedarfskoeffizienten a_{ji} bezeichnet. Die gebrochenen Koeffizienten deuten dabei auf einen chemischen Prozeß hin.

Gozinto-Graph GG_1

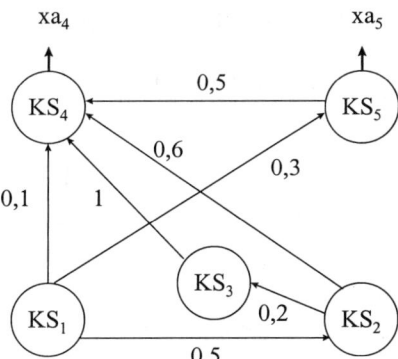

Aufgabe 1

In welchem Umfang wird der Materialverbrauch durch die Direktbedarfskoeffizienten a_{ji} für Zwecke der Bedarfsplanung erfaßt?

Aufgabe 2

Stellen Sie auf der Basis des Gozinto-Graphen GG_1 die Direktbedarfsmatrix $\underline{A}_1$ auf! Wie kann eine Spalte von $\underline{A}_1$ interpretiert werden?

Aufgabe 3

Ermitteln Sie die Gesamtbedarfsmatrix $\underline{B}_1$, deren Koeffizienten b_{ji} den gesamten Mengenbedarf an Rohstoff oder Vorprodukt j zur Herstellung einer Mengeneinheit des Folgeprodukts i angeben! Stützen Sie sich bei der Ermittlung der Gesamtbedarfs-koeffizienten explizit auf die im Gozinto-Graphen GG_1 abgebildeten Verknüpfungen zwischen den Kostenstellen bzw. deren Produkten!

Aufgabe 4

Ermitteln Sie mit Hilfe der Gesamtbedarfsmatrix $\underline{B}_1$ für die im Gozinto-Graphen GG_1 angegebenen absatzbestimmten Mengen der Endprodukte 4 und 5, $xa_4 = 1.000$ ME_4 und $xa_5 = 750$ ME_5, den Gesamtbedarf an Rohstoffen, Zwischen- und Endprodukten!

Aufgabe 5

Wie beurteilen Sie grundsätzlich die bisher angewandte Vorgehensweise zur Ermitt-lung der Gesamtbedarfsmatrix $\underline{B}_1$? Welches Problem stellt sich dabei für den – wie nachfolgend dargestellt – modifizierten Gozinto-Graphen GG_2? Erläutern Sie allge-mein, wie sich eine Gesamtbedarfsmatrix $\underline{B}$ mit Hilfe der Rechengesetze für Matrizen aus einer Direktbedarfsmatrix $\underline{A}$ herleiten läßt! Ermitteln Sie dann die Direktbedarfs-matrix $\underline{A}_2$ sowie die Gesamtbedarfsmatrix $\underline{B}_2$ für den Gozinto-Graphen GG_2!

Gozinto-Graph GG_2

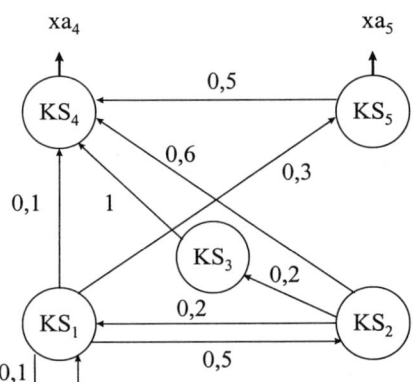

Aufgabe 6

Begründen Sie ökonomisch, warum für die Diagonalelemente der Matrix $\underline{B}_2$ gilt: $b_{11}, b_{22} > 1$, $b_{33}, b_{44}, b_{55} = 1$!

Aufgabe 7

Ermitteln Sie – analog zu Aufgabe 4 – die Gesamtbedarfsmengen für den Gozinto-Graphen GG_2!

Aufgabe 8

Zeigen Sie, daß für eine Direktbedarfsmatrix $\underline{A}$ und eine Gesamtbedarfsmatrix $\underline{B}$ allgemein gilt: $\underline{A} \cdot \underline{B} = \underline{B} \cdot \underline{A}$!

Aufgabe 9

Betrachten Sie den folgenden Ausschnitt aus dem Gozinto-Graphen GG_2, in dem der Direktbedarfskoeffizient a_{21} durch einen Übertragungsfehler des Verantwortlichen fälschlicherweise von 0,2 auf 2 verändert worden ist! Wie wäre der Produktionsprozeß zu beurteilen, wenn diese Verfälschung der Realität entspräche?

Verfälschter Teilgraph von GG_2

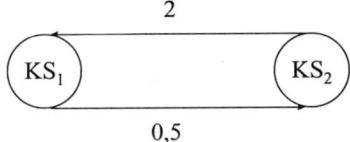

Aufgabe 10

Welche weitere Möglichkeit ist Ihnen neben den Vorgehensweisen aus Aufgabe 3 und 5 bekannt, um eine Gesamtbedarfsmatrix $\underline{B}$ aufzustellen?

Aufgabe 11

Direkt- und Gesamtbedarfsmatrizen tauchen auch außerhalb der Mengenbedarfsermittlung auf. Von großer Bedeutung sind sie bei der Durchführung der Sekundärkostenrechnung im Rahmen der Kostenstellenrechnung. Interpretieren Sie die Direktbedarfskoeffizienten im Gozinto-Graphen GG_2 nun als prozentuale Anteilswerte, die angeben, welchen Anteil der von ihr erstellten Güter eine Kostenstelle KS_j innerbetrieblich an eine Kostenstelle KS_i weitergibt! Auf der Grundlage dieser Anteilswerte werden dann im Rahmen der Sekundärkostenrechnung die Kostenbelastungen der empfangenden Kostenstellen vorgenommen, die zu den Gesamtkosten GK der Kostenstellen führen.

Ermitteln Sie anhand der gesamten primären Gemeinkosten PK der nachfolgenden Tabelle und mit Hilfe der Direktbedarfsmatrix $\underline{A}$ die Gesamtkosten der Kostenstellen KS_1 bis KS_5!

	KS_1	KS_2	KS_3	KS_4	KS_5
Gesamte primäre Gemeinkosten [DM]	7.725	3.600	12.000	40.000	30.000

Aufgabe 12

Haben Sie eine intuitive Vorstellung, woher die Bezeichnung „Gozinto-Graph" stammen könnte?

Lösung

Aufgabe 1

Durch einen Direktbedarfskoeffizienten a_{ij} werden für Planungs- und Kontrollzwecke erfaßt:

- Die *Nettomaterialmenge* eines Rohstoffs oder Vorprodukts, die bei planmäßigem Ablauf des Produktionsprozesses direkt in die zu fertigende Produkteinheit eingeht.

- Die *Abfallmenge* eines Rohstoffs oder Vorprodukts, die bei planmäßigem Produktionsablauf je Produkteinheit *unvermeidbar* ist (z. B. bei der Konservendosenproduktion, wenn aus rechteckigen Blechen runde Dosendeckel gestanzt werden).

Für Kontrollzwecke darf *auf keinen Fall* ein zu erwartender *Ausschuß* (aufgrund fehlerhaft produzierter, minderwertiger Produkte) berücksichtigt werden, da dann u. U. keine Kontrollimpulse zur Steuerung der Wirtschaftlichkeit ausgelöst werden.

Aufgabe 2

Die Direktbedarfsmatrix $\underline{A}_1$ ergibt sich durch bloßes Übertragen der im Gozinto-Graphen GG_1 angegebenen Direktbedarfskoeffizienten a_{ji} in die Matrixform:

$$\underline{A}_1 = \begin{pmatrix} 0 & \frac{1}{2} & 0 & \frac{1}{10} & \frac{3}{10} \\ 0 & 0 & \frac{1}{5} & \frac{3}{5} & 0 \\ 0 & 0 & 0 & 1 & 0 \\ 0 & 0 & 0 & 0 & 0 \\ 0 & 0 & 0 & \frac{1}{2} & 0 \end{pmatrix}.$$

Die *Spalten einer Direktbedarfsmatrix $\underline{A}$* werden als *Baukastenstücklisten* bezeichnet. Die Elemente a_{ji} der i-ten Spalte geben dabei an, wieviel ME an Rohstoffen und Vorprodukten j direkt für die Fertigung einer ME des Folgeprodukts i benötigt werden.

Aufgabe 3

Der *Gesamtbedarfskoeffizient* b_{ji} beinhaltet den *direkten und den indirekten Gesamtbedarf* an einem Rohstoff oder Vorprodukt j für die Fertigung einer ME des Folgeprodukts i. Zur Ermittlung der Gesamtbedarfskoeffizienten „direkt am Gozinto-Graphen" kann man wie folgt vorgehen:

Der Gesamtbedarf b_{ji} an Vorprodukt j je ME eines zu fertigenden Produkts i läßt sich ermitteln, wenn man alle Stellen KS_k im Gozinto-Graphen ermittelt, mit denen die Stelle KS_i *direkt* durch einen Pfeil *verbunden* ist. Zunächst sei einmal vereinfachend unterstellt, daß nur eine solche Vorgängerstelle KS_{k*} existiert. Ist nun für diese Vorgängerstelle KS_{k*} und für eine ME des dort gefertigten Produkts k^* der Gesamtbedarf an Produkt j der Stelle KS_j bekannt, dann erhält man offenbar den Gesamtbedarfskoeffizienten b_{ji} als Produkt aus dem Gesamtbedarfskoeffizienten b_{jk*} und dem Direktbedarfskoeffizienten a_{ji} mit

$$b_{ji} = b_{jk*} \cdot a_{k*i}.$$

In Verallgemeinerung dieser Vorgehensweise ergibt sich der gesuchte Gesamtbedarfskoeffizient b_{ji}, indem man über alle (Vorgänger-)Stellen k summiert, d. h., es gilt:

$$b_{ji} = \sum_{k=1}^{5} b_{jk} \cdot a_{ki}.$$

Die Gesamtbedarfskoeffizienten b_{jk}, auf die in der obigen Summe zurückgegriffen wird, ergeben sich ihrerseits durch Anwendung derselben Rechenvorschrift. Durch die wiederholte Anwendung dieser Vorgehensweise gelangt man auf die „unterste Ebene des Gozinto-Graphen GG_1", auf der nur noch direkte Verbindungen zwischen den Stellen existieren und somit die Gesamtbedarfskoeffizienten mit den Direktbedarfskoeffizienten identisch sind. Die unterste Ebene des Gozinto-Graphen GG_1 stellen dabei die beiden Kostenstellen KS_1 und KS_2 dar, von denen der Güterfluß seinen Ausgang nimmt. Von einer untersten Ebene kann hier nur gesprochen werden, weil der Gozinto-Graph *GG_1 einfach zusammenhängend* ist, d. h., keine wechselseitigen Lieferbeziehungen zwischen Kostenstellen aufweist (mehr dazu in der Aufgabe 5).

Auf die dargestellte Weise erhält man jeden Gesamtbedarfskoeffizienten b_{ji}, indem man

- alle Wege, d. h. alle Folgen gleichgerichteter Pfeile, im Gozinto-Graphen bestimmt, die von KS_j nach KS_i führen,
- die Direktbedarfskoeffizienten aller Pfeile eines Weges miteinander multipliziert und anschließend
- die Produkte über alle Wege aufaddiert.

Zur Veranschaulichung werden nachfolgend drei Gesamtbedarfskoeffizienten explizit aus GG_1 ermittelt.

Ermittlung von b_{13}:

Von der Stelle KS_1 zur Stelle KS_3 führt nur ein Weg: $KS_1 \rightarrow KS_2 \rightarrow KS_3$. Damit gilt:

$b_{13} = 0,5 \cdot 0,2 = 0,1 \quad ME_1/ME_3$.

Ermittlung von b_{24}:

Von KS_2 nach KS_4 führen 2 Wege: $KS_2 \rightarrow KS_4$ und $KS_2 \rightarrow KS_3 \rightarrow KS_4$. Damit gilt:

$b_{24} = 0,6 + 0,2 \cdot 1 = 0,8 \quad ME_2/ME_4$.

Ermittlung von b_{14}:

Von KS_1 nach KS_4 führen vier Wege verschiedener Länge: $KS_1 \rightarrow KS_4$, $KS_1 \rightarrow KS_2 \rightarrow KS_4$, $KS_1 \rightarrow KS_5 \rightarrow KS_4$, $KS_1 \rightarrow KS_2 \rightarrow KS_3 \rightarrow KS_4$. Damit gilt:

$b_{14} = 0,1 + 0,5 \cdot 0,6 + 0,3 \cdot 0,5 + 0,5 \cdot 0,2 \cdot 1 = 0,65 \; ME_1/ME_4$.

Insgesamt ergibt sich die Gesamtbedarfsmatrix $\underline{B}_1$ auf diese Weise zu:

$$\underline{B}_1 = \begin{pmatrix} 1 & \frac{1}{2} & \frac{1}{10} & \frac{65}{100} & \frac{3}{10} \\ 0 & 1 & \frac{1}{5} & \frac{4}{5} & 0 \\ 0 & 0 & 1 & 1 & 0 \\ 0 & 0 & 0 & 1 & 0 \\ 0 & 0 & 0 & \frac{1}{2} & 1 \end{pmatrix}.$$

Die Diagonalelemente von $\underline{B}_1$ sind für GG_1 gleich 1, da in jeder Kostenstelle genau eine ME beschafft oder hergestellt werden muß, um eine ME absetzen zu können (zur Ausprägung der Diagonalelemente vgl. Aufgabe 6).

Die *Spalten einer Matrix ($\underline{B} - \underline{E}$)* werden als *Mengenübersichtsstücklisten* bezeichnet. Die Elemente der i-ten Spalte geben dabei an, wieviel ME der Rohstoffe oder Vorprodukte j (j = 1, ..., 5) jeweils *insgesamt* für die Fertigung einer ME des Produkts i benötigt werden.

Die *Zeilen einer Matrix* $(\underline{B} - \underline{E})$ werden als *Teileverwendungsnachweise* bezeichnet. Die Elemente der j-ten Zeile geben dabei an, wieviel ME eines Rohstoffs oder Vorprodukts j jeweils *insgesamt* für die Fertigung einer ME der Produkte i (i = 1, ..., 5) notwendig sind.

Aufgabe 4

Mit $\underline{B}_1$ aus Aufgabe 3 ergibt sich der Vektor $\underline{r}^1 = (r_1, r_2, r_3, r_4, r_5)^t$ der gesuchten Gesamtmengen wie folgt:

$$\underline{r}^1 = \underline{B}_1 \cdot \underline{xa}$$

$$\underline{r}^1 = \begin{pmatrix} 1 & \frac{1}{2} & \frac{1}{10} & \frac{65}{100} & \frac{3}{10} \\ 0 & 1 & \frac{1}{5} & \frac{4}{5} & 0 \\ 0 & 0 & 1 & 1 & 0 \\ 0 & 0 & 0 & 1 & 0 \\ 0 & 0 & 0 & \frac{1}{2} & 1 \end{pmatrix} \cdot \begin{pmatrix} 0 \\ 0 \\ 0 \\ 1.000 \\ 750 \end{pmatrix} = \begin{pmatrix} 875 \\ 800 \\ 1.000 \\ 1.000 \\ 1.250 \end{pmatrix} \text{[ME]}.$$

Aufgabe 5

Für umfangreiche Gozinto-Graphen ist die dargestellte Vorgehensweise zur Ermittlung der Gesamtbedarfsmatrix zumindest umständlich. Außerdem stößt man auf *Schwierigkeiten, wenn der Gozinto-Graph* nicht mehr einfach zusammenhängend ist, sondern *Kreise enthält*, wie es beim modifizierten Gozinto-Graphen GG$_2$ der Fall ist: ein Kreis von KS$_1$ nach KS$_1$ (Eigenverbrauch), der andere Kreis zwischen KS$_1$ und KS$_2$. Denn beim Vorliegen von Kreisen lassen sich die Gesamtbedarfskoeffizienten b_{ji} nicht mehr – wie in Aufgabe 3 – mittels endlicher Summen ermitteln.

Einen eleganten Lösungsansatz bietet hier die Matrizenrechnung. Ein Gozinto-Graph induziert für die Ermittlung des Mengenbedarfs an Rohstoffen und Produkten ein Gleichungssystem, das sich in Matrizenschreibweise in allgemeiner Form wie folgt darstellt:

$$\underline{r} = \underline{A} \cdot \underline{r} + \underline{xa}$$
$$\Leftrightarrow \quad (\underline{E} - \underline{A}) \cdot \underline{r} = \underline{xa}$$
$$\Leftrightarrow \quad \underline{r} = (\underline{E} - \underline{A})^{-1} \cdot \underline{xa}$$
$$\Leftrightarrow \quad \underline{r} = \underline{B} \cdot \underline{xa} \qquad \text{mit } \underline{B} := (\underline{E} - \underline{A})^{-1}$$

Für den Gozinto-Graphen GG_2 mit der Direktbedarfsmatrix $\underline{A}_2$

$$\underline{A}_2 = \begin{pmatrix} \frac{1}{10} & \frac{1}{2} & 0 & \frac{1}{10} & \frac{3}{10} \\ \frac{2}{10} & 0 & \frac{1}{5} & \frac{3}{5} & 0 \\ 0 & 0 & 0 & 1 & 0 \\ 0 & 0 & 0 & 0 & 0 \\ 0 & 0 & 0 & \frac{1}{2} & 0 \end{pmatrix}$$

ergibt sich damit durch Invertierung der Matrix $(\underline{E} - \underline{A}_2)$ – etwa nach dem Gaußschen Eliminationsverfahren – die gesuchte Gesamtbedarfsmatrix $\underline{B}_2$ zu

$$\underline{B}_2 = \begin{pmatrix} \frac{5}{4} & \frac{5}{8} & \frac{1}{8} & \frac{13}{16} & \frac{3}{8} \\ \frac{1}{4} & \frac{9}{8} & \frac{9}{40} & \frac{77}{80} & \frac{3}{40} \\ 0 & 0 & 1 & 1 & 0 \\ 0 & 0 & 0 & 1 & 0 \\ 0 & 0 & 0 & \frac{1}{2} & 1 \end{pmatrix}.$$

(Zur Probe kann der Leser eine Multiplikation mit der Matrix $(\underline{E} - \underline{A}_2)$ vornehmen, deren Resultat die Einheitsmatrix $\underline{E}$ sein muß.)

Aufgabe 6

Größer als 1 sind die Gesamtbedarfskoeffizienten genau derjenigen Stellen bzw. Produkte, die in GG_2 in Kreise eingebunden sind. Die ökonomische Erklärung liegt darin, daß alle diese Stellen sich zumindest mittelbar (die Stelle KS_1 sogar unmittelbar) selbst beliefern. So erhält die Stelle KS_2 über die von der Stelle KS_1 gelieferten Produkte mittelbar einen Teil der eigenen Produkte zurück, die sie ihrerseits an die Stelle KS_1 abgegeben hat. In der Stelle KS_1 müssen demnach 1,25 ME (= b_{11}), in der Stelle KS_2 hingegen 1,125 ME (= b_{22}) an Rohstoffen beschafft und veredelt werden, damit jeweils 1 ME effektiv abgesetzt werden kann. Die Stellen KS_3, KS_4 und KS_5 hingegen sind nicht in Kreise eingebunden; folgerichtig erfahren sie bei der Ermittlung der Gesamtbedarfskoeffizienten keine Belastung mit eigenen Rohstoff- oder Vorproduktanteilen. Die entsprechenden Diagonalelemente b_{33}, b_{44} und b_{55} der Matrix $\underline{B}_2$ sind daher gleich 1, d. h., eine ME muß hergestellt werden, um eine ME effektiv absetzen zu können.

Aufgabe 7

Analog zu Aufgabe 4 gilt für GG_2:

$\underline{r}^2 = \underline{B}_1 \cdot \underline{xa}$

$$
\underline{r}^2 =
\begin{pmatrix}
\frac{5}{4} & \frac{5}{8} & \frac{1}{8} & \frac{13}{16} & \frac{3}{8} \\
\frac{1}{4} & \frac{9}{8} & \frac{9}{40} & \frac{77}{80} & \frac{3}{40} \\
0 & 0 & 1 & 1 & 0 \\
0 & 0 & 0 & 1 & 0 \\
0 & 0 & 0 & \frac{1}{2} & 1
\end{pmatrix}
\cdot
\begin{pmatrix}
0 \\
0 \\
0 \\
1.000 \\
750
\end{pmatrix}
=
\begin{pmatrix}
1.093{,}75 \\
1.018{,}75 \\
1.000 \\
1.000 \\
1.250
\end{pmatrix}
\ [\text{ME}].
$$

Der Vergleich mit den Ergebnissen aus Aufgabe 4 belegt den erheblichen Mehrverbrauch an Rohstoffen.

Aufgabe 8

Der Beweis benutzt, daß allgemein für inverse Matrizen $\underline{M}$ und $\underline{M}^{-1}$ per definitionem gilt:

$$\underline{M} \cdot \underline{M}^{-1} = \underline{M}^{-1} \cdot \underline{M} = \underline{E}.$$

Damit ergibt sich:

$\underline{B} = (\underline{E} - \underline{A})^{-1}$ (Linksmultiplikation mit $(\underline{E} - \underline{A})$)

$\Leftrightarrow \quad (\underline{E} - \underline{A}) \cdot \underline{B} = (\underline{E} - \underline{A}) \cdot (\underline{E} - \underline{A})^{-1}$

$\Leftrightarrow \quad \underline{B} - \underline{A} \cdot \underline{B} = \underline{E}.$ (*)

Andererseits gilt:

$\underline{B} = (\underline{E} - \underline{A})^{-1}$ (Rechtsmultiplikation mit $(\underline{E} - \underline{A})$)

$\Leftrightarrow \quad \underline{B} \cdot (\underline{E} - \underline{A}) = (\underline{E} - \underline{A})^{-1} \cdot (\underline{E} - \underline{A})$

$\Leftrightarrow \quad \underline{B} - \underline{B} \cdot \underline{A} = \underline{E}.$ (**)

Gleichsetzen von (*) und (**) und Eliminierung von $\underline{B}$ ergibt sofort:

$$\underline{A} \cdot \underline{B} = \underline{B} \cdot \underline{A}.$$

Das Ergebnis ist insofern hervorhebenswert, als die Multiplikation von Matrizen grundsätzlich nicht kommutativ ist, d. h., für zwei beliebige Matrizen $\underline{M}_1$ und $\underline{M}_2$ gilt in der Regel: $\underline{M}_1 \cdot \underline{M}_2 \neq \underline{M}_2 \cdot \underline{M}_1$.

Aufgabe 9

Das zu analysierende Phänomen liegt im Eigenverbrauch der Stellen KS_1 und KS_2 begründet. Im Original-Graphen GG_2 ist $a_{12} = 0{,}5$ und $a_{21} = 0{,}2$. *Für diesen Kreis* läßt sich ausrechnen, wieviel ME die Stelle KS_1 beschaffen und veredeln muß, um eine ME des Rohstoffs 1 effektiv weitergeben zu können. Um eine ME beschaffen und bearbeiten zu können, benötigt die Stelle KS_1 zusätzlich $(0{,}5 \cdot 0{,}2 =) 0{,}1$ ME ihres eigenen Produkts. Für diese $0{,}1$ ME wiederum benötigt sie weitere $((0{,}5 \cdot 0{,}2) \cdot 0{,}1 =) 0{,}01$ ME. Diese Betrachtung läßt sich beliebig fortsetzen. Formal gilt:

Gesamtzusatzbedarf im Kreis $KS_1 \rightarrow KS_2 \rightarrow KS_1$

$$= 0{,}1 + 0{,}1^2 + 0{,}1^3 + \ldots = \sum_{n=1}^{\infty} 0{,}1^n = 0{,}1 \cdot \frac{1}{1-0{,}1} = \frac{1}{9}.$$

Allein über diesen einen Kreis im Gozinto-Graphen muß die Stelle KS_1 $1/9$ ME mehr beschaffen und bearbeiten, um 1 ME abgeben zu können. Insgesamt sind damit $8/9$ ME für die Abgabe einer ME des Rohstoffs 1 erforderlich.

Wird nun der Koeffizient a_{21} von $0{,}2$ auf 2 erhöht, ergibt sich in analoger Betrachtung wie zuvor: Gesamtzusatzbedarf im Kreis $KS_1 \rightarrow KS_2 \rightarrow KS_1 = 1 + 1^2 + 1^3 + \ldots = \infty$, denn das Produkt der Direktbedarfskoeffizienten im betrachteten Kreis a_{12} und a_{21} ist nun nicht mehr $0{,}1$, sondern 1.

Der Gesamtbedarf an Rohstoff 1 zur Erstellung einer abgabefähigen ME dieses Rohstoffs wäre damit aufgrund des (fälschlicherweise) unterstellten Eigenverbrauchs unendlich hoch. Das Unternehmen würde sich in der permanenten Beschaffung von Nachschub verzehren, ohne daß verwertbare Produkte abgesetzt werden könnten. Ein solcher Prozeß sollte im unternehmerischen Alltag nicht (oder zumindest nicht für längere Zeit) vorkommen.

Aufgabe 10

Eine Gesamtbedarfsmatrix $\underline{B} = (\underline{E} - \underline{A})^{-1}$ läßt sich in die sogenannte *Neumannsche Reihe* entwickeln, d. h., sie ergibt sich als Grenzwert wie folgt:

$$\underline{B} = (\underline{E} - \underline{A})^{-1} = \underline{E} + \underline{A} + \underline{A}^2 + \underline{A}^3 + \ldots = \sum_{i=1}^{\infty} \underline{A}^i$$

Für den Fall, daß ein Gozinto-Graph Kreise enthält, sind sämtliche Potenzen der Direktbedarfsmatrix $\underline{A}^n$ von der Nullmatrix verschieden. Es kann daher bei Abbruch der Reihenentwicklung lediglich eine hinreichend genaue Näherung für $\underline{B}$ bestimmt werden. Die Güte der Näherung hängt dabei von der Anzahl der einbezogenen Potenzen $\underline{A}^n$ ab.

Natürlich gilt die Entwicklung der Neumannschen Reihe auch für einfach zusammenhängende Gozinto-Graphen. Für den Gozinto-Graphen GG_1, der keine Kreise enthält, sind die zugehörigen *Direktbedarfsmatrizen* $\underline{A}_1$ *nilpotent*, d. h., es gibt eine natürliche Zahl n, für die die Potenz $\underline{A}_1^n$ erstmals verschwindet. (Die Matrix $\underline{A}_1$ zu GG_1 ist nilpotent, weil sie *bei entsprechender Numerierung der Stellen* nur oberhalb der Hauptdiagonalen Elemente besitzt, die von null verschieden sind. Die hier passende Numerierung besteht in der Vertauschung der Stellen KS_4 und KS_5.) Die Gesamtbedarfsmatrix $\underline{B}_1$ läßt sich daher in diesem Fall exakt bestimmen, da die Neumannsche Reihe nach endlich vielen Gliedern abbricht. Für den Gozinto-Graphen GG_1 ist das für n = 4 der Fall, da $\underline{A}_1^4 = \underline{0}$:

$$\underline{A}_1 = \begin{pmatrix} 0 & \frac{1}{2} & 0 & \frac{1}{10} & \frac{3}{10} \\ 0 & 0 & \frac{1}{5} & \frac{3}{5} & 0 \\ 0 & 0 & 0 & 1 & 0 \\ 0 & 0 & 0 & 0 & 0 \\ 0 & 0 & 0 & \frac{1}{2} & 0 \end{pmatrix} \quad \underline{A}_1^2 = \begin{pmatrix} 0 & 0 & \frac{1}{10} & \frac{9}{20} & 0 \\ 0 & 0 & 0 & \frac{1}{5} & 0 \\ 0 & 0 & 0 & 0 & 0 \\ 0 & 0 & 0 & 0 & 0 \\ 0 & 0 & 0 & 0 & 0 \end{pmatrix} \quad \underline{A}_1^3 = \begin{pmatrix} 0 & 0 & 0 & \frac{1}{10} & 0 \\ 0 & 0 & 0 & 0 & 0 \\ 0 & 0 & 0 & 0 & 0 \\ 0 & 0 & 0 & 0 & 0 \\ 0 & 0 & 0 & 0 & 0 \end{pmatrix}.$$

In der Tat gilt für GG_1: $\underline{B} = \underline{E} + \underline{A} + \underline{A}^2 + \underline{A}^3$.

Die Ermittlung von $\underline{B}$ läßt sich durch eine *Rekursionsformel* erleichtern. Bezeichnet man mit $\underline{B}^{(m)}$ die Näherung der Gesamtbedarfsmatrix $\underline{B}$ nach dem n-ten Iterationsschritt, so ergibt sich aus der obigen Neumannschen Reihenentwicklung:

$\underline{B}^{(0)} := \underline{E}$

$\underline{B}^{(1)} = \underline{E} + \underline{A} = \underline{E} + \underline{B}^{(0)} \cdot \underline{A}$

$\underline{B}^{(2)} = \underline{E} + \underline{A} + \underline{A}^2 = \underline{E} + \underline{B}^{(1)} \cdot \underline{A}$

...

$\underline{B}^{(n)} = \underline{E} + \underline{B}^{(n-1)} \cdot \underline{A}$.

Diese Iteration ist in jedem gängigen Tabellenkalkulationsprogramm leicht durchzuführen und liefert in der Regel schnell brauchbare Ergebnisse (Näherungslösungen).

Aufgabe 11

Zunächst einmal ist zu bemerken, daß die *Direktbedarfskoeffizienten* im Gozinto-Graphen GG_1 so gewählt sind, daß sie *als Anteilskoeffizienten im Rahmen der Sekundärkostenrechnung* dienen können: sie liegen sämtlich zwischen 0 und 1 (d. h. zwischen 0 % und 100 %). Für eine reine Teilebedarfsrechnung wäre diese Einschränkung der Direktbedarfskoeffizienten nicht notwendig gewesen, hier hätten auch Zahlen verwendet werden können, die größer als 1 sind. Mit der im Beispiel getroffenen

Wahl der Direktbedarfskoeffizienten ist es aber möglich, *dasselbe Beispiel* ohne jegliche Modifikationen *sowohl für eine Teilebedarfsrechnung als auch für eine Sekundärkostenrechnung* (innerbetriebliche Leistungsrechnung) zu verwenden und damit die enge Verwandtschaft beider Problemstellungen hinsichtlich des Einsatzes von Direkt- und Gesamtbedarfsmatrizen zu verdeutlichen.

Wie der Name schon sagt, handelt es sich bei der Teilebedarfsrechnung um eine *Bedarfsrechnung;* die Ermittlung der Gesamtkosten basiert hingegen auf einer *Belastungsrechnung.* In der Zeile i der Gesamtbedarfsmatrix muß daher für die Ermittlung der Gesamtkosten GK_i der Kostenstelle KS_i im Rahmen der Sekundärkostenrechnung nicht stehen, in welchem Umfang die übrigen Kostenstellen KS_j einer Lieferung durch diese Kostenstelle KS_i bedürfen. Vielmehr muß in der Zeile i stehen, was jede Stelle KS_j an diese Stelle KS_i liefert, d. h. korrespondierend, mit welchen anteiligen Kosten der liefernden Stelle KS_j die empfangende Stelle KS_i jeweils zu belasten ist.

Für Zwecke der Sekundärkostenrechnung sind die Matrizen $\underline{A}$ und $\underline{B}$ deshalb zu transponieren.

Auf der Grundlage des Gozinto-Graphen GG_2 gilt:

$$\underline{A}_2{}^t = \begin{pmatrix} \frac{1}{10} & \frac{2}{10} & 0 & 0 & 0 \\ \frac{1}{2} & 0 & 0 & 0 & 0 \\ 0 & \frac{1}{5} & 0 & 0 & 0 \\ \frac{1}{10} & \frac{3}{5} & 1 & 0 & \frac{1}{2} \\ \frac{3}{10} & 0 & 0 & 0 & 0 \end{pmatrix} \text{ und}$$

$$\underline{B}_2{}^t = \begin{pmatrix} \frac{5}{4} & \frac{1}{4} & 0 & 0 & 0 \\ \frac{5}{8} & \frac{9}{8} & 0 & 0 & 0 \\ \frac{1}{8} & \frac{9}{40} & 1 & 0 & 0 \\ \frac{13}{16} & \frac{77}{80} & 1 & 1 & \frac{1}{2} \\ \frac{3}{8} & \frac{3}{40} & 0 & 0 & 1 \end{pmatrix}.$$

Die Gesamtbedarfskoeffizienten b_{ij} der i-ten Zeile der Matrix $\underline{B}_2{}^t$ geben nun – in gedanklicher Analogie zu einer Mengenübersichtsstückliste – an, was alle Stellen KS_j anteilig an die Stelle KS_i liefern. Diesen Anteilen entsprechend sind dann die Kostenbelastungen vorzunehmen. Es gilt allgemein: $\underline{GK} = \underline{PK} + \underline{A}^t \cdot \underline{GK}$. In formaler Analogie zu Aufgabe 7 gilt damit: $\underline{GK} = \underline{B}^t \cdot \underline{PK}$.

Mit den Primärkosten nach Aufgabenstellung erhält man dann:

$$\underline{GK} = \begin{pmatrix} \frac{5}{4} & \frac{1}{4} & 0 & 0 & 0 \\ \frac{5}{8} & \frac{9}{8} & 0 & 0 & 0 \\ \frac{1}{8} & \frac{9}{40} & 1 & 0 & 0 \\ \frac{13}{16} & \frac{77}{80} & 1 & 1 & \frac{1}{2} \\ \frac{3}{8} & \frac{3}{40} & 0 & 0 & 1 \end{pmatrix} \cdot \begin{pmatrix} 7.725 \\ 3.600 \\ 12.000 \\ 40.000 \\ 30.000 \end{pmatrix} = \begin{pmatrix} 10.556{,}25 \\ 8.878{,}125 \\ 13.775{,}625 \\ 76.741{,}5625 \\ 33.166{,}875 \end{pmatrix} \quad [\text{DM}].$$

Aufgabe 12

Der Ungar Andre Vazsonyi hat während seiner Beschäftigung mit der dargestellten Thematik eine Kunstfigur erdacht, der zu Ehren er den Gozinto-Graph benannte: den italienischen Mathematiker *Zepartzat Gozinto*. Bisweilen findet er sich sogar zitiert. Führt man sich vor Augen, daß im Gozinto-Graphen dargestellt wird, welche Teile wohin fließen und spricht man den Satz – „[the part that] [goes into]" – laut und lauscht seinem Klang, wird klar, wie Vazsonyi auf den Namen gekommen ist.

Literaturhinweise

MALTRY, H.: Innerbetriebliche Leistungsrechnung bei wechselseitigen Lieferbeziehungen (Teil I und II), in: WiSu (1997), S. 461–468, S. 549–556.

MÜLLER-MERBACH, H.: Operations Research, 3. Aufl., München 1973.

VAZSONYI, A.: The Use of Mathematics in Production and Inventory Control, in: Management Science 1954/55, S. 70–85, S. 207–233.

VOGEL, F.: Matrizenrechnung in der Betriebswirtschaft, Opladen 1970.

ZURMÜHL, R.: Matrizen und ihre technischen Anwendungen, Berlin/Göttingen/Heidelberg 1964.

Udo Buscher

Programmorientierte Ermittlung des terminierten Material-bedarfs

Aufgabe 1

Erläutern Sie kurz das Ziel und die Aufgaben der programmorientierten Materialbe-darfsplanung!

Aufgabe 2

Ein in der Chemiebranche tätiges Unternehmen fertigt die Produkte X_1 und X_2 in einem mehrstufigen Fertigungsprozeß. Dabei werden drei Einsatzfaktoren R_n (n = 1, 2, 3) und drei Zwischenprodukte Z_m (m = 1, 2, 3) benötigt. Der Produktionsprozeß wird durch die folgende Abbildung wiedergegeben.

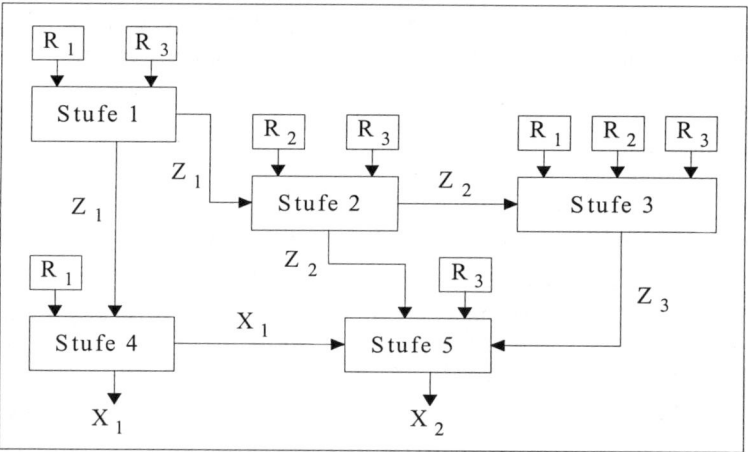

Die Faktorverbräuche bzw. die Anzahl der Zwischen- und Hauptprodukte, die in jeder Stufe je Ausbringungseinheit benötigt werden, lassen sich der nachstehenden Tabelle entnehmen:

Stufe	R_1	R_2	R_3	Z_1	Z_2	Z_3	X_1
1	2	0	1	0	0	0	0
2	0	2	2	1	0	0	0
3	1	3	1	0	2	0	0
4	3	0	0	2	0	0	0
5	0	0	3	0	2	1	2

a) Zeichnen Sie für die vorliegende Produktionsstruktur den Gozinto-Graphen, und erläutern Sie anschließend seinen Aufbau!

b) Ermitteln Sie mit Hilfe des Gozinto-Listen-Verfahrens den Bruttogesamtbedarf, wenn das betrachtete Unternehmen im Planungszeitraum den folgenden Primärbedarf aufweist: 200 Mengeneinheiten [ME] von Z_3, 150 ME von X_1 und 80 ME von X_2! (Faktisch ist also Z_3 wie X_1 sowohl Zwischen- als auch Hauptprodukt.)

Aufgabe 3

Um die Produktion in der zweiten Stufe zu beschleunigen, wird dort das Hauptprodukt X_2 als Katalysator eingesetzt. Für die Herstellung einer Einheit des Zwischenproduktes Z_2 werden nunmehr zusätzlich 0,2 Einheiten von X_2 benötigt.

a) Ergänzen Sie zunächst den Gozinto-Graphen aus Aufgabe 2 a)! Diskutieren Sie anschließend, welche Auswirkung die Rückkopplung auf den (Brutto-)Bedarf von X_2 hat!

b) Ermitteln Sie den Bruttogesamtbedarf mit Hilfe des Gozinto-Listen-Verfahrens, wenn im Unterschied zu Aufgabe 2 der folgende Primärbedarf zugrunde gelegt wird: 150 ME von X_1 und 80 ME von X_2!

Aufgabe 4

Im folgenden gelte wieder die ursprüngliche Produktionsstruktur aus Aufgabe 2, d.h., das Hauptprodukt X_2 wird nicht als Katalysator eingesetzt. Es soll nunmehr eine *terminierte Bedarfsermittlung* durchgeführt werden. Hierbei ist zu beachten, daß der Produktionsprozeß in der zweiten Stufe zwei Zeiteinheiten [ZE] benötigt, während in den übrigen vier Stufen der Fertigungsprozeß lediglich eine ZE in Anspruch nimmt. Die Produktionszeiten sind aufgrund technischer Gegebenheiten unabhängig von der zu fertigenden Menge. Weiterhin handelt es sich um eine geschlossene Fertigung, so daß die gefertigten Zwischen- und Endprodukte nur komplett zur nächsten Stufe weitergegeben werden können. Die Transportgeschwindigkeit zwischen den Stufen möge unendlich hoch sein.

a) Bestimmen Sie den *terminierten Bedarf*, wenn zum Zeitpunkt T folgender Primärbedarf befriedigt werden muß: 200 ME von Z_3, 150 ME von X_1 und 80 ME von X_2! (Z_3 ist somit wieder Zwischen- *und* Hauptprodukt.)

b) Überprüfen Sie durch Zusammenfassen der terminierten Bedarfe, ob sich erneut der in Teilaufgabe 2 b) ermittelte Bruttogesamtbedarf ergibt!

Lösung

Aufgabe 1

Das *Ziel* der programmorientierten Materialbedarfsplanung besteht darin, für ein geplantes Hauptproduktionsprogramm die Verbrauchsfaktoren hinsichtlich Art, Menge und Bereitstellungstermin zu bestimmen. Die Materialbedarfsplanung setzt damit die Kenntnis des sich aus dem Hauptproduktionsprogramm ergebenden *Primärbedarfs* voraus. Dieser gibt periodenbezogen die Menge an End- und verkaufsfähigen Zwischenprodukten an, die für den Absatz bestimmt ist. Die Ermittlung der Mengen an Rohstoffen, Einzelteilen und Zwischenprodukten, die für die Herstellung des Primärbedarfs benötigt werden (*Sekundärbedarf*), erfolgt im Rahmen der programmorientierten Materialbedarfsplanung unter Rückgriff auf Stücklisten. Eine Anwendung programmorientierter Verfahren kommt somit nur in Frage, wenn die Erzeugnisstrukturen sämtlicher Endprodukte bekannt sind. Neben der Bestimmung der Sekundärmengen hat die Materialbedarfsplanung auch für eine termingerechte Bereitstellung der Materialien zu sorgen, um sowohl unnötige Lagerkosten aufgrund zu früher als auch Produktionsunterbrechungen aufgrund zu später Bereitstellung zu vermeiden.

Aufgabe 2

a) Für die vorliegende Produktionsstruktur kann der in Abbildung 1 wiedergegebene Gozinto-Graph erstellt werden (der gestrichelt eingezeichnete Pfeil ist im Rahmen der Aufgabe 2 zu vernachlässigen).

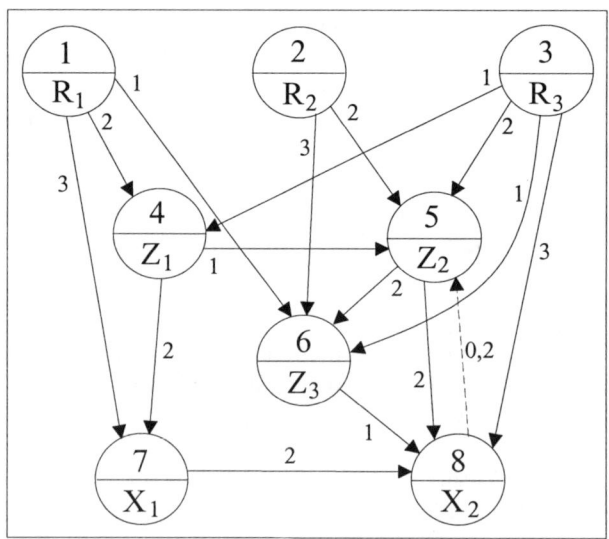

Abbildung 1: Gozinto-Graph

Mit Hilfe eines *Gozinto-Graphen* können die zwischen verschiedenen Artikeln bestehenden Beziehungen abgebildet werden. Unter dem Begriff *Artikel* werden hier sowohl Rohstoffe und Einzelteile als auch Zwischen- und Endprodukte verstanden, da es für die Materialbedarfsplanung weitgehend unerheblich ist, welchen Zwecken die Bedarfsmengen dienen. Bei dem Gozinto-Graphen handelt es sich um einen gerichteten und bewerteten Graphen. Während die Knoten Artikel repräsentieren, zeigt ein von Knoten i zu Knoten j führender Pfeil an, daß die Herstellung des Artikels j der Zufuhr des Artikels i bedarf. Die Pfeilbewertungen d_{ij} geben an, welche Menge des Artikels i unmittelbar für die Herstellung einer Einheit des Artikels j benötigt wird. Liegt ein zyklenfreier Graph vor, so ist bei der Numerierung der Knoten darauf zu achten, daß kein Pfeil von einem höher zu einem niedriger indizierten Knoten führt.

b) Die *Gozinto-Liste* bildet als tabellarische Darstellung des Gozinto-Graphen die Grundlage des *Gozinto-Listen-Verfahrens*. Bei der Gozinto-Liste handelt es sich um eine dreispaltige Tabelle, in deren Spalten die Zielknoten j, in die Pfeile eingehen, die Startknoten i, von denen Pfeile ausgehen, und die Pfeilbewertungen d_{ij} eingetragen werden.

Zielknoten j	Startknoten i	Bewertung d_{ij}
4	1	2
4	3	1
5	2	2
5	3	2
5	4	1
6	1	1
6	2	3
6	3	1
6	5	2
7	1	3
7	4	2
8	3	3
8	5	2
8	6	1
8	7	2

Tabelle 1: Gozinto-Liste

Die Berechnung des Bruttobedarfs erfolgt im Rahmen des Gozinto-Listen-Verfahrens mit Hilfe einer zweiten Tabelle, die mit der Gozinto-Liste korrespondiert. Dort werden in einem *Initialisierungsschritt* zunächst sämtliche Knoten i mit den zugehörigen Ausgangsvalenzen AV_i in aufsteigender Reihenfolge eingetragen. Dabei gibt die Ausgangsvalenz die Anzahl der Pfeile an, die von dem betrachteten Knoten i ausgehen. Zur Ermittlung des Bruttobedarfs wird auf kumulierte Bedarfsvektoren zurück-gegriffen, die anfangs dem Primärbedarfsvektor entsprechen.

Die *Berechnung kumulierter Bruttobedarfe* erfolgt in einem zweiten Schritt, indem die Bruttobedarfe der Artikel, die Ausgangsvalenzen von null aufweisen und deren Bruttobedarfe damit festliegen, auf untergeordnete Artikel übergewälzt werden. Als zweckmäßig erweist es sich, auf die Gozinto-Liste zurückzugreifen und diese von unten nach oben abzuarbeiten. Die aktuellen Bruttobedarfsvektoren $\mathbf{B}^k$ ergeben sich durch Zusammenfassen der artikelweise zu berechnenden Bedarfe, die folgender-maßen bestimmt werden können:

$$b_i^k = b_i^{k-1} + d_{ij} \cdot b_j^{k-1}$$

Der Hochindex k an den Bruttobedarfen zeigt die Anzahl der Produktionsstufen (Zielknoten) an, die bei der Kumulation der Bedarfe bereits berücksichtigt wurden. Nach der Berechnung des Bedarfes b_i^k ist die Ausgangsvalenz AV_i des Knotens i um eins herabzusetzen und die Gozinto-Liste weiterabzuarbeiten. Artikel, deren Aus-gangsvalenzen den Wert Null aufweisen und deren Bedarfe auf untergeordnete Arti-kel übergewälzt wurden, erhalten eine Markierung (dunkler Rahmen in Tabelle 2) und scheiden aus der Rechnung aus. Die Bestimmung eines neuen, aktualisierten Bruttobedarfsvektors wird notwendig, wenn die Beziehungen eines neuen Zielknotens j abzuarbeiten sind. Das Verfahren endet, wenn alle Beziehungen des letzten Ziel-knotens berücksichtigt wurden. Die Vorgehensweise des Gozinto-Listen-Verfahrens kann für die vorliegende Aufgabenstellung mit Hilfe der Tabelle 2 nachvollzogen werden.

i	AV^0	$\mathbf{B}^0$	AV^1	$\mathbf{B}^1$	AV^2	$\mathbf{B}^2$	AV^3	$\mathbf{B}^3$	AV^4	$\mathbf{B}^4$	AV^5	$\mathbf{B}^5$
1	3	0	3	0	2	930	1	1.210	1	1.210	-	3.890
2	2	0	2	0	2	0	1	840	-	2.280	-	2.280
3	4	0	3	240	3	240	2	520	1	1.960	-	3.300
4	2	0	2	0	1	620	1	620	-	1.340		
5	2	0	1	160	1	160	-	720				
6	1	200	-	280	-	280						
7	1	150	-	310								
8	-	80										

Tabelle 2: Gozinto-Listen-Verfahren

Aufgabe 3

a) Der Einsatz des Hauptproduktes X_2 als Katalysator in der vorgelagerten Produktionsstufe wurde in Abbildung 1 mit Hilfe eines gestrichelten Pfeils dargestellt. Dies hat zur Folge, daß im Gozinto-Graphen ein *Zyklus* entsteht, von dem die drei Knoten fünf, sechs und acht betroffen sind. Zunächst sind die direkten Wechselwirkungen zwischen X_2 und Z_2 zu beachten. Für die Herstellung einer Einheit von Z_2 werden 0,2 Einheiten von X_2 benötigt. Da aber wiederum zwei Einheiten Z_2 für die Herstellung einer Einheit von X_2 aufgewendet werden müssen, ergibt sich allein aufgrund der Berücksichtigung dieses Rückflusses eine Verminderung des Nettooutputs von X_2 um 0,4 Einheiten (vgl. hier und im folgenden Abbildung 2). Eine weitere Reduzierung des Nettooutputs von X_2 ergibt sich, weil die Rückkopplung zusätzliche Wirkungen über Artikel Z_3 entfaltet. Da zwei Einheiten von Z_2 für die Herstellung einer Einheit von Z_3 benötigt werden, führt der Einsatz dieser Einheit zu einer nochmaligen Reduzierung des Nettooutputs von X_2 in Höhe von 0,4 Einheiten. Um (netto) eine Einheit von X_2 zu erhalten, müssen demnach (brutto) fünf Einheiten von X_2 hergestellt werden.

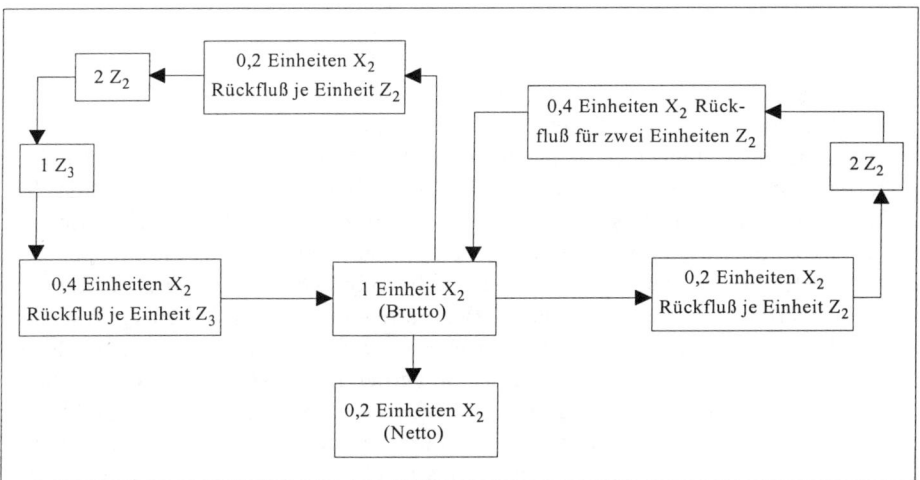

Abbildung 2: Rückkopplungseffekte

b) Im Falle eines Zyklus kann das Gozinto-Listen-Verfahren nicht ohne Modifikationen zur Ermittlung des Bruttobedarfs eingesetzt werden. Die Anwendung des Verfahrens setzt voraus, daß der Bedarf eines übergeordneten Artikels festliegt, bevor dieser auf vorgelagerte Artikel übergewälzt werden kann. Dies ist für den ursprünglichen Primärbedarf von X_2 aufgrund des Zyklus nicht der Fall. Allerdings entsprechen die in Teilaufgabe 3 a) angestellten Überlegungen einer *Eliminierung des Zyklus*, weil seine Wirkungen auf den Bruttobedarf von X_2 berücksichtigt werden. Im vorliegenden Fall müssen brutto 400 Einheiten von X_2 hergestellt werden, um netto 80 Einheiten von X_2 zu erhalten. Bei der Initialisierung des Gozinto-Listen-Verfahrens ist somit eine entsprechende Änderung des ersten kumulierten Bedarfsvektors vorzunehmen. Die Berechnung des Bruttobedarfs ist der Tabelle 3 zu entnehmen.

i	AV^0	B^0	AV^1	B^1	AV^2	B^2	AV^3	B^3	AV^4	B^4	AV^5	B^5
1	3	0	3	0	2	2.850	1	3.250	1	3.250	-	10.250
2	2	0	2	0	2	0	1	1.200	-	4.400	-	4.400
3	4	0	3	1.200	3	1.200	2	1.600	1	4.800	-	8.300
4	2	0	2	0	1	1.900	1	1.900	-	3.500		
5	2	0	1	800	1	800	-	1.600				
6	1	0	-	400	-	400						
7	1	150	-	950								
8	-	400										

Tabelle 3: Gozinto-Listen-Verfahren nach Eliminierung des Zyklus

Aufgabe 4

a) Die vorhergehenden Aufgaben haben sich auf die Ermittlung der Bruttobedarfs-mengen konzentriert, ohne auf die *zeitliche Verteilung* des Bedarfs einzugehen. Die Berücksichtigung zeitlicher Gesichtspunkte erfolgt im Rahmen der *terminierten Bedarfsermittlung*. Hierbei erweist es sich als erforderlich, die Bearbeitungszeiten der Produktionsstufen in die Überlegungen mit einzubeziehen. Soll beispielsweise ein Artikel X zu einem bestimmten Zeitpunkt fertiggestellt sein, so sind die Mengen der Artikel, die für die Herstellung des Artikels X benötigt werden, mit einem zeitlichen Vorlauf zu fertigen, damit sie bereits zu Beginn der Produktion des übergeordneten Artikels X zur Verfügung stehen. Realistischerweise differieren für unterschiedliche eingehende Artikel die zeitlichen Vorläufe. Ob variierende *Vorlaufzeitverschiebungen* jedoch tatsächlich zum Tragen kommen, hängt davon ab, wie der zeitliche Ablauf erfaßt wird. Eine Möglichkeit besteht darin, die Zeit diskret in Perioden einzuteilen. Bei dieser Vorgehensweise läßt sich allerdings nicht gewährleisten, daß unterschiedliche Vorlaufzeitverschiebungen auch wirklich erfaßt werden, weil sie aufgrund einer zu groben zeitlichen Einteilung in ein und dieselbe Periode fallen können. Die Genauigkeit der zeitlichen Abbildung läßt sich jedoch durch eine feinere Periodeneinteilung steigern.

Der Beginn der terminierten gleicht der nichtterminierten Bedarfsermittlung, d.h., der anfängliche periodenbezogene Bedarfsvektor stimmt mit dem Primärbedarf überein (vgl. hier und im folgenden Tabelle 4). Zunächst werden wieder die Zielknoten markiert (dunkler Rahmen), die eine Ausgangsvalenz von null aufweisen. Der aufgrund des betrachteten Zielknotens j beim Startknoten i entstehende Bedarf ergibt sich aus der Multiplikation des Bedarfs des Zielknotens j mit der in der Gozinto-Liste aufge-

1	2	3	4	5	6	7	8	9	10	11	12	13	14	15	16	17	18	19
i	AV	B^T	AV	(8)	AV	(7)	AV	(6)	AV	B^{T-1}	AV	(7)	AV	(6)	AV	(4)	AV	B^{T-2}
1	3	0	3	0	3	450	3	200	3	650	2	480	1	80	1	600	1	1.160
2	2	0	2	0	2	0	2	600	2	600	2	0	1	240	1	0	1	240
3	4	0	3	240	3	0	3	200	3	440	3	0	2	80	2	300	2	380
4	2	0	2	0	2	300	2	0	2	**300**	1	320	1	0		→↑	1	**320**
5	2	0	1	160	1	0	1	400	1	**560**	1	0	-	160			-	**160**
6	1	**200**	-	80	-	0		→↑	-	**80**	-	0		→↑				
7	1	**150**	-	160		→↑			-	**160**		→↑						
8	-	**80**		→↑														

1	18	19	20	21	22	23	24	25	26	27	28	29	30	31	32	33
i	AV	B^{T-2}	AV	(5)	AV	(4)	AV	B^{T-3}	AV	(5)	AV	(4)	AV	B^{T-4}	AV	B^{T-5}
1	1	1.160	1	*0*	1	640	1	640	1	*0*	1	1.120	1	1.120	-	320
2	1	240	2	*1.120*	1	0	1	1.120	-	*320*	-	0	-	320	-	0
3	2	380	1	*1.120*	2	320	2	1.440	1	*320*	1	560	1	880	-	160
4	1	**320**		*560*		→↑	1	**560**	-	*160*		→↑	-	**160**		→↑
5	-	**160**		*→↑*						*→↑*						
6																
7																
8																

Tabelle 4: Terminierte Bedarfsermittlung mit Hilfe des Gozinto-Listen-Verfahrens

führten Pfeilbewertung d_{ij}. Zum Zeitpunkt T weist nur der Zielknoten acht eine Ausgangsvalenz von null auf. Da die Durchlaufzeit in der Produktionsstufe fünf (Knoten acht) eine Zeiteinheit beträgt, fällt der Bedarf für die vier im Beispiel betroffenen Startknoten drei, fünf, sechs und sieben zum Zeitpunkt T-1 an. Nach der Überwälzung des Bedarfs des Zielknotens acht werden die Ausgangsvalenzen der Startknoten um eins reduziert, und der Zielknoten scheidet aus der Rechnung aus. Der zum Zeitpunkt T-1 tatsächlich zu befriedigende Bedarf ergibt sich erst, wenn auch der Bedarf derjenigen Zielknoten berücksichtigt wird, deren Ausgangsvalenzen von null verschieden sind. Die betroffenen Bedarfe erhalten ebenfalls eine Markierung (vgl. die mit Fettdruck gekennzeichneten Bedarfe der Knoten sechs und sieben in der dritten Spalte der Tabelle 4). Auch der Bedarf dieser Zielknoten wird auf die betroffenen Startknoten übergewälzt, jedoch erfolgt in diesem Fall keine Reduktion der Ausgangsvalenzen der Startknoten, weil zu vorgelagerten Zeitpunkten die betroffenen Relationen zwischen Start- und Zielknoten nochmals berücksichtigt werden müssen. Zur Ermittlung des *gesamten Periodenbedarfs* zum Zeitpunkt T-1 müssen die von den jeweiligen Zielknoten übergewälzten Bedarfe kumuliert werden (vgl. die Spalten fünf, sieben, neun und elf der Tabelle 4).

Bei der weiteren Berechnung ist insbesondere darauf zu achten, daß der Produktionsprozeß der zweiten Fertigungsstufe zwei Zeiteinheiten dauert. Infolgedessen führt die Umlage des fünften Zielknotens, der mit der zweiten Fertigungsstufe korrespondiert, zu Bedarfen bei den betroffenen Startknoten, die zwei Zeiteinheiten vor dem Bedarf des umgelegten Zielknotens anfallen (in der Tabelle 4 sind aus diesem Grund die Umlagen des fünften Zielknotens kursiv gedruckt).

b) Zusammenfassen der periodenbezogenen Bedarfsvektoren ergibt den Bedarfsvektor, der sich bei der nichtterminierten Bedarfsermittlung in Aufgabe 2 ergeben hat.

$$
\mathbf{B}^T \quad \mathbf{B}^{T-1} \quad \mathbf{B}^{T-2} \quad \mathbf{B}^{T-3} \quad \mathbf{B}^{T-4} \quad \mathbf{B}^{T-5} \quad \mathbf{B}
$$

$$
\begin{pmatrix} 0 \\ 0 \\ 0 \\ 0 \\ 0 \\ 200 \\ 150 \\ 80 \end{pmatrix} + \begin{pmatrix} 650 \\ 600 \\ 440 \\ 300 \\ 560 \\ 80 \\ 160 \\ 0 \end{pmatrix} + \begin{pmatrix} 1.160 \\ 240 \\ 380 \\ 320 \\ 160 \\ 0 \\ 0 \\ 0 \end{pmatrix} + \begin{pmatrix} 640 \\ 1.120 \\ 1.440 \\ 560 \\ 0 \\ 0 \\ 0 \\ 0 \end{pmatrix} + \begin{pmatrix} 1.120 \\ 320 \\ 880 \\ 160 \\ 0 \\ 0 \\ 0 \\ 0 \end{pmatrix} + \begin{pmatrix} 320 \\ 0 \\ 160 \\ 0 \\ 0 \\ 0 \\ 0 \\ 0 \end{pmatrix} = \begin{pmatrix} 3.890 \\ 2.280 \\ 3.300 \\ 1.340 \\ 720 \\ 280 \\ 310 \\ 80 \end{pmatrix}
$$

Mit Hilfe des Gozinto-Listen-Verfahrens konnte für einen zum Zeitpunkt T vorgegebenen Primärbedarf der terminierte Bruttosekundärbedarf ermittelt werden. Fallen zu weiteren Zeitpunkten Primärbedarfe an, so können die daraus resultierenden Sekundärbedarfe auf gleiche Weise berechnet werden. Der gesamte Bedarf ergibt sich dann aus der Kumulation der periodenbezogenen Bedarfe. Aus Vereinfachungsgründen wurden periodenbezogene Lagerbestände der Artikel nicht in die Rechnung mit einbezogen, die aber bei einer *terminierten Nettobedarfsermittlung* nicht vernachlässigt werden dürfen.

Literaturhinweise

BLOECH, J., BOGASCHEWSKY, R., GÖTZE, U., ROLAND, F.: Einführung in die Produktion, 3. Aufl., Heidelberg 1998.

DYCKHOFF, H.: Grundzüge der Produktionswirtschaft, Berlin u.a. 1995.

HAHN, D., LASSMANN, G.: Produktionswirtschaft – Controlling industrieller Produktion, Band 1, 2. Aufl., Heidelberg 1990.

KISTNER, K.-P., STEVEN, M.: Produktionsplanung, 2. Aufl., Heidelberg 1993.

MÜLLER-MERBACH, H.: Die Anwendung des Gozinto-Graphs zur Berechnung des Roh- und Zwischenproduktbedarfs in chemischen Betrieben, in: Ablauf- und Planungsforschung (APF), 7. Jg. (1966), S. 187–198.

TEMPELMEIER, H.: Material-Logistik, 3. Aufl., Berlin u.a. 1995.

TROSSMANN, E.: Betriebliche Bedarfsplanung auf der Grundlage einer dynamischen Produktionstheorie, in: ZfB, 56. Jg. (1986), S. 827–847.

VAZSONYI, A.: Die Planungsrechnung in Wirtschaft und Industrie, Wien/München 1962.

Frank Keuper

Umweltorientierte Materialbedarfsplanung

Aufgabe 1

Beschreiben Sie die generelle Aufgabe des Recyclings, und systematisieren Sie dabei die unterschiedlichen Recyclingarten!

Aufgabe 2

Welchen Regeln muß eine „recyclinggerechte" Konstruktion genügen?

Aufgabe 3

Erläutern Sie den Begriff „Komplexität"! Inwieweit steigt durch die Integration von Recyclingprozessen in die betriebliche Logistik die Komplexität der Produktionsplanung und -steuerung? Diskutieren Sie dabei, welche Anforderungen an die recyclingfähigen Reststoffe bezüglich der Art, Qualität, Menge und zeitlichen Verfügbarkeit gestellt werden müssen!

Aufgabe 4

Die Hamburger Aktiengesellschaft „Power auf Dauer" ist ein stark diversifiziertes Unternehmen. Neben den Sparten „Motorräder", „Wecker", „Spezial-Getränke" und „Handys" werden auch Chemikalien hergestellt. Im Bereich „Chemikalien" plant das Unternehmen die Produktion von 357 [ME] der neuen umweltfreundlichen Lösungsmittelchemikalie „Ätzofix" (G). Der Produktionsprozeß selbst ist jedoch nur sehr wenig umweltfreundlich.

Eine Mengeneinheit „Ätzofix" wird durch 10 [ME] des Zwischenproduktes E gebildet. Der Rohstoff C geht mit 4 [ME] in eine Mengeneinheit des Zwischenerzeugnisses E und der Rohstoff D mit 0,06 [ME] in eine Mengeneinheit von F ein. Ferner gehen 5 [ME] von F in eine Mengeneinheit des Enderzeugnisses G ein. Die Fertigung des Zwischenerzeugnisses F erfordert ihrerseits 1,5 [ME] des Zwischenerzeugnisses E. Darüber hinaus sind 2 [ME] des Rohstoffes C und 5 [ME] des Zwischenerzeugnisses B für eine Mengeneinheit des Zwischenerzeugnisses F notwendig. Der Rohstoff A bildet die Ausgangsbasis für die Produktion des Zwischenerzeugnisses B. A und B stehen im Verhältnis 1:1 zueinander in Beziehung. Zudem werden für B 0,01 [ME] des Enderzeugnisses G benötigt.

Bilden Sie die Prozeßstruktur in einem Gozinto-Graphen ab! Erläutern Sie in diesem Zusammenhang die Begriffe „echte" und „unechte Rückkopplung"! Welche Art der

Rückkopplung besteht im vorliegenden Fall? Eliminieren Sie anschließend rechnerisch die Rückkopplung aus dem Graphen, indem Sie die Anzahl der Mengeneinheiten von G bestimmen, die über B in eine Mengeneinheit von G zurückfließen! Bestimmmen Sie mit Hilfe dieser Zahl den Bruttobedarf G*! Ermitteln Sie abschließend ausgehend vom berechneten Bruttobedarf in einem neuen Gozinto-Graphen sequentiell die Zwischenprodukt- und Rohstoffbedarfe!

Aufgabe 5

Leider hatte der Chefchemiker der „Power auf Dauer AG", Dr. Marbuse, bei der Planung des Produktionsprozesses einen Fehler gemacht. Tatsächlich fallen mit der Erzeugung des Bruttobedarfs G* zeitgleich 0,2 [ME] des Nebenproduktes W an. Allerdings wird nun eine Mengeneinheit von Zwischenprodukt F zusätzlich zu den bereits berücksichtigten Input-Faktoren E, B, C und D des ursprünglichen Produktionsprozesses auch durch 0,03 [ME] von W katalytisch gebildet. Der nicht benötigte Rest von W kann aufbereitet werden und als Recyclat Y den Rohstoff D ersetzen. Zunächst wird jedoch der Stoff W in das dann aufbereitete Gemenge (Mischung) X transformiert. Anschließend wird das Gemenge gleichzeitig zu 80 [%] in das Recyclat Y und zu 20 [%] in den von der „Power auf Dauer AG" nicht weiter verwendbaren Abfallstoff Z aufgespalten. Das aufbereitete Recyclat Y kann jeweils eine Mengeneinheit des Rohstoffs D substituieren. Der Preis des originären Rohstoffs D beträgt 185 [GE]. Leider darf, um die Qualität des Zwischenerzeugnisses F nicht zu gefährden, das „Rohstoff-D-Y-Recyclatverhältnis" nicht über den Wert 1 : 0,14 hinausgehen. Andernfalls verliert das Endprodukt „Ätzofix" seine *umwerfende* Wirkung.

Bilden Sie die neue Prozeßstruktur in dem in Aufgabe 4 visualisierten Brutto-Gozinto-Graphen ab! Erläutern Sie Ihr Vorgehen! Berechnen Sie sämtliche Bedarfsmengen im Gozinto-Graphen! Ist das Recyclingverfahren produktionstechnisch durchführbar?

Aufgabe 6

Die kalkulatorischen Zinsen für die Aufbereitungsanlage betragen 1000 [GE], die Abschreibungen belaufen sich in der Planperiode auf 8000 [GE]. Die mengenabhängigen Aufbereitungskosten betragen 50 [GE/ME]. Sowohl der Reststoff Z als auch eventuell nicht recyclete, aber aufbereitete Restmengen des Stoffes W müssen deponiert werden. Für den Restoff Z fallen Deponierungsgebühren von 400 [GE/ME], für aufbereitete, aber nicht genutze Recyclatmengen des Stoffes Y fallen dagegen 200 [GE/ME] an. Nicht aufbereitete Mengen des Stoffes W verursachen jedoch 500 [GE/ME].

Berechnen Sie, ob sich das Reycling für den in Aufgabe 5 dargestellten Fall auszahlt!

Aufgabe 7

Wie gestaltet sich die Situation, wenn statt 0,03 [ME] nur 0,01 [ME] des Nebenproduktes W in eine Mengeneinheit des Zwischenproduktes F einfließen? Visualisieren Sie die neue Situation in einem Gozinto-Graphen! Erläutern Sie Ihr Vorgehen! Ist das Recycling bei Deponierungskosten 190 [GE/ME von W] noch wirtschaftlich vorteilhaft?

Aufgabe 8

Während in der zuvor dargestellten Situation zwischen Rohstoff D und Recyclat Y ein nicht zu überschreitendes Substitutionsverhältnis besteht und gleichzeitig unterstellt wird, daß eine Variation innerhalb dieses Substitutionsintervalls keinen Einfluß auf die Qualität des Zwischenerzeugnis F hat, geht real häufig mit der Variation des Anteils an Recyclaten auch eine kontinuierliche Beeinflussung der Qualität des zu fertigenden Erzeugnisses einher. Wie könnte dieser Zusammenhang – „fließende Koeffizienten" – visualisiert und in Recycling-, Produktionsplanungs- und Steuerungssystemen (RPPS-Systemen) EDV-technisch integriert werden?

Lösung

Aufgabe 1

Recycling kann definiert werden als der Prozeß des erneuten Einsatzes von Produktionsrückständen, Produkten, Produktkomponenten und Altstoffen bei der Güterproduktion und -verwendung. Ziel des inner- und überbetrieblichen Recycling ist es, zum einen die Umwelt durch eine Reduktion von ansonsten deponierungserfordernden Abfallmengen zu entlasten und zum anderen den Einsatz natürlicher Rohstoffe durch aufbereitetes Recyclat zu substituieren. Gleichzeitig können so die Abfallentsorgungskosten reduziert und die Kosten für den Rohstoffzukauf gesenkt werden. Dieser möglichen Kostenreduktion sind jedoch die zusätzlichen Kosten im Rahmen des Recyclingplanungs- und -durchführungsprozesses gegenüberzustellen.

Entsprechend der chronologischen Abfolge, in der Umweltbelastungen entstehen, kann der Recyclingkreislauf in drei Teilkreisläufe ausdifferenziert werden:

- Produktionsabfallrecycling
- Produktrecycling
- Altstoffrecycling

Ferner wird bei technologisch-produktionswirtschaftlicher Betrachtung von Primärrecycling gesprochen, wenn der Wiedereinsatz der natürlichen Ressource im bisherigen

Anwendungsbereich erfolgt. Sekundärrecycling liegt hingegen vor, wenn der Wiedereinsatz in neuen Anwendungsgebieten anzusiedeln ist. Zudem kann die technologisch-produktionswirtschaftliche Betrachtung des Recycling auch dahingehend ausdifferenziert werden, ob das Recycling direkt, d.h. ohne Wiederaufbereitungsaktivitäten, oder indirekt auf Basis vorheriger Wiederaufbereitung erfolgt. Insofern können vier grundlegende Recyclingtypen unterschieden werden:

- Wiederverwendung (Direktes Primärrecycling)
- Weiterverwendung (Direktes Sekundärrecycling)
- Wiederverwertung (Indirektes Primärrecycling)
- Weiterverwertung (Indirektes Sekundärrecycling)

Während die Wiederverwendung z.B. bei Mehrwegverpackungen vorzufinden ist, basiert die Weiterverwendung auf einem dem betrachteten Produkt inhärenten Zusatznutzen. Als Beispiel hierfür sind Glas-, Kunststoff- oder Metallverpackungen anzusehen, die häufig als Vorratsbehälter in anderen Anwendungsbereichen zum Einsatz gelangen. Die Wiederverwertung als klassische Form des Recycling findet u.a. beim Altpapier- oder Altglasrecycling statt. Hingegen stellt die Fertigung von Parkbänken aus Kunststoffabfällen eine Form der Weiterverwertung dar.

Aufgabe 2

Regeln für eine „recyclinggerechte" Konstruktion:

- *Trennungsregel*
  Die Konstruktion muß demontagefreundlich sein, so daß sich die Stoffe im Rahmen des Recyclingprozesses leicht trennen lassen.

- *Kennzeichnungsregel*
  Die zu recycelnden Stoffe müssen eine Kennung haben, um im Rahmen des Recyclingprozesses eindeutige Rückschlüsse auf die physikalischen und chemischen Eigenschaften zu ermöglichen.

- *Standardisierungsregel*
  Die zu recycelnden Stoffe sollten möglichst hinsichtlich ihrer Form, Farbe usw. standardisiert sein, um eine leichte Indentifikation im Rahmen der Demontage zu ermöglichen.

- *Einstoff-, Werkstoff-, Störstoffregel*
  Um eine sortenreine, mit wenig Aufwand durchzuführende Demontage und Rückgewinnung von Materialien zu erreichen, sollte bei der Konstruktion darauf geachtet werden, daß möglichst wenige Materialarten verwendet werden. Die verwendeten Materialien sollten so beschaffen sein, daß sie im Rahmen des Demontage- und Aufbereitungsprozesses nicht miteinander ungewollt reagieren.

- *Korrosionsregel*
  Im Rahmen der Konstruktion ist zu beachten, daß die zukünftig zu recycelnden Stoffe im Zeitablauf Umwelteinflüssen ausgesetzt sind, die u.U. die physikalischen und chemischen Eigenschaften verändern.

- *Zusatznutzenregel*
  Da jede Produktion eine Kuppelproduktion darstellt, bei der gewollter und ungewollter Output entsteht, und die Deponierung und Entsorgung des ungewollten Outputs teilweise mit erheblichen Kosten verbunden ist, sind bereits bei der Konstruktion Planungen dahingehend zu machen, wie der ungewollte Output betriebswirtschaftlich sinnvoll verwertet werden kann.

Aufgabe 3

Allgemein stellt die Komplexität (und die Simplexität als ihr Gegensatz) das Merkmal eines Systems bzw. einer Entscheidungssituation dar. Die Komplexität einer Entscheidungssituation hängt von der Anzahl der Variablen und Variablendimensionen, der Häufigkeit und Stärke sachlicher Kopplungen und Interdependenzen zwischen den Variablen innerhalb des Planungsproblems – Binnenkomplexität – und mit Variablen anderer Planungsprobleme – Umweltkomplexität –, der Struktur der Vernetztheit, z.B. Hierarchie, Heterarchie oder Netzwerk, der Grad der Veränderbarkeit der Entscheidungssituation im Zeitablauf sowie der Transparenz des Wirkungsgefüges zwischen Variablen und Daten innerhalb eines offenen oder geschlossenen Entscheidungsfeldes ab.

Grundsätzlich steigt die Komplexität der Produktionsplanung und -steuerung mit der Integration von Reyclingprozessen in die innerbetriebliche Logistik. So sind beispielsweise neben den Rohstoff- und Montagematerialflüssen nun auch noch die Recyclatflüsse räumlich und terminlich zu koordinieren. Dies gilt insbesondere an den Assemblierungspunkten der Produktion bei vernetzter Fertigung. Häufig tritt ein zeitliches Abstimmungsproblem dadurch auf, daß es zwischen dem zeitlichen Anfall von recyclierbaren Stoffen und dem Einsatzzeitpunkt der Recyclate in der Produktion einen Time lag gibt, d.h., die zeitliche Verfügbarkeit der Recyclate kann u.U. stark streuen. Insbesondere wenn das Versorgungsnetz hinsichtlich der Reststoffe noch nicht ausgebaut ist und die Produktion u.U. auf die Reststoffe angewiesen ist, kann es temporär zu Produktionsengpässen kommen. Probleme bei den Produktionsprozessen treten auch dann auf, wenn die Recyclate die Primärstoffe nicht kontinuierlich substituieren dürfen, d.h. wenn die Mischung der beiden Input-Faktoren zwingend in einem festen Austauschverhältnis stehen muß, damit die relativen Qualitätsanforderungen an die Mischung eingehalten werden können. Werden die Regeln „recyclinggerechter" Konstruktion nicht beachtet, gestaltet sich der Demontage- und Aufbereitungsprozeß äußerst schwierig. Zudem sind die hierfür benötigten Anlagen häufig sehr kapitalintensiv, so daß die zu recycelnde Menge ausreichend groß sein muß, um einerseits Kostendegressionseffekte zu erzielen und andererseits selbst ökologisch betrieben werden zu können.

Aufgabe 4

Der Gozinto-Graph hat folgende Ausgangsstruktur:

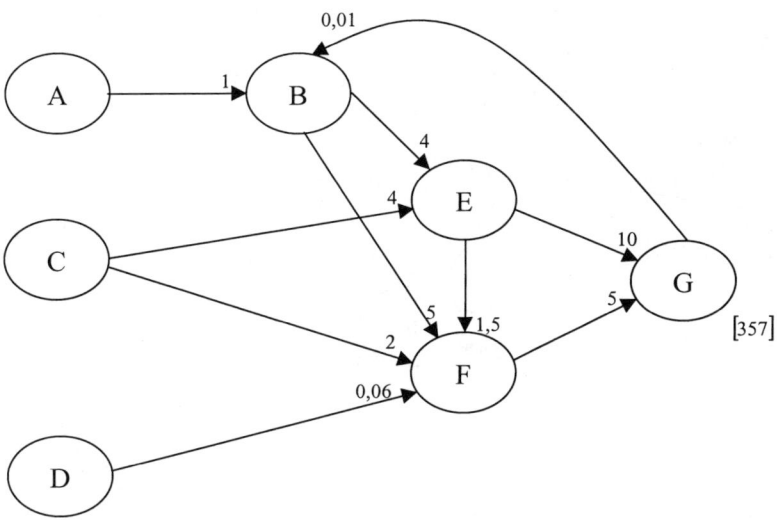

Bei der betrachteten Rückkopplung handelt es sich um eine echte Rückkopplung, da ein höherwertiges Produkt in ein Gut niedriger Produktionsstufe (-reife) notwendigerweise einfließt. Im Gegensatz dazu ist eine unechte Rückkopplung dadurch charakterisiert, daß ein Nebenprodukt als Substitutionsgut einen originären Input-Faktor ersetzen kann, dies aber nicht zwingend notwendig ist.

Wird mit x die Menge bezeichnet, die pro Mengeneinheit vom Netto-Produkt G in B zurückfließt, so ergeben sich folgende relevante Bedarfe:

Nettobedarf von G	1
Bruttobedarf von G = G*	$(1+x)$
Bedarf von F	$5 \cdot (1+x)$
Bedarf von E	$(5 \cdot 1,5 + 10) \cdot (1+x)$
Bedarf von B	$(10 \cdot 4 + 5 \cdot 1,5 \cdot 4 + 5 \cdot 5) \cdot (1+x)$
Rückfluß von G	$0,01 \cdot (10 \cdot 4 + 5 \cdot 1,5 \cdot 4 + 5 \cdot 5) \cdot (1+x)$

Der Rückfluß von Produkt G ergibt sich aus 0,01 mal dem kumulierten Bedarf von Produkt B. Somit gilt:

$$x = 0,95 \cdot (1+x) \Rightarrow x = \frac{0,95}{0,05} = 19$$

Der neue Gozinto-Graph unter Berücksichtigung der Bruttobedarfsmenge G* sowie
der jeweiligen Bedarfe an Zwischenprodukten und Rohstoffen gestaltet sich wie folgt:

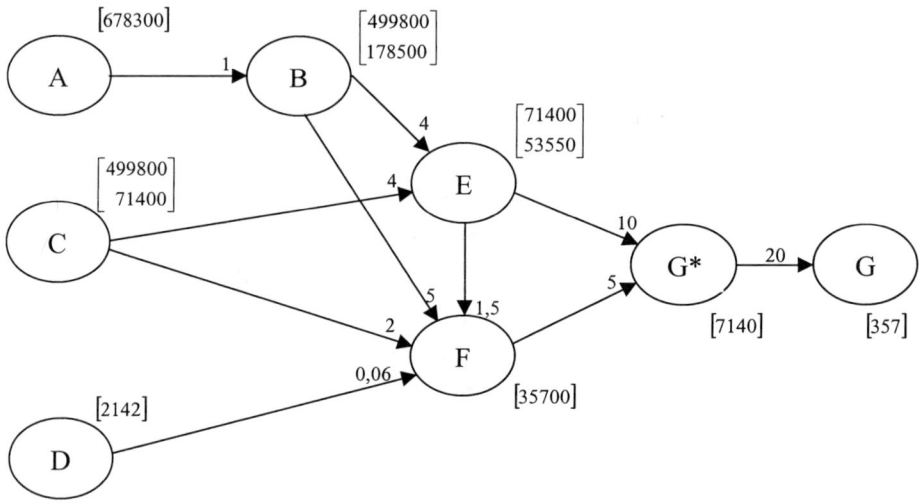

Aufgabe 5

Im nun geltenden Gozinto-Graphen (vgl. die Abbildung auf der folgenden Seite) führt
ein negativ bewerteter Pfeil von W zu G*. Dies bedeutet, daß das Nebenprodukt W
automatisch mit der Erzeugung von G* entsteht. Gleichzeitig muß W in das Zwischenprodukt F einfließen. Diese „Notwendigkeitsbeziehung" wird mit einem positiv bewerteten Pfeil gekennzeichnet. Da der Stoff W recycelt werden kann, aber nicht muß,
geht, um die Transformation abzubilden, ein mit minus eins bewerteter Pfeil von X zu
W. Der aufbereitete Stoff X stellt ein Gemenge aus dem verwendbaren Recyclat Y
und dem nichtverwendbaren Stoff Z dar. Die Verhältnisrestriktion 0,8 : 0,2 wird negativ bewertet, da beide Stoffe automatisch mit der Transformation von W zu X entstehen. Jedoch wird dies erst nach der Aufbereitung abgebildet, da der Stoff X noch
ein Gemenge (Mischung) darstellt. Damit die mögliche Substitutionsbeziehung abgebildet werden kann, müssen die Recyclatmengen bei der Ermittlung des Rohstoffbe-
darfs von D ein negatives Vorzeichen aufweisen. Insofern muß der Hilfsknoten Y*
eingeführt werden. Andernfalls sähe es so aus, als ob Y in D eingehen würde. In diesem Falle würde D keinen Rohstoff, sondern bereits ein Zwischenprodukt darstellen.

Um die Qualität von „Ätzofix" zu gewährleisten, darf das Mischungsverhältnis von D
zu Y* nicht die Restriktion 1 : 0,14 überschreiten. Dies bedeutet, daß bei einer Bedarfsmenge von 2142 [ME] für D maximal 299,88 [ME] durch das Recyclat Y* substituiert werden dürfen. Da sich die Reyclatmenge auf 285,6 [ME] beläuft, ist das
Recyclingverfahren produktionstechnisch problemlos durchführbar.

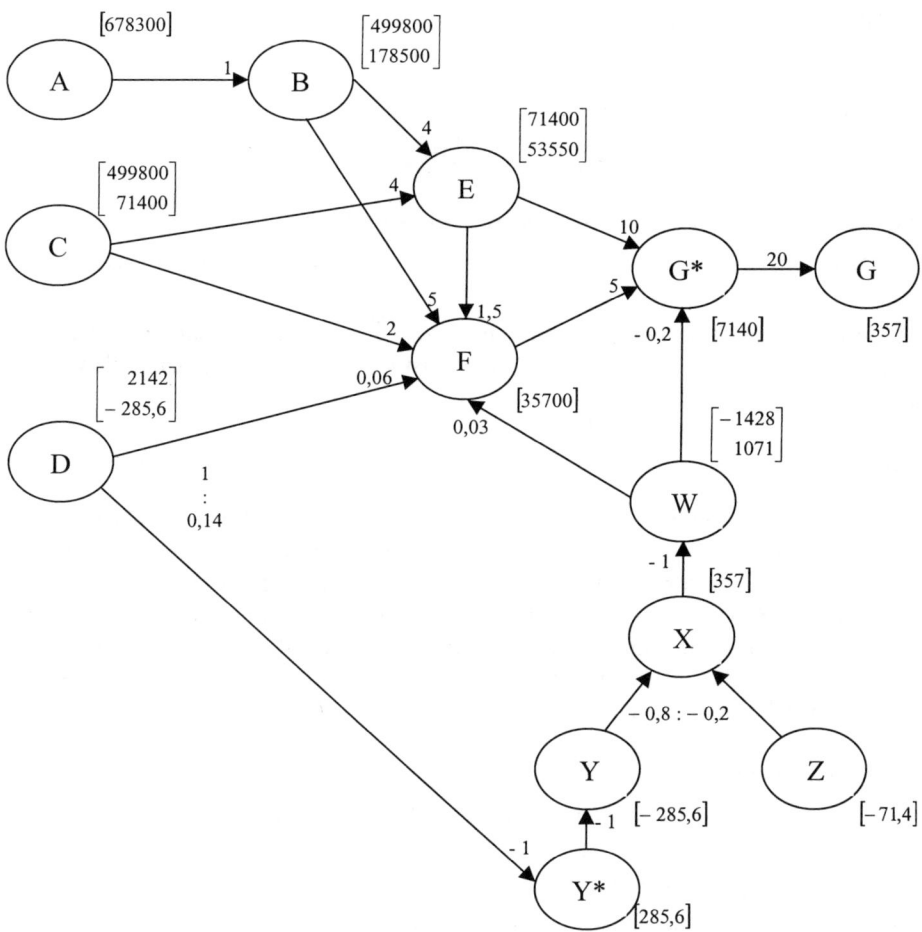

Aufgabe 6

Die Kosten ohne Recycling belaufen sich auf

$$357\,[ME] \cdot 500\,[GE/ME] = 178500\,[GE]$$

Die Kosten des Recyclings belaufen sich auf

- Kostenersparnis durch die Substitution von D durch Y:

$$185\,[GE/ME] \cdot 285,6\,[ME] = 52836\,[GE]$$

- Kalkulatorische Zinsen: 1000 [GE]
- Abschreibungen: 8000 [GE]

- Aufbereitungskosten:

$$50 \left[\text{GE}/\text{ME}\right] \cdot 357 \left[\text{ME}\right] = 17850 \left[\text{GE}\right]$$

- Kosten für die Deponierung von Z:

$$400 \left[\text{GE}/\text{ME}\right] \cdot 71,4 \left[\text{ME}\right] = 28560 \left[\text{GE}\right]$$

Insgesamt belaufen sich die Kosten des Recyclings auf

$$52836 - 1000 - 8000 - 17850 - 28560 = -2574 \left[\text{GE}\right] \Rightarrow 2574 \left[\text{GE}\right] \text{ Kosten}$$

Da die Kosten bei Recycling erheblich unter den Kosten bei vollständiger Deponierung liegen (178500 − 2570 = 175930 [GE]), ist ein Recycling in jedem Fall vorteilhaft.

Aufgabe 7

Der neue Gozinto-Graph befindet sich auf der folgenden Seite. Da in der neuen Situation lediglich 0,01 [ME] von W in eine Mengeneinheit von F eingehen müssen, bleibt eine aufzubereitende Menge W von 1071 [ME] übrig. Dies führt zu einer Recyclatmenge Y von 856,8 [ME]. Jedoch dürfen aufgrund der Qualitätssicherung lediglich 299,88 [ME] von D substituiert werden. Daher gilt es, nicht nur die 214,2 [ME] von Z, sondern auch die nichtverwertbaren 556,92 [ME] von Y (dargestellt durch den Hilfsknoten Y**) zu deponieren.

Die Kosten ohne Recycling belaufen sich auf

$$1071 \left[\text{ME}\right] \cdot 190 \left[\text{GE}/\text{ME}\right] = 203490 \left[\text{GE}\right]$$

Die Kosten des Recyclings belaufen sich auf

- Kostenersparnis durch die Substitution von D durch Y:

$$185 \left[\text{GE}/\text{ME}\right] \cdot 299,88 \left[\text{ME}\right] = 55477,8 \left[\text{GE}\right]$$

- Kalkulatorische Zinsen: 1000 [GE]

- Abschreibungen: 8000 [GE]

- Aufbereitungskosten:

$$50 \left[\text{GE}/\text{ME}\right] \cdot 1071 \left[\text{ME}\right] = 53550 \left[\text{GE}\right]$$

- Kosten für die Deponierung von Z:

$$400 \left[\text{GE}/\text{ME}\right] \cdot 214,2 \left[\text{ME}\right] = 85680 \left[\text{GE}\right]$$

- Kosten für die Deponierung von Y**:

$$200 \left[\text{GE}/\text{ME}\right] \cdot 556,92 \left[\text{ME}\right] = 111384 \left[\text{GE}\right]$$

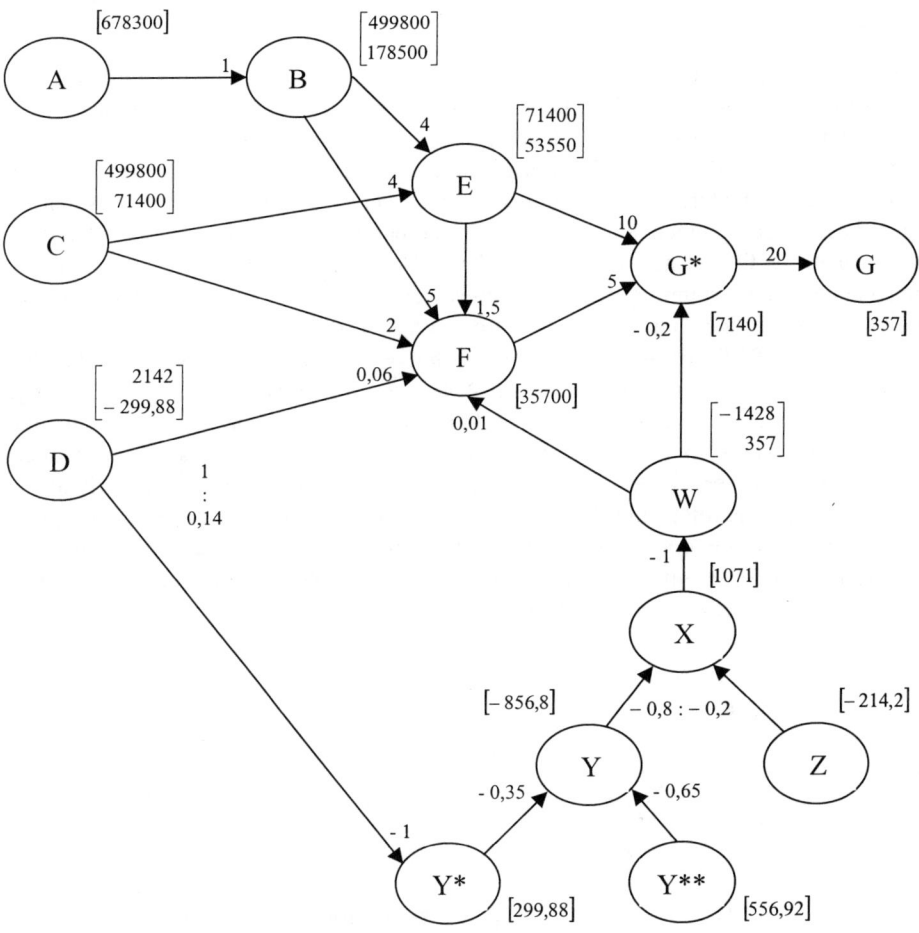

Insgesamt belaufen sich die Kosten des Recyclings auf:

$$55477,8 - 1000 - 8000 - 53550 - 85680 - 111384 = -204136,2 \; [\text{GE}]$$

$$\Rightarrow 204136,2 \; [\text{GE}] \, \text{Kosten}$$

Da die Kosten bei Recycling über den Kosten bei vollständiger Deponierung liegen ($203490 - 204136,2 = -646,2$ [GE]), ist ein Recycling in diesem Fall nicht vorteilhaft.

Aufgabe 8

Nicht nur Abfallmengen, sondern jegliche Art ungewollten Outputs in Form von Emissionen (Abfall, Gase, Abwasser, Strahlung, Lärm, Licht usw.) gewinnen wegen eines zunehmend restriktiver werdenden Bedingungsrahmens seitens des Marktes und des Gesetzgebers für die Produktionsplanung und -steuerung an Bedeutung. Problematisch für die Materialbedarfsplanung ist dabei neben dem hohen Grad an Neuartigkeit dieser Bedingungen auch die Strukturdefektheit umweltorientierter Planungssituationen. Aufgrund der Neuartigkeit dieser Bedingungen und der daraus ableitbaren mangelnden Erfahrung stellen beispielsweise Angaben über die „Recyclierbarkeit" von Recyclaten innerhalb eines Recycling-, Produktionsplanungs- und Steuerungssystems (RPPS-System) originäre qualitative, sogenannte unscharfe Größen dar. Die Güte der Recyclierbarkeit sowie der Anteil von Recyclaten an der Gesamtmenge der Rohstoffe und Vorprodukte hat darüber hinaus oftmals Einfluß auf die Qualität der Enderzeugnisse. Beispielsweise führt die Vermischung von Zellstoff und Papierrecyclaten zu kürzer werdenden Zellstoffasern, so daß mit zunehmendem Altpapieranteil die Papierqualität sinkt. Es kann daher sinnvoll sein, für den Anteil an Recyclaten in der Produktion einen unscharfen Koeffizienten anzugeben, der mittels einer Zugehörigkeitsfunktion auf Basis der Fuzzy-Set-Theorie den Zusammenhang zwischen Recyclatmenge und Produktqualität abbildet.

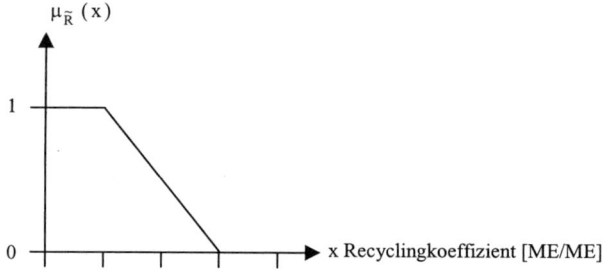

Beispielhafte Qualitätswirkung eines unscharfen Recyclingkoeffizienten,
visualisiert durch ein halbtrapezoides Fuzzy Set

Die Qualität kann dabei im Intervall [0, 1] kontinuierlich bewertet werden, wobei eine Qualität von eins die bestmögliche Qualität und eine Qualität von null die schlechtestmögliche Qualität darstellt. In Abhängigkeit vom Anteil der Recyclatmenge an der Gesamtmenge kann dann kontinuierlich die Qualitätswirkung visualisiert werden.

Literaturhinweise

ADAM, D.: Industriebetriebslehre – Arbeitsunterlage zur Materialbedarfsrechnung und Bestellpolitik, 9. Aufl., Münster 1993.

ADAM, D.: Produktionsmanagement, 9. Aufl., Wiesbaden 1998.

ADAM, D., JOHANNWILLE, U.: Die Komplexitätsfalle, in: *ADAM, D.* (Hrsg.), Komplexitätsmanagement, SzU, Bd. 61, Wiesbaden 1998, S. 5–28.

ADAM, D., ROLLBERG, R.: Komplexitätskosten, in: DBW, 55. Jg. (1995), S. 667–670.

BERG, C.C.: Recycling aus betriebswirtschaftlicher Sicht, in: WiSt, 8 Jg. (1979), Nr. 5, S. 201–205.

JAHNKE, B.: Betriebliches Recycling, Wiesbaden 1986.

KEUPER, F.: Fuzzy-PPS-Systeme – Einsatzmöglichkeiten und Erfolgspotentiale der Theorie unscharfer Mengen, Wiesbaden 1999.

KLINGELHÖFER, H.E.: Betriebliche Entsorgung und Produktion, Diss. Greifswald 1999.

MEFFERT, H., KIRCHGEORG M.: Marktorientiertes Umweltmanagement, 3. Aufl., Stuttgart 1998.

VAZSONYI, A.: Die Planungsrechnung in Wirtschaft und Industrie, Wien/München 1962.

Lioba Buscher und Udo Buscher

Verbrauchsorientierte Ermittlung von saisonal schwankendem Materialbedarf

Aufgabe 1

Erläutern Sie kurz die Vorgehensweise der verbrauchsorientierten Bedarfsermittlung, und schildern Sie, für welche Materialarten sie sich besonders eignet!

Aufgabe 2

Welchen Verlauf sollte der in der Vergangenheit aufgezeichnete Materialverbrauch aufweisen, damit das Verfahren von WINTERS erfolgversprechend zur Prognose zukünftigen Bedarfs eingesetzt werden kann? Gehen Sie anschließend kurz auf die zwei Varianten des Verfahrens ein!

Aufgabe 3

Für eine Materialart soll der zukünftige Bedarf verbrauchsorientiert ermittelt werden. In den Jahren 1 bis 4 wurde der Bedarf quartalsweise in der folgenden Tabelle erfaßt:

	1. Quartal	2. Quartal	3. Quartal	4. Quartal
Jahr 1	43	57	71	46
Jahr 2	50	61	85	47
Jahr 3	62	74	86	48
Jahr 4	57	78	102	61

a) Stellen Sie den Materialverbrauch im Zeitablauf graphisch dar! Beschreiben Sie daraufhin die Eigenschaften des Bedarfsverlaufs, und nennen Sie die zur Prognose des zukünftigen Bedarfs geeignete Variante des Verfahrens von WINTERS!

b) Erläutern Sie allgemein die als geeignet eingeschätzte Variante des Verfahrens von WINTERS!

c) Zur Initialisierung des Verfahrens werden verschiedene Startwerte benötigt. Zeigen Sie anhand der gegebenen Daten zunächst auf, wie die Startwerte für die Saisonfaktoren mit Hilfe der Zeitreihendekomposition ermittelt werden können! Bestimmen Sie anschließend unter Rückgriff auf die Regressionsanalyse die Startwerte für den Achsenabschnitt und den Steigungsparameter!

d) Ermitteln Sie mit dem Verfahren von WINTERS für sämtliche Quartale Ex-post-Prognosewerte! Achten Sie darauf, daß die Schätzung immer nur für eine Periode im voraus (one-step-ahead forecast) vorgenommen wird! Gehen Sie bei der Prognoseerstellung von folgenden Glättungsparametern aus: $\alpha = 0,2$ (Glättungsparameter für den Achsenabschnitt), $\beta = 0,1$ (Glättungsparameter für den Steigungsparameter) und $\gamma = 0,3$ (Glättungsparameter für den Saisonfaktor)! Welcher Exante-Prognosewert ergibt sich für das erste Quartal des fünften Jahres?

e) Beurteilen Sie die mit Hilfe des Verfahrens von WINTERS erreichte Anpassungsgüte der Prognosewerte an die tatsächlichen Materialverbrauchsdaten!

Lösung

Aufgabe 1

Die Ermittlung des zukünftigen Materialbedarfs erfolgt im Rahmen der *verbrauchsorientierten Verfahren* durch Fortschreibung des in der Vergangenheit aufgezeichneten Materialverbrauchs. Letzterer läßt sich als eine zeitlich geordnete Folge von Periodenverbrauchsmengen und damit als *Zeitreihe* interpretieren. Das bei der Zeitreihenanalyse verfolgte Ziel besteht zunächst darin, eine Gesetzmäßigkeit bzw. ein Muster zu erkennen, dem die Zeitreihe folgt. Mit Hilfe eines auszuwählenden *Prognosemodells* gilt es dann, den Verlauf der Zeitreihe möglichst gut abzubilden. Die Genauigkeit der Abbildung kann durch einen Vergleich der ex post prognostizierten mit den tatsächlichen Verbrauchswerten bestimmt werden. Da angenommen wird, daß sich der zukünftige Bedarf entsprechend dem Verbrauch der Vergangenheit entwickelt, verspricht die Prognose gute Ergebnisse, wenn sich zuvor eine hohe Abbildungsgüte ergeben hat.

Verbrauchsorientierte Verfahren gelangen in der Praxis vornehmlich für solche genormten und relativ geringwertigen Faktorarten zum Einsatz, die in großen Mengen verbraucht werden. Die üblicherweise bei höherwertigen Faktoren verwendeten programmorientierten Verfahren scheiden dann aufgrund ihres vergleichsweise höheren Aufwands bei der Datenerfassung und -verarbeitung aus. Eine Anwendung verbrauchsorientierter Verfahren kommt auch für höherwertige Materialien in Frage, wenn die Lieferfrist einer Materialart die Zeitspanne zwischen Abschluß der Produktionsplanung und dem Produktionsbeginn übertrifft.

Aufgabe 2

Das Verfahren von WINTERS eignet sich zur Materialbedarfsprognose, wenn davon ausgegangen werden kann, daß der aufgezeichnete Materialverbrauch der Vergangenheit gleichzeitig einen Trend sowie saisonale Schwankungen aufweist. Bei dem Verfahren von WINTERS lassen sich zwei Varianten voneinander abgrenzen, die sich hinsichtlich der Berücksichtigung der saisonalen Schwankungen unterscheiden. Während in der ersten Variante der Trend additiv um saisonale Schwankungen korrigiert wird, erfolgt in der zweiten Variante eine multiplikative Verknüpfung von Trend und

Schwankungen. Dieser Unterschied führt dazu, daß im letzteren Fall die saisonalen Schwankungen für höhere Verbrauchswerte stärker als für niedrigere Werte ausfallen (vgl. Abbildung 1). Die Wahl der Verfahrensvariante, die zur Prognose des zukünftigen Materialbedarfs herangezogen werden sollte, richtet sich nach dem konkreten, in der Zeitreihe beobachteten Saisonmuster.

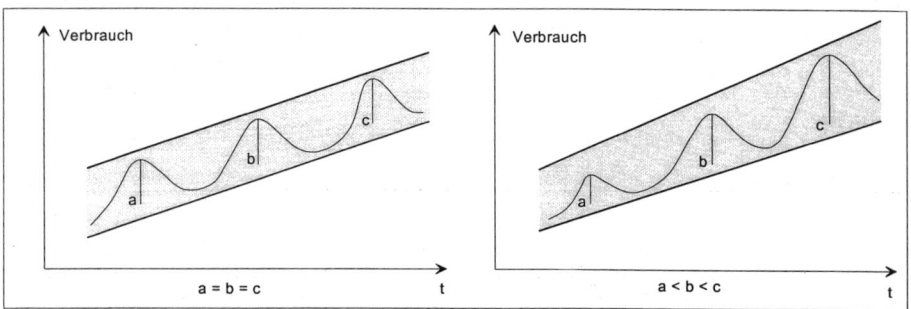

Abbildung 1: Verbrauchsverläufe für additives und multiplikatives Modell

Aufgabe 3

a) Bei der Zeitreihenanalyse bietet es sich an, die gegebenen Daten graphisch darzustellen, um die Wahl eines geeigneten Prognoseverfahrens zu unterstützen. Den Verlauf der vorliegenden Zeitreihe des Materialverbrauchs gibt Abbildung 2 wieder. Zum einen kann festgestellt werden, daß der Materialverbrauch eine steigende Tendenz aufweist, und zum anderen läßt sich eine saisonale Schwankung beobachten, die sich mit einem Rhythmus von vier Perioden (bzw. Quartalen) wiederholt. Kann wie in diesem Fall davon ausgegangen werden, daß die Zeitreihe einen linearen Trend und saisonale Schwankungen besitzt, so eignet sich zur Bestimmung von Prognosewerten das Verfahren von WINTERS. Da die betrachtete Zeitreihe bei steigenden Verbrauchswerten zunehmende saisonale Schwankungen aufweist, sollte das Verfahren in seiner multiplikativen Variante Anwendung finden.

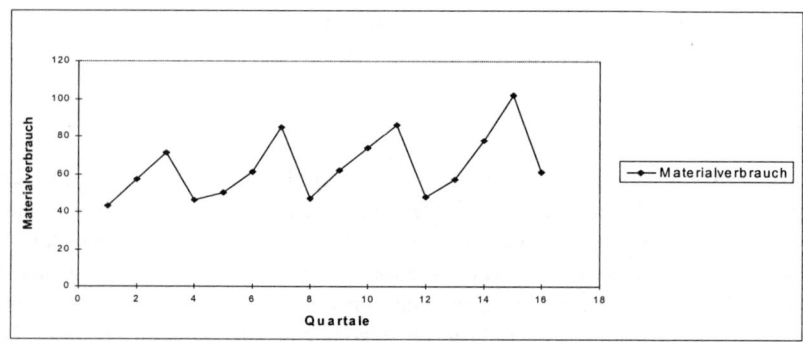

Abbildung 2: Zeitreihe des Materialverbrauchs

b) In der *multiplikativen Variante* des Verfahrens von WINTERS wird von einer Multiplikation von Trend- und Saisonkomponente sowie des zufälligen Einflusses ausgegangen. Dabei schwankt die zufällige Komponente ε_t um den Wert Null. Das Modell lautet:

$$B_t = \underbrace{(a + b \cdot t)}_{\substack{\text{Trend-}\\\text{komponente}}} \cdot \underbrace{S_t}_{\substack{\text{Saison-}\\\text{komponente}}} \cdot \underbrace{\varepsilon_t}_{\substack{\text{zufällige}\\\text{Komponente}}} \qquad t = 1, 2, \ldots$$

Die Schätzung des Materialbedarfs der Periode t+j erfolgt auf Basis der folgenden Beziehung:

$$\hat{B}_{t,t+j} = \left(\hat{a}_t + \hat{b}_t \cdot j \right) \cdot \hat{S}_{t+j-c} \qquad \text{mit } j = 1, 2, \ldots, c \quad \text{und}$$

$\hat{B}_{t,t+j}$ = am Ende der Periode t abgegebene Schätzung für den Materialverbrauch der Periode t+j

$\hat{a}_t$ = Schätzwert für den Achsenabschnitt der Periode t

$\hat{b}_t$ = Schätzwert für den Steigungsparameter der Periode t

j = Parameter, der die Anzahl der Perioden angibt, die zwischen zu prognostizierender und gegenwärtiger Periode liegen

$\hat{S}_{t+j-c}$ = Schätzwert für den Saisonfaktor der Periode t+j, dessen letzte Anpassung eine komplette Saison zurückliegt. Eine Saison beschreibt das zeitliche Intervall, in dem sich die Schwankungen wiederholen. Bei jährlich wiederkehrenden Schwankungen und quartalsweiser Erfassung der Daten entspricht c = 4.

Häufig liegt zwischen der zu prognostizierenden und der gegenwärtigen Periode nur eine Periode. In dieser als *one-step-ahead forecast* bezeichneten Version des Verfahrens weist der Parameter j den Wert Eins auf. Zur Schätzung der Parameter greift das Verfahren von WINTERS auf das rekursive Prinzip der *exponentiellen Glättung* zurück. Die hierfür erforderliche Verwendung von drei Glättungsparametern weist den Vorteil auf, daß letztere individuell auf die zu schätzenden Komponenten eingestellt werden können. Die Aktualisierung der Parameter wird wie folgt vorgenommen:

Aktualisierung des Achsenabschnittes:

$$\hat{a}_t = \alpha \cdot \left(\frac{B_t}{\hat{S}_{t-c}} \right) + (1 - \alpha) \cdot \left(\hat{a}_{t-1} + \hat{b}_{t-1} \right)$$

mit α =   Glättungsparameter für den Achsenabschnitt

      B_t =   tatsächlich beobachteter Bedarf der Periode t

Aktualisierung des Steigungsparameters:

$$\hat{b}_t = \beta \cdot \left(\hat{a}_t - \hat{a}_{t-1} \right) + \left(1 - \beta \right) \cdot \hat{b}_{t-1}$$

mit β =   Glättungskonstante für den Steigungsparameter

Aktualisierung des Saisonfaktors:

$$\hat{S}_t = \gamma \cdot \left(\frac{B_t}{\hat{a}_t} \right) + \left(1 - \gamma \right) \cdot \hat{S}_{t-c}$$

mit γ =   Glättungsparameter für den Saisonfaktor

c) Da sich das Verfahren von WINTERS des rekursiven Prinzips der exponentiellen Glättung bedient, erweist sich eine Bestimmung von Startwerten als unumgänglich. Zweckmäßigerweise sollte mit einer Ermittlung der Saisonfaktoren begonnen werden, weil ihre Kenntnis Voraussetzung für die Bestimmung des Achsenabschnittes und des Steigungsparameters ist. Die *Zeitreihendekomposition* stellt ein geeignetes Instrumentarium dar, um die miteinander verknüpften Komponenten der Zeitreihe zu isolieren. Bei ihrer Durchführung ist auf die Art der Verknüpfung zwischen den Komponenten Rücksicht zu nehmen. Aufgrund der gegebenen Datenlage kann plausibel vermutet werden, daß eine multiplikative Verknüpfung der Komponenten vorliegt.

Zur Bestimmung der Saisonfaktoren wird zunächst ein *zentrierter gleitender Durchschnitt* $D_{t,n}^Z$ mit der Gliederzahl n gebildet. Zentriert bedeutet dabei, daß ausgehend von der Periode t vor- und nachgelagerte Verbrauchswerte in gleicher Anzahl zur Durchschnittsbildung herangezogen werden. Die Anzahl n der Glieder insgesamt richtet sich nach der Zahl c der Perioden, nach denen sich die saisonale Schwankung wiederholt. Bei geradem c müssen die beiden am Rand des Zeitfensters liegenden Verbrauchswerte mit 0,5 gewichtet werden. Formal kann der zentrierte gleitende Durchschnitt $D_{t,n}^Z$ der Periode t wie folgt ermittelt werden:

$$D_{t,n}^Z = \begin{cases} \dfrac{1}{2 \cdot k + 1} \cdot \displaystyle\sum_{j=t-k}^{t+k} B_j & \text{mit } k = \dfrac{n-1}{2} \quad \text{für ungerade n} \\[3em] \dfrac{1}{2 \cdot k} \cdot \left[\dfrac{1}{2} \cdot B_{t-k} + \displaystyle\sum_{j=t-k+1}^{t+k-1} B_j + \dfrac{1}{2} \cdot B_{t+k} \right] & \text{mit } k = \dfrac{n}{2} \quad \text{für gerade n} \end{cases}$$

Zur Schätzung eines vorläufigen Saisonfaktors erfolgt eine Division des periodenbezogenen Bedarfs durch den zentrierten gleitenden Durchschnitt der entsprechenden Periode:

$$\hat{S}_t^v = \frac{B_t}{D_{t,n}^Z}$$

Allerdings ist zu beachten, daß die vorläufigen Saisonfaktoren noch zufallsbedingte Einflüsse aufweisen. Eine einfache Durchschnittsbildung über die vorläufigen Saisonfaktoren eines bestimmten Saisonabschnitts (bspw. eines Quartals) erweist sich als vorteilhaft, weil hieraus zum einen für jeden Saisonabschnitt ein konstanter Faktor resultiert und sich zum anderen die zufallsbedingten Einflüsse weitgehend aufheben. Gegebenenfalls ist eine Normierung der konstanten Saisonfaktoren vorzunehmen.

Das Prozedere der Schätzung der Saisonfaktoren kann für die gegebene Zeitreihe des Materialverbrauchs mit Hilfe der Tabelle 1 illustriert werden.

Jahr	t	B_t	$D_{t,4}^Z$	$\hat{S}_t^v$
1	1	43		
	2	57		
	3	71	55,13	1,288
	4	46	56,50	0,814
2	5	50	58,75	0,851
	6	61	60,63	1,006
	7	85	62,25	1,365
	8	47	65,38	0,719
3	9	62	67,13	0,924
	10	74	67,38	1,098
	11	86	66,88	1,286
	12	48	66,75	0,719
4	13	57	69,25	0,823
	14	78	72,88	1,070
	15	102		
	16	61		

Tabelle 1: Ermittlung vorläufiger Saisonfaktoren

Die Analyse der Zeitreihe zeigt, daß sich die saisonalen Schwankungen alle vier Quartale wiederholen. Die periodenbezogenen vorläufigen Saisonfaktoren in der fünften Spalte resultieren aus der Division des tatsächlich beobachteten Bedarfs durch den entsprechenden zentrierten gleitenden Durchschnitt. In Tabelle 2 wird für jedes Quartal ein einfacher Durchschnitt aus den im Zeitablauf bestimmten vorläufigen Saisonfaktoren eines bestimmten Quartals errechnet. Bei der Durchschnittsbildung wurde die Tatsache vernachlässigt, daß die Summe der Saisonfaktoren genau c (Anzahl der Perioden, nach der die saisonale Schwankung zum wiederholten Male auftritt) ergeben muß. Im Beispiel resultiert als Summe der Saisonfaktoren ein Wert von 3,988. Aus diesem Grund werden die errechneten Durchschnitte mit dem Quotienten 4/3,988 multipliziert. Diese Normalisierung führt zu den in der letzten Zeile der Tabelle 2 aufgeführten Saisonfaktoren.

	1. Quartal	2. Quartal	3. Quartal	4. Quartal
Jahr 1			1,288	0,814
Jahr 2	0,851	1,006	1,365	0,719
Jahr 3	0,924	1,098	1,286	0,719
Jahr 4	0,823	1,070		
Summe	2,598	3,174	3,939	2,252
Durchschnitt	0,866	1,058	1,313	0,751
normalisierter Durchschnitt	0,869	1,061	1,317	0,753

Tabelle 2: Ermittlung endgültiger Saisonfaktoren

Neben den Saisonfaktoren werden zur Initialisierung des Verfahrens von WINTERS die Startwerte für den Achsenabschnitt und den Steigungsparameter benötigt. Die Bestimmung beider Parameter erfolgt mit Hilfe einer Regressionsanalyse. Vor der Anwendung letzterer wird die ursprüngliche Zeitreihe desaisonalisiert. Dies läßt sich erreichen, indem der tatsächlich aufgetretene Bedarf durch die normalisierten Saisonfaktoren dividiert wird (vgl. Tabelle 3).

	1. Quartal	2. Quartal	3. Quartal	4. Quartal
Jahr 1	49,48	53,72	53,91	61,09
Jahr 2	57,54	57,49	64,54	62,42
Jahr 3	71,35	69,75	65,30	63,75
Jahr 4	65,59	73,52	77,45	81,01

Tabelle 3: Um die Saisonkomponente bereinigte Verbrauchswerte

Die Durchführung der Regressionsanalyse auf Basis der bereinigten Verbrauchswerte führt zu den Schätzwerten $\hat{a}_0 = 49,94$ (Achsenabschnitt) und $b_0 = 1,683$ (Steigungsparameter), die als Werte für die Initialisierung des Verfahrens verwendet werden.

d) Nach der Festlegung der Startwerte kann das Verfahren von WINTERS durchgeführt werden. Die Bestimmung der Ex-post-Prognosewerte für die gegebene Zeitreihe des Materialverbrauchs erfolgt in Tabelle 4 (one-step-ahead forecast). Es ist darauf hinzuweisen, daß zwecks Wahrung der Übersichtlichkeit die Saisonfaktoren nicht nach jeder Aktualisierung der Daten normalisiert wurden. Damit kann eine Verzerrung der Saisonfaktoren – obwohl sie für die gegebenen Daten gering ausfällt – nicht ausgeschlossen werden. Exemplarisch sei die Ermittlung des zweiten Prognosewertes explizit angegeben:

$$\hat{a}_1 = 0,2 \cdot \left(\frac{43}{0,869}\right) + (1 - 0,2) \cdot (49,94 + 1,683) = 51,195$$

$$\hat{b}_1 = 0,1 \cdot (51,195 - 49,94) + (1 - 0,1) \cdot 1,683 = 1,64$$

$$\hat{S}_1 = 0,3 \cdot \left(\frac{43}{51,195}\right) + (1 - 0,3) \cdot 0,869 = 0,86$$

$$\hat{B}_{1,2} = (51,195 + 1,640 \cdot 1) \cdot 1,061 = 56,058$$

Zur Berechnung der ersten vier Ex-post-Prognosewerte wird auf die in Tabelle 2 aufgeführten normalisierten Saisonfaktoren zurückgegriffen. Als Ex-ante-Prognosewert für das erste Quartal des fünften Jahres ergibt sich:

$$\hat{B}_{16,17} = (77,205 + 1,737 \cdot 1) \cdot 0,861 = 67,969$$

Jahr	t	B_t	$\hat{a}_t$	$\hat{b}_t$	$\hat{S}_t$	$\hat{B}_{t-1,t}$
1	1	43	51,195	1,640	0,860	44,860
	2	57	53,013	1,658	1,065	56,058
	3	71	54,519	1,643	1,313	72,002
	4	46	57,147	1,742	0,769	42,290
2	5	50	58,739	1,727	0,857	50,645
	6	61	59,828	1,663	1,051	64,396
	7	85	62,140	1,728	1,329	80,738
	8	47	63,318	1,673	0,761	49,114
3	9	62	66,462	1,820	0,880	55,697
	10	74	68,707	1,863	1,059	71,764
	11	86	69,398	1,746	1,302	93,788
	12	48	69,530	1,585	0,740	54,141
4	13	57	69,847	1,458	0,861	62,581
	14	78	71,775	1,505	1,067	75,512
	15	102	74,292	1,606	1,323	95,411
	16	61	77,205	1,737	0,755	56,165

Tabelle 4: Bestimmung von Prognosewerten mit dem Verfahren von WINTERS

e) Die Beurteilung der Anpassungsgüte kann überblicksmäßig erfolgen, indem in einem Diagramm die Ex-post-Prognosewerte den tatsächlichen Materialverbrauchsmengen gegenübergestellt werden (vgl. Abbildung 3). Grundsätzlich läßt sich festhalten, daß durch das Verfahren von WINTERS die Struktur der Zeitreihe gut abgebildet wird. Eine Möglichkeit, die Qualität der Anpassung formal zu beurteilen, besteht darin, die Summe der Abweichungsquadrate zwischen den tatsächlichen und prognostizierten Werten zu bestimmen. Für die in Tabelle 4 aufgeführten Werte ergibt sich hierfür ein Wert von 300,92, der dann besonders aussagekräftig interpretiert werden kann, wenn er Werten gegenübergestellt wird, die sich für andere Prognoseverfahren ergeben. Als Vorteil des Verfahrens von WINTERS erweist es sich, daß über eine Variation der drei verwendeten Glättungsparameter eine Verbesserung der Anpassung, sprich eine Senkung der aufsummierten Abweichungsquadrate erzielt werden kann. Die Ermittlung der optimalen Glättungsparameter kann EDV-gestützt relativ einfach erreicht werden. So reduzieren sich beispielsweise die aufsummierten Abweichungsquadrate auf einen Wert von 171,03, wenn sämtliche Glättungsparameter auf 0,01 gesetzt werden. Als Nachteil des Verfahrens von WINTERS ist festzuhalten, daß die Aktualisierung eines jeden Saisonfaktors erst nach Ablauf eines vollen Saisonzyklus erfolgt.

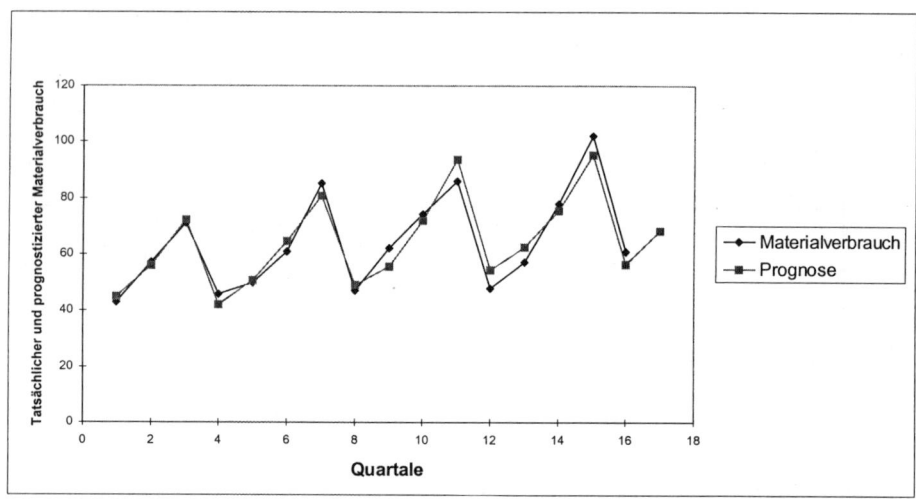

Abbildung 3: Tatsächlicher und prognostizierter Materialverbrauch im Vergleich

Literaturhinweise

GAYNOR, P.E./KIRKPATRICK, R.C.: Introduction to Time-Series Modelling and Forecasting in Business and Economics, New York u.a. 1994.

NAHMIAS, S.: Production and Operations Analysis, 3. Aufl., Chicago u.a. 1997.

TEMPELMEIER, H.: Material-Logistik, 3. Aufl., Berlin u.a. 1995.

WINTERS, P.R.: Forecasting Sales by Exponentially Weighted Moving Averages, in: Management Science 6 (1960), S. 324–342.

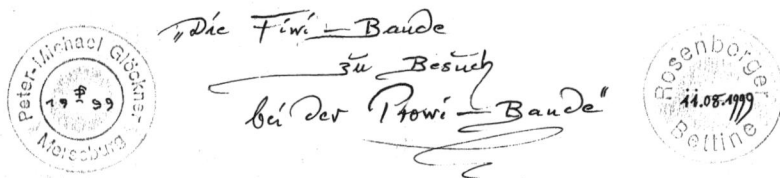

„Die Fiwi-Bande
zu Besuch
bei der Prowi-Bande"

Christian G. Janker

Prognose des Materialbedarfs

Ein Betrieb fertigt die Endprodukte E1 und E2 aus den Vorprodukten B, C, D und dem Kaufteil A gemäß folgenden Strukturstücklisten:

Stufe	Bezeichnung	Menge	Stufe	Bezeichnung	Menge
0	E1	–	0	E2	–
.1	C	2	.1	C	3
..2	B	1	..2	B	1
...3	A	2	...3	A	2
			.1	D	1
			...3	A	4

Externer Bedarf besteht auch für das Vorprodukt B. Es wird nach Kundenaufträgen produziert, die aber jeweils erst am Ende der Woche für die Folgewoche bekannt sind. Da das Teil A eine Lieferzeit von vier Wochen hat, wird in folgender Weise vorgegangen:

(1) Der Bedarf von B wird mittels exponentieller Glättung 1. Ordnung (α=0,2; Startwert := Bedarf der ersten Woche), der Bedarf von E1 wird mittels exponentieller Glättung 2. Ordnung (α=0,5) geschätzt.

(2) Für die Bedarfsprognose von E2 soll ein adaptives Verfahren zum Einsatz kommen. Allerdings ist die Firmenleitung zwischen dem Verfahren von CHOW (1965) und dem Verfahren von SMITH (1974) noch unentschlossen.

(3) Anschließend werden die Prognosewerte mit Hilfe der Gesamtbedarfskoeffizienten nach A aufgelöst.

In einem Zeitraum von acht Wochen lagen folgende Kundenaufträge vor:

für Woche	1	2	3	4	5	6	7	8
Stück B	13	24	11	17	30	30	4	15
Stück E1	20	13	18	19	16	22	18	18
Stück E2	10	11	12	12	14	16	18	18

Aufgabe 1

Zeichnen Sie bitte zu obigen Stücklisten den (gemeinsamen) Gozintographen, und bestimmen Sie die Gesamtbedarfskoeffizienten von A bezüglich B, E1 und E2!

Aufgabe 2

Simulieren Sie bitte die Ex-post-Prognose der Aufträge ab der zweiten Woche für B und E1 (alle Prognosewerte in **ganzen** Zahlen mit kaufmännischer Rundung; negative Bedarfe sind nicht erlaubt)!

Aufgabe 3

Beraten Sie die Firmenleitung bezüglich der Prognose von E2, indem Sie beide vorgeschlagenen Verfahren kurz gegenüberstellen!

Aufgabe 4

Nach Ihrer Beratungsleistung entscheidet sich die Firmenleitung für eine Prognose von E2 nach dem Verfahren von *SMITH*. Führen Sie bitte diese Prognose durch (Prognosewerte in ganzen Zahlen, Zwischenwerte mit zwei Dezimalstellen), indem Sie folgende Startwerte verwenden: $MD_0=0$, $MAD_0=0,1$, $\alpha=0,7$, $\beta=0,5$ sowie $\gamma=0,05$!

Aufgabe 5

Berechnen Sie bitte die Prognose für A (ab Woche zwei) nach dem obengenannten Vorgehen!

Aufgabe 6

Berechnen Sie bitte den MAD-Wert für die Prognose aus Aufgabe 5! Wofür kann der MAD-Wert verwendet werden?

Aufgabe 7

Wie groß ist der *THEIL*sche Ungleichheitskoeffizient für die Prognose von Teil B (Aufgabe 2), und welche Information läßt sich aus ihm gewinnen?

Lösung

Aufgabe 1

Der Gozintograph ist eine graphische Darstellungsform des Erzeugniszusammen-hangs. Dabei stellen die Knoten Erzeugnisse (End-, Zwischenprodukte, Baugruppen oder Rohstoffe) dar. Die Pfeile beschreiben die mengenmäßigen Input-Output-Beziehungen zwischen den Erzeugnissen. Die Pfeilbewertungen a_{ij} geben an, wie viele Mengeneinheiten von Produkt i zur Herstellung einer Mengeneinheit von Produkt j erforderlich sind.

Der Gesamtbedarfskoeffizient von A (bzgl. B, E1 und E2) gibt an, wie viele Mengeneinheiten von Teil A zur Herstellung einer Mengeneinheit von Teil B (bzw. E1, E2) notwendig sind.

→ Gesamtbedarfskoeffizient von A ...

      ... bezüglich B: 2
      ... bezüglich E1: $2 \cdot 1 \cdot 2 = 4$
      ... bezüglich E2: $3 \cdot 1 \cdot 2 + 1 \cdot 4 = 10$

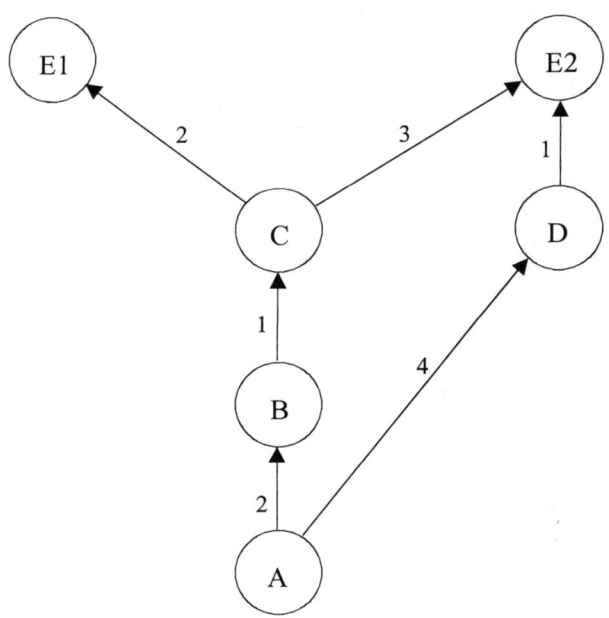

Aufgabe 2

(I) Für Teil B: Exponentielles Glätten 1. Ordnung

Mit x_t werden die tatsächlichen Beobachtungswerte, mit $\hat{x}_t$ die Prognosewerte (jeweils zum Zeitpunkt t) bezeichnet. Der Glättungsparameter α gibt dabei die Stärke der Glättung an: Je größer α, desto stärker wird der Prognosefehler e_t, der sich als Differenz aus x_t und $\hat{x}_t$ ergibt, berücksichtigt (und desto schwächer ist der Glättungseffekt).

Prognoseformel:
$$\hat{x}_{t+1} = \hat{x}_t + \alpha(x_t - \hat{x}_t) = \hat{x}_t + \alpha e_t$$
mit $e_t = x_t - \hat{x}_t$ einfacher Prognosefehler

Initialisierung:
$$\hat{x}_1 = x_1 = 13 \to e_1 = 0$$
$$\hat{x}_2 = \hat{x}_1 + \alpha(x_1 - \hat{x}_1) = \hat{x}_1 + \alpha e_1 =$$
$$= 13 + 0{,}2(13 - 13) = 13$$
$$\hat{x}_3 = \hat{x}_2 + \alpha(x_2 - \hat{x}_2) = \hat{x}_2 + \alpha e_2 =$$
$$= 13 + 0{,}2(24 - 13) = 13 + 0{,}2 \cdot 11 = 15{,}2 \approx 15$$
$$\hat{x}_4 = \hat{x}_3 + \alpha e_3 = 15 + 0{,}2(11 - 15) = 14{,}2 \approx 14$$
$$\cdots$$

$\Rightarrow$

B	1	2	3	4	5	6	7	8
x_t	13	24	11	17	30	30	4	15
$\hat{x}_t$	13	13	15	14	15	18	20	17
e_t	0	11	–4	3	15	12	–16	–2

(II) Für Teil E1: Exponentielles Glätten 2. Ordnung

Zugrunde liegt das lineare Trendmodell:
$$x_t = a + bt + \varepsilon_t \quad \text{mit} \quad (E(\varepsilon_t) = 0) \quad \text{und}$$

a als Ordinatenabschnitt, b als Steigung und ε_t als sogenannte irreguläre, normalverteilte Komponente, deren Erwartungswert null ist.

Prognoseformel:
$$\hat{x}_{t+k} = \hat{a}_t + \hat{b}_t k \quad \text{mit} \quad \hat{a}_t = a + bt$$

Aufgrund des Fundamentaltheorems von *BROWN* (1961) gilt:

$$S_t^{(1)} = \alpha x_t + (1-\alpha)S_{t-1}^{(1)}$$

$$S_t^{(2)} = \alpha S_t^{(1)} + (1-\alpha)S_{t-1}^{(2)}$$

Hilfsgrößen zur Schätzung der Parameter $\hat{a}$ und $\hat{b}$

Initialisierung:

$$\hat{b}_0 = x_2 - x_1$$

$$\hat{a}_0 = x_1 - \hat{b}_0$$

$$S_0^{(1)} = \hat{a}_0 - \frac{1-\alpha}{\alpha}\hat{b}_0$$

$$S_0^{(2)} = 2S_0^{(1)} - \hat{a}_0$$

Iterationen:

(1) $S_t^{(1)} = \alpha x_t + (1-\alpha)S_{t-1}^{(1)}$

(2) $S_t^{(2)} = \alpha S_t^{(1)} + (1-\alpha)S_{t-1}^{(2)}$

(3) $\hat{b}_t = \dfrac{\alpha}{1-\alpha}\left[S_t^{(1)} - S_t^{(2)}\right]$

(4) $\hat{a}_t = 2S_t^{(1)} - S_t^{(2)}$

Prognose:

$$\hat{x}_{t+k} = \hat{a}_t + \hat{b}_t \cdot k$$

Für Teil E1:

Initialisierung:

$$\hat{b}_0 = x_2 - x_1 = 13 - 20 = -7$$

$$\hat{a}_0 = x_1 - \hat{b}_0 = 20 - (-7) = 27$$

$$S_0^{(1)} = \hat{a}_0 - \frac{1-\alpha}{\alpha}\hat{b}_0 = 27 - 1 \cdot (-7) = 34$$

$$S_0^{(2)} = 2 \cdot S_0^{(1)} - \hat{a}_0 = 2 \cdot 34 - 27 = 41$$

$$\rightarrow \hat{x}_1 = \hat{a}_0 + \hat{b}_0 \cdot 1 = 27 + 1 \cdot (-7) = 20$$

Iterationen:

t=1:

(1) $\quad S_1^{(1)} = \alpha x_1 + (1-\alpha)S_0^{(1)} = 0{,}5 \cdot 20 + 0{,}5 \cdot 34 = 27$

(2) $\quad S_1^{(2)} = \alpha S_1^{(1)} + (1-\alpha)S_0^{(2)} = 0{,}5 \cdot 27 + 0{,}5 \cdot 41 = 34$

$$(3) \quad \hat{b}_1 = \frac{\alpha}{1-\alpha}\left[S_1^{(1)} - S_1^{(2)}\right] = 1 \cdot (27 - 34) = -7$$

$$(4) \quad \hat{a}_1 = 2 S_1^{(1)} - S_1^{(2)} = 2 \cdot 27 - 34 = 20$$

$$\rightarrow \hat{x}_2 = \hat{a}_1 + \hat{b}_1 \cdot 1 = 20 + (-7) \cdot 1 = 13$$

t=2:   ...

Es ergibt sich:

t	1	2	3	4	5	6	7	8
$S_t^{(1)}$	27	20	19	19	17,5	19,75	18,875	18,4375
$S_t^{(2)}$	34	27	23	21	19,25	19,5	19,1875	18,8125
$\hat{b}_t$	−7	−7	−4	−2	−1,75	0,25	−0,3125	−0,375
$\hat{a}_t$	20	13	15	17	15,75	20	18,5625	18,0625
$\hat{x}_t$	20	13	6	11	15	14	20	18

Aufgabe 3

Sowohl das Verfahren von *CHOW* (1965) als auch das Verfahren von *SMITH* (1974) gehören zu den adaptiven Verfahren, die sich durch eine dynamische Anpassung des Glättungsparameters α auszeichnen. Dabei wird die Prognosegüte anhand von bestimmten Fehlermaßen (mittlere Abweichung (Mean Deviation) MD, mittlere absolute Abweichung (Mean Absolute Deviation) MAD, Formeln siehe unten) kontinuierlich beurteilt und der Glättungsparameter entsprechend angepaßt.

Beim Verfahren von *CHOW* wird die Prognose jeweils gleichzeitig mit drei α-Werten (z.B. 0,15/0,20/0,30) durchgeführt, anhand des MAD-Wertes das optimale α ermittelt und mit korrigierten α-Werten weiter gerechnet:

Die Prognose erfolgt zu jedem Zeitpunkt mit drei unterschiedlichen Werten $\alpha_t^{(i)}$ (i= 1,2,3):

$$t : \alpha_t^{(1)}, \alpha_t^{(2)}, \alpha_t^{(3)} \quad \text{z. B. } 0,15 / 0,2 / 0,25$$

Prognose: $\hat{x}_{t+1}^{\alpha_t^{(i)}}, \text{MAD}_{t+1}^{\alpha_t^{(i)}}$ für $\alpha_t^{(1)}, \alpha_t^{(2)}, \alpha_t^{(3)}$

bestimme $\quad \min_i \left\{ MAD_{t+1}^{\alpha_t^{(i)}} \right\} \to i*$

$$t+1 : \alpha_{t+1}^{(2)} = \alpha_t^{(i*)} = 0{,}2$$

$$\alpha_{t+1}^{(1)} = \alpha_t^{(i*)} - \Delta\alpha \quad \text{z.B. } 0{,}15$$

$$\alpha_{t+1}^{(3)} = \alpha_t^{(i*)} + \Delta\alpha \quad \text{z.B. } 0{,}25$$

Prognoseformel: $\quad x_{t+k}^{(i)} = \hat{a}_t^{(i)} + \dfrac{1-\alpha_t^{(i)}}{\alpha_t^{(i)}} \hat{b}_t^{(i)} \cdot k$ $\qquad\qquad (i = 1,2,3)$

Beim Verfahren von *SMITH* erfolgt die Anpassung von α automatisch anhand der Abweichungssignale MD_t und MAD_t unter Verwendung der Parameter β und γ:

$$MD_t = \frac{1}{t} \sum_{i=0}^{t-1} e_i, \quad MAD_t = \frac{1}{t} \sum_{i=0}^{t-1} |e_i|$$

(1) $\quad MD_t = \beta e_t + (1-\beta)MD_{t-1} \qquad (0 < \beta < 1)$

(2) $\quad MAD_t = \beta|e_t| + (1-\beta)MAD_{t-1} \quad (0 < \beta < 1)$

(3) $\quad \tilde{\alpha}_t = \dfrac{|MD_t|}{MAD_t} \in [0,1]$ $\qquad\qquad$ Hilfsgröße zur Ermittlung des α

(4) $\quad \alpha_t = \gamma\tilde{\alpha}_t + (1-\gamma)\alpha_{t-1} \qquad (0 < \gamma < 1)$

Dieser angepaßte Glättungsfaktor wird dann im Trendmodell nach *BROWN* (Exponentielle Glättung 2. Ordnung) verwendet.

In der Regel ist das Verfahren von *SMITH* dem einfachen Modell der exponentiellen Glättung und dem Verfahren von *CHOW* überlegen.

Aufgabe 4

Für Teil E2: Verfahren von *SMITH* (Formeln s. o.)

Initialisierung (wie bei Exponentieller Glättung 2. Ordnung):

- $\hat{b}_0 = x_2 - x_1 = 1$

- $\hat{a}_0 = x_1 - \hat{b}_0 = 9$

- $S_0^{(1)} = \hat{a}_0 - \dfrac{0{,}3}{0{,}7}\hat{b}_0 = 8{,}57$

- $S_0^{(2)} = 2S_0^{(1)} - \hat{a}_0 = 8{,}14$

$\rightarrow \hat{x}_1 = 9 + 1 = 10$

Iterationen:

t=1:

- $e_1 = x_1 - \hat{x}_1 = 0$

- $MD_1 = \beta \cdot e_1 + (1-\beta)MD_0$
  $= 0{,}5 \cdot 0 + 0{,}5 \cdot 0 = 0$

- $MAD_1 = \beta \cdot |e_1| + (1-\beta)MAD_0$
  $= 0{,}5 \cdot 0 + 0{,}5 \cdot 0{,}1 = 0{,}05$

- $\tilde{\alpha}_1 = \dfrac{|MD_1|}{MAD_1} = 0$

- $\alpha_1 = \gamma\tilde{\alpha}_1 + (1-\gamma)\alpha_0$
  $= 0{,}05 \cdot 0 + 0{,}95 \cdot 0{,}7 = 0{,}67$

neu beim
Verfahren
von *SMITH*

(1) $S_1^{(1)} = \alpha_1 x_1 + (1-\alpha_1)S_0^{(1)} = 9{,}52$

(2) $S_1^{(2)} = \alpha_1 S_1^{(1)} + (1-\alpha_1)S_0^{(2)} = 9{,}06$

(3) $\hat{b}_1 = \dfrac{\alpha_1}{1-\alpha_1}\left[S_1^{(1)} - S_1^{(2)}\right]$
$= 2{,}03 \cdot 0{,}46 = 0{,}92$

(4) $\hat{a}_1 = 2S_1^{(1)} - S_1^{(2)} = 9{,}98$

$\rightarrow \hat{x}_2 = \hat{a}_1 + \hat{b}_1 = 10{,}90$

wie exponentielle
Glättung 2. Ord-
nung, lediglich
dynamisches α

t=2:   ...

t	x_t	$\hat{x}_t$	α_t	$\tilde{a}_t$	$\tilde{b}_t$	$\tilde{S}_t^{(1)}$	$\tilde{S}_t^{(2)}$	MD_t	MAD_t	$\tilde{\alpha}_t$
0			0,70	9,00	1,00	8,57	8,14	0,00	0,10	
1	10	10	0,67	9,98	0,92	9,52	9,06	0,00	0,05	0,00
2	11	11	0,67	10,99	0,96	10,50	10,02	0,05	0,07	0,67
3	12	12	0,67	12,00	1,00	11,51	11,02	0,05	0,06	0,80
4	12	13	0,68	12,11	0,56	11,84	11,58	–0,47	0,53	0,89
5	14	13	0,67	13,85	1,15	13,29	12,73	0,43	0,93	0,46
6	16	15	0,68	15,90	1,61	15,12	14,34	0,71	0,96	0,74
7	18	18	0,68	17,96	1,87	17,09	16,22	0,60	0,73	0,83
8	18	20	0,67	18,19	1,00	17,70	17,22	–0,61	1,28	0,48

Aufgabe 5

Durch Multiplikation der Prognosewerte von B, E1 (vgl. Aufgabe 2) und E2 (vgl. Aufgabe 4) mit den Gesamtbedarfskoeffizienten (vgl. Aufgabe 1) ergeben sich in der Summe die prognostizierten Bedarfe für Teil A:

T	1	2	3	4	5	6	7	8
Prognosebedarf (B) · 2	26	26	30	28	30	36	40	34
+ Prognosebedarf (E1) · 4	80	52	24	44	60	56	80	72
+ Prognosebedarf (E2) · 10	100	110	120	130	130	150	180	200
= Prognosebedarf (A) $\hat{x}_t$	206	188	174	202	220	242	300	306

Aufgabe 6

Zur Ermittlung des MAD-Wertes müssen die tatsächlichen Bedarfe bestimmt werden:

t	1	2	3	4	5	6	7	8
tats. Bedarf (B) · 2	26	48	22	34	60	60	8	30
+ tats. Bedarf (E1) · 4	80	52	72	76	64	88	72	72
+ tats. Bedarf (E2) · 10	100	110	120	120	140	160	180	180
= tats. Bedarf (A) x_t	206	210	214	230	264	308	260	282

==> Prognosefehler $e_t = x_t - \hat{x}_t$

e_t	0	22	40	28	44	66	–40	–24

$$MAD = \frac{1}{7}\sum_{t=2}^{8}|e_t| = \frac{1}{7}\cdot 264 = 37{,}71$$

Unter der Annahme, daß die Prognosefehler normalverteilt sind, wird der MAD-Wert häufig zur Schätzung der Standardabweichung σ_e der Zeitreihe verwendet.

Es gilt: $\sigma_e = MAD \cdot \sqrt{\dfrac{\pi}{2}}$ \qquad (hier: $\sigma_e = 37{,}71\cdot\sqrt{\dfrac{\pi}{2}} = 47{,}26$)

Aufgabe 7

*THEIL*scher Ungleichheitskoeffizient: $\quad U = \sqrt{\dfrac{\dfrac{1}{M}\sum\limits_{t\in P}(x_t - \hat{x}_t)^2}{\dfrac{1}{M}\sum\limits_{t\in P}(x_t - \hat{x}_{t-1})^2}}$ \qquad $P\in[2;3;4;5;6;7;8]$

wobei der Prognosezeitraum M Perioden umfaßt (hier: M=7)

$$U = \sqrt{\dfrac{\dfrac{1}{7}\sum\limits_{t=2}^{8}e_t^2}{\dfrac{1}{7}\sum\limits_{t=2}^{8}(x_t - x_{t-1})^2}}$$

$$= \sqrt{\dfrac{\dfrac{1}{7}\left[11^2 + (-4)^2 + 3^2 + 15^2 + 12^2 + (-16)^2 + (-2)^2\right]}{\dfrac{1}{7}\left[(24-13)^2 + (11-24)^2 + (17-11)^2 + (30-17)^2 + (30-30)^2 + (4-30)^2 + (15-4)^2\right]}}$$

$$= \sqrt{\dfrac{775}{1292}} = 0{,}77$$

Durch den Bezug auf die naive Prognose ($\hat{x}_{t+1} = x_t$) im Nenner ermöglicht der *THEIL*sche Ungleichheitskoeffizient stets eine Aussage, ob das angewandte Prognoseverfahren gerechtfertigt ist.

Im vorliegenden Beispiel liefert der Einsatz des verwendeten Prognoseverfahrens einen besseren (d. h. kleineren) Wert (U=0,77) als die Anwendung der naiven Prognose (U=1). Der Einsatz ist also sinnvoll.

Literaturhinweise

BAMBERG, G., BAUR, F.: Statistik, 10. Aufl., München 1998.
HANSMANN, K.-W.: Industrielles Management, 6. Aufl., München 1999.
HARTUNG, J.: Statistik, 11. Aufl., München 1998.

Anke Daub

Rezepturplanung

Ein Hersteller von hochwertigen Vollwertprodukten hat u.a. drei Müslisorten im Programm (Naturmüsli, Spezialmüsli und Nußmüsli), für die die Rezepturen geändert werden sollen. Die drei Müslisorten bestehen zu unterschiedlichen Anteilen ausschließlich aus Haferflocken und Nüssen. In den kommenden Wochen sollen in einer Reformhauskette die neuen Mischungen getestet werden, wobei eine wöchentliche Lieferung von mindestens

- 250 kg Naturmüsli,
- 500 kg Spezialmüsli und
- 375 kg Nußmüsli

geplant ist.

Unter Berücksichtigung der Kosten für die beiden Komponenten (für Haferflocken 0,50 Geldeinheiten (GE) pro kg und für Nüsse 1,5 GE pro kg) sollen die Rezepturen deckungsbeitragsmaximal gestaltet werden, wobei allerdings folgende Vorgaben einzuhalten sind:

- Das Naturmüsli besteht mindestens zu 50% aus Haferflocken.
- Das Spezialmüsli besteht zu höchstens 30% aus Nüssen.
- Das Nußmüsli setzt sich zu mindestens 40% aus Nüssen zusammen.

Da der Lieferant Lieferschwierigkeiten hat, stehen pro Woche lediglich 1000 kg Haferflocken und 1200 kg Nüsse zur Verfügung.

Die Preise für die Müslisorten wurden bereits im Vorfeld festgelegt und betragen 6 GE pro kg Naturmüsli, 7 GE pro kg Spezialmüsli und 8,50 GE pro kg Nußmüsli.

Aufgabe 1

Formulieren Sie für das vorliegende Planungsproblem ein lineares Optimierungsmodell für eine Verkaufswoche, und erläutern Sie die Bedeutung der von Ihnen verwendeten Variablen!

Aufgabe 2

Mit welchen Verfahren läßt sich für die oben beschriebene Problemstellung eine Optimallösung ermitteln? Wie sieht diese Lösung aus?

Aufgabe 3

Wie ließe sich in der Modellformulierung die Annahme berücksichtigen, daß eine weitere Komponente (neben Haferflocken und Nüssen) mit einem Anteil an der Gesamtmenge von jeweils genau 10% in jeder Müslisorte enthalten sein muß?

Aufgabe 4

Im Rahmen einer Risikoabschätzung soll analysiert werden, inwieweit eine Ausweitung der bestehenden Lieferschwierigkeiten zu ernsthaften Problemen bei der Belieferung der Reformhauskette mit den vereinbarten Mindestmengen führt. Ermitteln Sie – ohne Berücksichtigung der in Aufgabe 3 eingeführten Annahme – mit Hilfe einer Parametrischen Analyse, bei welchen wöchentlichen Liefermengen von Haferflocken die (Produktions-)Vorgaben nicht mehr umgesetzt werden können!

Lösung

Aufgabe 1

Folgendes lineare Optimierungsmodell bildet die dargestellte Planungssituation ab:

Variablen:

x_{ij} : Gesamtmenge (in kg pro Woche) von Komponente i, die in Müslisorte j eingesetzt wird

mit   i=1 : Haferflocken
         i=2 : Nüsse
         j=1 : Naturmüsli
         j=2 : Spezialmüsli
         j=3 : Nußmüsli

$x_{i1} + x_{i2} + x_{i3}$:   Gesamtmenge von Komponente i, die pro Woche benötigt wird

$x_{1j} + x_{2j}$:   Gesamtmenge von Müslisorte j, die pro Woche produziert wird

Zielfunktion: Deckungsbeitragsmaximierung

max. Z; $Z := 5,5x_{11} + 6,5x_{12} + 8x_{13} + 4,5x_{21} + 5,5x_{22} + 7x_{23}$

        (Preise für die einzelnen Müslisorten abzüglich der Kosten der einzusetzenden Komponenten)

Restriktionen (1): Produktionsuntergrenzen

$$x_{11} + x_{21} \geq 250$$
$$x_{12} + x_{22} \geq 500$$
$$x_{13} + x_{23} \geq 375$$

Restriktionen (2): Lieferbeschränkungen

$$x_{11} + x_{12} + x_{13} \leq 1000$$
$$x_{21} + x_{22} + x_{23} \leq 1200$$

Restriktionen (3): Produktionsvorgaben

$$-0{,}5x_{11} + 0{,}5x_{21} \leq 0 \quad \text{(ergibt sich aus: } x_{11} \geq 0{,}5(x_{11} + x_{21}))$$
$$-0{,}3x_{12} + 0{,}7x_{22} \leq 0 \quad \text{(ergibt sich aus: } x_{22} \leq 0{,}3(x_{12} + x_{22}))$$
$$+0{,}4x_{13} - 0{,}6x_{23} \leq 0 \quad \text{(ergibt sich aus: } x_{23} \geq 0{,}4(x_{13} + x_{23}))$$

Restriktionen (4): Nichtnegativitätsbedingungen

$$x_{ij} \geq 0 \quad \text{für alle i, j}$$

Aufgabe 2

Da es sich bei dem vorliegenden Modell um ein lineares Optimierungsproblem mit Maximierungszielfunktion einerseits und sowohl $\geq$- als auch $\leq$-Restriktionen andererseits handelt, lassen sich als Verfahren der Linearen Programmierung beispielsweise die Kombinierte Simplexmethode oder die Zwei-Phasen-Simplexmethode anwenden.

Im folgenden wird der Lösungsweg mit Hilfe der Kombinierten Simplexmethode skizziert, wobei nur Ausgangs- und Optimaltableau ausführlich dargestellt werden (nicht belegte Positionen in den Tableaus repräsentieren Nullelemente; die Schlupfvariablen der Restriktionen sind mit y_k bezeichnet). Für die übrigen Iterationen werden die jeweiligen Basislösungen und der aktuelle Zielfunktionswert aufgeführt.

Das erste Tableau der Kombinierten Simplexmethode ergibt sich aus den als Kleiner-Gleich-Bedingungen formulierten Restriktionen des Modells (Restriktionen (1) bis (3)), in die nicht-negative Schlupfvariablen eingeführt werden, um Gleichungen zu erhalten. Diese Schlupfvariablen sind die Basisvariablen (BV) der Ausgangslösung. Die letzte Zeile (Zielzeile) des Tableaus besteht hier, im Fall der Maximierung, anfangs aus den mit –1 multiplizierten Zielfunktionskoeffizienten; die Werte entsprechen grundsätzlich den jeweiligen Opportunitätskosten in der aktuellen Lösung.

Im Laufe des Verfahrens wird zunächst versucht, die primale Zulässigkeit des Tableaus herzustellen (ausschließlich nicht-negative Werte in der letzten Spalte), bei der die durch das Tableau repräsentierte Lösung auch realisierbar ist. Dazu ergibt sich die

Pivotzeile aus dem betragsmäßig größten negativen Wert in der letzten Spalte. Für die Auswahl der Pivotspalte gilt lediglich, daß das Pivotelement negativ sein muß, um im Rahmen der Iteration einen nicht-negativen Randspaltenwert zu erhalten.

Ist die primale Zulässigkeit erreicht, so werden mit Hilfe der typischen Auswahlregeln der Regulären Simplexmethode (betragsmäßig größter negativer Wert in der letzten Zeile, kleinster Quotient aus Randspaltenwert und (positivem) Element in der Pivotspalte) Simplexiterationen durchgeführt, bis die Optimallösung (sofern eine solche existiert) erreicht ist.

Ausgangstableau

BV	x_{11}	x_{12}	x_{13}	x_{21}	x_{22}	x_{23}	y_1	y_2	y_3	y_4	y_5	y_6	y_7	y_8	T
y_1	−1			−1		1									−250
y_2		−1			−1		1								−500
y_3			−1			−1		1							−375
y_4	1	1	1						1						1000
y_5				1	1	1				1					1200
y_6	−0,5			0,5							1				0
y_7		−0,3			0,7							1			0
y_8			0,4			−0,6							1		0
Δz	−5,5	−6,5	−8	−4,5	−5,5	−7	0	0	0	0	0	0	0	0	**0**

Basislösung nach der 1. Iteration

Basisvariable	Lösungswert
y_1	−250
x_{12}	500
y_3	−375
y_4	500
y_5	1200
y_6	0
y_7	150
y_8	0
Z	3250

Basislösung nach der 2. Iteration

Basisvariable	Lösungswert
y_1	−250
x_{12}	500
x_{13}	375
y_4	125
y_5	1200
y_6	0
y_7	150
y_8	−150
Z	6250

Basislösung nach der 3. Iteration

Basisvariable	Lösungswert
x_{11}	250
x_{12}	500
x_{13}	375
y_4	−125
y_5	1200
y_6	125
y_7	150
y_8	−150
Z	7625

Basislösung nach der 4. Iteration

Basisvariable	Lösungswert
x_{11}	250
x_{12}	500
x_{13}	225
y_4	25
y_5	1050
y_6	125
y_7	150
x_{23}	150
Z	7475

Die primale Zulässigkeit ist in diesem Fall nach der 4. Iteration erreicht.

Basislösung nach der 5. Iteration

Basisvariable	Lösungswert
x_{11}	250
x_{12}	500
x_{13}	250
y_3	41,67
y_5	1033,33
y_6	125
y_7	150
x_{23}	166,67
Z	7791,67

Basislösung nach der 6. Iteration

Basisvariable	Lösungswert
x_{11}	125
x_{12}	500
x_{13}	375
y_3	250
y_5	825
x_{21}	125
y_7	150
x_{23}	250
Z	9250

Basislösung nach der 7. Iteration

Basisvariable	Lösungswert
x_{11}	125
x_{12}	350
x_{13}	525
y_3	500
y_5	575
x_{21}	125
x_{22}	150
x_{23}	350
Z	11000

Optimaltableau

BV	x_{11}	x_{12}	x_{13}	x_{21}	x_{22}	x_{23}	y_1	y_2	y_3	y_4	y_5	y_6	y_7	y_8	T
x_{11}	1						−0,5					−1			125
x_{12}		1						−0,7					−1		350
x_{13}			1				0,5	0,7		1		1	1		525
y_3							1	1	1	1	1				1075
y_8							0,1	−0,1		−0,4	0,6	−1	−1	1	345
x_{21}			1				−0,5					1			125
x_{22}				1				−0,3					1		150
x_{23}					1		0,5	0,3			1	−1	−1		925
Δz	0	0	0	0	0	0	2,5	1,5	0	8	7	0	0	0	15025

Die Optimalität dieser Lösung läßt sich an der Zielzeile des Tableaus ablesen, die ausschließlich aus nicht-negativen Werten besteht. Dies bedeutet, daß kein Basistausch (Tausch einer Basisvariablen gegen eine Nichtbasisvariable (z.B. x_{23} gegen y_2)) zu einer Verbesserung des Zielfunktionswertes führen kann. Der ermittelte Deckungsbeitrag ist der maximal erreichbare.

Aufgabe 3

Bei Berücksichtigung dieser Annahme ändert sich u.a. der dritte Block der Nebenbedingungen. Wählt man für die zusätzliche Komponente die Variablen x_{3j} und setzt
man für diese einen Anteil von 10% an, dann lassen sich die neuen Restriktionen, wie
am Beispiel des Naturmüslis gezeigt wird, ermitteln:

$$x_{11} \geq 0,5(x_{11} + x_{21} + x_{31})$$

mit $x_{31} = 0,11(x_{11} + x_{21})$; da x_{31} einem Neuntel der Summe aus Haferflocken- und
Nußanteil entspricht, ergibt sich:

$$-0,44x_{11} + 0,56x_{21} \quad \leq 0$$

Die weiteren Restriktionen lauten entsprechend:

$$-0,33x_{12} + 0,67x_{22} \quad \leq 0$$
$$+0,44x_{13} - 0,56x_{23} \quad \leq 0$$

Ein analoges Vorgehen gilt für den ersten Restriktionenblock, so daß die Nebenbedingungen in folgender Weise zu ändern sind:

$$1,11x_{11} + 1,11x_{21} \quad \geq 250$$
$$1,11x_{12} + 1,11x_{22} \quad \geq 500$$
$$1,11x_{13} + 1,11x_{23} \quad \geq 375$$

Darüber hinaus sind in der Zielfunktion die durch den Einsatz der zusätzlichen Komponente verursachten Kosten zu erfassen, wobei ihr Kilogrammpreis hier nicht explizit angegeben ist. Entsprechend dem oben gezeigten Vorgehen lassen sich die Kosten
über die bestehenden Zielfunktionskoeffizienten berücksichtigen, indem die Tatsache,
daß ein konstanter Anteil vorgegeben ist, über die Beziehung

$$x_{3j} = 0,11(x_{1j} + x_{2j})$$

ausgenutzt wird, um die neuen Variablen x_{3j} zu ersetzen.

Geht man von einem Kostenkoeffizienten in Höhe von a für die zusätzliche Komponente aus, so ergibt sich folgende neue Zielfunktion:

$$\max. Z; Z := (6,17 - 0,11a)x_{11} + (7,28 - 0,11a)x_{12} + (8,94 - 0,11a)x_{13} +$$
$$(5,17 - 0,11a)x_{21} + (6,28 - 0,11a)x_{22} + (7,94 - 0,11a)x_{23}$$

Aufgabe 4

Zur Ermittlung der Auswirkungen weitergehender Lieferprobleme ist eine Parametrische Analyse bezüglich der ersten Nebenbedingung im zweiten Restriktionenblock durchzuführen. Dazu wird in die Nebenbedingung ein Parameter t eingeführt, der Erhöhungen (positiver Wert) bzw. Verringerungen (negativer Wert) der Kapazität des Lieferanten repräsentiert. Da im vorliegenden Fall eine weitere Reduzierung der schon vorher begrenzend wirkenden Lieferkapazität bei Haferflocken zu untersuchen ist, ist lediglich der negative Wert von t und damit die Liefermengenuntergrenze relevant.

Für die neue Restriktion

$$x_{21} + x_{22} + x_{23} \leq 1000 + t$$

läßt sich mit Hilfe der Basisinversen des Optimaltableaus (Werte unter den Schlupfvariablen (y_1 bis y_8)) der neue Randspaltenvektor ermitteln:

−0,5				−1					−250			125	(x_{11})
	−0,7				−1				−500			350	(x_{12})
0,5	0,7	1		1	1				−375			525+t	(x_{13})
1	1	1	1	1					1000+t			1075+t	(y_3)
0,1	−0,1		−0,4	0,6	−1	−1	1	*	1200	=		345−0,4t	(y_8)
−0,5				1					0			125	(x_{21})
	−0,3				1				0			150	(x_{22})
0,5	0,3		1	−1	−1				0			925	(x_{23})

Für diesen ist zu untersuchen, bei welchem Wert des Parameters t sich eine negative Randspaltenkomponente ergibt, weil dann ein Basistausch (dualer Austauschschritt) vorzunehmen ist, um die Zulässigkeit zu erhalten. Aus dem vorliegenden Randspaltenvektor sind die nachstehenden Ungleichungen abzuleiten:

$$x_{13}: \quad 525 + t \geq 0 \qquad \Rightarrow \qquad t \geq -525$$

$$y_3: \quad 1075 + t \geq 0 \qquad \Rightarrow \qquad t \geq -1075$$

$$y_8: \quad 345 - 0,4t \geq 0 \qquad \Rightarrow \qquad t \leq 862,5$$

Für den Parameter t ergibt sich damit folgendes Intervall:

$$t \in [-525; 862,5]$$

Angesichts der Tatsache, daß hier lediglich Kapazitätsreduzierungen relevant sind, ist zu untersuchen, welche Auswirkungen eine Verringerung der Liefermenge um mehr als 525 Einheiten (neue Gesamtkapazität unter 475 ME) auf die Zusammensetzung des Produktionsprogramms hat.

Eine solche Kapazitätsreduzierung machte im (aktualisierten) Optimaltableau einen dualen Austauschschritt erforderlich; das heißt, die betreffende Basisvariable (hier x_{13} mit x_{13} ($t = -525$) = 0) wird zur Nichtbasisvariablen (das Nußmüsli enthält keine Haferflocken mehr) und an ihrer Stelle wird eine Nichtbasisvariable zur Basisvariablen. Es kommen für einen solchen Tausch nur diejenigen Variablen in Frage, die in der entsprechenden Tableauzeile ein negatives Element aufweisen; andernfalls bliebe der Randspaltenvektor im Zuge der Iteration unzulässig.

Im vorliegenden Fall weist die Zeile der Variablen x_{13} kein solches negatives Element auf, so daß kein dualer Austauschschritt durchgeführt werden kann und keine zulässige Lösung existiert. Bezogen auf die zugrundeliegende Problemstellung bedeutet dies, daß die ursprünglichen Produktionsvorgaben nicht mehr eingehalten werden können, sollten sich die Lieferschwierigkeiten in dem oben beschriebenen Ausmaß ausweiten.

Literaturhinweise

BLOECH, J.: Lineare Optimierung für Wirtschaftswissenschaftler, Opladen 1974.

BLOECH, J., BOGASCHEWSKY, R., GÖTZE, U., ROLAND, F.: Einführung in die Produktion, 3. Aufl., Heidelberg 1998.

CORSTEN, H.: Produktionswirtschaft, 7. Aufl., München/Wien 1998.

DINKELBACH, W.: Sensitivitätsanalysen und parametrische Optimierung, Berlin/Heidelberg/New York 1969.

DOMSCHKE, W., DREXL, A.: Einführung in Operations Research, 3. Aufl., Berlin u.a. 1998.

HAUPT, P., WEGENER, H.: Wirtschaftlicher Inhalt eines ausgewählten Optimierungsverfahrens, in: WiSt, 2. Jg. (1973), S. 8–14.

III. Produktionsdurchführungsplanung

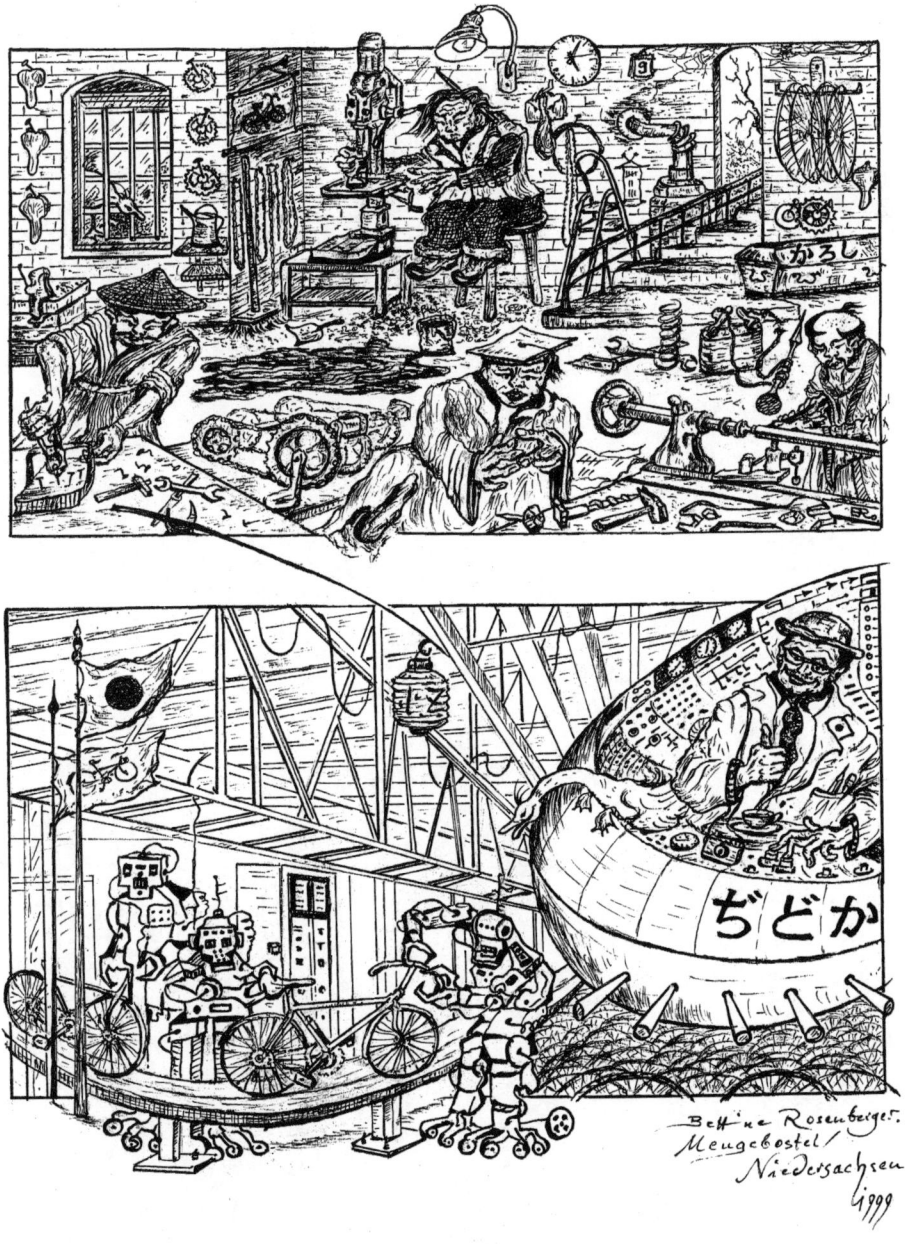

Uwe Götze

Minimalkostenkombination bei limitationalen Produktionsprozessen

Unternehmen stehen im Produktionsbereich vor der Aufgabe, bestimmte Mengen von Halb- oder Fertigfabrikaten mit minimalen Kosten herzustellen, um bei gegebenen Erlösen das operative Ziel der Gewinnmaximierung zu realisieren. Hierzu sind vor allem die optimalen Einsatzmengen der erforderlichen Produktionsfaktoren festzulegen, die zum einen den Output determinieren und zum anderen Kosten verursachen.

Aufgabe 1

a) Die in Unternehmen ablaufenden Produktionsprozesse können sich hinsichtlich der Beziehung der Produktionsfaktoren zueinander und der Relation zwischen Einsatz- und Ausbringungsmengen unterscheiden. Grenzen Sie limitationale von substitutionalen Produktionsfaktoren bzw. -prozessen ab, und charakterisieren Sie linear-limitationale Produktionsprozesse!

b) Die Fertigung mit minimalen Kosten, die „ökonomische Effizienz", setzt die „technische Effizienz" voraus. Erläutern Sie die beiden Effizienzbegriffe!

Aufgabe 2

Bei der Fertigung eines Produktes in einer Periode kann ein Unternehmen zwischen zwei linear-limitationalen Produktionsverfahren wählen. Die Herstellung einer Einheit dieses Produktes erfordert bei Verfahren I zwei Arbeitsstunden und drei Maschinenstunden, bei Verfahren II sind hierfür vier Arbeitsstunden und zwei Maschinenstunden notwendig.

Die variablen Faktorkosten betragen 30 Geldeinheiten (GE) pro Arbeitsstunde und 40 GE pro Maschinenstunde. Sie sind unabhängig von den Faktoreinsatzmengen konstant. Die Kosten weiterer einzusetzender Produktionsfaktoren werden durch die Verfahrenswahl nicht beeinflußt.

a) Bestimmen Sie rechnerisch und graphisch die optimalen Faktoreinsatzmengen für eine Produktionsmenge von $x = 500$ ME, und ermitteln Sie die daraus resultierenden minimalen Kosten!

b) Dem Unternehmen biete sich die Möglichkeit, das arbeitsintensive Verfahren II mit gleicher Produktivität in einer ausländischen Produktionsstätte anzuwenden. Es ist von geringeren Kosten des Faktors Arbeit auszugehen, die Maschinenkosten seien gleich hoch. Wie hoch dürften in dieser Situation die Kosten für eine Arbeitsstunde maximal sein, damit die Fertigung im Ausland vorteilhaft wäre?

Aufgabe 3

a) Im folgenden sei die verfügbare Maschinenzeit in der inländischen Produktionsstätte aufgrund der Fertigung weiterer Produktarten auf 1.200 Stunden beschränkt. Eine Produktion am ausländischen Standort wird wegen einer ungünstigen politischen Entwicklung nicht mehr in Erwägung gezogen. Es ist möglich, beide Verfahren gemeinsam zur Herstellung der benötigten 500 ME des Produktes zu nutzen. Wie viele Mengeneinheiten des Produktes sollten mittels Verfahren I, wie viele mit Prozeß II gefertigt werden? Wie viele Einheiten der Produktionsfaktoren sind dann einzusetzen, wie hoch sind die Kosten insgesamt?

b) Gehen Sie nun davon aus, daß eine Begrenzung auch für die durch die Fertigung der Produktart entstehenden Kosten besteht! Das Kostenbudget beträgt insgesamt 200.000 GE. Für die weiteren benötigten Produktionsfaktoren (Material etc.) fallen Kosten in Höhe von 110.000 GE an. Welche Prozeßmischung ist optimal, falls die Produktionsmenge maximiert werden soll?

c) Verhandlungen mit der Unternehmensführung haben zu einer Ausweitung des Kostenbudgets geführt, so daß dieses nicht mehr begrenzend wirkt. Weitere Überlegungen zur Maschinenkapazität haben ergeben, daß diese sich auf über 1.200 Stunden ausweiten läßt. Ab dieser Stundenzahl entstehen aber zusätzliche Opportunitätskosten in Höhe von 25 GE pro Stunde.

Diese Erkenntnis regt eine genauere Analyse der Kosten des Arbeitseinsatzes an. Der bisher zugrunde gelegte Kostensatz von 30 GE pro Stunde gilt nur bis zu einer Anzahl von 1.300 Stunden. Für die darüber hinausgehenden Stunden fallen Überstundenzuschläge von 6 GE pro Stunde an.

Bestimmen Sie für eine Produktionsmenge von 500 ME die unter diesen Bedingungen optimale Prozeßmischung und Faktoreinsatzmengenkombination! Verdeutlichen Sie sich dazu die Faktoreinsatzmengenbereiche, in denen es zu Faktorkostenerhöhungen kommt, anhand einer geeigneten Graphik!

Lösung

Aufgabe 1

a) Bei limitationalen Produktionsfaktoren bzw. -prozessen ist – im Gegensatz zu substitutionalen – ein bestimmtes Einsatzverhältnis der Produktionsfaktoren vorgegeben. Von einem effizienten Faktoreinsatz ausgehend, ist es daher nicht möglich, die Produktionsmenge zu steigern, indem lediglich die Einsatzmengen *einzelner* Faktoren erhöht werden.

Bei linear-limitationalen Produktionsprozessen (Leontief-Produktionsfunktion) besteht eine proportionale Beziehung zwischen den (effizienten) Faktoreinsatzmengen und der Ausbringungsmenge, d.h., eine Erhöhung der Einsatzmengen *aller* Produktionsfaktoren um einen bestimmten Prozentsatz führt zu einer Steigerung der Produktionsmenge um den gleichen Satz.

b) „Technische Effizienz" liegt vor, wenn eine Produktionsmenge hergestellt wird, ohne daß Produktionsfaktoren verschwendet werden. Dies ist dann der Fall, wenn für eine gegebene Produktionsmenge keine andere Produktionsmöglichkeit existiert, bei der von einer Faktorart eine geringere Menge und gleichzeitig von keiner anderen Faktorart eine höhere Menge eingesetzt wird.

Die technische Effizienz ist Voraussetzung für die „ökonomische Effizienz", bei der die Betrachtung um die Faktorpreise und die daraus resultierenden Kosten erweitert wird. Eine ökonomisch effiziente Produktionsweise liegt vor, wenn eine bestimmte Produktionsmenge mit der kostengünstigsten Faktoreinsatzmengenkombination, der „Minimalkostenkombination", erstellt wird.

Aufgabe 2

a) Pro Mengeneinheit des zu fertigenden Produktes betragen die Kosten:

bei Verfahren I: $\quad 2 \cdot 30 + 3 \cdot 40 = 180 \ GE$
bei Verfahren II: $\quad 4 \cdot 30 + 2 \cdot 40 = 200 \ GE$

Es ist kostengünstiger, mit Verfahren I zu fertigen. Für eine Produktionsmenge von 500 ME werden dann 1.000 Arbeitsstunden und 1.500 Maschinenstunden eingesetzt; die daraus resultierenden Kosten belaufen sich auf 90.000 GE.

Graphisch läßt sich jedes Verfahren in Form eines „Prozeßstrahls" in einem Diagramm mit den Achsenbezeichnungen „Arbeitsstunden" (A) und „Maschinenstunden" (M) abbilden. Der Prozeßstrahl repräsentiert alle Kombinationen von Arbeits- und Maschinenstunden mit dem verfahrensspezifischen Einsatzverhältnis (2:3 bzw. 4:2). Bei jedem Verfahren ist für jede Ausbringungsmenge nur eine Einsatzmengenkombination technisch effizient; für eine Menge von x = 500 sind diese Kombinationen in Abbildung 1 durch die Punkte T bzw. U kenntlich gemacht. Alle Mehreinsätze eines Faktors führen zu Verschwendung (in Abbildung 1 durch die rechtwinkligen Isoquanten angedeutet).

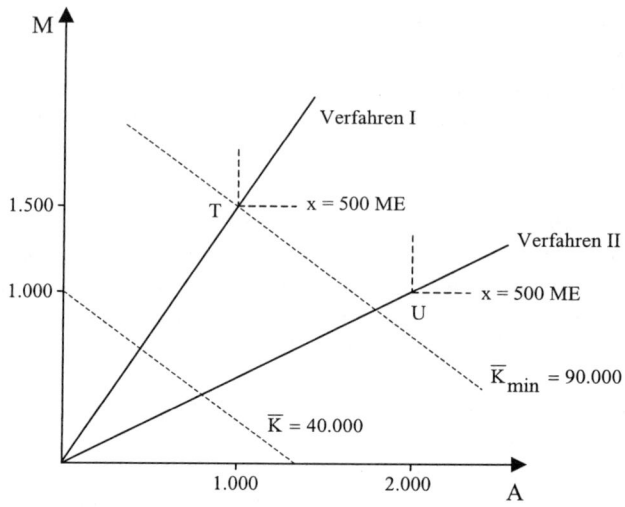

Abbildung 1

Eine graphische Optimierung ist möglich, indem eine Isokostenlinie

$$\overline{K} = 30 \cdot A + 40 \cdot M$$

bzw.

$$M = \frac{\overline{K}}{40} - \frac{3}{4} A$$

erfaßt und parallel verschoben wird (vgl. Abbildung 1). Der Tangentialpunkt mit einer der beiden Isoquanten, der dem Koordinatenursprung am nächsten liegt, gibt die Minimalkostenkombination an.

b) Für den kritischen Wert der variablen Kosten einer Einheit des Produktionsfaktors Arbeit im Ausland (q_{Ak}) gilt, daß die Kosten des Verfahrens II gleich denen des Verfahrens I im Inland sind:

$$4 \cdot q_{Ak} + 2 \cdot 40 = 180 \qquad \Rightarrow q_{Ak} = 25$$

Bei einem geringeren Kostensatz für den Faktor Arbeit ist das arbeitsintensive Verfahren II (im Ausland) vorteilhaft, bei einem höheren das maschinenintensive Verfahren I (im Inland). Bei Nutzung des graphischen Optimierungsansatzes läßt sich dieser kritische Wert ermitteln, indem berechnet wird, ab welchem Kostensatz die Isokostenlinie den effizienten Punkt des Verfahrens II (U) bei einem niedrigeren Kostenniveau tangiert als den entsprechenden Punkt des ersten Verfahrens (T). Dazu sind die Steigungen der Isokostenlinie und der Verbindungslinie zwischen den Punkten T und U gleichzusetzen.

Aufgabe 3

a) Die Maschinenkapazität stellt nun einen Engpaß dar; die alleinige Nutzung des ersten Verfahrens ist nicht mehr möglich. Kostenminimal ist eine Prozeßmischung, d.h. der Einsatz beider Verfahren, bei der die Maschinenkapazität vollständig ausgeschöpft und damit so wenig wie möglich von der Lösung abgewichen wird, die ohne Beschränkung der Maschinenkapazität optimal wäre. Aus dieser Forderung und der nach Herstellung von 500 ME läßt sich ein Gleichungssystem ableiten, dessen Lösung zur kostenminimalen Prozeßmischung führt:

$$3x_I + 2x_{II} = 1.200 \qquad \text{mit} \quad x_I = \text{Produktionsmenge des Verfahrens I}$$
$$x_I + x_{II} = 500 \qquad\qquad x_{II} = \text{Produktionsmenge des Verfahrens II}$$

$$\Rightarrow x_I = 200; \ x_{II} = 300$$

$$A = 2 \cdot 200 + 4 \cdot 300 = 1.600; \qquad M = 3 \cdot 200 + 2 \cdot 300 = 1.200; \qquad K = 96.000 \ \text{GE}$$

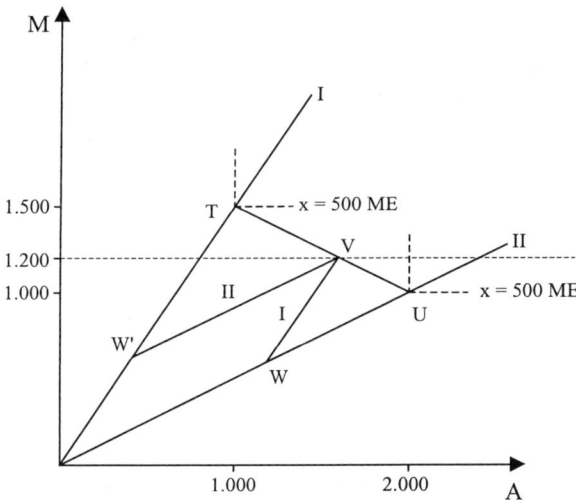

Abbildung 2

Abbildung 2 enthält die Restriktion, die hinsichtlich der Maschinenkapazität vorliegt. Mit Hilfe der Strahlensätze läßt sich zeigen, daß die Faktoreinsatzmengenkombinationen, die durch die Verbindungslinie zwischen den isoliert effizienten Punkten T und U angegeben werden, ebenfalls zu einer Produktionsmenge von 500 ME führen. Diese Mengenkombinationen sind bei einer Prozeßmischung technisch effizient; die Verbindungslinie ist eine Isoquante. Die Minimalkostenkombination wird durch den Schnittpunkt zwischen Verbindungslinie und Restriktion dargestellt. Mit Hilfe von Parallelen zu den Prozeßstrahlen lassen sich die Mengen, die mit den einzelnen Prozessen hergestellt werden sollten, ermitteln (über die Punkte W bzw. W' in Abbildung 2).

b) Nun ist als weitere Beschränkung das Kostenbudget in die Analyse einzubeziehen. Unter Berücksichtigung der weiteren Kosten stehen für die beiden Produktionsfaktoren „Arbeit" und „Maschineneinsatz" nur 90.000 GE zur Verfügung. Da die Faktoreinsatzmengenkombination, die für eine Produktionsmenge von 500 ME bei begrenzter Maschinenkapazität kostenminimal ist, Kosten in Höhe von 96.000 GE verursacht, läßt sich diese Menge nicht mehr realisieren.

Für die Ermittlung der maximal möglichen Produktionsmenge kann ein Optimierungsmodell formuliert werden:

Zielfunktion: $x_I + x_{II}$ $\Rightarrow$ Max !

Nebenbedingungen:

$$
\begin{array}{rl}
3x_I + 2x_{II} \leq 1.200 & \text{Maschinenrestriktion} \\
180x_I + 200x_{II} \leq 90.000 & \text{Kostenrestriktion} \\
x_I \geq 0;\ x_{II} \geq 0 &
\end{array}
$$

Die Bestimmung der optimalen Lösung ist mittels eines rechnerischen Verfahrens der Linearen Optimierung oder – im hier vorliegenden Sonderfall zweier Produktionsverfahren – auf graphischem Wege möglich.

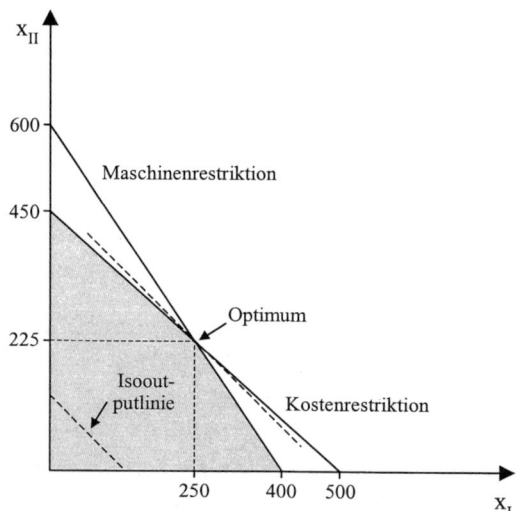

Abbildung 3

Abbildung 3 zeigt schattiert den aus den Nebenbedingungen resultierenden Bereich zulässiger Verfahrenskombinationen sowie eine Linie von Kombinationen, die zu einem gleichen Zielfunktionswert führen (Isooutputlinie). Wird diese Linie parallel so weit wie im zulässigen Bereich möglich nach rechts oben verschoben, ergibt sich im

Tangentialpunkt die optimale Prozeßmischung. Hier ist der Schnittpunkt der beiden Restriktionsgeraden optimal:

$$3x_I + 2x_{II} = 1.200$$
$$180x_I + 200x_{II} = 90.000$$
$$\Rightarrow x_I = 250;\ x_{II} = 225$$

Die maximale Ausbringungsmenge beträgt daher nun 475 ME.

c) Abbildung 4 zeigt die Faktoreinsatzmengenbereiche, in denen Stückkostenerhöhungen entstehen:

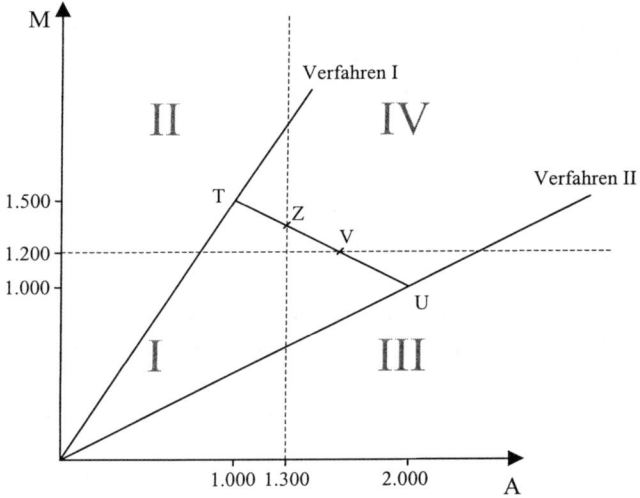

Abbildung 4

In Feld I kommt es nicht zu Faktorkostenerhöhungen; in diesem Feld ist aber keine Lösung enthalten, bei der 500 ME hergestellt werden können. Feld II (Feld III) beinhaltet Faktoreinsatzmengenkombinationen, bei denen zusätzliche Opportunitätskosten für Maschinenstunden (Überstundenzuschläge für Arbeitsstunden) anfallen. In Feld IV entstehen Stückkostenerhöhungen für beide Faktoren.

Bei der vorliegenden Problemstellung mit – von den Stückkostensprüngen abgesehen – ausschließlich linearen Beziehungen (hinsichtlich Kosten und Produktivität) ist es ausreichend, einige Punkte auf der Verbindungslinie zwischen T und U auf Optimalität zu prüfen. Dies sind neben diesen beiden Punkten diejenigen, bei denen Stückkostensprünge auftreten (V und Z). Zwischen jeweils zwei benachbarten dieser vier Punkte kann keine Lösung existieren, die besser ist als beide Randpunkte.

Die Kostenermittlung für die vier Punkte ergibt folgendes Resultat:

Punkt T: $M = 1.500$; $A = 1.000$
            $K = 1.200 \cdot 40 + 300 \cdot 65 + 1.000 \cdot 30 = 97.500$ GE

Punkt Z: $A = 1.300$ $\Rightarrow x_I = 350$; $x_{II} = 150$; $M = 1.350$
            (zum Vorgehen bei der Ermittlung vgl. die Lösung zu 3a))
            $K = 1.200 \cdot 40 + 150 \cdot 65 + 1.300 \cdot 30 = 96.750$ *GE*

Punkt V: $M = 1.200$; $A = 1.600$ (vgl. die Lösung zu 3a))
            $K = 1.200 \cdot 40 + 1.300 \cdot 30 + 300 \cdot 36 = 97.800$ GE

Punkt U: $M = 1.000$; $A = 2.000$
            $K = 1.000 \cdot 40 + 1.300 \cdot 30 + 700 \cdot 36 = 104.200$ GE

Die kostenminimale Lösung lautet, 350 Einheiten mit dem Verfahren I und 150 Einheiten mit dem Verfahren II herzustellen. Dabei werden 1.350 Maschinenstunden und 1.300 Arbeitsstunden eingesetzt, und es entstehen Kosten in Höhe von 96.750 GE.

Literaturhinweise

BLOECH, J., BOGASCHEWSKY, R., GÖTZE, U., ROLAND, F.: Einführung in die Produktion, 3. Aufl., Heidelberg 1998.

ELLINGER, T., HAUPT, R.: Produktions- und Kostentheorie, 3. Aufl., Stuttgart 1996.

FANDEL, G.: Produktion I – Produktions- und Kostentheorie, 5. Aufl., Berlin/Heidelberg u.a. 1996.

SCHWEITZER, M., KÜPPER, H.-U.: Produktions- und Kostentheorie, 2. Aufl., Wiesbaden 1997.

STEFFEN, R.: Produktions- und Kostentheorie, 3. Aufl., Stuttgart/Berlin/Köln 1997.

Heinz Eckart Klingelhöfer

Produktionsfunktion vom Typ A und Umweltschutz

In einem Unternehmen der chemischen Industrie fallen große Mengen bestimmter Substanzen als Abfallstoffe an, ohne daß diese bisher einer weiteren Nutzung zugeführt werden konnten. Daher überlegt das Unternehmen nun, seine Produktpalette um ein neues Erzeugnis zu erweitern (etwa ein Kältemittel), für das es diese Substanzen verwerten kann. Um das neue Produkt erzeugen zu können, ist freilich mit einem Anteil von 3% der extra herzustellende Grundstoff X erforderlich, während für die übrigen 97% die bisherigen, in ausreichender Menge zur Verfügung stehenden Abfallstoffe zum Einsatz gelangen können. Dabei darf das Unternehmen davon ausgehen, daß der Einsatz der bisher nutzlosen Substanzen zu vernachlässigbaren Kosten erfolgen kann, entspricht doch der erforderliche Aufbereitungsaufwand in etwa den Kosten der andernfalls durchzuführenden Entsorgung. Die produzierte Menge des neuen Erzeugnisses ist damit ausschließlich von der verfügbaren Menge an Grundstoff X abhängig. Grundstoff X seinerseits besteht nun aus der Chemikalie Y und dem umweltgefährdenden Stoff Z (im Falle eines Kältemittels etwa einem FCKW), wobei zwischen der Ausbringungsmenge x (von Grundstoff X) einerseits und den Einsatzmengen r_Y (von Chemikalie Y) und r_Z (des umweltgefährdenden Stoffes Z) andererseits folgender einfacher Zusammenhang bestehen möge:

$$x = \sqrt{r_Y \cdot r_Z}.$$

Die Preise der beiden Inputfaktoren seien mit π_Y und π_Z gegeben.

Aufgabe 1

Bestimmen Sie die Gleichungen der Isoquante und der Iso-Kostenlinie (Kostenisotime) bezogen auf ein vorgegebenes (variables) Kostenniveau K_0, die Grenzrate der Faktorsubstitution sowie die Minimalkostenkombination in allgemeiner Form! Wie können Sie im Falle der Lösung über einen Lagrange-Ansatz den Lagrange-Multiplikator interpretieren?

Aufgabe 2

Art. 8 Abs. 1 der Verordnung (EWG) Nr. 3322/88 des Rates vom 14.10.1988 über bestimmte Fluorchlorkohlenwasserstoffe und Halone, die zu einem Abbau der Ozonschicht führen (ABl. EG 1988, Nr. L 297, S. 1), forderte, daß ab 1994 nur noch 80% der 1986 hergestellten Menge an FCKW erzeugt werden dürfen. Angenommen sei nun, daß das Unternehmen im Jahre 1986 112,5 ME (Mengeneinheiten) des umweltschädlichen FCKWs Z erzeugte. Untersuchen Sie die Auswirkungen der so gebildeten *absoluten Obergrenze*, wenn das Unternehmen

a) 1.000 ME und

b) 2.000 ME

des neuen Erzeugnisses herstellen möchte und der Preis für FCKW Z bei $\pi_Z = 1$ GE/ME und für Chemikalie Y bei $\pi_Y = 4$ GE/ME liegt! ME möge dabei für Mengeneinheiten, GE für Geldeinheiten stehen.

Aufgabe 3

§ 3 Abs. 2 der Verordnung zum Verbot von bestimmten die Ozonschicht abbauenden Halogenkohlenwasserstoffen (FCKW-Halon-Verbots-Verordnung) vom 6.5.1991, (BGBl. I S. 1090), zul. geänd. durch Gesetz vom 24.6.1994 (BGBl. I S. 1416) beschränkt den Massengehalt von FCKW bei der Herstellung von Kältemitteln auf maximal 1%. Wie wirkt sich das Vorliegen einer derartigen relativen Grenze (Verhältnisrestriktion) auf den Einsatz der beiden Produktionsfaktoren FCKW Z und Chemikalie Y und auf die Kosten K aus, wenn der Preis

a) für FCKW Z bei $\pi_Z = 4$ GE/ME und für Chemikalie Y bei $\pi_Y = 1$ GE/ME,

b) für FCKW Z bei $\pi_Z = 1$ GE/ME und für Chemikalie bei $\pi_Y = 4$ GE/ME liegt

und die bisherige kostenminimale Produktion mit einem Budget von $K_0 = 240$ GE erzeugt wurde?

Aufgabe 4

Nun soll als Alternative zu den vorherigen Betrachtungen die Wirkung einer (variablen) Abgabe auf die umweltschädliche Substanz untersucht werden. Dazu werde angenommen, daß der Preis des FCKWs Z wieder bei $\pi_Z = 1$ GE/ME und derjenige der Chemikalie bei $\pi_Y = 4$ GE/ME liegt. Der Einsatz des FCKWs Z sei außerdem mit dem Abgabensatz s = 3 GE/ME belastet. Welche Auswirkungen hat dies auf die Minimalkostenkombination, wenn die bisherige kostenminimale Produktion bei einem Budget von $K_0 = 240$ GE erzeugt wurde und trotz Einführung der Abgabe

a) die gleiche Ausbringung wie zuvor erzielt werden soll,

b) das zur Verfügung stehende Budget weiterhin $K_0 = 240$ GE beträgt?

Lösung

Aufgabe 1

Eine Isoquante gibt die Verhältnisse der Produktionsfaktoren r_Y und r_Z bei konstanter Ausbringungsmenge x an. Um also die Gleichung der **Isoquante** zu erhalten, ist der in der Aufgabenstellung angegebene Zusammenhang zwischen den In- und Outputs der Produktion nach einem der beiden Produktionsfaktoren aufzulösen:

$$r_Y = \frac{x^2}{r_Z}.$$

Eine Bewertung der Inputfaktoren mit ihren Preisen π_Y und π_Z führt zu den folgenden Kosten:

$$K = \pi_Y \cdot r_Y + \pi_Z \cdot r_Z.$$

Damit lautet die Gleichung der **Iso-Kostenlinie (Kostenisotime)** bezogen auf ein vorgegebenes (variables) Kostenniveau K_0:

$$r_Y = -\frac{\pi_Z}{\pi_Y} \cdot r_Z + \frac{K_0}{\pi_Y}.$$

Sie gibt die Funktion aller Produktionsfaktorkombinationen von r_Y und r_Z an, die zum gleichen Kostenniveau K_0 führen. Überlegt man sich nun, daß für Bewegungen auf der Isoquante das totale Grenzprodukt gleich Null sein muß (die Ausbringungsmenge x des Grundstoffes X ändert sich dann nämlich nicht)

$$dx = \frac{\partial x}{\partial r_Y} \cdot dr_Y + \frac{\partial x}{\partial r_Z} \cdot dr_Z = 0,$$

so ergibt sich daraus die **Grenzrate der Faktorsubstitution** als Steigung der Isoquante in einem r_Z-r_Y-Koordinatensystem durch Auflösen als:

$$\frac{dr_Y}{dr_Z} = -\frac{\partial x / \partial r_Z}{\partial x / \partial r_Y},$$

d.h. mit den Werten der Aufgabenstellung und der zuvor bestimmten Gleichung der Isoquante:

$$\frac{dr_Y}{dr_Z} = -\frac{\partial x / \partial r_Z}{\partial x / \partial r_Y} = -\frac{\dfrac{r_Y}{2 \cdot \sqrt{r_Y \cdot r_Z}}}{\dfrac{r_Z}{2 \cdot \sqrt{r_Y \cdot r_Z}}} = -\frac{r_Y}{r_Z} = -\frac{x^2}{r_Z^2}.$$

Die **Minimalkostenkombination** ist schließlich in dem Punkt erreicht, wo die Isoquante zur Tangente an die Iso-Kostenlinie wird. Da im Berührpunkt beide Funktionen gleiche Steigung haben, muß gelten:

$$\frac{dr_Y}{dr_Z} = -\frac{\pi_Z}{\pi_Y} \overset{!}{=} -\frac{\partial x / \partial r_Z}{\partial x / \partial r_Y} = \frac{dr_Y}{dr_Z}.$$

Die Faktorpreise müssen sich also wie die partiellen Faktorgrenzproduktivitäten verhalten. Mit den oben ermittelten Werten für die Grenzrate der Faktorsubstitution heißt das dann bezogen auf die Aufgabenstellung:

$$\frac{dr_Y}{dr_Z} = -\frac{\pi_Z}{\pi_Y} = -\frac{r_Y}{r_Z} = -\frac{x^2}{r_Z^2}.$$

Diese Ergebnisse erhält man auch, wenn man den *Lagrange-Ansatz* aufstellt. Da das Kostenminimum unter einer in Gleichungsform gegebenen Nebenbedingung gefunden werden soll, setzt sich die zu minimierende Lagrange-Funktion aus der ursprünglichen Kostenfunktion K und der Isoquante als einbezogener Nebenbedingung (in impliziter Schreibweise) zusammen:

$$L = \pi_Y \cdot r_Y + \pi_Z \cdot r_Z + \lambda \cdot \left(x - \sqrt{r_Y \cdot r_Z} \right) \quad \rightarrow \quad \text{min.!}$$

Durch Nullsetzen der Ableitungen nach r_Y, r_Z und λ erhält man daraus die nachstehenden Bedingungen (I)-(III):

(I) $\quad \pi_Y - \lambda \cdot \dfrac{r_Z}{2 \cdot \sqrt{r_Y \cdot r_Z}} = 0$

(II) $\quad \pi_Z - \lambda \cdot \dfrac{r_Y}{2 \cdot \sqrt{r_Y \cdot r_Z}} = 0$

(III) $\quad x = \sqrt{r_Y \cdot r_Z}$

Gleichung (I) aufgelöst nach λ führt – ggf. unter Berücksichtigung von Gleichung (III) – zu der Bestimmungsgleichung des **Lagrange-Multiplikators**:

$$\lambda = 2 \cdot \pi_Y \cdot \sqrt{\frac{r_Y}{r_Z}} = 2 \cdot \pi_Y \cdot \frac{x}{r_Z} = 2 \cdot \pi_Y \cdot \frac{r_Y}{x}.$$

Er gibt den Wert an, um den sich die ursprüngliche Zielfunktion (die Kostenfunktion K) ändert, wenn sich die Nebenbedingung (die noch nach x aufgelöste Isoquante) marginal ändert, d.h., wenn von Grundstoff X eine Einheit zusätzlich produziert wird. Wie ebenso eine Betrachtung der Dimensionen zeigt, muß es sich dabei um eine Geldgröße handeln. Also gibt der Lagrange-Multiplikator die mit der Entstehung einer zusätzlichen Einheit des Grundstoffs X verbundenen Kosten – die Grenzkosten des Grundstoffs X – an.

Eingesetzt in Gleichung (II) liefert er schließlich wieder die schon bekannte Bedingung der **Minimalkostenkombination**:

$$\pi_Z - 2 \cdot \pi_Y \cdot \sqrt{\frac{r_Y}{r_Z}} \cdot \frac{1}{2} \cdot \sqrt{\frac{r_Y}{r_Z}} = 0 \quad \Rightarrow \quad \pi_Z = \pi_Y \cdot \frac{r_Y}{r_Z} \quad \Rightarrow \quad \frac{\pi_Z}{\pi_Y} = \frac{r_Y}{r_Z} = \frac{x^2}{r_Z{}^2}.$$

(Sie könnte auf gleiche Weise auch durch Einsetzen des nach Gleichung (II) bestimmten Lagrange-Multiplikators λ in Gleichung (I) hergeleitet werden.)

Aufgabe 2

Wenn das Unternehmen 1986 112,5 ME (Mengeneinheiten) von FCKW Z erzeugte, so dürfen es ab 1994 nur noch $r_Z{}^{max} = 80\% \cdot 112,5$ ME $= 90$ ME sein. Dies führt im betrachteten Beispiel zu den folgenden Auswirkungen:

a) Herstellung von 1.000 ME des Kältemittels

Zur Herstellung von 1.000 ME des Kältemittels sind nach Aufgabenstellung 3%, d.h. x = 30 ME des Grundstoffs X erforderlich. Damit ergeben sich gemäß Aufgabe 1 die Isoquante und als deren Ableitung nach r_Z (Einsatzmenge an FCKW Z) die Grenzrate der Faktorsubstitution, welche gleich dem Anstieg der Iso-Kostenlinie sein muß, wie folgt:

$$r_Y = \frac{x^2}{r_Z} = \frac{900}{r_Z},$$

$$\frac{dr_Y}{dr_Z} = -\frac{900}{r_Z{}^2} \overset{!}{=} -\frac{\pi_Z}{\pi_Y} = -\frac{1}{4}, \qquad \text{d.h.:} \quad r_Y = 15, \quad r_Z = 60.$$

Die Inputauflage bereitet also für die Herstellung von 1.000 ME des Kältemittels keine Probleme, denn die zur Verfügung stehende Menge $r_Z{}^{max} = 90$ ME des FCKWs Z wird nur zu zwei Dritteln in Anspruch genommen (vgl. dazu auch Abb.1). Insgesamt entstehen bei dieser Produktion Kosten in Höhe von

$$K_1 = r_Y \cdot \pi_Y + r_Z \cdot \pi_Z = 15 \cdot 4 + 60 \cdot 1 = 120,$$

und man erhält die Gleichung der zugehörigen Iso-Kostenlinie (Kostenisotime) mit:

$$r_Y = -\frac{\pi_Z}{\pi_Y} \cdot r_Z + \frac{K_1}{\pi_Y} = -\frac{1}{4} \cdot r_Z + \frac{120}{4} = -\frac{1}{4} \cdot r_Z + 30.$$

b) Herstellung von 2.000 ME des Kältemittels

Um 2.000 ME des Kältemittels herstellen zu können, sind gemäß Aufgabenstellung x = 60 ME von Grundstoff X erforderlich. Entsprechend zu oben ergeben sich damit jetzt folgende Werte:

$$r_Y = \frac{x^2}{r_Z} = \frac{3.600}{r_Z},$$

$$\frac{dr_Y}{dr_Z} = -\frac{3.600}{r_Z^2} \overset{!}{=} -\frac{\pi_Z}{\pi_Y} = -\frac{1}{4}, \qquad \text{d.h.:} \quad r_Y = 30, \quad r_Z = 120,$$

$$K_2 = r_Y \cdot \pi_Y + r_Z \cdot \pi_Z = 30 \cdot 4 + 120 \cdot 1 = 240.$$

Anders als unter a) ist hier die Inputauflage mit $r_Z = 120$ ME > 90 ME $= r_Z^{max}$ nicht mehr erfüllt; der umweltschädigende Stoff Z muß stärker durch die Chemikalie Y substituiert werden. Um weiterhin x = 60 ME von Grundstoff X (und damit 2.000 ME des Kältemittels) erzeugen zu können, muß also die *Verringerung der Einsatzmenge des FCKWs Z* auf $r_Z = r_Z^{max} = 90$ ME durch eine *gleichzeitige Erhöhung derer von Chemikalie Y* auf

$$r_Y = \frac{x^2}{r_Z^{max}} = \frac{3.600}{90} = 40$$

Mengeneinheiten ausgeglichen werden. Das hat allerdings einen **Anstieg der Kosten** auf $K_{2,neu} = (40 \cdot 4 + 90 \cdot 1)$ GE $= 250$ GE zur Folge; die bisherige Minimalkostenkombination ist nicht mehr zulässig.

Sollen statt dessen weiterhin nur $K_2 = 240$ GE zur Verfügung stehen, so können von Chemikalie Y nur

$$r_Y = -\frac{\pi_Z}{\pi_Y} \cdot r_Z^{max} + \frac{K}{\pi_Y} = -\frac{1}{4} \cdot 90 + \frac{240}{4} = 37,5$$

Mengeneinheiten eingesetzt werden. Entsprechend **reduziert sich der Output** von Grundstoff X auf x $\approx$ 58 ME (vgl. Abb. 1), womit sich noch 1.936 ME Kältemittel herstellen lassen. Die Gleichung der Isoquante nimmt dann (mit den ungerundeten Werten) die folgende Form an:

$$r_Y = \frac{x^2}{r_Z} = \frac{\left(\sqrt{37{,}5 \cdot 90}\right)^2}{r_Z} = \frac{3.375}{r_Z}.$$

Zum Vergleich:

Die kostenminimale Faktorkombination bei $r_Z = r_Z^{max} = 90$ ME verursacht Kosten in Höhe von $K_3 = 180$ GE. Dafür wären $r_Y = 22{,}5$ ME an Chemikalie Y erforderlich; es ließe sich auf diese Weise eine Ausbringung des Grundstoffs X von $x = 45$ ME erzielen, was 1.500 ME des Kältemittels entspricht, und die zugehörige Isoquante genügt der Formel $r_Y = 2.025/r_Z$. All diese Ergebnisse sind abschließend noch einmal in Abb. 1 graphisch dargestellt.

Aufgabe 3

a) Das Substitut Y ist sehr viel billiger als das umweltgefährdende FCKW Z.

Unter der Voraussetzung, daß der Preis für FCKW Z bei $\pi_Z = 4$ GE/ME und für Chemikalie Y bei $\pi_Y = 1$ GE/ME liegt, ergibt sich nach Aufgabe 1 bei einem vorhandenen Budget von $K_0 = 240$ GE die Iso-Kostenlinie als:

$$r_Y = -\frac{\pi_Z}{\pi_Y} \cdot r_Z + \frac{K_0}{\pi_Y} = -4 \cdot r_Z + 240.$$

Die Grenzrate der Substitution, die nach der früher ermittelten Bedingung gleich der Steigung der Iso-Kostenlinie sein soll, resultiert mit:

$$\frac{dr_Y}{dr_Z} = -\frac{r_Y}{r_Z} = -\frac{x^2}{r_Z} \overset{!}{=} -\frac{\pi_Z}{\pi_Y} = -4.$$

Diese kann nach r_Z aufgelöst und anschließend in die Iso-Kostenlinie eingesetzt werden, so daß man die Faktoreinsätze und den Output erhält:

$$r_Z = \frac{1}{4} \cdot r_Y$$

$$r_Y = -4 \cdot r_Z + 240 = -r_Y + 240$$

$$r_Y = 120, \qquad r_Z = 30, \qquad x = \sqrt{r_Y \cdot r_Z} = \sqrt{3.600} = 60.$$

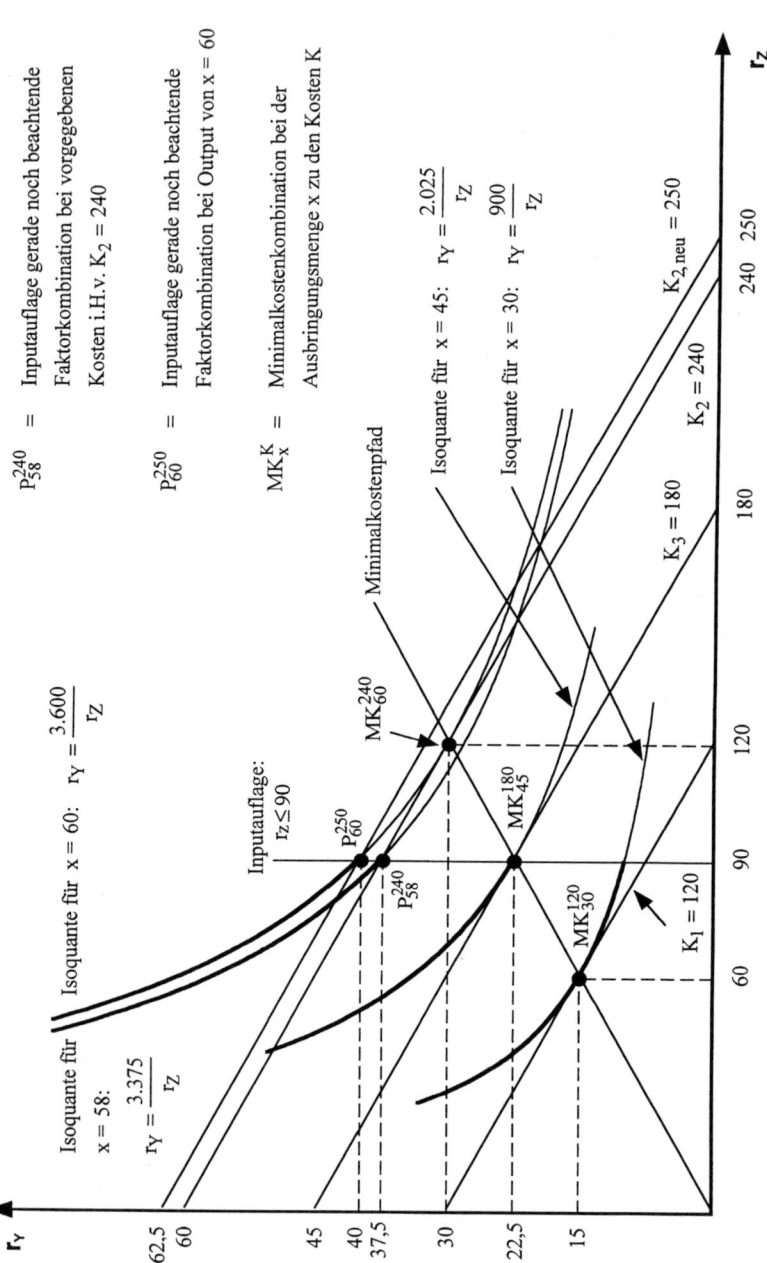

Abb. 1: Wirkung einer Umweltschutzauflage in Form einer absoluten Beschränkung der Einsatzmengen des umweltgefährdenden Stoffes FCKW Z

Mit einem vorhandenen Budget von $K_0 = 240$ GE lassen sich also $x = 60$ ME des Grundstoffes X herstellen, wofür $r_Z = 30$ ME von FCKW Z und $r_Y = 120$ ME der Chemikalie Y eingesetzt werden. Damit läßt sich schließlich auch wieder die Gleichung der Isoquante aufstellen:

$$r_Y = \frac{x^2}{r_Z} = \frac{3.600}{r_Z}.$$

Da weiterhin davon ausgegangen wurde, daß X einen Massenanteil von 3% am gesamten Kältemittel hat (demnach lassen sich 2.000 ME Kältemittel herstellen), FCKW Z aufgrund der Inputauflage aber nur 1% Massenanteil am gesamten Kältemittel haben darf, darf Z zu maximal 1/3 Bestandteil von X sein, d.h., es gilt:

$$r_Y = 2 \cdot r_Z.$$

Somit folgt aus der Gleichung der Isoquante unmittelbar die Bedingung

$$r_Z = \frac{x^2}{r_Y} \overset{!}{\leq} \frac{x^2}{2 \cdot r_Z} \quad \Leftrightarrow \quad r_Z^2 \overset{!}{\leq} \frac{x^2}{2} \quad \Leftrightarrow \quad r_Z \overset{!}{\leq} \sqrt{1.800} \approx 42,43,$$

die aber nach obiger Rechnung erfüllt ist. Die Verhältnisrestriktion hat also in diesem Fall (sehr niedriger Preis des umweltfreundlichen Substituts im Vergleich zum umweltgefährdenden Ausgangsstoff) keine Auswirkungen auf die bisherige Minimalkostenkombination (vgl. Abb. 2); das bisherige Kostenbudget wird weiterhin eingehalten. Diese Ergebnisse gelten jeweils auch für alle anderen die Minimalkostenkombination erfüllenden Produktmengen, da bei ihnen aufgrund des Preisverhältnisses von $\pi_Z : \pi_Y = 4 : 1$ der Anteil von FCKW Z am Kältemittel immer kleiner als 1/3 ist (nämlich 1/4). Das wird in der die Ergebnisse zusammenfassenden Abb. 2 daran deutlich, daß der Minimalkostenpfad, der alle Minimalkombinationen für dieses Preisverhältnis verbindet, in dem durch die Inputauflage nicht betroffenen Bereich der Isoquante liegt.

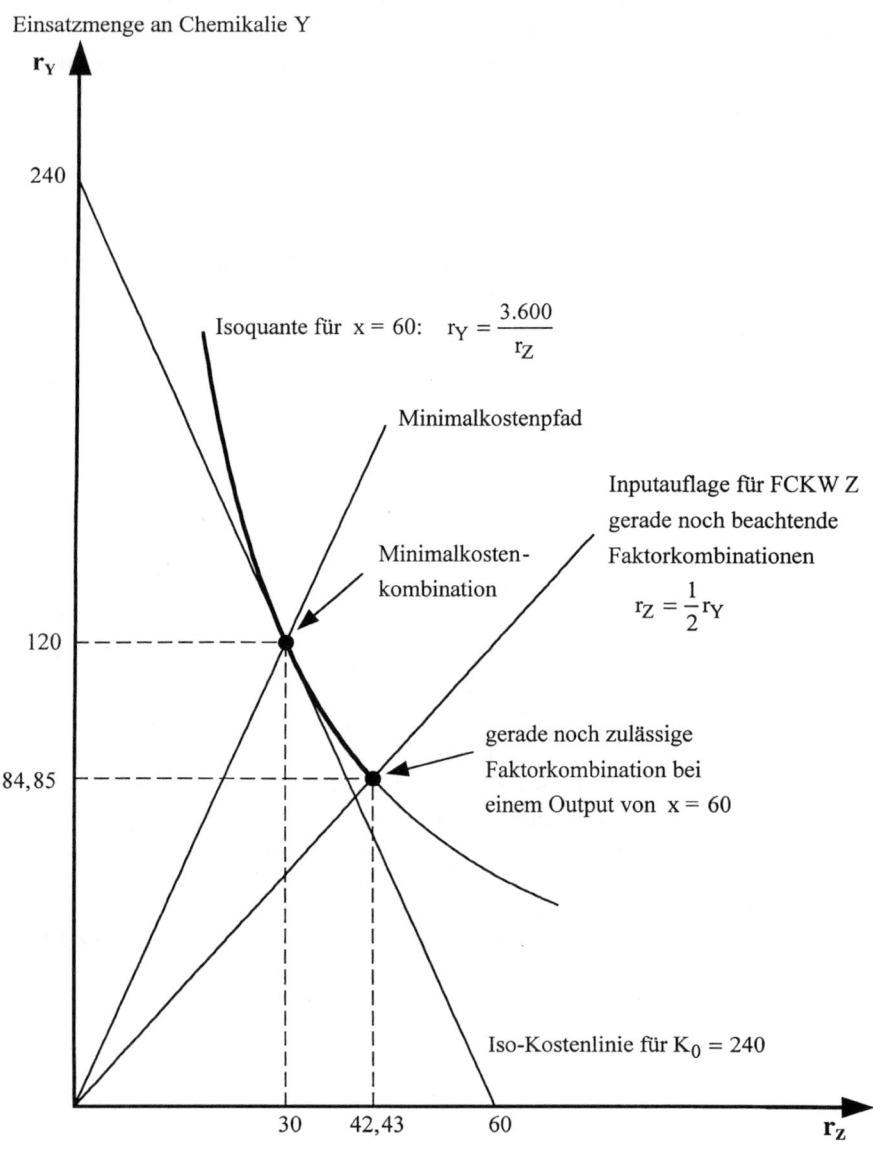

Einsatzmenge an Chemikalie Y

Isoquante für $x = 60$: $r_Y = \dfrac{3.600}{r_Z}$

Minimalkostenpfad

Inputauflage für FCKW Z
gerade noch beachtende
Faktorkombinationen

$r_Z = \dfrac{1}{2} r_Y$

Minimalkosten-
kombination

gerade noch zulässige
Faktorkombination bei
einem Output von $x = 60$

Iso-Kostenlinie für $K_0 = 240$

Einsatzmenge an FCKW Z

*Abb. 2: Wirkung einer Umweltschutzauflage in Form einer relativen Beschränkung
der Einsatzmengen des umweltgefährdenden FCKWs Z bei sehr viel billige-
rem Substitut Y*

b) Das Substitut Y ist sehr viel teurer als das umweltgefährdende FCKW Z.

Dieser Fall unterscheidet sich vom vorherigen lediglich dadurch, daß das Preisverhältnis genau umgekehrt ist: Jetzt kostet das FCKW Z $\pi_Z = 1$ GE/ME, dafür aber die Chemikalie Y $\pi_Y = 4$ GE/ME. Entsprechend resultieren die unter a) durchgeführten Rechnungen jetzt in den folgenden Werten:

$$r_Y = -\frac{\pi_Z}{\pi_Y} \cdot r_Z + \frac{K_0}{\pi_Y} = -\frac{1}{4} \cdot r_Z + \frac{240}{4}$$

$$\frac{dr_Y}{dr_Z} = -\frac{r_Y}{r_Z} \stackrel{!}{=} -\frac{\pi_Z}{\pi_Y} = -\frac{1}{4} \quad \Rightarrow \quad \begin{cases} r_Z = 4 \cdot r_Y \\[2mm] r_Y = -\frac{1}{4} \cdot r_Z + 60 = -r_Y + 60 \end{cases}$$

$$\Rightarrow \quad r_Y = 30, \quad r_Z = 120, \quad x = \sqrt{r_Y \cdot r_Z} = \sqrt{3.600} = 60,$$

$$\text{aber:} \quad r_Z = \frac{x^2}{r_Y} \stackrel{!}{\leq} \frac{x^2}{2 \cdot r_Z} \quad \Leftrightarrow \quad r_Z \stackrel{!}{\leq} \sqrt{1.800} \approx 42,43.$$

Geändert haben sich gegenüber a) also nur die Einsatzmengen der beiden Ausgangsstoffe, was allerdings zur Folge hat, daß die **Minimalkostenkombination die Inputauflage nicht mehr erfüllt**: Um den Massenanteil von FCKW Z am Kältemittel nicht größer als 1% werden zu lassen, darf Z wie schon unter a) nur zu maximal 1/3 Bestandteil von X sein, d.h. $r_Y = 2 \cdot r_Z$. Ohne Technologiewandel gibt es also nur die Möglichkeit, die Einsatzmenge von FCKW Z auf

$$r_Z = \sqrt{1.800} \approx 42,43$$

Mengeneinheiten zu verringern und gleichzeitig die Menge der Chemikalie Y auf

$$r_Y = 2 \cdot r_Z = \frac{x^2}{r_Z} = \frac{3.600}{\sqrt{1.800}} \approx 84,85$$

Mengeneinheiten zu erhöhen, um trotz der Verhältnisrestriktion weiterhin x = 60 ME an Grundstoff X herstellen zu können. Dafür steigen die Kosten allerdings von $K_0 = 240$ GE auf

$$K_1 = r_Y \cdot \pi_Y + r_Z \cdot \pi_Z = 2 \cdot r_Z \cdot 4 \cdot \pi_Z + r_Z \cdot \pi_Z = 9 \cdot r_Z \cdot \pi_Z = 9 \cdot \sqrt{1.800} \cdot 1 = 381,84$$

Geldeinheiten (vgl. Abb. 3). Soll hingegen das Budget $K_0 = 240$ GE konstant gehalten werden, so ergeben sich unter Beachtung der Inputauflage durch Umformung der Kostenfunktion für K_0 folgende Faktoreinsätze:

$$r_Z = \frac{K_0}{9 \cdot \pi_Z} = \frac{240}{9} = 26,\overline{6} \quad \text{und} \quad r_Y = 2 \cdot r_Z = 53,\overline{3}.$$

Damit könnten dann nur noch $x = 37{,}71$ ME an Grundstoff X und folglich 1.257 ME an Kältemittel (statt 2.000 ME bisher) hergestellt werden (vgl. auch hierzu Abb. 3).

Aufgabe 4

a) Es soll die gleiche Ausbringungsmenge wie zuvor erzielt werden.

Ohne Steuer ergaben sich nach den Berechnungen zu Beginn der Aufgabe 3b die folgende Minimalkostenkombination der Einsatzfaktoren Y und Z und die damit erzielbare Menge des Grundstoffs X als:

$$r_Y = 30, \quad r_Z = 120, \quad x = \sqrt{r_Y \cdot r_Z} = \sqrt{3.600} = 60.$$

Die Erhebung einer (variablen) Abgabe auf den Einsatz des umweltgefährdenden Stoffes führt dazu, daß sich aus Sicht des betroffenen Unternehmens der Preis des FCKWs Z von $\pi_{Z,0} = 1$ GE/ME auf nunmehr

$$\pi_{Z,s} = \pi_{Z,0} + s = 1 + 3 = 4$$

GE/ME erhöht. Damit resultieren die neuen Faktoreinsätze und die Kosten $K_{s,1}$ bei gleicher Ausbringung an Grundstoff X zu:

$$\frac{dr_Y}{dr_Z} = -\frac{r_Y}{r_Z} = -\frac{x^2}{r_Z^2} = -\frac{3.600}{r_Z^2} \overset{!}{=} -\frac{\pi_{Z,s}}{\pi_Y} = -\frac{4}{4} = -1$$

$$\Rightarrow \quad r_Z = 60, \quad r_Y = 60,$$
$$K_{s,1} = r_Y \cdot \pi_Y + r_Z \cdot \pi_{Z,s} = 60 \cdot 4 + 60 \cdot 4 = 480.$$

Man sieht also, es hat tatsächlich eine Verlagerung hin zu der umweltfreundlicheren Chemikalie Y stattgefunden, und das Produktionskostenniveau insgesamt ist gestiegen (vgl. auch Abb. 4).

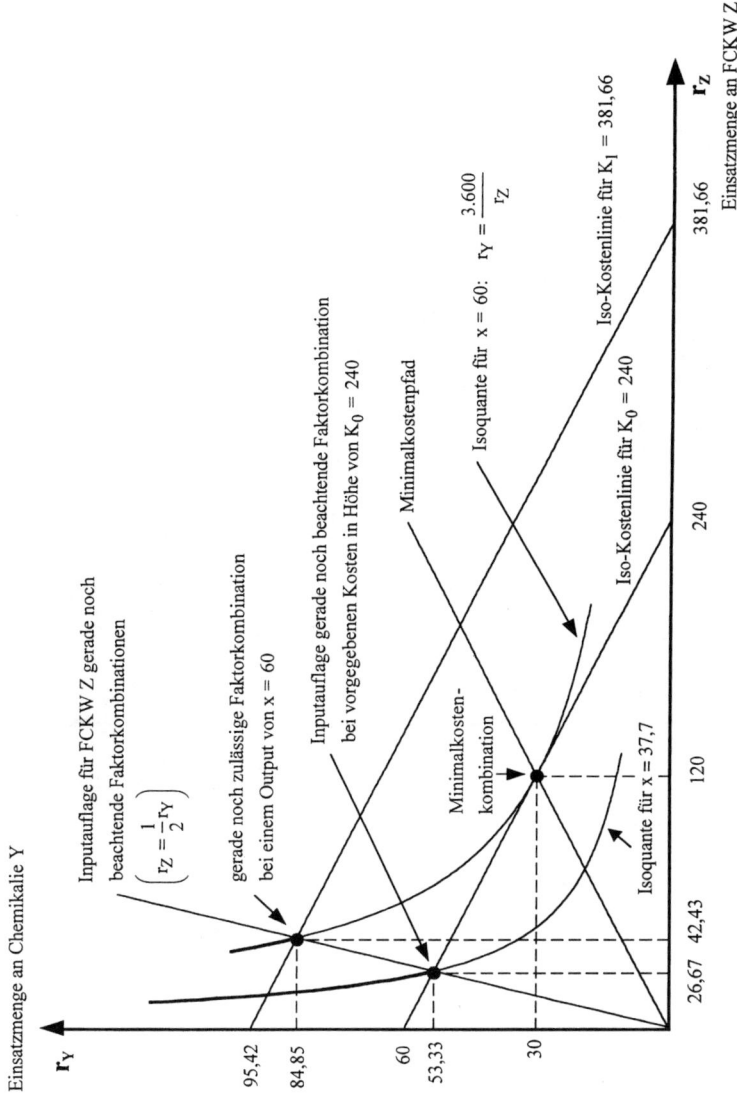

Abb. 3: Wirkung einer Umweltschutzauflage in Form einer relativen Beschränkung der Einsatzmengen des umweltgefährdenden FCKWs Z bei sehr viel teurerem Substitut Y

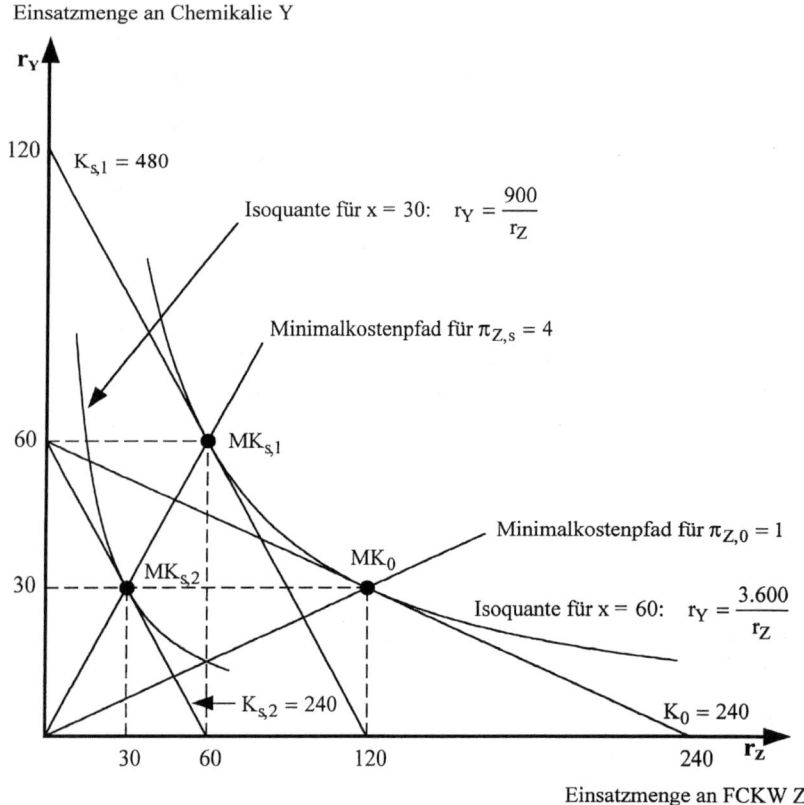

Abb. 4: Wirkung einer Steuer auf das umweltgefährdende FCKW Z

b) Das Kostenbudget soll konstant bleiben.

Unter der Voraussetzung eines konstanten Kostenbudgets ($K_{s,2} = K_0 = 240$ GE = konst.) führt die Einführung einer Abgabe auf den Einsatz des umweltschädigenden FCKWs Z zu den folgenden Faktoreinsätzen und Produktionsmengen:

$$r_Y = -\frac{\pi_{Z,s}}{\pi_Y} \cdot r_Z + \frac{K_{s,2}}{\pi_Y} = -r_Z + \frac{240}{4}$$

$$\frac{dr_Y}{dr_Z} = -\frac{r_Y}{r_Z} \overset{!}{=} -\frac{\pi_{Z,s}}{\pi_Y} = -1 \quad \Rightarrow \quad \begin{cases} r_Z = r_Y \\[2mm] r_Y = -r_Z + 60 = -r_Y + 60 \end{cases}$$

$$\Rightarrow \quad r_Y = 30, \quad r_Z = 30, \quad x = \sqrt{r_Y \cdot r_Z} = \sqrt{900} = 30,$$

Wie nicht anders zu erwarten war, ergibt sich auch bei konstantem Kostenbudget das neue Verhältnis zwischen dem Einsatz des FCKWs Z und seines Substitutes, der Chemikalie Y. Gegenüber der ursprünglichen Situation hat sich die damit erzielbare Menge des Grundstoffs X aber halbiert.

Literaturhinweise

ADAM, D.: Produktionsmanagement, 9. Aufl., Wiesbaden 1998, S. 300–317.
SCHWINN, R.: Betriebswirtschaftslehre, München/Wien 1993, S. 505–512.

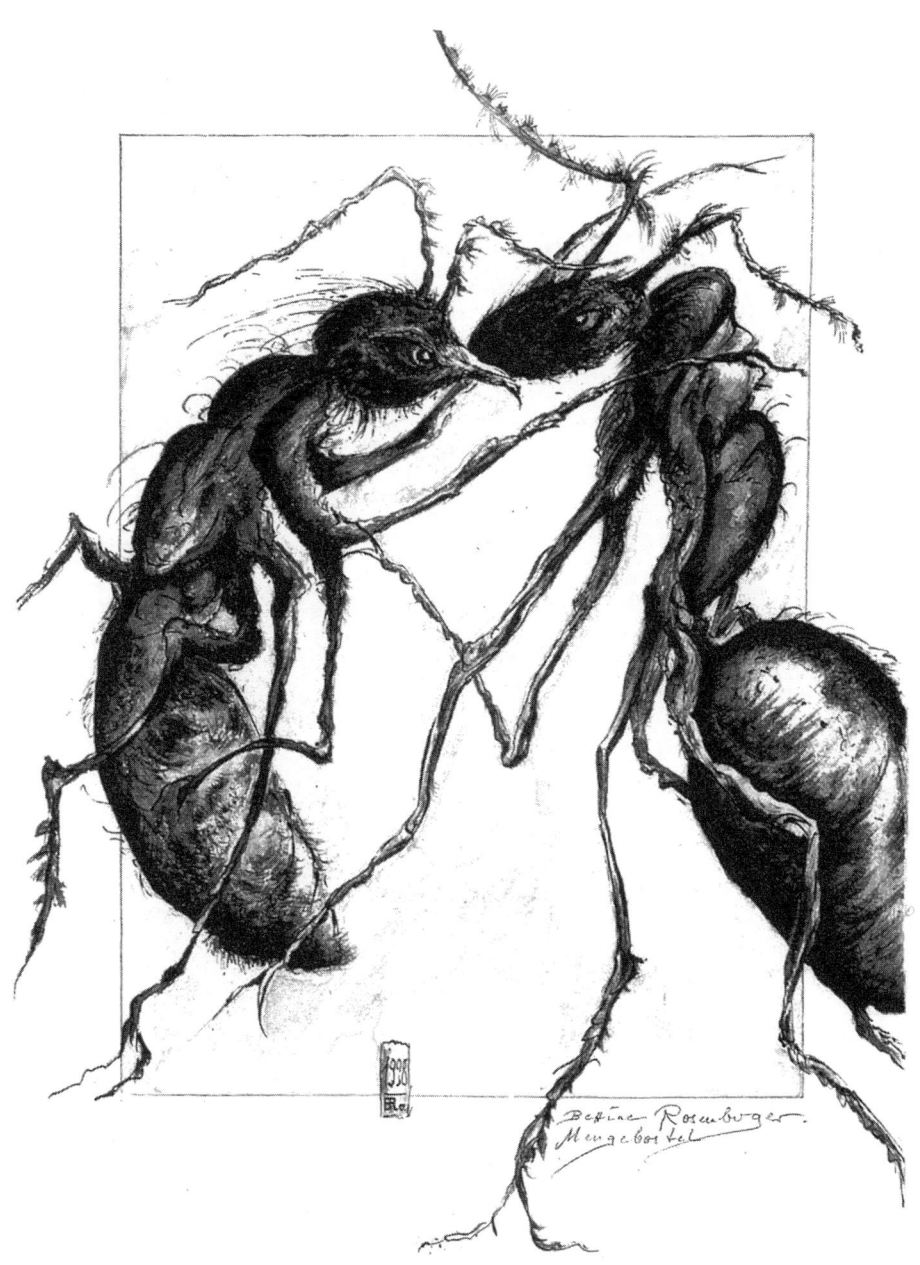

Bettine Rosenburger.
Mengebostel

Roland Rollberg

Quantitative und selektive Anpassungsprozesse

Ein Einproduktunternehmen kann zur Leistungserstellung auf zwei verschiedene Maschinentypen A und B zurückgreifen. Für Aggregate der Art A bzw. B gelten in Abhängigkeit von der Fertigungsintensität d_A bzw. d_B (Mengeneinheiten pro Zeiteinheit, ME/ZE) folgende Stückkostenfunktionen (Geldeinheiten pro ME, GE/ME):

$$k_A(d_A) = 0{,}05 \cdot d_A^2 - 3 \cdot d_A + 90 \quad [\text{GE/ME}]$$
$$k_B(d_B) = 0{,}01 \cdot d_B^2 - 0{,}4 \cdot d_B + 40 \quad [\text{GE/ME}]$$

$$0 \le d_j \le 50 \quad [\text{ME/ZE}] \qquad \text{und} \qquad 0 \le t_j \le 10 \quad [\text{ZE}] \qquad \text{mit} \quad j \in \{A, B\}$$

Die Ausbringungsmenge eines Aggregats im Planungszeitraum läßt sich durch Multiplikation der gewählten Leistungsschaltung mit der geplanten Einsatzzeit berechnen:

$$x_A = d_A \cdot t_A \quad [\text{ME}] \qquad \text{bzw.} \qquad x_B = d_B \cdot t_B \quad [\text{ME}]$$

Aufgabe 1

Erläutern Sie den Unterschied zwischen zeitlicher, intensitätsmäßiger, quantitativer, selektiver, multipler und mutativer Anpassung!

Aufgabe 2

Angenommen, das Unternehmen verfügt über zwei funktions- und kostengleiche Aggregate vom Typ A. Bestimmen Sie für Produktionsmengen $0 \le x_A \le 1000$ [ME] den kostenminimalen Anpassungspfad (*quantitative Anpassung*): Geben Sie für jedes Anpassungsintervall an, in welchen Bereichen sich die Produktionsintensitäten und Einsatzzeiten der einzelnen Aggregate sowie die gesamte Ausbringungsmenge bewegen! Wie lauten die Gesamtkostenfunktion $K_A^T(x_A)$ und die Grenzkostenfunktion $K_A^{T'}(x_A)$ bei Optimalverhalten?

Aufgabe 3

Angenommen, das Unternehmen verfügt über jeweils ein Exemplar der beiden funktionsgleichen, aber kostenverschiedenen Aggregate vom Typ A und B. Bestimmen Sie für Produktionsmengen $0 \le x \le 1000$ [ME] den kostenminimalen Anpassungspfad (*selektive Anpassung*): Geben Sie für jedes Anpassungsintervall an, in welchen Bereichen sich die Produktionsintensitäten, Einsatzzeiten und Ausbringungsmengen der einzelnen Aggregate sowie die gesamte Ausbringungsmenge bewegen! Wie lauten die Gesamtkostenfunktion $K^T(x)$ und die Grenzkostenfunktion $K^{T'}(x)$ bei Optimalverhalten?

Aufgabe 4

Wie ändert sich der Anpassungsprozeß aus Aufgabe 3, wenn ceteris paribus folgende Gültigkeitsbereiche für die Leistungsschaltungen d_A und d_B gelten? Diskutieren Sie etwaige Unregelmäßigkeiten in der Entwicklung der Grenzkosten, ohne die entsprechenden Kosten- und Grenzkostenfunktionen explizit aufzustellen!

a) $0 \le d_A \le 50$ und $0 \le d_B \le 31,8925$ [ME/ZE]
b) $0 \le d_A \le 50$ und $0 \le d_B \le 30$ [ME/ZE]

c) $0 \le d_A \le 30$ (bzw. 25)   und $0 \le d_B \le 30$ [ME/ZE]
d) $0 \le d_A \le 30$ (bzw. 25)   und $0 \le d_B \le 31,8925$ (bzw. 32,983)   [ME/ZE]
e) $0 \le d_A \le 30$ (bzw. 25)   und $0 \le d_B \le 50$ [ME/ZE]

f) $0 \le d_A \le 50$ und $d_B = 50$ [ME/ZE]
g) $0 \le d_A \le 50$ und $0 \le d_B \le 20$ (bzw. 15)   [ME/ZE]

h) $0 \le d_A \le 30$ und $0 \le d_B \le 15$ [ME/ZE]
i) $0 \le d_A \le 30$ und $d_B = 50$ [ME/ZE]

j) $0 \le d_A \le 50$ und $30 \le d_B \le 50$ [ME/ZE]
k) $40 \le d_A \le 50$ und $0 \le d_B \le 50$ [ME/ZE]
l) $37,32 \le d_A \le 50$ und $0 \le d_B \le 50$ [ME/ZE]
m) $35 \le d_A \le 50$ und $0 \le d_B \le 50$ [ME/ZE]
n) $35 \le d_A \le 50$ und $30 \le d_B \le 50$ [ME/ZE]

Aufgabe 5

Skizzieren Sie die idealisierten Verläufe der sich aus den Lösungen der Aufgaben 3 und 4 ergebenden Grenzkostenfunktionen bei Optimalverhalten!

Lösung

Aufgabe 1

Zur Ausdehnung der Produktionsmenge einer Maschine ist es möglich, entweder die Einsatzzeit bei gegebener Intensität (*zeitliche Anpassung*) oder die Intensität bei gegebener Einsatzzeit (*intensitätsmäßige Anpassung*) zu erhöhen. Die Gesamtausbringung eines Unternehmens kann darüber hinaus durch Zuschalten funktionsgleicher Fertigungsanlagen erweitert werden. Das Zuschalten bereits im Unternehmen befindlicher funktions- und kostengleicher Aggregate wird als *quantitative Anpassung*, das von vorhandenen funktionsgleichen, aber kostenverschiedenen Maschinen als *selektive Anpassung* bezeichnet (kurzfristige Anpassungsmaßnahmen). Müssen die kostengleichen bzw. -verschiedenen Anlagen zunächst noch beschafft werden, so ist von *multipler* bzw. *mutativer Anpassung* die Rede (langfristige Anpassungsmaßnahmen).

Aufgabe 2

Vor einer kombinierten zeitlichen, intensitätsmäßigen und quantitativen Anpassung sollte zunächst nur für ein einzelnes der funktions- und kostengleichen Aggregate der kostenminimale Anpassungspfad bestimmt werden. Hierzu ist mit Hilfe der ersten Ableitung der Stückkostenfunktion die stückkostenminimale Intensität bzw. die Optimalintensität d_A^{opt} zu ermitteln:

$$k_A(d_A) = 0,05 \cdot d_A{}^2 - 3 \cdot d_A + 90 \quad \rightarrow \quad k_A'(d_A) = 0,1 \cdot d_A - 3 = 0 \quad \rightarrow \quad d_A^{opt} = 30$$

Zeitliche Anpassung mit minimalen Stückkosten von $k_A(d_A^{opt}=30) = 45$ GE/ME ist bis zur Menge $d_A^{opt} \cdot t_A^{max} = 30 \cdot 10 = 300$ möglich. Für größere Mengen muß intensitätsmäßig mit $d_A = x_A / t_A^{max} = x_A / 10$ angepaßt werden:

1. Intervall: $0 \le x_A \le 300$; zeitliche Anpassung mit $d_A^{opt} = 30$ und $t_A = x_A/30$.
2. Intervall: $300 < x_A \le 500$; intensitätsmäßige Anp. mit $t_A^{max} = 10$ und $d_A = x_A/10$.

Zur Bestimmung der Gesamtkostenfunktion $K_A^T(x_A)$ bei Optimalverhalten sind also im Bereich zeitlicher Anpassung die minimalen Stückkosten mit der Ausbringungsmenge x_A zu multiplizieren. Im Bereich intensitätsmäßiger Anpassung ergibt sich $K_A^T(x_A)$, wenn in der zugehörigen Stückkostenfunktion die Intensität d_A durch $x_A/10$ substituiert und der neu gewonnene Ausdruck ebenfalls mit x_A multipliziert wird:

$$(0,05 \cdot (x_A/10)^2 - 3 \cdot (x_A/10) + 90) \cdot x_A = 0,0005 \cdot x_A{}^3 - 0,3 \cdot x_A{}^2 + 90 \cdot x_A$$

Mithin lauten die Gesamt- und die Grenzkostenfunktion bei Optimalverhalten:

$$K_A^T(x_A) = \begin{cases} 45 \cdot x_A & ; \quad 0 \le x_A \le 300 \\ 0,0005 \cdot x_A^3 - 0,3 \cdot x_A^2 + 90 \cdot x_A & ; \quad 300 < x_A \le 500 \end{cases}$$

$$K_A^T{}'(x_A) = \begin{cases} 45 & ; \quad 0 \le x_A \le 300 \\ 0,0015 \cdot x_A^2 - 0,6 \cdot x_A + 90 & ; \quad 300 < x_A \le 500 \end{cases}$$

Bei kombinierter zeitlicher, intensitätsmäßiger und quantitativer Anpassung mehrerer identischer Aggregate sind ebenfalls nur zwei Intervalle für die Gesamtausbringungsmenge zu unterscheiden, weil die einzelnen Maschinen gedanklich zu einer einzigen „Riesenanlage" zusammengefaßt werden können. Die Grenzen der Mengenintervalle sind bei Vorhandensein von n Aggregaten lediglich zu „ver-n-fachen". Verfügt das betrachtete Unternehmen also über zwei Fertigungsanlagen vom Typ A, ergibt sich folgender Anpassungsprozeß:

1. **Intervall:** $0 \le x_{A1} + x_{A2} = x_A \le 2 \cdot 300 = 600$;
   zeitliche Anp. mit $d_{A1} = d_{A2} = d_A^{opt} = 30$ und $t_{A1} + t_{A2} = x_A/30$ mit $t_{A1}, t_{A2} \le 10$.
2. **Intervall:** $600 < x_{A1} + x_{A2} = x_A \le 2 \cdot 500 = 1000$;
   intensitätsm. Anp. mit $t_{A1} = t_{A2} = t_A^{max} = 10$ und $d_{A1} = d_{A2} = (x_A/2)/10 = x_A/20$.

Produktionsmengen bis zu 300 ME können völlig beliebig auf die beiden Aggregate aufgeteilt werden. Bei darüber hinausgehenden Mengen bis zu 600 ME ist lediglich sicherzustellen, daß keine Maschine die maximale Einsatzzeit t_A^{max} überschreitet. In jedem Falle wird mit d_A^{opt}, mit minimalen Stückkosten und somit auf einem einheitlichen Grenzkostenniveau gearbeitet. Die Gesamtkostenfunktion bei Optimalverhalten ändert sich im Bereich zeitlicher Anpassung folglich nicht.

Gleichheit der Grenzkosten ist bei intensitätsmäßiger Anpassung identischer Aggregate nur gewährleistet, wenn alle Anlagen mit ein und derselben Intensität betrieben werden. Auf Grund der einheitlichen Einsatzzeit von t_A^{max} müssen damit auch die Produktionsmengen aller Aggregate identisch sein. Stehen zwei (bzw. n) Maschinen zur Verfügung, entfällt jeweils die Hälfte (ein n-tel) der Gesamtausbringung x_A auf ein einzelnes Aggregat. Mithin lassen sich die aggregatspezifischen Produktionskosten durch Einsetzen von $x_A/2$ (bzw. x_A/n) in die obige Kostenfunktion für eine Maschine vom Typ A bei intensitätsmäßiger Anpassung bestimmen. Da dieser Betrag selbstverständlich für jede im Einsatz befindliche Anlage anfällt, ist er zur Bestimmung der *gesamten* Kosten bei quantitativer Anpassung mit 2 (bzw. n) zu multiplizieren. Bei zwei Aggregaten vom Typ A gilt folglich:

$$(0{,}0005 \cdot (x_A/2)^3 - 0{,}3 \cdot (x_A/2)^2 + 90 \cdot (x_A/2)) \cdot 2 = 0{,}000125 \cdot x_A^3 - 0{,}15 \cdot x_A^2 + 90 \cdot x_A$$

Nunmehr lauten die Gesamt- und Grenzkostenfunktion bei Optimalverhalten:

$$K_A^T(x_A) = \begin{cases} 45 \cdot x_A & ; & 0 \le x_A \le 600 \\ 0{,}000125 \cdot x_A^3 - 0{,}15 \cdot x_A^2 + 90 \cdot x_A & ; & 600 < x_A \le 1000 \end{cases}$$

$$K_A^{T\prime}(x_A) = \begin{cases} 45 & ; & 0 \le x_A \le 600 \\ 0{,}000375 \cdot x_A^2 - 0{,}3 \cdot x_A + 90 & ; & 600 < x_A \le 1000 \end{cases}$$

Aufgabe 3

Voraussetzung einer kombinierten zeitlichen, intensitätsmäßigen und selektiven Anpassung ist die Kenntnis der kostenminimalen Anpassungspfade der einzelnen funktionsgleichen, aber kostenverschiedenen Aggregate.

Die isolierte Anpassungspolitik für eine Fertigungsanlage B läßt sich nach dem gleichen Muster wie in Aufgabe 2 bestimmen. Zunächst ist die Optimalintensität d_B^{opt} abzuleiten:

$$k_B(d_B) = 0{,}01 \cdot d_B^2 - 0{,}4 \cdot d_B + 40 \quad \rightarrow \quad k_B'(d_B) = 0{,}02 \cdot d_B - 0{,}4 = 0 \quad \rightarrow \quad d_B^{opt} = 20$$

Daraus ergibt sich folgender optimaler Anpassungsprozeß:

1. Intervall: $0 \le x_B \le 200$; zeitliche Anpassung mit $d_B^{opt} = 20$ und $t_B = x_B/20$.
2. Intervall: $200 < x_B \le 500$; intensitätsmäßige Anp. mit $t_B^{max} = 10$ und $d_B = x_B/10$.

Die Gesamt- und Grenzkostenfunktion bei Optimalverhalten lauten demnach:

$$K_B^T(x_B) = \begin{cases} 36 \cdot x_B & ; \quad 0 \le x_B \le 200 \\ 0,0001 \cdot x_B^3 - 0,04 \cdot x_B^2 + 40 \cdot x_B & ; \quad 200 < x_B \le 500 \end{cases}$$

$$K_B^{T'}(x_B) = \begin{cases} 36 & ; \quad 0 \le x_B \le 200 \\ 0,0003 \cdot x_B^2 - 0,08 \cdot x_B + 40 & ; \quad 200 < x_B \le 500 \end{cases}$$

Die minimalen Stückkosten und damit die Grenzkosten bei zeitlicher Anpassung sind bei Aggregat A höher als bei Aggregat B: $k_A(d_A^{opt}) = 45 > k_B(d_B^{opt}) = 36$. Mithin ist zu Beginn des kombinierten zeitlichen, intensitätsmäßigen und selektiven Anpassungsprozesses letzteres vorzuziehen:

1. Intervall: $0 \le x \le 200$;
zeitliche Anpassung mit $d_B^{opt} = 20$ und $t_B = x/20$; $x_B = x$; $x_A = d_A = t_A = 0$;
$K^T(x) = 36 \cdot x$; $K^{T'}(x) = 36$.

Intensitätsmäßig ist Maschine B nur so lange anzupassen, bis das Grenzkostenniveau mit den minimalen Stückkosten und damit den Grenzkosten bei zeitlicher Anpassung der Anlage A übereinstimmt:

$$K_B^{T'}(x_B) = 45 \quad \rightarrow \quad 0,0003 \cdot x_B^2 - 0,08 \cdot x_B + 40 = 45 \quad \rightarrow \quad x_B^{krit} = 318,925$$

Folglich bricht das Intervall intensitätsmäßiger Anpassung vorzeitig ab:

2. Intervall: $200 < x \le 318,925$;
intensitätsmäßige Anp. mit $t_B^{max} = 10$ und $d_B = x/10$; $x_B = x$; $x_A = d_A = t_A = 0$;
$K^T(x) = 0,0001 \cdot x^3 - 0,04 \cdot x^2 + 40 \cdot x$; $K^{T'}(x) = 0,0003 \cdot x^2 - 0,08 \cdot x + 40$.

Im dritten Anpassungsintervall werden $318,925$ ME auf Aggregat B und darüber hinausgehende Mengeneinheiten auf Aggregat A bei zeitlicher Anpassung und einem konstanten Grenzkostenniveau von 45 GE/ME erzeugt:

3. Intervall: $318,925 < x \le 318,925 + 300 = 618,925$;
zeitliche Anpassung mit $d_A^{opt} = 30$ und $t_A = (x-318,925)/30$; $x_A = x - 318,925$;
$x_B = 318,925$; $d_B = 31,8925$; $t_B = 10$;
$K^T(x) = k_A(30) \cdot (x-318,925) + k_B(31,89) \cdot 318,925 = 45 \cdot x - 2419,2644$;
$K^{T'}(x) = 45$.

Zur Produktion von Mengen über $618,925$ ME müssen die beiden Fertigungsanlagen *im Gleichschritt der Grenzkosten* intensitätsmäßig angepaßt werden. Dies ist so lange möglich, bis eine der beiden Maschinen ihre Kapazitätsgrenze erreicht. Um welches Aggregat es sich dabei konkret handelt, ist vom Grenzkostenniveau bei aggregatspezifischer Maximalausbringung (hier in beiden Fällen $50 \cdot 10 = 500$ ME) abhängig:

$$K_A^{T'}(500) = 0{,}0015 \cdot 500^2 - 0{,}6 \cdot 500 + 90 = 165 \ [\text{GE/ME}]$$

$$K_B^{T'}(500) = 0{,}0003 \cdot 500^2 - 0{,}08 \cdot 500 + 40 = 75 \ [\text{GE/ME}]$$

Im Bereich intensitätsmäßiger Anpassung wachsen die Grenzkosten von Aggregat A von 45 auf 165 GE/ME und von Aggregat B von 36 auf 75 GE/ME. Folglich kann A das maximale Grenzkostenniveau von B, nicht aber B das von A erreichen. Am Ende des vierten Intervalls arbeitet Anlage B daher an der Kapazitätsgrenze. Das Grenzkostenniveau beträgt 75 GE/ME und wird von Maschine A bei einer Ausbringungsmenge von 373,205 ME erreicht:

$$K_A^{T'}(x_A) = 75 \quad \rightarrow \quad 0{,}0015 \cdot x_A^2 - 0{,}6 \cdot x_A + 90 = 75 \quad \rightarrow \quad x_A^{krit} = 373{,}205$$

Aus diesen Überlegungen ergeben sich die Details des vierten Anpassungsintervalls:

4. Intervall: $618{,}925 < x \leq 500 + 373{,}205 = 873{,}205$;
intensitätsmäßige Anpassung im Gleichschritt der Grenzkosten
mit $t_A = t_B = 10$, $30 < d_A \leq 37{,}3205$ und $31{,}8925 < d_B \leq 50$;
$300 < x_A \leq 373{,}205$ und $318{,}925 < x_B \leq 500$; $x_A + x_B = x$;

Die genaue Aufteilung der Produktionsmenge x auf die beiden Aggregate ist zu ermitteln, indem die zugehörigen Grenzkostenfunktionen in Abhängigkeit von x_A und $x–x_A$ bzw. von $x–x_B$ und x_B gleichgesetzt und nach x_A bzw. x_B aufgelöst werden. Dann ergeben sich für die aggregatspezifischen Produktionsmengen nach einigen Umformungen folgende Bestimmungsgleichungen in Abhängigkeit von der Gesamtmenge x:

$$K_A^{T'}(x_A) = K_B^{T'}(x–x_A) \quad \rightarrow \quad x_A = 283\frac{1}{3} - \frac{1}{4} \cdot x + \sqrt{\frac{5}{16} \cdot x^2 - 208\frac{1}{3} \cdot x + 38611\frac{1}{9}}$$

$$x_B = x–x_A \quad \rightarrow \quad x_B = 1\frac{1}{4} \cdot x - 283\frac{1}{3} - \sqrt{\frac{5}{16} \cdot x^2 - 208\frac{1}{3} \cdot x + 38611\frac{1}{9}}$$

Um zur Gesamt- und Grenzkostenfunktion in Abhängigkeit von x zu gelangen, müssen die beiden Kostenfunktionen $K_A^T(x_A)$ und $K_B^T(x_B)$ addiert ($\rightarrow K^T(x_A, x_B)$), die Variablen x_A und x_B durch die obigen Bestimmungsgleichungen substituiert ($\rightarrow K^T(x)$) und die Terme des resultierenden Ausdrucks abgeleitet ($\rightarrow K^{T'}(x)$) werden:

$$K^T(x) = \frac{3}{16000} \cdot x^3 - \frac{3}{16} \cdot x^2 + 98\frac{1}{3} \cdot x - 4029\frac{17}{27} -$$
$$\left(\frac{1}{4000} \cdot x^2 - \frac{1}{6} \cdot x + 30\frac{8}{9}\right) \cdot \sqrt{\frac{5}{16} \cdot x^2 - 208\frac{1}{3} \cdot x + 38611\frac{1}{9}}$$

$$K^{T'}(x) = \frac{9}{16000} \cdot x^2 - \frac{3}{8} \cdot x + 98\frac{1}{3} - \left(\frac{1}{2000} \cdot x - \frac{1}{6}\right) \cdot \sqrt{\text{s.o.}} -$$
$$\left(\frac{1}{4000} \cdot x^2 - \frac{1}{6} \cdot x + 30\frac{8}{9}\right) \cdot \left(\frac{1}{2 \cdot \sqrt{\text{s.o.}}} \cdot \left(\frac{5}{8} \cdot x - 208\frac{1}{3}\right)\right)$$

Schließlich ist noch die Restkapazität des Aggregats A auszuschöpfen:

5. Intervall: $873,205 < x \leq 500 + 500 = 1000$;
intensitätsmäßige Anpassung mit $t_A = 10$ und $d_A = (x-500)/10$; $x_A = x - 500$;
$x_B = 500$; $d_B = 50$; $t_B = 10$;
$K^T(x) = 0,0005 \cdot (x-500)^3 - 0,3 \cdot (x-500)^2 + 90 \cdot (x-500) + k_B(50) \cdot 500$
$\qquad = 0,0005 \cdot x^3 - 1,05 \cdot x^2 + 765 \cdot x - 160000$;
$K^{T'}(x) = 0,0015 \cdot x^2 - 2,1 \cdot x + 765$.

Aufgabe 4

Die folgenden Teilaufgaben sind mit Hilfe der in Aufgabe 3 gewonnenen Ergebnisse zu lösen.

a) Kann Aggregat B maximal mit der Intensität $d_B = 31,8925$ arbeiten, entfällt das vierte Intervall aus Aufgabe 3, weil nunmehr bereits am Ende des zweiten Intervalls $d_B = d_B^{max}$ gilt. Mithin bleiben die ersten drei Intervalle trotz des weiter eingeschränkten Definitionsbereichs für d_B unverändert. Der Anpassungsprozeß endet jetzt mit einem Intervall, in dem Aggregat A mit $t_A = 10$ und $d_A = (x-318,925)/10$ intensitätsmäßig angepaßt wird:

1. bis 3. Intervall: Vgl. Aufgabe 3.
4. Intervall: $618,925 < x \leq 318,925 + 500 = 818,925$;
intensitätsmäßige Anp. mit $t_A = 10$ und $d_A = (x-318,925)/10$; $x_A = x - 318,925$;
$x_B = 318,925$; $d_B = 31,8925$; $t_B = 10$.

b) Bei einer maximalen Leistungsschaltung von $d_B = 30$ gilt prinzipiell das gleiche wie in Teilaufgabe 4a). Das zweite Intervall endet allerdings schon bei $x = 300$ ME und einem Grenzkostenniveau von $K_B^{T'}(x_B^{max}) = 43$ GE/ME. Folglich entsteht mit der Zuschaltung des Aggregats A, das bei Optimalintensität Grenzkosten in Höhe von $k_A(d_A^{opt}) = 45$ GE/ME aufweist, ein Grenzkostensprung. Verkürzt läßt sich der kostenminimale Anpassungspfad folgendermaßen beschreiben:

1. Intervall: $0 \leq x \leq 200$; zeitliche Anpassung mit $d_B^{opt} = 20$ (vgl. Aufgabe 3).
2. Intervall: $200 < x \leq 300$; intensitätsmäßige Anpassung mit $20 < d_B \leq 30$.
3. Intervall: $300 < x \leq 600$; zeitliche Anpassung mit $d_A^{opt} = 30$.
4. Intervall: $600 < x \leq 800$; intensitätsmäßige Anpassung mit $30 < d_A \leq 50$.

c) Wenn die maximale Intensität des Aggregats A 30 bzw. 25 ME/ZE beträgt, ist lediglich zeitliche Anpassung mit $d_A^{max} =$ bzw. $< d_A^{opt} = 30$ sinnvoll. Beläuft sich zudem die maximale Leistungsschaltung der Maschine B weiterhin auf 30 ME/ZE, so sind die ersten beiden Anpassungsintervalle mit denen aus Teilaufgabe 4b) identisch. Der Anpassungspfad besteht jetzt jedoch nur noch aus drei Intervallen, weil Anlage A nicht mehr intensitätsmäßig angepaßt werden kann:

1. und 2. Intervall: Vgl. Teilaufgabe 4b).
3. Intervall: $300 < x \le 600$ bzw. 550; zeitliche Anpassung mit $d_A^{max} = 30$ bzw. 25.

Beim Übergang vom zweiten auf das dritte Intervall ergibt sich ein Grenzkostensprung von $K_B^T{}'(x_B^{max}) = 43$ auf $k_A(d_A^{max}) = 45$ bzw. 46,25 GE/ME.

d) Gilt für die Maximalintensitäten der Aggregate A und B $d_A^{max} = 30$ und $d_B^{max} = 31,8925$ bzw. $d_A^{max} = 25$ und $d_B^{max} = 32,983$, verschwindet der soeben erwähnte Grenzkostensprung ($K_B^T{}'(x_B^{max}) = 45$ bzw. 46,25 GE/ME):

1. Intervall: $0 \le x \le 200$; zeitliche Anpassung mit $d_B^{opt} = 20$ (vgl. Aufgabe 3).
2. Intervall: $200 < x \le 318,925$ bzw. 329,83;
   intensitätsmäßige Anpassung mit $20 < d_B \le 31,8925$ bzw. 32,983.
3. Intervall: $318,925 < x \le 618,925$ bzw. $329,83 < x \le 579,83$;
   zeitliche Anpassung mit $d_A^{max} = 30$ bzw. 25.

e) Aus dem gleichen Grund wie in den vorherigen beiden Teilaufgaben kann Aggregat A nur zeitlich angepaßt werden. Da jetzt für Intensitäten der Fertigungsanlage B erneut der aus Aufgabe 3 bekannte Zulässigkeitsbereich gilt und somit am Ende des zweiten Intervalls noch nicht die Maximalintensität d_B^{max} erreicht ist, lassen sich nach dem dritten Intervall Mengeneinheiten zu höheren als den bei zeitlicher Anpassung der Maschine A geltenden Grenzkosten (45 bzw. 46,25 GE/ME) herstellen. Mithin sind wieder vier Mengenintervalle zu unterscheiden:

1. bis 3. Intervall: Vgl. Teilaufgabe 4d).
4. Intervall: $618,925 < x \le 800$ bzw. $579,83 < x \le 750$;
   intensitätsmäßige Anpassung mit $31,8925$ bzw. $32,983 < d_B \le 50$.

f) Aggregat B vermag nur mit einer Intensität von 50 ME/ZE zu arbeiten; eine intensitätsmäßige Anpassung scheidet aus *technischen* Gründen aus. In diesem Falle betragen die Grenzkosten exakt $k_B(d_B=50) = 45$ GE/ME; sie sind damit genau so hoch wie die bei zeitlicher Anpassung der Fertigungsanlage A mit der Optimalintensität. Für A gelten wieder die ursprünglich zugelassenen Leistungsschaltungen. Folglich ergeben sich nur zwei Anpassungsintervall ohne Grenzkostensprung:

1. Intervall: $0 \le x \le 800$; zeitliche Anpassung mit $d_A^{opt} = 30$ und/oder $d_B = 50$;
   t_A, $t_B \le 10$; $x_A + x_B = x \rightarrow t_A = (x{-}x_B)/30$ und $t_B = (x{-}x_A)/50$.
2. Intervall: $800 < x \le 1000$; intensitätsmäßige Anpassung mit $30 < d_A \le 50$.

Derselbe Anpassungspfad ergäbe sich, wenn Maschine B mit $0 \le d_B \le 50$ intensitätsmäßig angepaßt werden könnte, die theoretisch optimale Intensität $d_B^{opt} \ge 50$ wäre und die Stückkosten bei zeitlicher Anpassung mit d_B^{max} 45 GE/ME betrügen.

g) Können mit Aggregat B maximal 20 bzw. 15 ME/ZE hergestellt werden, scheidet eine intensitätsmäßige Anpassung dieser Anlage aus *ökonomischen* Gründen aus. Jetzt ist mit d_B^{max} = bzw. < d_B^{opt} = 20 zeitlich anzupassen. Der kostenminimale Anpassungspfad besteht aus drei Mengenintervallen:

1. Intervall: $0 \leq x \leq 200$ bzw. 150; zeitliche Anpassung mit $d_B^{max} = 20$ bzw. 15.
2. Intervall: $200 < x \leq 500$ bzw. $150 < x \leq 450$; zeitliche Anpassung mit $d_A^{opt} = 30$.
3. Intervall: $500 < x \leq 700$ bzw. $450 < x \leq 650$; intensitätsm. Anp. mit $30 < d_A \leq 50$.

Beim Übergang vom ersten zum zweiten Intervall ist ein Grenzkostensprung von $k_B(d_B^{max})$ = 36 bzw. 36,25 GE/ME auf $k_A(d_A^{opt})$ = 45 GE/ME zu verzeichnen.

h) Jetzt müssen beide Fertigungsanlagen mit ihrer jeweiligen Maximalintensität zeitlich angepaßt werden ($d_A^{max} = d_A^{opt} = 30$ und $d_B^{max} = 15 < d_B^{opt} = 20$). Zunächst kommt Aggregat B allein zum Einsatz, bevor Anlage A zugeschaltet wird. Es entsteht ein Grenzkostensprung von $k_B(d_B^{max})$ = 36,25 GE/ME auf $k_A(d_A^{max})$ = 45 GE/ME:

1. Intervall: $0 \leq x \leq 150$; zeitliche Anpassung mit $d_B^{max} = 15$.
2. Intervall: $150 < x \leq 450$; zeitliche Anpassung mit $d_A^{max} = 30$.

i) Unter den gegebenen Bedingungen ist eine beliebige Aufteilung alternativer Produktionsmengen auf die beiden Anlagen zulässig, solange die maximal möglichen Einsatzzeiten nicht überschritten werden. In jedem Falle ergeben sich Stück- und Grenzkosten in Höhe von $k_A(d_A^{opt}=30) = k_B(d_B=50) = 45$ GE/ME:

Einziges Intervall: $0 \leq x \leq 800$; zeitliche Anpassung mit $d_A^{opt} = 30$ und/oder $d_B = 50$; $t_A, t_B \leq 10$; $x_A + x_B = x \rightarrow t_A = (x-x_B)/30$ und $t_B = (x-x_A)/50$.

Da die Stückkosten beider Aggregate identisch sind, handelt es sich im vorliegenden Falle um eine *„quantitative Anpassung"*, allerdings nur *im weitesten Sinne*, weil sich die zugehörigen Kostenfunktionen letztlich sehr wohl voneinander unterscheiden.

Wie in Teilaufgabe 4f) ist zu betonen, daß sich derselbe Anpassungsprozeß ergäbe, wenn Maschine B mit $0 \leq d_B \leq 50$ intensitätsmäßig angepaßt werden könnte, die theoretisch optimale Intensität $d_B^{opt} \geq 50$ wäre und die Stückkosten bei zeitlicher Anpassung mit d_B^{max} 45 GE/ME betrügen.

Die bislang behandelten Spezialfälle selektiver Anpassung führten gegenüber dem allgemeinen Fall aus Aufgabe 3 tendenziell zu einer *Vereinfachung* des Anpassungsprozesses. *Keine Vereinfachung* oder sogar eine *Verkomplizierung* des allgemeinen Falls stellt sich dagegen ein, wenn davon ausgegangen wird, daß die zulässige Minimalintensität des einen und/oder anderen Aggregats über der theoretisch optimalen Intensität liegt. Derartige Spezialfälle sind in den folgenden Teilaufgaben zu erörtern.

j) Angenommen, die Minimalintensität der Anlage B beträgt $d_B^{min} = 30 > d_B^{opt} = 20$, dann ändert sich der in Aufgabe 3 beschriebene Anpassungsprozeß nur geringfügig. Nunmehr ist im ersten Intervall mit d_B^{min} statt d_B^{opt} zeitlich anzupassen. Der Übergang von zeitlicher auf intensitätsmäßige Anpassung erfolgt erst bei 300 ME und zieht einen Grenzkostensprung von $k_B(d_B^{min}) = 37$ GE/ME auf $K_B^T{'}(300) = 43$ GE/ME nach sich:

1. Intervall: $0 \leq x \leq 300$; zeitliche Anpassung mit $d_B^{min} = 30$.
2. Intervall: $300 < x \leq 318,925$; intensitätsmäßige Anpassung mit $30 < d_B \leq 31,8925$.
3. bis 5. Intervall: Vgl. Aufgabe 3.

k) Ist für Fertigungsanlage A eine Minimalintensität von $d_A^{min} = 40 > d_A^{opt} = 30$ vorgesehen, so ist zeitliche Anpassung auf diesem Aggregat nur mit d_A^{min} sinnvoll. Die minimalen Stückkosten und damit die Grenzkosten betragen dann $k_A(d_A^{min}) = 50$ GE/ME. Dieses Grenzkostenniveau erreicht Maschine B erst bei

$$K_B^T{'}(x_B) = 50 \quad \rightarrow \quad 0,0003 \cdot x_B^2 - 0,08 \cdot x_B + 40 = 50 \quad \rightarrow \quad x_B^{krit} = 359,41 \text{ ME.}$$

Mithin lauten die ersten drei Anpassungsintervalle folgendermaßen:

1. Intervall: $0 \leq x \leq 200$; zeitliche Anpassung mit $d_B^{opt} = 20$ (vgl. Aufgabe 3).
2. Intervall: $200 < x \leq 359,41$; intensitätsmäßige Anpassung mit $20 < d_B \leq 35,941$.
3. Intervall: $359,41 < x \leq 759,41$; zeitliche Anpassung mit $d_A^{min} = 40$.

Bei isolierter Betrachtung von Aggregat A ist beim Übergang von der zeitlichen auf die intensitätsmäßige Anpassung ein Grenzkostensprung von $k_A(d_A^{min}) = 50$ GE/ME auf $K_A^T{'}(400) = 90$ GE/ME zu verzeichnen, den es bei selektiver Anpassung auszugleichen gilt. Anlage B kann jedoch ein maximales Grenzkostenniveau von lediglich 75 GE/ME nicht überschreiten (vgl. die Berechnungen zum 4. Intervall in Aufgabe 3). Deshalb ist es nicht möglich, die entstehende Grenzkostenlücke vollständig zu schließen: Beim Übergang vom vierten auf das fünfte Intervall läßt sich ein Grenzkostensprung von $K_B^T{'}(500) = 75$ GE/ME auf $K_A^T{'}(400) = 90$ GE/ME nicht vermeiden. Der Anpassungsprozeß endet daher mit den beiden folgenden Intervallen:

4. Intervall: $759,41 < x \leq 900$; intensitätsmäßige Anpassung mit $35,941 < d_B \leq 50$.
5. Intervall: $900 < x \leq 1000$; intensitätsmäßige Anpassung mit $40 < d_A \leq 50$.

l) Der letztgenannte Grenzkostensprung entfällt, wenn die Minimalintensität des Aggregats A 37,32 ME/ZE beträgt. Zwar führt der Übergang von zeitlicher zu intensitätsmäßiger Anpassung bei dieser Maschine dann weiterhin zu einer Grenzkostenlücke ($k_A(d_A^{min}) = 47,679$ GE/ME $< K_A^T{'}(373,2) = 75$ GE/ME), die aber Fertigungsanlage B zu schließen vermag ($K_B^T{'}(500) = 75$ GE/ME). Das Grenzkostenniveau von 47,679 erreicht Aggregat B bei

$$K_B^T{'}(x_B) = 47,679 \quad \rightarrow \quad 0,0003 \cdot x_B^2 - 0,08 \cdot x_B + 40 = 47,679 \quad \rightarrow \quad x_B^{krit} = 341,5986 \text{ ME.}$$

Der Anpassungsprozeß stellt sich also wie folgt dar:

1. Intervall: $0 \leq x \leq 200$; zeitliche Anpassung mit $d_B^{opt} = 20$ (vgl. Aufgabe 3).
2. Intervall: $200 < x \leq 341,5986$; intensitätsmäßige Anpassung mit $20 < d_B \leq 34,16$.
3. Intervall: $341,5986 < x \leq 714,7986$; zeitliche Anpassung mit $d_A^{min} = 37,32$.
4. Intervall: $714,7986 < x \leq 873,2$; intensitätsmäßige Anpassung mit $34,16 < d_B \leq 50$.
5. Intervall: $873,2 < x \leq 1000$; intensitätsmäßige Anpassung mit $37,32 < d_A \leq 50$.

m) Bei einer Minimalintensität von $d_A^{min} = 35$ ME/ZE $> d_A^{opt} = 30$ wird Aggregat A zugeschaltet, wenn auf Aggregat B 329,83 ME produziert werden:

$$K_B^{T'}(x_B) = k_A(d_A^{min}) \quad \rightarrow \quad 0,0003 \cdot x_B{}^2 - 0,08 \cdot x_B + 40 = 46,25 \quad \rightarrow \quad x_B^{krit} = 329,83 \text{ ME}$$

Die beim Übergang von zeitlicher auf intensitätsmäßige Anpassung der Maschine A entstehende Grenzkostenlücke ($k_A(d_A^{min}) = 46,25$ GE/ME $< K_A^{T'}(350) = 63,75$ GE/ME) schließt Maschine B bei einer Produktionsmenge von

$$K_B^{T'}(x_B) = K_A^{T'}(350) \quad \rightarrow \quad 0,0003 \cdot x_B{}^2 - 0,08 \cdot x_B + 40 = 63,75 \quad \rightarrow \quad x_B^{krit} = 444,69 \text{ ME}.$$

Folglich besteht der kostenminimale Anpassungspfad jetzt aus sechs Intervallen:

1. Intervall: $0 \leq x \leq 200$; zeitliche Anpassung mit $d_B^{opt} = 20$ (vgl. Aufgabe 3).
2. Intervall: $200 < x \leq 329,83$; intensitätsmäßige Anpassung mit $20 < d_B \leq 32,983$.
3. Intervall: $329,83 < x \leq 679,83$; zeitliche Anpassung mit $d_A^{min} = 35$.
4. Intervall: $679,83 < x \leq 794,69$; intensitätsmäßige Anp. mit $32,983 < d_B \leq 44,469$.
5. Intervall: $794,69 < x \leq 873,2$; intensitätsmäßige Anpassung im Gleichschritt der Grenzkosten mit $35 < d_A \leq 37,32$ und $44,469 < d_B \leq 50$.
6. Intervall: $873,2 < x \leq 1000$; intensitätsmäßige Anp. mit $37,32 < d_A \leq 50$.

n) Der einzige Unterschied zu dem Ergebnis aus Teilaufgabe 4m) ist darin zu sehen, daß der Übergang von zeitlicher auf intensitätsmäßige Anpassung bei Aggregat B wie in Teilaufgabe 4j) wieder erst bei 300 ME erfolgt und einen Grenzkostensprung von $k_B(d_B^{min}) = 37$ GE/ME auf $K_B^{T'}(300) = 43$ GE/ME nach sich zieht:

1. Intervall: $0 \leq x \leq 300$; zeitliche Anpassung mit $d_B^{min} = 30$ (vgl. Teilaufgabe 4j)).
2. Intervall: $300 < x \leq 329,83$; intensitätsmäßige Anpassung mit $30 < d_B \leq 32,983$.
3. bis 6. Intervall: Vgl. Teilaufgabe 4m).

Aufgabe 5

Die fallspezifischen Grenzkostenverläufe werden nicht maßstabsgetreu gezeichnet, sondern idealisiert skizziert, um ihre Besonderheiten und Unregelmäßigkeiten mit verhältnismäßig geringem Aufwand plastisch darstellen zu können:

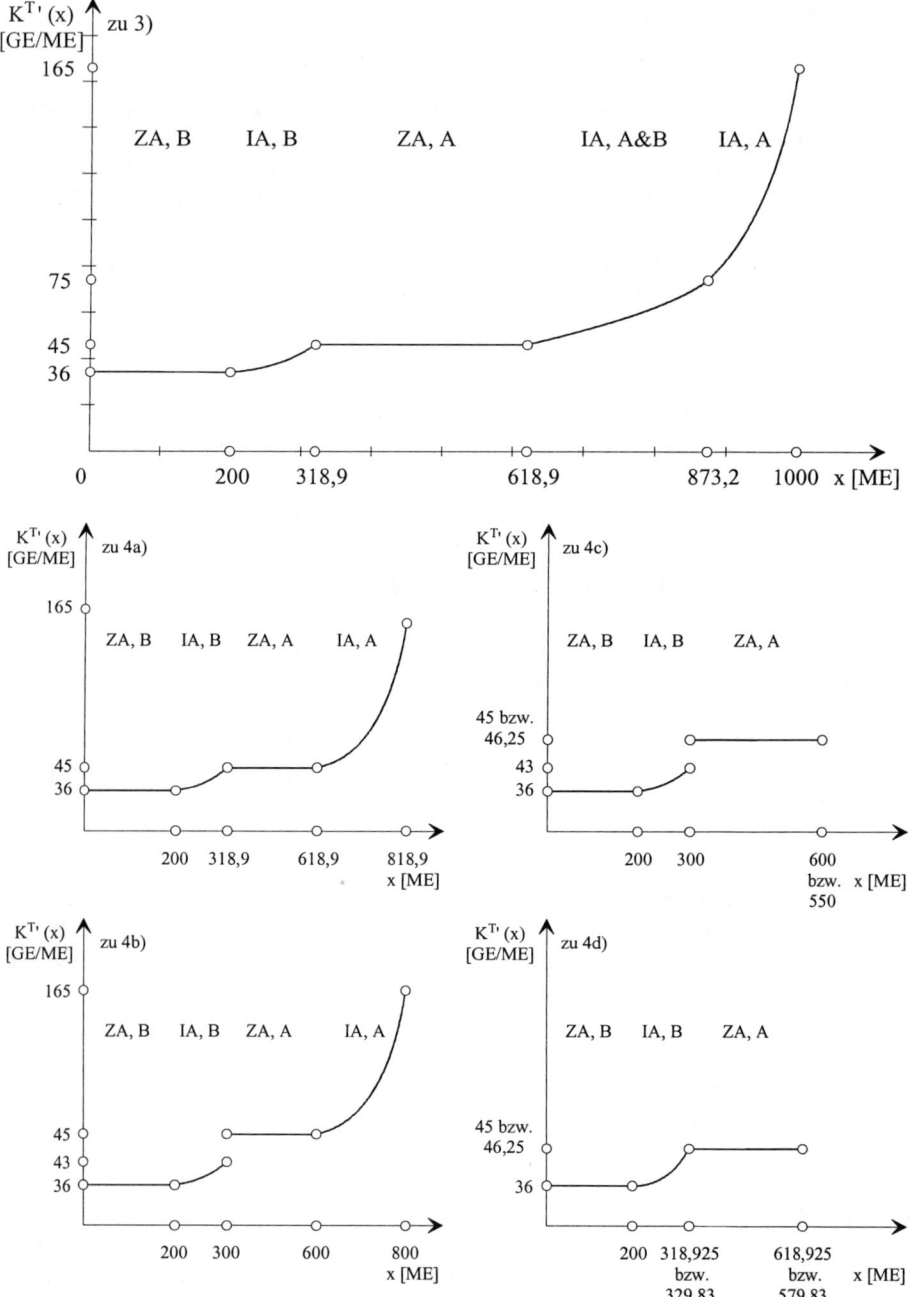

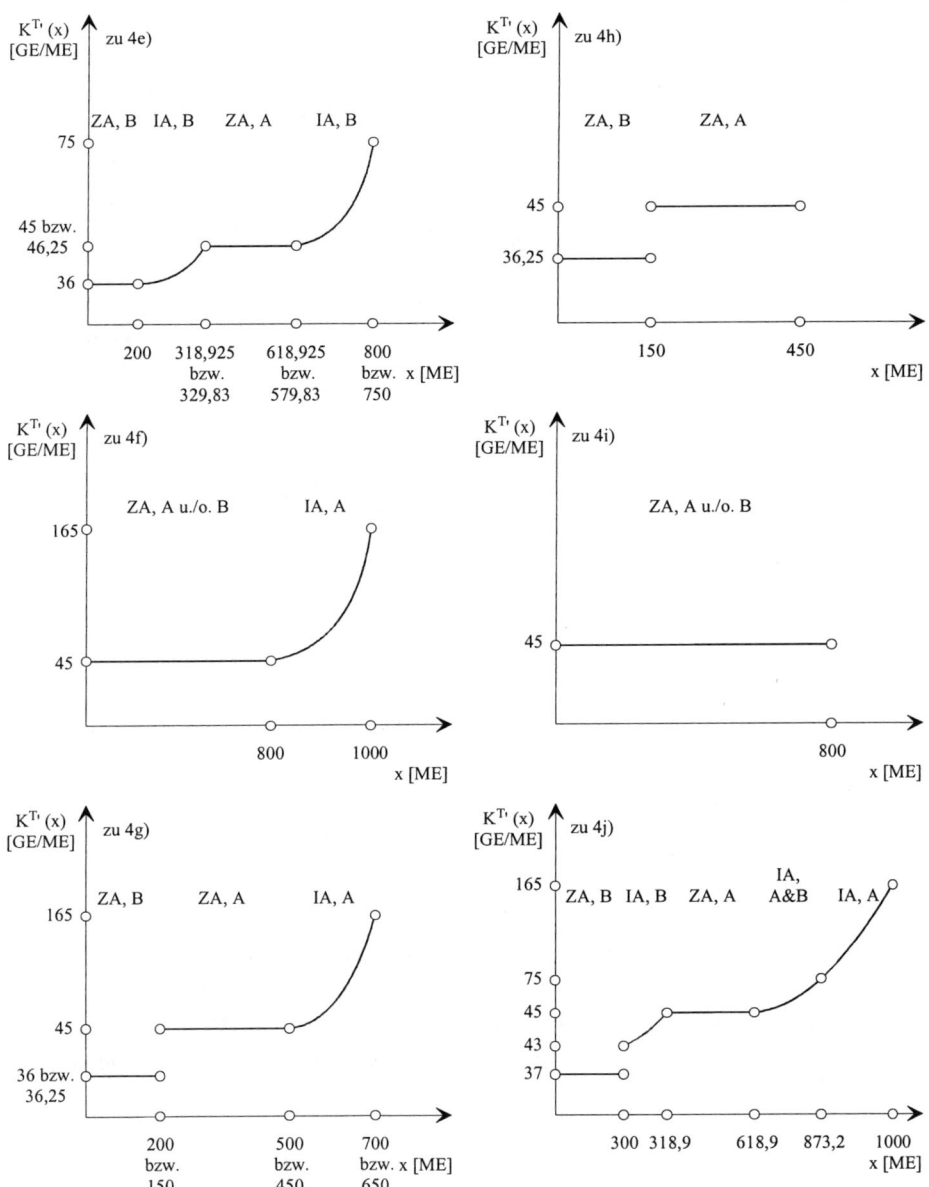

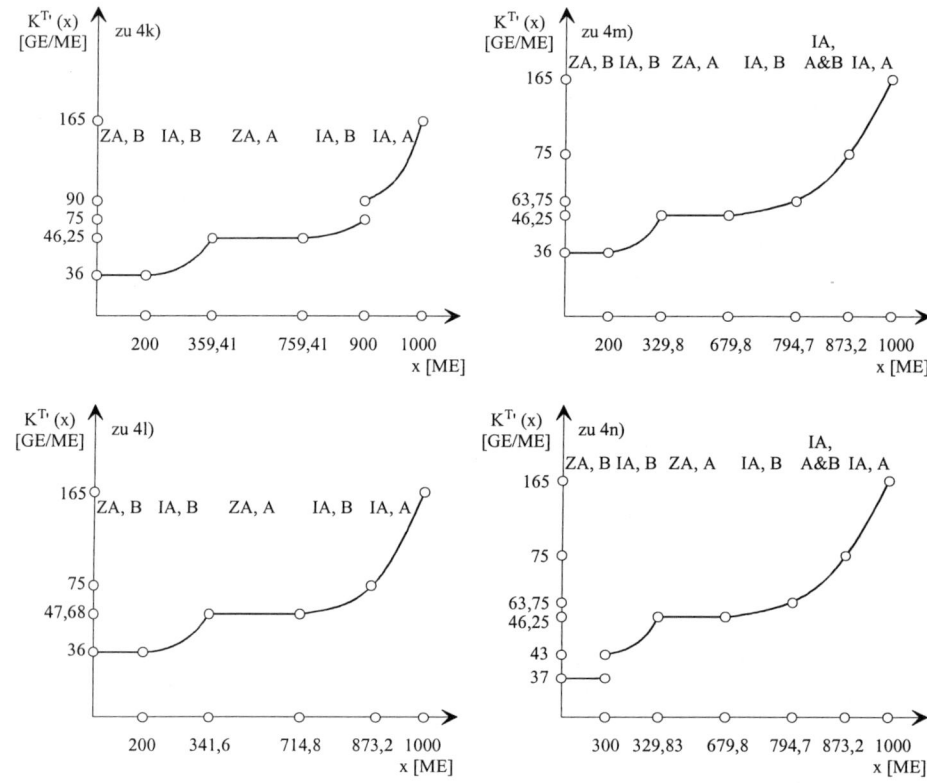

(Herrn STEFAN MIRSCHEL danke ich herzlich für die EDV-technische Umsetzung meiner Skizzen.)

Literaturhinweise

ADAM, D.: Produktionsmanagement, 9. Auflage, Wiesbaden 1998.

BLOECH, J. u. a.: Einführung in die Produktion, 3. Auflage, Heidelberg 1998.

CORSTEN, H.: Produktionswirtschaft, 7. Auflage, München/Wien 1998.

SCHWEITZER, M., KÜPPER, H.-U.: Produktions- und Kostentheorie, 2. Auflage, Wiesbaden 1997.

Folker Roland

Selektive Anpassungsprozesse bei Inbetriebnahmekosten und Überstunden

Typische kurzfristige Anpassungsformen an Produktionsmengenänderungen bei der Produktionsfunktion vom Typ B sind die zeitliche und die intensitätsmäßige Anpassung. Bei der zeitlichen Anpassung wird die Produktionszeit verändert, um eine bestimmte Menge zu produzieren, während die – in der Regel stückkostenminimale – Produktionsgeschwindigkeit vorgegeben ist. Bei der intensitätsmäßigen Anpassung wird die Produktionszeit als konstant angenommen; unterschiedliche Mengen können während der gegebenen Produktionszeit durch Variation des Leistungsgrades hergestellt werden. Stehen mehrere kostenverschiedene Aggregate für die Fertigung zur Verfügung, sind Grenzkostenanalysen notwendig, um für gegebene Produktionsmengen die kostenminimale Produktionsstrategie ermitteln zu können. Sind zusätzlich Inbetriebnahmekosten zu berücksichtigen, so markiert der Punkt gleicher Grenzkosten in der Regel nicht mehr die Produktionsmenge, bei der der Einsatz eines weiteren Aggregates wirtschaftlich ist. Dies ist dann erst bei größeren Produktionsmengen der Fall, wenn der Vorteil geringerer variabler Kosten des zusätzlichen Aggregates den Nachteil zusätzlicher (fixer) Inbetriebnahmekosten überkompensiert.

Aufgabe 1

Welche Faktorverbräuche werden bei der Produktionsfunktion vom Typ B typischerweise mittels Verbrauchsfunktionen berücksichtigt? Woraus setzen sich Inbetriebnahmekosten zusammen?

Aufgabe 2

Ein Unternehmen besitzt zwei unterschiedliche Aggregate (A_i, $i = 1, 2$), die wahlweise einzeln oder gleichzeitig zur Produktion eines Gutes eingesetzt werden können. Bei beiden Aggregaten setzen sich die variablen Kosten vornehmlich aus den konstanten Stückakkordlöhnen (Verbrauchsfunktionen v_{1i}, Dimension: Geldeinheiten (GE) pro verwendbares Stück (Output)) und den Energieverbräuchen (Verbrauchsfunktionen v_{2i}, Dimension: eingesetzte Mengeneinheiten (ME) pro verwendbares Stück (Output)) zusammen.

Für A_1 gelten folgende Verbrauchsfunktionen in Abhängigkeit von der Leistungsschaltung d_1:

$$v_{11}(d_1) = 20$$
$$v_{21}(d_1) = d_1{}^2 - 8\,d_1 + 36$$

Die Verbrauchsfunktionen von A_2 in Abhängigkeit von d_2 lauten:

$$v_{12}(d_2) = 30$$
$$v_{22}(d_2) = 2 d_2{}^2 - 20 d_2 + 80$$

Die Inbetriebnahmekosten von A_1 betragen $K_{f1} = 200$ GE, die von A_2 belaufen sich auf $K_{f2} = 100$ GE. Die Produktionsgeschwindigkeiten d_i beider Aggregate lassen sich zwischen drei Stück pro Stunde und zehn Stück pro Stunde stufenlos schalten. Die maximale Betriebszeit beträgt jeweils acht Stunden pro Tag. Die Verbrauchsfunktionen v_{1i} besitzen wie die Funktionen der variablen Stückkosten $kv_i(d_i)$ bereits die Dimension GE pro Stück, der Preis für die Energie beträgt $q_2 = 1,5$ GE/ME.

a) Bestimmen Sie algebraisch und graphisch die Niedrigstkostenkurve für tagesbezogene Produktionsmengen von null bis zur Kapazitätsgrenze! Dabei ist der Funktionsabschnitt, in dem eine gemeinsame intensitätsmäßige Anpassung im Verhältnis gleicher Grenzkosten vorgenommen werden muß, nicht explizit zu bestimmen. Ganzzahligkeitsbedingungen im Hinblick auf die Produktionsmengen sind hier wie im folgenden nicht zu beachten.

b) Bestimmen Sie die kostenminimalen Leistungsschaltungen (d_1, d_2), Produktionszeiten (t_1, t_2) und die Produktionsmengenaufteilung (x_1, x_2) sowie die verursachten variablen Stückkosten jedes Aggregats (kv_1, kv_2) und die Gesamtkosten für Tagesproduktionsmengen von $x = 2$ Stück, $x = 20$ Stück, $x = 40$ Stück, $x = 60$ Stück, $x = 100$ Stück und $x = 150$ Stück!

Aufgabe 3

Aufgrund einer innerbetrieblichen Vereinbarung sind für beide Aggregate jeweils bis zu fünf Überstunden pro Tag möglich. Der Stückakkordlohn steigt während dieser Überstunden auf 50 GE/Stück bei Aggregat 1 und auf 75 GE/Stück bei A_2. Ansonsten ändert sich die Ausgangssituation im Vergleich zu Aufgabe 2 nicht. Die Inbetriebnahmekosten fallen für jedes Aggregat pro Tag nur einmal an.

a) Bestimmen Sie die tägliche Niedrigstkostenkurve für den Bereich $0 \leq x \leq 100$ Stück! Dabei ist wiederum der Funktionsabschnitt, in dem eine gemeinsame intensitätsmäßige Anpassung im Verhältnis gleicher Grenzkosten vorgenommen werden muß, nicht explizit zu bestimmen. Ganzzahligkeitsbedingungen im Hinblick auf die Produktionsmengen sind weiterhin nicht zu beachten.

b) Bestimmen Sie die kostenminimalen Leistungsschaltungen (d_1, d_2), Produktionszeiten (t_1, t_2) und die Produktionsmengenaufteilung (x_1, x_2) sowie die verursachten variablen Stückkosten jedes Aggregats (kv_1, kv_2) und die Gesamtkosten für Tagesproduktionsmengen von $x = 50$ Stück und $x = 90$ Stück!

Lösung

Aufgabe 1

Verbrauchsfunktionen werden im Rahmen von Gutenberg-Produktionsfunktionen typischerweise für solche Faktorarten ermittelt, bei denen der Verbrauch (bezogen auf eine „gute" Outputeinheit) bei unterschiedlichen Produktionsgeschwindigkeiten variieren kann. Hierzu zählen vor allem Energie und weitere Betriebsstoffe sowie Werkstoffe (Roh- und Hilfsstoffe, Teile und Komponenten). Bei letzteren lassen sich sowohl der Mehrverbrauch durch einen bei höheren Leistungsgraden steigenden Ausschuß als auch die damit verbundenen Entsorgungskosten im Rahmen von Verbrauchsfunktionen berücksichtigen. Gleiches gilt für weitere Kosten, die durch (bei größeren Produktionsgeschwindigkeiten verstärkt auftretende) Qualitätsprobleme verursacht werden (z.B. Nacharbeitskosten, verminderte Erlöse etc.). Auch variierende Lohnkosten lassen sich mittels Verbrauchsfunktionen abbilden, wie in den Aufgaben 2 und 3 dieser Fallstudie gezeigt wird. Dabei wird vorausgesetzt, daß die Mitarbeiter damit einverstanden sind, daß ihre Löhne unter anderem auch von einer vorgegebenen Produktionsgeschwindigkeit abhängen.

Inbetriebnahmekosten bestehen vornehmlich aus Umrüst- bzw. Einrichtekosten (Kosten des Werkzeug-/Vorrichtungswechsels; Kosten des Aufheizens des Aggregates; Kosten des Ausschusses, der Prüfung und der Nacharbeit bei Probeläufen; Kosten der Betriebsmittelerstausstattung). Zu den mit der Inbetriebnahme eines Aggregates verbundenen Kosten lassen sich auch vor oder nach einem Produktionslauf anfallende Reinigungskosten sowie eventuell Entsorgungskosten nicht weiter verwendbarer Betriebsmittel rechnen. Indirekte Inbetriebnahmekosten (Opportunitätskosten durch Nichtnutzung der Maschine während der Zeit der Inbetriebnahme) sind nur bei Engpaßaggregaten zu berücksichtigen. Personalkosten für die Umrüst-/Einrichtevorgänge sind nicht entscheidungsrelevant, wenn die betreffenden Mitarbeiter – wie üblich – eine zeitbezogene Vergütung erhalten und durch ihren Einsatz keine zusätzlichen Deckungsbeiträge eingebüßt werden.

Aufgabe 2

a) Zunächst sind die Funktionen der variablen Stückkosten kv_i (d_i) $(i = 1, 2)$ zu bestimmen. Zu diesem Zweck sind die Verbrauchsfunktionen v_{2i} mit dem Faktorpreis (1,5 GE/ME) zu gewichten. Die Verbrauchsfunktionen v_1 sind nicht mit Preisen zu bewerten, da sie bereits in der richtigen Dimension (GE/Stück) vorliegen.

$kv_{11}(d_1) = 20$ $kv_{12}(d_2) = 30$

$kv_{21}(d_1) = 1{,}5\,d_1{}^2 - 12\,d_1 + 54$ $kv_{22}(d_2) = 3\,d_2{}^2 - 30\,d_2 + 120$

$$\overline{\phantom{kv_{21}(d_1) = 1{,}5\,d_1{}^2 - 12}}$$

$kv_1(d_1) = 1{,}5\,d_1{}^2 - 12\,d_1 + 74$ $kv_2(d_2) = 3\,d_2{}^2 - 30\,d_2 + 150$

Anschließend sind die stückkostenminimalen Leistungsgrade der Funktionen kv_i (d_i) und die bei Einstellung dieser Leistungsgrade verursachten variablen Stückkosten zu berechnen:

kv_1 $(d_1)' = 3\,d_1 - 12 = 0$ $\qquad \Rightarrow \qquad d_{1,opt} = 4$ Stück pro Stunde

kv_2 $(d_2)' = 6\,d_2 - 30 = 0$ $\qquad \Rightarrow \qquad d_{2,opt} = 5$ Stück pro Stunde

kv_1 $(d_{1,opt} = 4) = 50$ GE pro Stück, kv_2 $(d_{2,opt} = 5) = 75$ GE pro Stück

Es ergeben sich folgende Funktionen für die zeitliche Anpassung unter Berücksichtigung der Inbetriebnahmekosten und der maximalen Betriebszeit von acht Stunden:

K_1 $(x_1) = 200 + 50\,x_1$ $\qquad\qquad\qquad$ für $0 \le x_1 \le 32$

K_2 $(x_2) = 100 + 75\,x_2$ $\qquad\qquad\qquad$ für $0 \le x_2 \le 40$

Zur Bestimmung der Äste bei intensitätsmäßiger Anpassung läßt sich die Beziehung $d_i = x_i/8$ ausnutzen. d_i ist in den Stückkostenfunktionen durch $x_i/8$ zu substituieren. Die so entstehenden Stückkostenfunktionen in Abhängigkeit von x_i sind mit der Ausbringungsmenge x_i zu multiplizieren. Werden die resultierenden Funktionen der gesamten variablen Kosten Kv_i (x_i) um die Inbetriebnahmekosten K_{fi} ergänzt, ergeben sich die Gesamtkostenfunktionen K_i (x_i) bei intensitätsmäßiger Anpassung:

kv_1 $(x_1) = 1{,}5\,(x_1/8)^2 - 12\,(x_1/8) + 74$ $\qquad$ für $32 < x_1 \le 80$

Kv_1 $(x_1) = (3/128)\,x_1^3 - 1{,}5\,x_1^2 + 74\,x_1$ $\qquad$ für $32 < x_1 \le 80$

K_1 $(x_1) = 200 + (3/128)\,x_1^3 - 1{,}5\,x_1^2 + 74\,x_1$ $\qquad$ für $32 < x_1 \le 80$

kv_2 $(x_2) = 3\,(x_2/8)^2 - 30\,(x_2/8) + 150$ $\qquad$ für $40 < x_2 \le 80$

Kv_2 $(x_2) = (3/64)\,x_2^3 - 3{,}75\,x_2^2 + 150\,x_2$ $\qquad$ für $40 < x_2 \le 80$

K_2 $(x_2) = 100 + (3/64)\,x_2^3 - 3{,}75\,x_2^2 + 150\,x_2$ $\qquad$ für $40 < x_2 \le 80$

Zusammengefaßt lauten die aggregatspezifischen Gesamtkostenfunktionen K_i (x_i) folgendermaßen:

K_1 $(x_1) = 200 + 50\,x_1$ $\qquad\qquad\qquad$ für $0 \le x_1 \le 32$

K_1 $(x_1) = 200 + (3/128)\,x_1^3 - 1{,}5\,x_1^2 + 74\,x_1$ $\qquad$ für $32 < x_1 \le 80$

K_2 $(x_2) = 100 + 75\,x_2$ $\qquad\qquad\qquad$ für $0 \le x_2 \le 40$

K_2 $(x_2) = 100 + (3/64)\,x_2^3 - 3{,}75\,x_2^2 + 150\,x_2$ $\qquad$ für $40 < x_2 \le 80$

Zur Bestimmung der gemeinsamen Niedrigstkostenkurve $K(x)$ für beide Aggregate ist zunächst zu ermitteln, bis zu welcher Tagesproduktionshöchstmenge das Aggregat 2 mit den geringeren Inbetriebnahmekosten allein im Einsatz sein sollte:

$200 + 50\,x = 100 + 75\,x$ $\qquad\qquad \Rightarrow \qquad x = 4$

Bis zu einer Tagesproduktion von $x = 4$ Stück/Tag wird A_2, bei einer Tagesproduktion von $4 < x \leq 32$ A_1 – jeweils allein – zeitlich angepaßt (das Ende der zeitlichen Anpassung von A_1 liegt bei $d_{1,opt} \cdot t_{max} = 32$).

$K(x) = 100 + 75\,x$ \hspace{4em} für $0 \leq x \leq 4$

$K(x) = 200 + 50\,x$ \hspace{4em} für $4 < x \leq 32$

Für Tagesproduktionsmengen von mehr als 32 Stück wird eine intensitätsmäßige Anpassung von Aggregat 1 notwendig, wobei zu bestimmen ist, von welcher Produktionsmenge an eine Kombination von intensitätsmäßiger Anpassung von A_1 und zeitlicher Anpassung von A_2 (mit $d_{2,opt} = 5$) zu minimalen Kosten führt.

Zu diesem Zweck wird zunächst die Menge gleicher Grenzkosten für diese Kombination von A_1 und A_2 bestimmt:

$$K'_{1,IA}(x_1) = (9/128)\,x_1^2 - 3\,x_1 + 74 = 75 = K'_{2,ZA}(x_2)$$

Der Wert $x_1 = 43{,}0$ erfüllt diese Gleichung und ist für das weitere Vorgehen relevant. Produktionsmengen x im Bereich $43{,}0 < x \leq 83{,}0$ ließen sich im Verhältnis gleicher Grenzkosten herstellen, indem $x_1 = 43{,}0$ Stück auf A_1 mit $d_1 = 5{,}37$ ($t_1 = 8$) und die restlichen Einheiten auf A_2 mit $d_{2,opt} = 5$ ($t_2 = x_2/5$) gefertigt würden. Das Ende dieses Abschnittes (83,0) ergibt sich, da neben $x_1 = 43{,}0$ Stück höchstens 40 Stück von x_2 ($d_{2,opt} \cdot t_{max}$) mit dieser Strategie gefertigt werden können. Für den Fall, daß bei A_2 keine Inbetriebnahmekosten zu berücksichtigen wären, führte diese Strategie für den gesamten beschriebenen Abschnitt zu minimalen Kosten.

Da jedoch Inbetriebnahmekosten für A_2 in Höhe von 100 GE anfallen, ist es kostengünstiger, Mengen, die nur wenig größer als $x = 43{,}0$ sind, ausschließlich auf A_1 zu fertigen (intensitätsmäßige Anpassung), um Inbetriebnahmekosten für A_2 gar nicht erst entstehen zu lassen.

Die kritische Produktionsmenge, bei der der Vorteil einer Vermeidung zusätzlicher Inbetriebnahmekosten für A_2 von den höheren variablen Kosten, die bei intensitätsmäßiger Anpassung von A_1 auftreten, aufgezehrt wird, läßt sich wie folgt bestimmen:

Die Gesamtkostenfunktion bei zeitlicher Anpassung von A_2 ab dem Punkt ($x = 43{,}0$ / $K(x = 43{,}0) = 2471{,}75$) lautet:

$K(x) = K_{f1} + K_{f2} + Kv_1 (x_1 = 43{,}0) + kv_2 (d_{2,opt} = 5) \cdot x_2$ \hspace{1em} mit $x_2 = x - x_1 = x - 43{,}0$

$K(x) = 200 + 100 + 2271{,}75 + 75\,(x - 43{,}0) = -653{,}05 + 75\,x$

Diese Funktion wird mit der Kostenfunktion, die bei intensitätsmäßiger Anpassung von A_1 gilt, gleichgesetzt:

$-653{,}05 + 75\,x = 200 + (3/128)\,x^3 - 1{,}5\,x^2 + 74\,x$

Die relevante Lösung dieser Gleichung liegt bei x = 50,7 Stück. Somit steht fest, daß

- für Produktionsmengen von x = 32 bis x = 50,7 intensitätsmäßige Anpassung von A_1 (d = x/8 Stück pro Stunde, t = 8 Stunden) auf A_1 und

- für Produktionsmengen von x = 50,7 bis x = 83,0 eine Kombination der zeitlichen Anpassung von Aggregat 2 mit einer Produktion von x = 43,0 (d = 5,37 Stück pro Stunde, t = 8 Stunden) auf A_1

kostenminimal (und damit Bestandteil der Niedrigstkostenfunktion) ist.

$$K\,(x) = 200 + (3/128)\, x^3 - 1{,}5\, x^2 + 74\, x \qquad \text{für } 32 < x \le 50{,}7$$
$$K\,(x) = -\,653{,}05 + 75\, x \qquad\qquad\qquad \text{für } 50{,}7 < x \le 83{,}0$$

Größere Tagesproduktionsmengen als 83,0 Stück können nur wirtschaftlich hergestellt werden, indem beide Aggregate intensitätsmäßig im Verhältnis gleicher Grenzkosten angepaßt werden. Die Ermittlung kostenminimaler Leistungsschaltungen (d_1, d_2), Produktionszeiten (t_1, t_2) und Produktionsmengen (x_1, x_2) sowie der verursachten variablen Stückkosten jedes Aggregats (kv_1, kv_2) und der Gesamtkosten wird für diesen Abschnitt am Beispiel von x = 60 Stück im Lösungteil b) demonstriert.

Die Anpassung im Verhältnis gleicher Grenzkosten kann nur erfolgen, solange die Kapazitätsgrenze $x_{i,Kap}$ keines der beiden Aggregate erreicht wurde. Um die Gesamtproduktionsmenge x_{GK}, die im Verhältnis gleicher Grenzkosten produziert werden kann, ermitteln zu können, sind zunächst die Grenzkosten an der Kapazitätsgrenze eines jeden der beiden Aggregate zu bestimmen:

$$K'_1(x_{1,Kap} = 80) = (9/128) \cdot 80^2 - 3 \cdot 80 + 74 = 284$$
$$K'_2(x_{2,Kap} = 80) = (9/64) \cdot 80^2 - 7{,}5 \cdot 80 + 150 = 450$$

Die Anpassung im Verhältnis gleicher Grenzkosten kann somit nur bis zu Grenzkosten von 284 erfolgen. Zur Ermittlung der Gesamtmenge x_{GK} ist zu berechnen, bei welcher Produktionsmenge x_2 auf A_2 Grenzkosten von 284 anfallen:

$$K'_2 = (9/64)\, x_2{}^2 - 7{,}5\, x_2 + 150 = 284$$

$x_2 = 67,5$ erfüllt als relevanter positiver Wert diese Gleichung. Die Produktion im Verhältnis gleicher Grenzkosten erfolgt somit bis zu der Tagesproduktionsmenge x_{GK} = $x_1 + x_2$ mit $x_1 = 80$ und $x_2 = 67,5$; x_{GK} liegt also bei 147,5 Stück.

Größere Tagesproduktionsmengen können nur hergestellt werden, wenn A_2 mehr als 67,5 mit $d_2 > 8,433$ (dieser Leistungsgrad ergibt sich aus 67,5 dividiert durch 8) produziert, da sich die auf A_1 produzierte Menge nicht mehr steigern läßt. Die Niedrigstkostenkurve setzt sich für Mengen x > 147,5 aus den Fixkosten, den variablen Kosten für die 80 produzierten Stücke auf A_1 sowie den variablen Kosten für die übrigen auf A_2 im Bereich intensitätsmäßiger Anpassung herzustellenden Einheiten zusammen:

$$K(x) = K_{f1} + K_{f2} + Kv_1(x_1 = 80) + Kv_2(x_2) \quad \text{mit } x_2 = x - x_1 = x - 80$$
$$K(x) = 200 + 100 + 8320 + (3/64)\,(x - 80)^3 - 3,75\,(x - 80)^2 + 150\,(x - 80)$$

Diese Funktion gilt für Produktionsmengen bis zur Kapazitätsgrenze von $x = 160$ Stück und läßt sich wie folgt vereinfachen:

$$K(x) = (3/64)\,x^3 - 15\,x^2 + 1650\,x - 51380$$

Damit gilt für die Niedrigstkostenkurve:

Intensitätsmäßige Anpassung beider Aggregate im Verhältnis gleicher Grenzkosten für $83,0 < x \leq 147,5$ Stück und

$$K(x) = (3/64)\,x^3 - 15\,x^2 + 1650\,x - 51380 \qquad \text{für } 147,5 < x \leq 160$$

Die Niedrigstkostenkurve lautet zusammengefaßt:

$K(x) = 100 + 75\,x$	für $0 \leq x \leq 4$
$K(x) = 200 + 50\,x$	für $4 < x \leq 32$
$K(x) = 200 + (3/128)\,x^3 - 1,5\,x^2 + 74\,x$	für $32 < x \leq 50,7$
$K(x) = 75\,x - 653,05$	für $50,7 < x \leq 83,0$
Anpassung im Verhältnis gleicher Grenzkosten	für $83,0 < x \leq 147,5$
$K(x) = (3/64)\,x^3 - 15\,x^2 + 1650\,x - 51380$	für $147,5 < x \leq 160$

Der Verlauf der Niedrigstkostenkurve ist in der Abbildung auf der folgenden Seite dargestellt, wobei die Abstände auf den Achsen zur besseren Darstellung der relevanten Punkte nicht maßstabsgetreu sind.

b) Im Bereich $0 \leq x \leq 4$, also auch für eine Produktionsmenge von $x = 2$ Stück, erfolgt eine zeitliche Anpassung auf A_2. Das Aggregat wird mit der stückkostenminimalen Produktionsgeschwindigkeit betrieben, also mit $d_{2,opt} = 5$ Stück pro Stunde. Die Produktionszeit t wird angepaßt, zur Produktion von 2 Stück ist eine Produktionszeit von 0,4 Stunden notwendig. Dabei werden variable Stückkosten von 75 GE und Gesamtkosten von 250 GE verursacht.

Entsprechend werden $x = 20$ Stück (wie alle Produktionsmengen im Bereich $4 < x \leq 32$) im Rahmen einer zeitlichen Anpassung auf A_1 hergestellt. A_1 wird mit seinem stückkostenminimalen Leistungsgrad ($d_{1,opt} = 4$ Stück pro Stunde) betrieben. Zur Fertigung der 20 Stück ist eine Produktionszeit von 5 Stunden notwendig. Variable Stückkosten werden in Höhe von 50 GE, Gesamtkosten in Höhe von 1200 GE verursacht.

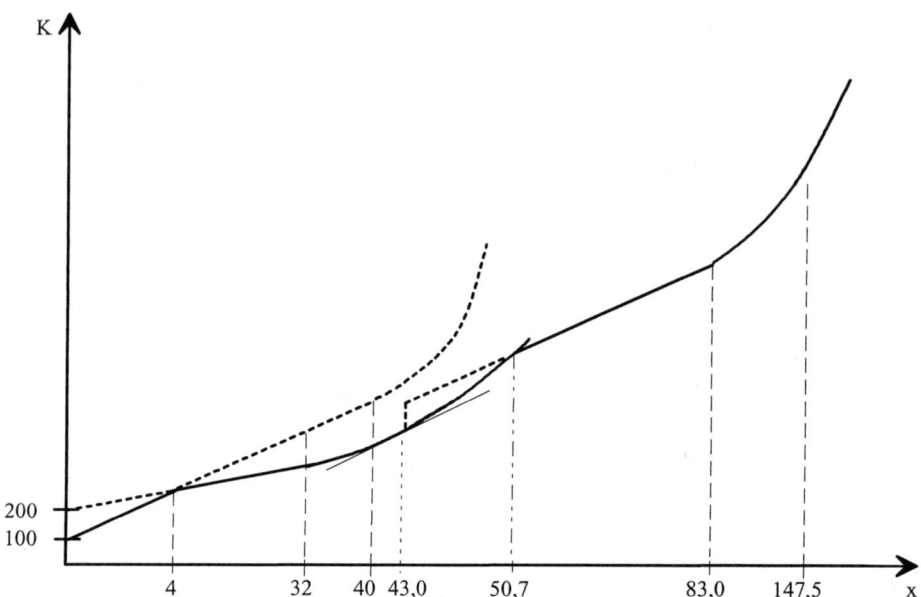

Die Produktionsmenge $x = 40$ Stück liegt im Abschnitt der intensitätsmäßigen Anpassung von A_1 (dritter Funktionsabschnitt). Die maximale tägliche Produktionszeit von $t_{max} = 8$ Stunden wird ausgenutzt. Zur Fertigung von 40 Stück ist ein Leistungsgrad von $d_1 = 5$ Stück pro Stunde auszuwählen. Die variablen Stückkosten belaufen sich auf 51,50 GE, die Gesamtkosten auf 2260 GE.

Für Mengen von $50,7 < x \leq 83,0$ ist – wie in Lösungsteil 2a) beschrieben – eine Kombination der zeitlichen Anpassung von Aggregat 2 mit einer Produktion von $x_1 = 43,0$ ($d_1 = 5,37$ Stück pro Stunde, $t_1 = 8$ Stunden) auf A_1 kostenminimal. Dabei werden variable Stückkosten in Höhe von 52,83 GE verursacht. Bei einer Gesamtproduktionsmenge von 60 Stück sind noch 17,0 Stück auf A_2 ($d_2 = d_{2,opt} = 5$ Stück pro Stunde, $t_2 = 3,40$ Stunden, $kv_2 = 75$ GE) zu fertigen. Es entstehen Gesamtkosten in Höhe von 3846,95 GE.

Die Ermittlung der optimalen Strategie für Produktionsmengen $83,0 < x \leq 147,5$ kann mit Hilfe eines Lagrangeansatzes vorgenommen werden, der sicherstellt, daß die beiden Aggregate im Verhältnis gleicher Grenzkosten intensitätsmäßig angepaßt werden. Die Gesamtkosten für den Bereich $83,0 < x \leq 147,5$ setzen sich aus den – den Abschnitten intensitätsmäßiger Anpassung zugeordneten – Kostenfunktionen zusammen:

$$K(x) = K_1(x_1) + K_2(x_2)$$
$$= 200 + (3/128)\,x_1^3 - 1,5\,x_1^2 + 74\,x_1 + 100 + (3/64)\,x_2^3 - 3,75\,x_2^2 + 150\,x_2$$

Das der Lagrange-Funktion zugrundeliegende Modell für eine Produktionsmenge von $x = 100$ lautet:

$$K(x) = 300 + (3/128) x_1^3 - 1{,}5 x_1^2 + 74 x_1 + (3/64) x_2^3 - 3{,}75 x_2^2 + 150 x_2 \Rightarrow \text{Min}$$

unter den Nebenbedingungen

$$x_1 + x_2 = 100; \quad x_1, x_2 \geq 0$$

Hieraus läßt sich die Lagrangefunktion

$$L(x_1, x_2, \lambda) = 300 + (3/128) x_1^3 - 1{,}5 x_1^2 + 74 x_1 + (3/64) x_2^3 - 3{,}75 x_2^2 + 150 x_2 + \lambda (x_1 + x_2 - 100)$$

mit den über partielle Ableitungen formulierten, notwendigen Bedingungen für das Optimum herleiten:

$$\delta L / \delta x_1 = (9/128) x_1^2 - 3 x_1 + 74 + \lambda = 0$$
$$\delta L / \delta x_2 = (9/64) x_2^2 - 7{,}5 x_2 + 150 + \lambda = 0$$
$$\delta L / \delta \lambda = x_1 + x_2 - 100 = 0$$

Die Lösung dieses Gleichungssystems lautet:

$$x_1 = 52{,}6 \text{ Stück}, x_2 = 47{,}4 \text{ Stück und } \lambda = -110{,}61$$

Der Lagrangesche Multiplikator λ sagt aus, daß eine infinitesimal größere (kleinere) Produktionsmenge, also eine Variation um dx, eine Kostensteigerung (-verminderung) in der Höhe von $110{,}61 \cdot dx$ zur Folge hat.

Mit Hilfe der ermittelten Werte für x_1 und x_2 können die für eine Produktionsmenge x von 100 Stück kostenminimalen Leistungsgrade ($d_1 = 6{,}57$ Stück pro Stunde, $d_2 = 5{,}93$ Stück pro Stunde), Produktionszeiten (jeweils $t_{max} = 8$ Stunden), die verursachten variablen Stückkosten jedes Aggregats ($kv_1 = 59{,}92$ GE pro Stück, $kv_2 = 77{,}59$ GE pro Stück) und Gesamtkosten ($K(x = 100) = 7129{,}83$ GE) errechnet werden.

Für die Produktionsmenge $x = 150$ als Repräsentant des letzten Abschnitts der Niedrigstkostenkurve gilt folgende kostenminimale Fertigungsstrategie: 80 Stück werden auf A_1 gefertigt ($d_1 = d_{1,max} = 10$ Stück pro Stunde, $t_1 = t_{1,max} = 8$ Stunden, $kv_1 = 104$ GE pro Stück). Für die übrigen 70 Stück erfolgt eine intensitätsmäßige Anpassung auf A_2 ($d_2 = 8{,}75$ Stück pro Stunde, $t_2 = t_{2,max} = 8$ Stunden, $kv_2 = 117{,}19$ GE pro Stück). Es entstehen Gesamtkosten in Höhe von 16823,13 GE.

Aufgabe 3

a) Während der Überstunden ändern sich die Funktionen der variablen Stückkosten und die minimalen Stückkosten der beiden Aggregate wie folgt:

$kv_{11} (d_1) = 50$ $\qquad\qquad$ $kv_{12} (d_2) = 75$

$kv_{21} (d_1) = 1{,}5\ d_1^2 - 12\ d_1 + 54$ $\qquad$ $kv_{22} (d_2) = 3\ d_2^2 - 30\ d_2 + 120$

$kv_1 (d_1) = 1{,}5\ d_1^2 - 12\ d_1 + 104$ $\qquad$ $kv_2 (d_2) = 3\ d_2^2 - 30\ d_2 + 195$

$kv_1 (d_{1,opt} = 4) = 80$ GE pro Stück, $kv_2 (d_{2,opt} = 5) = 120$ GE pro Stück

Es ist somit zunächst zu prüfen, bei welchen Produktionsmengen bei ausschließlichem Einsatz von A_1 Überstunden sinnvoll sind. Hierzu ist die Menge gleicher Grenzkosten bei intensitätsmäßiger Anpassung $K'_{1,IA} (x_1)$ und bei einer Fertigung im Rahmen einer zeitlichen Anpassung bei Überstunden $K'_{1,ZA,\ddot{U}} (x_1)$ zu bestimmen:

$$K'_{1,IA} (x_1) = (9/128)\ x_1^2 - 3\ x_1 + 74 = 80 = K'_{1,ZA,\ddot{U}} (x_1)$$

Die relevante Lösung liegt bei $x_1 = 44{,}6$ Stück und ist kleiner als die Menge, bei der A_2 gemeinsam mit A_1 wirtschaftlich eingesetzt werden kann (diese liegt bei $x = 50{,}7$, vgl. die Lösung zu Aufgabenteil 2a)). Somit ist für Produktionsmengen größer als $x = 44{,}6$ Stück eine Fertigungsstrategie wirtschaftlich, bei der in der regulären Produktionszeit 44,6 Stück mit einem Leistungsgrad $d_1 = 44{,}6/8 = 5{,}57$ Stück/Stunde im Rahmen einer intensitätsmäßigen Anpassung gefertigt werden. Darüber hinausgehende Mengenanforderungen sind in den Überstunden auf A_1 zu bewältigen. Hierfür ergibt sich folgende Kostenfunktion:

$K(x)$ $= K_{fl} + Kv_1 (x_1 = 44{,}6) + kv_{1,ZA,\ddot{U}} (d_{1,opt,\ddot{U}} = 4) \cdot (x - 44{,}6)$

$K(x)$ $= 200 + 2394{,}43 + 80\ (x - 44{,}6)$

$\qquad = -972{,}05 + 80\ x$

Um zu bestimmen, für welche Produktionsmengen diese Fertigungsstrategie wirtschaftlich ist, muß diese Kostenfunktion mit der Kostenfunktion verglichen werden, bei der A_2 erstmals gemeinsam mit A_1 eingesetzt wird:

$-972{,}05 + 80\ x = -653{,}05 + 75\ x$ $\qquad\qquad \Rightarrow \qquad x = 63{,}8$

Da $x = 63{,}8$ Stück diese Gleichung erfüllt, ändert sich die Niedrigstkostenkurve für $32 < x \leq 83{,}0$ im Vergleich zur Lösung von Aufgabe 2 wie folgt:

$K(x) = 200 + (3/128)\ x^3 - 1{,}5\ x^2 + 74\ x$ $\qquad\qquad$ für $32 < x \leq 44{,}6$

$K(x) = 80\ x - 972{,}05$ $\qquad\qquad\qquad\qquad\qquad$ für $44{,}6 < x \leq 63{,}8$

$K(x) = 75\ x - 653{,}05$ $\qquad\qquad\qquad\qquad\qquad$ für $63{,}8 < x \leq 83{,}0$

Die für Produktionsmengen größer als 83,0 Stück notwendige Anpassung im Verhältnis gleicher Grenzkosten ist nur bis zu einer Höhe von 80 GE wirtschaftlich (Grenzkosten bei Überstunden und zeitlicher Anpassung auf A_1). Die Menge, die zu diesen Grenzkosten auf A_1 ohne Überstunden gefertigt werden kann, wurde bereits oben ermittelt (x_1 = 44,6), so daß die Bestimmung der entsprechenden Menge nur noch für A_2 durchzuführen ist:

$$K'_{2,IA}(x_2) = (9/64)\, x_2^2 - 7,5\, x_2 + 150 = 80$$

Die relevante Lösung dieser Gleichung liegt bei x_2 = 41,3 Stück, so daß insgesamt 85,9 Stück zu Grenzkosten von 80 GE ohne Überstunden gefertigt werden können. Im Rahmen der Überstunden lassen sich dann auf A_1 weitere 20 Stück bei zeitlicher Anpassung zu diesen Grenzkosten produzieren. Insgesamt können damit zu Grenzkosten von 80 GE insgesamt 105,9 Stück gefertigt werden, so daß keine weiteren Überlegungen für den gefragten Produktionsmengenbereich ($0 \leq x \leq 100$ Stück) anzustellen sind. Die Kostenfunktion setzt sich im letzten relevanten Abschnitt wie folgt zusammen:

$$K(x) = K_{f1} + K_{f2} + Kv_1(x_1 = 44,6) + Kv_2(x_2 = 41,3) +$$
$$kv_{1,ZA,\ddot{U}}(d_{1,opt,\ddot{U}} = 4) \cdot (x - 44,6 - 41,3)$$

$$K(x) = 200 + 100 + 2394,43 + 3098,84 + 80\,(x - 85,86) = -1075,26 + 80\, x$$

Die Niedrigstkostenkurve unter Berücksichtigung der Möglichkeit von Überstunden lautet für Produktionsmengen $0 \leq x \leq 100$ Stück zusammengefaßt:

$K(x) = 100 + 75\, x$	für $0 \leq x \leq 4$
$K(x) = 200 + 50\, x$	für $4 < x \leq 32$
$K(x) = 200 + (3/128)\, x^3 - 1,5\, x^2 + 74\, x$	für $32 < x \leq 44,6$
$K(x) = 80\, x - 972,05$	für $44,6 < x \leq 63,8$
$K(x) = 75\, x - 653,05$	für $63,8 < x \leq 83,0$
Anpassung im Verhältnis gleicher Grenzkosten	für $83,0 < x \leq 85,9$
$K(x) = 80\, x - 1075,26$	für $85,9 < x \leq 100$

b) Im Vergleich zu Aufgabe 2 ändert sich die Fertigungsstrategie nur für Mengen von $44,6 < x \leq 63,8$ und von $85,9 < x \leq 100$. In diesen beiden Bereichen liegen die für Aufgabenteil 3b) relevanten Produktionsmengen.

Zur kostenminimalen Fertigung von 50 Stück werden 44,6 Stück im Rahmen einer intensitätsmäßigen Anpassung in der regulären Betriebszeit $t_{1,max}$ = 8 Stunden von A_1 hergestellt. A_1 wird während dieser Zeit mit dem Leistungsgrad d_1 = 5,57 Stück pro Stunde betrieben. Variable Stückkosten werden für diese Teilmenge in Höhe von 53,71 GE, variable Kosten in Höhe von 2394,43 GE verursacht. Die übrigen 5,4 Stück werden während der Überstunden (Produktionszeit: 1,36 Stunden) auf A_1 gefertigt ($d_1 = d_{1,opt}$ = 4 Stück pro Stunde, zeitliche Anpassung, kv = 80 GE, Kv = 433,52 GE). Einschließlich der Inbetriebnahmekosten für A_1 betragen die Gesamtkosten für eine Produktionsmenge von x = 50 Stück 3027,95 GE.

Um 90 Stück zu fertigen, werden während der regulären Arbeitszeit $t_{1,max} = t_{2,max}$ = 8 Stunden x_1 = 44,6 Stück und x_2 = 41,3 Stück hergestellt (d_1 = 5,57, d_2 = 5,16). Während die Kosten der auf A_1 außerhalb der Überstunden gefertigten Stücke bereits im Rahmen der Berechnungen für eine gesamte Produktionsmenge von 50 Stück bestimmt wurden, fallen für x_2 = 41,3 variable Stückkosten in Höhe von 75,08 GE und variable Kosten in Höhe von 3098,84 GE an. Die fehlenden 4,1 Stück werden während der Überstunden (Produktionszeit: 1,04 Stunden) auf A_1 gefertigt ($d_1 = d_{1,opt}$ = 4 Stück pro Stunde, kv = 80 GE, Kv = 331,44 GE). Inklusive der fixen Kosten für beide Aggregate betragen die Gesamtkosten für eine Produktionsmenge von x = 90 Stück 6124,74 GE.

Literaturhinweise

BLOECH, J., BOGASCHEWSKY, R., GÖTZE, U., ROLAND, F.: Einführung in die Produktion, 3. Aufl., Heidelberg 1998.

BOGASCHEWSKY, R., SIERKE, B.: Optimale Aggregatkombinationen bei zeitlich-intensitätsmäßiger Anpassung, in: ZfB, 57. Jg (1987), S. 978–1000.

Ronald Bogaschewsky und Udo Buscher

Kurzarbeitergeld in der betriebswirtschaftlichen Kostentheorie

Aufgabe 1

Stellen Sie die Begriffe „Kurzarbeit" und „Arbeitsintensität" aus Sicht der betriebswirtschaftlichen Kostentheorie dar!

Aufgabe 2

Ein Industrieunternehmen bearbeitet Werkstücke derselben Art (gemessen in Mengeneinheiten [ME]) mit Hilfe einer Drehmaschine, die in der Planungsperiode maximal sechs Zeiteinheiten [ZE] genutzt werden kann ($t_{max} = 6$). Entscheidungsrelevant sind die Kosten des Werkzeugverzehrs und des Stromverbrauchs sowie die Lohnkosten. In Abhängigkeit von der Drehmaschinenleistung (Schnittgeschwindigkeit) d [ME/ZE] lautet die Funktion der variablen Kosten je gefertigter Mengeneinheit $k_v(d)$ wie folgt:

$$k_V(d) = 3d^2 - 42d + 300$$

Die Drehmaschine läßt sich im Bereich $d_{min} = 3 \le d \le d_{max} = 9$ stufenlos schalten. Inbetriebnahmekosten fallen nicht an.

a) Ermitteln Sie die Niedrigstkostenkurve für die Drehmaschine für den Fall, daß eine zeitliche und eine intensitätsmäßige Anpassung vorgenommen werden kann!

b) Im folgenden soll nur noch der zeitliche Bereich genauer betrachtet werden. Aufgrund von Absatzschwierigkeiten für die zu fertigende Produktart ist das Unternehmen gezwungen, Kurzarbeitergeld zu zahlen, wenn die maximale Betriebsdauer von 6 ZE nicht vollständig ausgeschöpft wird. Für jede nicht genutzte ZE falle ein Kostensatz k_{KG} in Höhe von 161 Geldeinheiten [GE] an. Ermitteln Sie unter Berücksichtigung von Kurzarbeitergeld die Gesamtkostenfunktion, ohne von der in Teilaufgabe 2a) bestimmten stückkostenminimalen Drehmaschinenleistung abzuweichen!

c) Stellen Sie unter Verwendung allgemeiner Symbole die Gesamtkostenfunktion in Abhängigkeit von der Drehmaschinenleistung d auf, wenn Kurzarbeitergeld zu berücksichtigen ist! Leiten Sie anschließend das für die Drehmaschinenleistung d geltende Optimalitätskriterium her!

d) Ermitteln Sie die Niedrigstkostenkurve der Drehmaschine unter Berücksichtigung von Kurzarbeitergeld! Geben Sie die Leistung der Drehmaschine an, die im zeitlichen Bereich die entscheidungsrelevanten Kosten minimiert!

e) Überprüfen Sie, ob sich für den Fall, daß Intensitätssplitting (Nutzung von genau zwei Leistungsgraden während der Betriebsdauer) zugelassen ist, eine Niedrigstkostenfunktion ergibt, die von der in Teilaufgabe d) ermittelten abweicht! Veranschaulichen Sie die Planungssituation mit Hilfe einer Skizze!

Lösung

Aufgabe 1

Aus Sicht der betriebswirtschaftlichen Kostentheorie kann *Kurzarbeit*, definiert als unfreiwillige Unterbeschäftigung, das Resultat einer zeitlichen Anpassung sein. Letztere ist idealtypischerweise dadurch charakterisiert, daß bei gleichbleibender „optimaler" (stückkostenminimaler) Arbeitsintensität die Ausbringungsmenge durch eine Variation der Arbeitszeit (Betriebsleistungserstellungsdauer) gesteuert wird. Ein Beschäftigungsrückgang führt in einem Unternehmen damit kurzfristig automatisch zu Kurzarbeit bzw. langfristig im Extremfall zu Entlassungen. Eine andere Möglichkeit, auf sinkende Beschäftigung zu reagieren, stellt die Reduktion der *Arbeitsintensität* (gemessen in erstellten Mengeneinheiten [ME] je Zeiteinheit [ZE]) dar. Aus kostentheoretischer Sicht entspricht dieses Vorgehen der intensitätsmäßigen Anpassung, die vorsieht, bei konstanter Arbeitszeit die Ausbringungsmenge über eine Veränderung der Produktionsgeschwindigkeit zu lenken. Im Gegensatz zur Kurzarbeit hat die Rücknahme der Arbeitsintensität keine unfreiwillige Unterbeschäftigung zur Folge.

Aufgabe 2

a) Zur Ermittlung der Niedrigstkostenfunktion soll zunächst der Bereich der zeitlichen Anpassung betrachtet werden. Um die für diesen Bereich geltende Kostenfunktion zu ermitteln, muß zunächst die *optimale (stückkostenminimale) Leistung* d_{opt} der Drehmaschine durch Ableiten und Nullsetzen der variablen Stückkostenfunktion (auch als Mengen-Kosten-Leistungsfunktion bezeichnet) ermittelt werden:

$$\frac{d\,k_v(d)}{d\,d} = 6d - 42 \overset{!}{=} 0 \qquad \Rightarrow \qquad d_{opt} = 7$$

Da die ermittelte Optimalintensität im zulässigen Bereich liegt, stellt sie die zweckmäßigerweise zu wählende Leistungsschaltung dar. Einsetzen dieses Wertes in die Mengen-Kosten-Leistungsfunktion führt zu variablen Stückkosten in Höhe von 153 GE. Als Funktion der variablen Kosten in Abhängigkeit von der Ausbringungsmenge x resultiert für den zeitlichen Bereich:

$$K_{ZA}(x) = 153\,x \qquad \text{für} \quad 0 \leq x \leq 42$$

Die Ausbringungsmenge in Höhe von 42 Einheiten determiniert die obere Grenze des zeitlichen Bereichs, weil innerhalb der maximal zur Verfügung stehenden Zeit mit der optimalen Leistungsschaltung nicht mehr Einheiten hergestellt werden können. Produktionsmengen oberhalb von 42 Einheiten lassen sich unter Ausnutzung der zur Verfügung stehenden Betriebsdauer durch eine Steigerung der Drehmaschinenleistung fertigen. Unter Ausnutzung der Relation $x = d \cdot t$ bzw. $d = x / t$ kann die Funktion der variablen Kosten für den Bereich der intensitätsmäßigen Anpassung ermittelt werden, indem die Leistungsvariable d in der variablen Stückkostenfunktion substituiert und der sich ergebende Ausdruck anschließend mit der Ausbringungsmenge multipliziert wird. Die gesamte aus mengenvariablen Größen bestehende Niedrigstkostenkurve lautet:

$$
K(x) = \begin{cases} 153\,x & \text{für} \quad 0 \leq x \leq 42 \quad \left[= K_{ZA}(x) \right] \\ \dfrac{1}{12}\,x^3 - 7\,x^2 + 300\,x & \text{für} \quad 42 < x \leq 54 \quad \left[= K_{IA}(x) \right] \end{cases}
$$

Die maximale Ausbringungsmenge in Höhe von 54 ME resultiert aus der Multiplikation der zur Verfügung stehenden Gesamtzeit (6 ZE) mit der maximalen Leistung der Drehmaschine (9 ME/ZE).

b) Fällt im zeitlichen Bereich für jede nicht genutzte ZE ein Kostensatz k_{KG} in Höhe von 161 GE an, so können diese zusätzlichen Kosten durch nachstehende Beziehung erfaßt werden:

$$
K_{KG}(t) = k_{KG} \cdot \left(t_{max} - t \right)
$$

Für das betrachtete Unternehmen läßt sich durch Verwendung der Relation $t = x / d$ die Kostenfunktion in Abhängigkeit von der Ausbringungsmenge folgendermaßen ausdrücken:

$$
K_{KG}(d, x) = 161 \cdot \left(6 - \frac{x}{d} \right)
$$

Unter der Voraussetzung, daß nicht von der optimalen Leistungsschaltung abgewichen werden soll, gilt $d = d_{opt} = 7$. Als Kurzarbeitergeldfunktion in Abhängigkeit von der Ausbringungsmenge x resultiert in diesem Fall:

$$
K_{KG}(x) = 966 - 23\,x \quad \text{für} \quad 0 \leq x \leq 42
$$

Die Funktion der entscheidungsrelevanten Kosten $C(x)$, die sich aus der Kurzarbeitergeldfunktion $K_{KG}(x)$ und aus den für die Produktion im zeitlichen Bereich anfallenden Kosten $K_{ZA}(x)$ zusammensetzt, lautet:

$$
C(x) = 130\,x + 966 \quad \text{für} \quad 0 \leq x \leq 42
$$

c) In allgemeiner Form setzt sich die relevante Kostenfunktion aus den für die Bearbeitung der Werkstücke anfallenden Kosten und dem Kurzarbeitergeld zusammen. Zunächst soll diese gemeinsame Kostenfunktion in Abhängigkeit von der Leistungsschaltung d der Drehmaschine dargestellt werden. Da sowohl die Funktion der Produktionskosten $K(x)$ als auch die Funktion des Kurzarbeitergeldes $K_{KG}(t)$ nicht direkt von d abhängen, sind die nachstehenden Umformungen nötig:

$$C(t, x) = K(x) + K_{KG}(t)$$

$$C(d, t) = k_v(d) \cdot d \cdot t + k_{KG}(t_{max} - t)$$

$$C(d, x) = k_{KG} \cdot t_{max} + [k_v(d) \cdot d - k_{KG}] \cdot \frac{x}{d}$$

Zur Bestimmung eines Optimalitätskriteriums muß die Kostenfunktion $C(d, x)$ nach d abgeleitet und gleich null gesetzt werden:

$$\frac{dC(d, x)}{dd} = [k_v'(d) \cdot d + k_v(d)] \cdot \frac{x}{d} - [k_v(d) \cdot d - k_{KG}] \cdot \left(\frac{x}{d^2}\right) \overset{!}{=} 0$$

$$\Leftrightarrow [k_v'(d) \cdot d + k_v(d)] \cdot d - k_v(d) \cdot d + k_{KG} = 0$$

$$\Leftrightarrow k_v'(d) \cdot d^2 + k_{KG} = 0$$

Als Optimalitätskriterium ergibt sich:

$$\boxed{k_v'(d) = \frac{-k_{KG}}{d^2}}$$

Um die Wirkung des Kurzarbeitergeldes auf die Optimalintensität zu analysieren, bietet sich ein Vergleich mit der Ausgangssituation (Aufgabe 2a)) an. Als optimal erweist sich in diesem Fall die Leistung, die zu minimalen variablen Stückkosten führt. Algebraisch kann sie durch die Bildung der ersten Ableitung der variablen Stückkostenfunktion und anschließendes Nullsetzen ermittelt werden. Als Optimalitätskriterium ergibt sich damit $k_v' = 0$. Im Gegensatz hierzu führt die Berücksichtigung von Kurzarbeitergeld zu einem Kriterium, das im Optimum für die Ableitung der variablen Stückkostenfunktion einen negativen Wert fordert. Unter der Voraussetzung, daß die variable Stückkostenfunktion einen konvexen Verlauf besitzt, fällt die dieses Optimalitätskriterium erfüllende Leistungsschaltung d_{mod} in keinem Fall größer aus als die Leistungsschaltung d_{opt} (vgl. Abbildung 1).

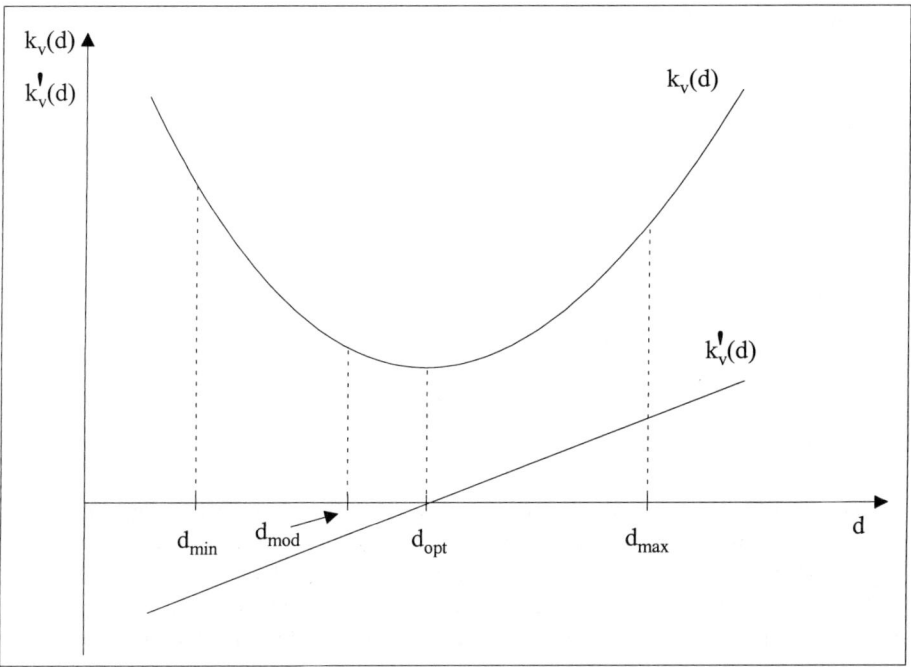

Abbildung 1: Optimale Leistungsschaltungen bei (d_{mod}) und ohne (d_{opt})
Berücksichtigung von Kurzarbeitergeld

d) Die Anwendung des Optimalitätskriteriums setzt voraus, daß die Ableitung der variablen Stückkostenfunktion der Drehmaschine vorliegt. Diese lautet:

$$k'_v(d) = 6d - 42$$

Einsetzen dieses Ausdruckes sowie des Kostensatzes k_{KG} in das in Teilaufgabe 2c) aufgestellte Optimalitätskriterium ergibt:

$$6d - 42 = \frac{-161}{d^2}$$
$$6d^3 - 42d^2 + 161 = 0$$

Die Nullstelle dieser Funktion läßt sich beispielsweise mit dem NEWTON-Verfahren bestimmen. Als *modifizierte optimale Leistungsschaltung* im zulässigen Bereich ergibt sich $d_{mod} = 6,331$. In der zur Verfügung stehenden Zeit können mit d_{mod} somit maximal 37,986 Einheiten auf der Drehmaschine bearbeitet werden. Die bei dieser Stückzahl anfallenden variablen Produktionskosten lassen sich wie folgt berechnen:

$$K(x = 37,986) = k_v(d = 6,331) \cdot 37,986 = 154,34 \cdot 37,986 = 5862,86$$

Als Funktion der variablen Produktionskosten resultiert:

$$K_{ZAneu}(x) = 154{,}34\,x$$

Berücksichtigung des Kurzarbeitergeldes führt zu der nachstehenden gemeinsamen Kostenfunktion:

$$C(x) = 154{,}34\,x + 161 \cdot \left(6 - \frac{x}{6{,}331}\right)$$

$$C(x) = 128{,}91\,x + 966 \qquad \text{für} \quad 0 \le x \le 37{,}986$$

Für Ausbringungsmengen von $x \le 54$ lautet die Niedrigstkostenkurve:

$$K(x) = \begin{cases} 128{,}91\,x + 966 & \text{für} \quad 0 \le x \le 37{,}986 \\ \dfrac{1}{12}\,x^3 - 7\,x^2 + 300\,x & \text{für} \quad 37{,}986 < x \le 54 \end{cases}$$

e) Eine Modifikation der obigen Niedrigstkostenkurve wird notwendig, wenn ein Intensitätssplitting zu geringeren entscheidungsrelevanten Kosten führte. Eine Fertigung mit Hilfe des *Intensitätssplittings* zeichnet sich dadurch aus, daß unter Nutzung der gesamten Betriebsdauer (t_{max}) genau mit zwei Leistungsgraden d_1 und d_2 produziert wird. Grundsätzlich müssen beim Intensitätssplitting die folgenden Bedingungen erfüllt sein:

$$x = d_1 \cdot t_1 + d_2 \cdot t_2 \qquad \text{und} \qquad t_{max} = t_1 + t_2$$

Das Intensitätssplitting kann bei Berücksichtigung von Kurzarbeitergeld eine Alternative zur zeitlichen Anpassung darstellen, weil – bedingt durch die vollständige Nutzung der gesamten Betriebsdauer – kein Kurzarbeitergeld zu zahlen ist. Allerdings bedarf es zur Beurteilung der Vorteilhaftigkeit einer einzelfallbezogenen Prüfung. Für die betrachtete Drehmaschine sind die Leistungsschaltung $d_1 = d_{min} = 3$ und die noch zu bestimmende Intensität $d_2 = d_{tan}$ für ein Splitting heranzuziehen. Letztere läßt sich wie folgt ermitteln:

$$d_{tan} = d_{opt} - \frac{d_{min}}{2} = 7 - \frac{3}{2} = 5{,}5$$

Die mit d_{min} und d_{tan} korrespondierenden Ausbringungsmengen und Kosten lauten:

$$d_{min} = 3; \quad x_{min} = 18; \quad K(x_{min} = 18) = 3618$$
$$d_{tan} = 5{,}5; \quad x_{tan} = 33; \quad K(x_{tan} = 33) = 5271{,}75$$

Die in Abhängigkeit von der Ausbringungsmenge x formulierte Splittinggerade kann auf nachstehende Weise ermittelt werden:

$$K_S(x) = \frac{5271{,}75 - 3618}{33 - 18} \cdot (x - 18) + 3618$$

$$K_S(x) = 110{,}25\,x + 1633{,}5 \qquad \text{für} \quad 18 \le x \le 33$$

Da die Splittinggerade in dem für sie geltenden Bereich oberhalb der gemeinsamen Kostenfunktion C(x) liegt, besitzt sie hinsichtlich der Niedrigstkostenfunktion keine Relevanz (vgl. Abbildung 2).

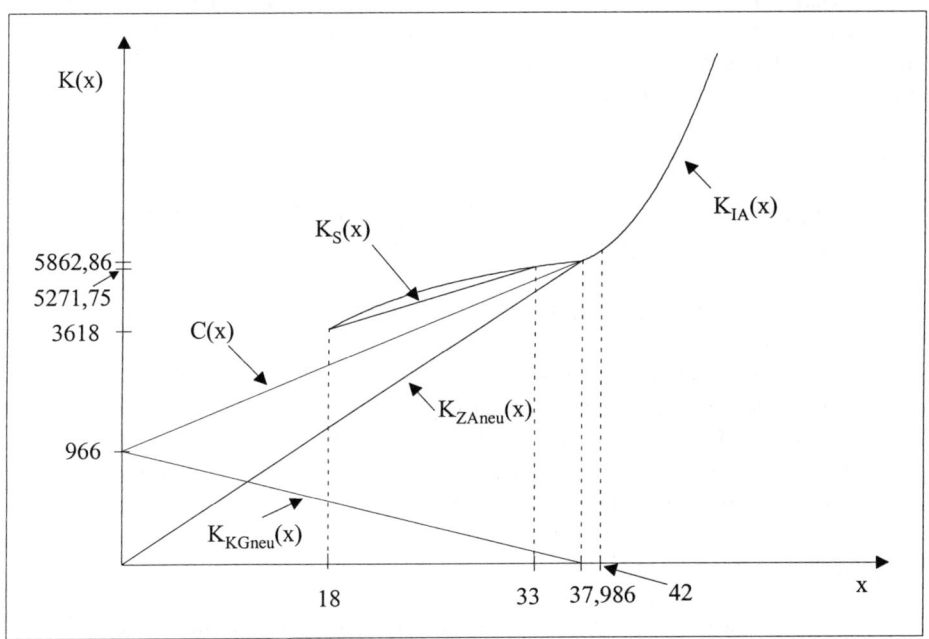

Abbildung 2: Kostenverläufe der Drehmaschine

Literaturhinweise

ADAM, D.: Produktionsmanagement, 9. Aufl., Wiesbaden 1998.

BLOECH, J., BOGASCHEWSKY, R., GÖTZE, U., ROLAND, F.: Einführung in die Produktion, 3. Aufl., Heidelberg 1998.

BOGASCHEWSKY, R., ROLAND, F.: Anpassungsprozesse mit Intensitätssplitting bei Gutenberg-Produktionsfunktionen, in: ZfB, 66. Jg. (1996), S. 49–75.

PACK, L.: Langsamer fertigen – eine kostengünstige Alternative zu Kurzarbeit und Entlassung?, in: ZfB, 57. Jg. (1987), S. 1179–1208.

Roland Rollberg

Anpassungsprozesse mit Intensitätssplitting

Im klassischen Fall zeitlicher und intensitätsmäßiger Anpassung kann ein Aggregat im Planungszeitraum nur mit einer einzigen Intensität d (Mengeneinheiten pro Zeiteinheit, ME/ZE) betrieben werden. Intensitätssplitting setzt dagegen voraus, im Zeitablauf die Intensität wechseln zu können.

Aufgabe 1

Für eine Maschine gelte in Abhängigkeit von der Intensität d folgende Stückkostenfunktion (Geldeinheiten pro ME, GE/ME):

$$k(d) = a - b \cdot d + c \cdot d^2 \text{ [GE/ME]} \quad \text{mit} \quad d^{min} \leq d \leq d^{max} \text{ [ME/ZE]} \quad \text{und} \quad t = t^{const} \text{ [ZE]}$$

Bestimmen Sie für Produktionsmengen $d^{min} \cdot t^{const} \leq x \leq d^{max} \cdot t^{const}$ [ME] den kostenminimalen Anpassungspfad: Geben Sie für jedes Anpassungsintervall an, in welchen Bereichen sich die Produktionsintensität, Einsatzzeit und Ausbringungsmenge bewegen! Unterscheiden Sie dabei die beiden denkbaren Fälle a) $d^{min} = 0$ und b) $d^{min} > 0$! Die Intensität darf im Zeitablauf gewechselt werden.

Aufgabe 2

Die Intensitäten und Einsatzzeiten eines Aggregats lassen sich in einem Intervall zulässiger Ausprägungen entweder diskret oder stetig variieren. Derartige Zulässigkeitsintervalle können durch eine Minimalausprägung gleich oder größer null begrenzt sein. In welchen Fällen ist Intensitätssplitting warum angebracht?

Aufgabe 3

Beschreiben Sie für jeden der bei der Bearbeitung der Aufgabe 2 identifizierten Fälle, in denen auf Intensitätssplitting zurückzugreifen ist, einen möglichen kostenminimalen Anpassungspfad! Erläutern Sie allgemein, in welchen Bereichen sich Produktionsintensität, Einsatzzeit und Ausbringungsmenge in den einzelnen Anpassungsintervallen bewegen! Skizzieren Sie exemplarisch für jeden Fall den Verlauf einer möglichen Gesamtkostenfunktion $K^T(x)$ bei Optimalverhalten!

Von Randoptima, Umrüstungszeiten, Intensitätswechselkosten und zeitabhängigen Kosten ist bei der Bearbeitung aller Aufgaben zu abstrahieren.

Lösung

Aufgabe 1

a) Da die beschriebene Fertigungsanlage nur 0 oder t^{const} ZE betrieben werden kann, ist zeitliche Anpassung ausgeschlossen. Dennoch könnten Ausbringungsmengen x zwischen 0 und $d^{opt}.t^{const}$ ME mit minimalen Stückkosten hergestellt werden, wenn d^{min} gleich null wäre und ein Intensitätssplitting vorgenommen würde: x/d^{opt} ZE entfielen dann auf die Optimalintensität d^{opt} und $t^{const} - x/d^{opt}$ ZE auf die Nullintensität d^{min}. Die Optimalintensität ließe sich wie im Falle kontinuierlich variierbarer Einsatzzeiten berechnen:

$$k(d) = a - b \cdot d + c \cdot d^2 \; [GE/ME] \quad \rightarrow \quad k'(d) = -b + 2 \cdot c \cdot d = 0 \quad \rightarrow \quad \mathbf{d^{opt} = b/(2 \cdot c)}$$

Mithin ergäbe sich folgender optimaler Anpassungsprozeß:

1. Intervall: $0 \le x \le x_1 = d^{opt}.t^{const}$; Intensitätssplitting mit $d^{min} = 0$ und d^{opt};
   $x = d^{min}.t_1 + d^{opt}.t_2$ und $t_1 + t_2 = t^{const} \rightarrow t_2 = x/d^{opt}$ und $t_1 = t^{const} - x/d^{opt}$.
2. Intervall: $d^{opt}.t^{const} = x_1 < x \le x_2 = d^{max}.t^{const}$; intensitätsmäßige Anpassung mit t^{const} und $d = x/t^{const}$.

b) Bei einer Minimalintensität größer null ist es ebenfalls nicht kostenminimal, ausschließlich intensitätsmäßig anzupassen. In dem Bereich, in dem die Zeit-Kosten-Leistungsfunktion $K^Z(d) = k(d) \cdot d = a \cdot d - b \cdot d^2 + c \cdot d^3 \; [GE/ZE]$ einen teilweise konkaven Verlauf aufweist, ist es günstiger, ein Intensitätssplitting mit den Leistungsschaltungen d^{min} und d^{tan} vorzunehmen. Die aus einer derartigen Linearkombination resultierenden Kosten liegen grundsätzlich unter den Kosten, die bei intensitätsmäßiger Anpassung entstünden (vgl. die Gerade unterhalb des teilweise konkaven Kurvenzuges in der folgenden Abbildung).

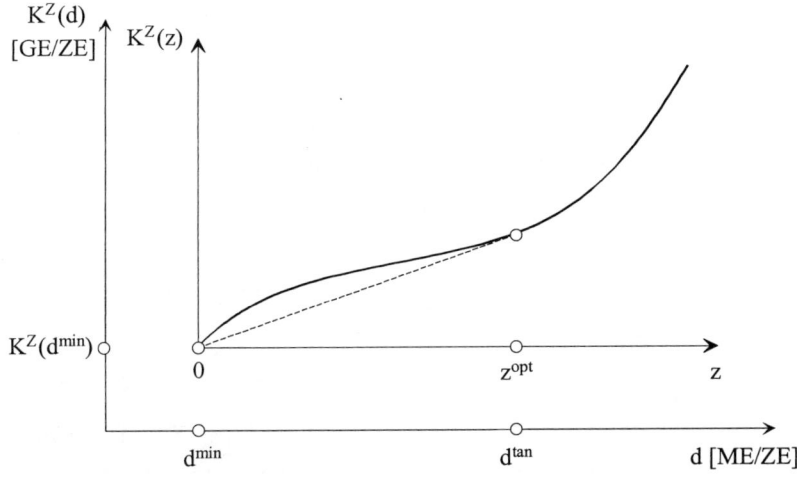

Die Tangentialintensität d^{tan} läßt sich am einfachsten per Koordinatentransformation bestimmen, indem der Koordinatenursprung von (0; 0) auf $(d^{min}; K^Z(d^{min}))$ verlegt wird. Auf der Abszisse ist die Intensität d durch $z = d - d^{min}$ und auf der Ordinate die Funktion $K^Z(d)$ durch $K^Z(z) = K^Z(d) - K^Z(d^{min}) = K^Z(z+d^{min}) - K^Z(d^{min})$ zu substituieren. Die Zeit-Kosten-Leistungsfunktion in Abhängigkeit von z lautet:

$$K^Z(z) = a\cdot(z+d^{min}) - b\cdot(z+d^{min})^2 + c\cdot(z+d^{min})^3 - a\cdot d^{min} + b\cdot d^{min2} - c\cdot d^{min3} \rightarrow$$

$$K^Z(z) = a\cdot z - b\cdot z^2 - 2\cdot b\cdot z\cdot d^{min} + c\cdot z^3 + 3\cdot c\cdot z^2\cdot d^{min} + 3\cdot c\cdot z\cdot d^{min2}$$

Durch Division der Zeit-Kosten-Leistungsfunktion durch z erhält man die zugehörige Stückkostenfunktion in Abhängigkeit von z, die abgeleitet und gleich null gesetzt den Wert z^{opt} liefert:

$$K^Z(z)/z = k(z) = a - b\cdot z - 2\cdot b\cdot d^{min} + c\cdot z^2 + 3\cdot c\cdot z\cdot d^{min} + 3\cdot c\cdot d^{min2} \rightarrow$$

$$k'(z) = -b + 2\cdot c\cdot z + 3\cdot c\cdot d^{min} = 0 \rightarrow z^{opt} = (b - 3\cdot c\cdot d^{min})/(2\cdot c)$$

Mit Hilfe von z^{opt} läßt sich die Tangentialintensität d^{tan} herleiten:

$$z = d - d^{min} \rightarrow z^{opt} = d^{tan} - d^{min} \rightarrow d^{tan} = z^{opt} + d^{min} \rightarrow$$

$$\mathbf{d^{tan}} = b/(2\cdot c) - d^{min}\cdot 3\cdot c/(2\cdot c) + d^{min}\cdot 2\cdot c/(2\cdot c) = b/(2\cdot c) - d^{min}/2 = \mathbf{d^{opt} - d^{min}/2}$$

Die Tangentialintensität d^{tan} ist also um die Hälfte der Minimalintensität d^{min} geringer als die Optimalintensität d^{opt}. Tangential- und Optimalintensität fallen zusammen, wenn die Minimal- der Nullintensität entspricht.

Zusammenfassend ergibt sich folgender kostenminimaler Anpassungsprozeß:

1. Intervall: $d^{min}\cdot t^{const} = x^{min} \leq x \leq x_1 = d^{tan}\cdot t^{const}$; Splitting mit d^{min} und d^{tan}; $x = d^{min}\cdot t_1 + d^{tan}\cdot t_2$ und $t_1 + t_2 = t^{const}$.
2. Intervall: $d^{tan}\cdot t^{const} = x_1 < x \leq x_2 = d^{max}\cdot t^{const}$; intensitätsmäßige Anpassung mit t^{const} und $d = x/t^{const}$.

Aufgabe 2

In Abhängigkeit von der technisch bedingten Variabilität der Intensitäten und Einsatzzeiten eines Aggregats lassen sich grundsätzlich 16 näher zu betrachtende Fälle unterscheiden. In zehn der 16 Fälle ist Intensitätssplitting geboten.

	$d = d^{const}$	$d \in \{d_1, d_2, ..., d_m\}$	$d^{min} \leq d \leq d^{max}$	$0 \leq d \leq d^{max}$
$t = t^{const}$	☹	①	⑤	⑧
$t \in \{t_1, t_2, ..., t_n\}$	☹	②	⑥	⑨
$t^{min} \leq t \leq t^{max}$	☹	③	⑦	⑩
$0 \leq t \leq t^{max}$	☹	④	☺	☺

Kann eine Anlage aus technischen Gründen nur mir einer ganz bestimmten Leistungs-schaltung $d = d^{const}$ betrieben werden, ist Intensitätssplitting von vornherein ausge-schlossen, weil hierzu mindestens zwei Intensitäten erforderlich sind ($\otimes$).

Unter der Voraussetzung, daß sowohl die Intensitäten als auch Einsatzzeiten eines Aggregats kontinuierlich verändert werden können und t^{min} null ZE beträgt, erübrigt sich ebenfalls ein Intensitätssplitting, weil dann die klassische zeitliche und intensi-tätsmäßige Anpassung zum Kostenminimum führt ($\odot$; vgl. hierzu auch S. 119–132).

Im Falle diskreter Intensitäten ($d \in \{d_1, d_2, ..., d_m\}$) und Einsatzzeiten ($t = t^{const}$ bzw. $t \in \{t_1, t_2, ..., t_n\}$) sind kontinuierliche Ausbringungsmengenintervalle nur per Linear-kombination verschiedener Leistungsschaltungen (Intensitätssplitting) möglich (Fall 1 und 2). Bei kontinuierlich variierbaren Einsatzzeiten können Mengen über $d^{opt*} \cdot t^{max}$ ME ($d^{opt*} :=$ zulässige Leistungsschaltung, die zu den niedrigsten Durchschnittskos-ten führt) am günstigsten produziert werden, wenn in t^{max} zwischen Nachbarinten-sitäten $d_i \geq d^{opt*}$ gesplittet wird (Fall 3 und 4). Ist die Einsatzzeit $t^{min} > 0$ ZE (Fall 3), können Ausbringungsmengen zwischen 0 und $d^{opt*} \cdot t^{min}$ ME nur hergestellt werden, wenn die Minimal- gleichzeitig auch die Nullintensität ist ($d_1 = 0$ ME/ZE), und zwar per Linearkombination zwischen d_1 und d^{opt*}. Anderenfalls beginnt der Anpassungs-pfad erst bei $x = d_1 \cdot t^{min} > 0$ ME mit unter Umständen mehreren Intervallen, in denen in t^{min} zwischen verschiedenen Intensitäten $d_i \leq d^{opt*}$ zu splitten ist (vgl. die Antwort zu Aufgabe 3).

Ebenfalls erst ab $x > 0$ ME definiert sind Anpassungsprozesse von Aggregaten mit Leistungsschaltungen $d^{min} \leq d \leq d^{max}$ (Fall 5, 6 und 7). Bei derartigen Maschinen ist es im teilweise konkaven Bereich der zugehörigen Zeit-Kosten-Leistungsfunktion sinnvoll, in t^{const} bzw. t_j bzw. t^{min} zwischen der Minimalintensität d^{min} und der Tan-gentialintensität d^{tan} zu splitten.

Gilt $0 \leq d \leq d^{max}$, so ist es möglich, durch Splitten zwischen den Leistungsschaltun-gen $d^{min} = 0$ und d^{opt} Mengen zwischen 0 und $d^{opt} \cdot t^{const}$ ME (Fall 8) bzw. $d^{opt} \cdot t_j$ ME (Fall 9) bzw. $d^{opt} \cdot t^{min}$ ME (Fall 10) wie bei zeitlicher Anpassung mit minimalen Stückkosten herzustellen.

Aufgabe 3

Zur Veranschaulichung der im folgenden zu diskutierenden Fälle sind die Verläufe möglicher Gesamtkostenfunktionen $K^T(x)$ bei Optimalverhalten nicht maßstabsgetreu zu zeichnen, sondern idealisiert zu skizzieren, um ihre Besonderheiten und Unregel-mäßigkeiten mit verhältnismäßig geringem Aufwand plastisch darzustellen.

Fall 1: Muß eine einmal eingeschaltete Anlage mit **diskreter Leistungsschaltung** exakt t^{const} ZE betrieben werden, ist im teilweise konkaven Bereich der Gesamtko-stenfunktion die Minimalintensität d_1 mit der Intensität d^{tan*} zu kombinieren ($d^{tan*} :=$

zulässige Leistungsschaltung, die zum geringsten Anstieg der resultierenden Splittinggeraden führt). Im konvexen Bereich wird zwischen Nachbarintensitäten gesplittet. Der zugehörige Anpassungsprozeß stellt sich daher wie folgt dar:

1. Intervall: $d_1 \cdot t^{const} = x^{min} \leq x \leq x_1 = d^{tan^*} \cdot t^{const}$; Splitting mit d_1 und d^{tan^*}.
2. Intervall: $d^{tan^*} \cdot t^{const} = x_1 < x \leq x_2 = d_{i+1} \cdot t^{const}$; Splitting mit $d^{tan^*} = d_i$ und d_{i+1}.
3. Intervall: $d_{i+1} \cdot t^{const} = x_2 < x \leq x_3 = d_{i+2} \cdot t^{const}$; Splitting mit d_{i+1} und d_{i+2}.
etc.

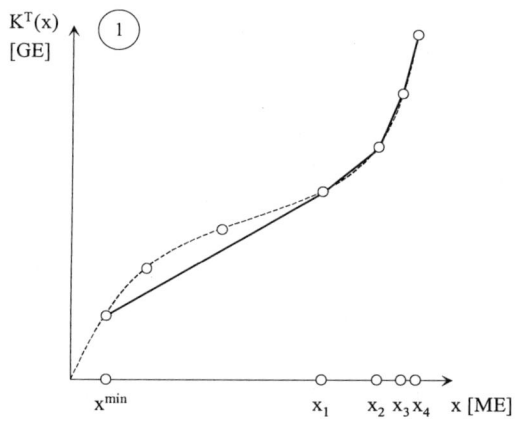

Wäre $d_1 = 0$, ergäbe sich grundsätzlich derselbe Anpassungspfad wie zuvor, allerdings mit dem Unterschied, daß an der Stelle von d^{tan^*} d^{opt^*} stünde und Mengen zwischen 0 (!) und $d_m \cdot t^{const}$ ME hergestellt werden könnten. Dasselbe gilt auch im folgenden Fall 2.

Fall 2: Sind in Abweichung zu Fall 1 mehrere diskrete Einsatzzeiten erlaubt, so kann zwar grundsätzlich zeitlich angepaßt werden, jedoch nur stufenweise. Für jede Einsatzzeit lassen sich ein Anpassungspfad und ein abschnittsweise linearer Kostenverlauf wie im vorhergehenden Fall konstruieren. Der Übergang von einer bestimmten Betriebszeit auf die nächsthöhere erfolgt in Abhängigkeit von der Lage der verschiedenen Kostenverläufe. Dabei kann es zu Schnittpunkten an den unterschiedlichsten Stellen der Kostenfunktionen, zu nicht definierten Ausbringungsmengen (2a) und zu Kostensprüngen (2b und 2c) kommen. Exemplarisch verläuft der Anpassungspfad im einfachsten Falle folgendermaßen:

1. Intervall: $d_1 \cdot t_1 = x^{min} \leq x \leq x_1 = d^{tan^*} \cdot t_1$; Splitting mit d_1 und d^{tan^*}; $t = t_1$.
2. Intervall: $d^{tan^*} \cdot t_1 = x_1 < x \leq x_2 = d_{i+1} \cdot t_1$; Splitting mit $d^{tan^*} = d_i$ und d_{i+1}; $t = t_1$.
3. Intervall: $d_{i+1} \cdot t_1 = x_2 < x \leq x_3 < (!) d_{i+2} \cdot t_1$; Splitting mit d_{i+1} und d_{i+2}; $t = t_1$.
4. Intervall: $d_1 \cdot t_2 < (!) x_3 < x \leq x_4 = d^{tan^*} \cdot t_2$; Splitting mit d_1 und d^{tan^*}; $t = t_2$.
5. Intervall: $d^{tan^*} \cdot t_2 = x_4 < x \leq x_5 = d_{i+1} \cdot t_2$; Splitting mit $d^{tan^*} = d_i$ und d_{i+1}; $t = t_2$.
etc.

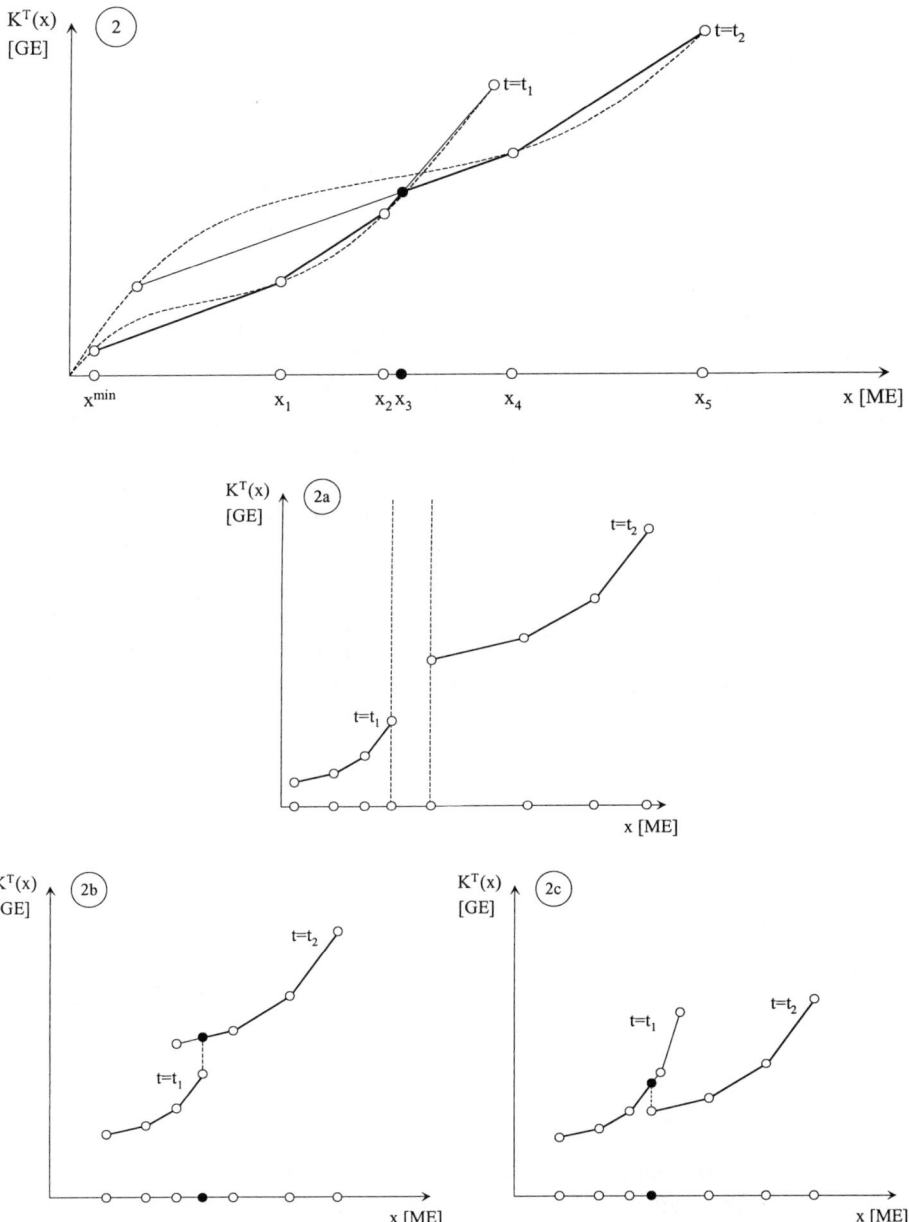

Fall 3a): Läßt sich die Einsatzzeit ausgehend von $t^{min} > 0$ kontinuierlich variieren, können Produktionsmengen $0 \leq x \leq d^{opt*} \cdot t^{min}$ nur realisiert werden, wenn die Minimalintensität d_1 null ME/ZE beträgt, und zwar mit der Linearkombination aus Null-

und Optimalintensität d^{opt*}. Danach muß mit dieser Optimalintensität zeitlich angepaßt werden. Statt intensitätsmäßiger Anpassung ist für Mengen $x > d^{opt*} \cdot t^{max}$ erneut ein Intensitätssplitting mit Nachbarintensitäten unumgänglich:

1. Intervall: $0 \leq x \leq x_1 = d^{opt*} \cdot t^{min}$; Splitting mit $d_1 = 0$ und d^{opt*}; $t = t^{min}$.
2. Intervall: $d^{opt*} \cdot t^{min} = x_1 < x \leq x_2 = d^{opt*} \cdot t^{max}$; zeitl. Anp. mit d^{opt*} und $t = x/d^{opt*}$.
3. Intervall: $d^{opt*} \cdot t^{max} = x_2 < x \leq x_3 = d_{i+1} \cdot t^{max}$; Spl. mit $d^{opt*} = d_i$ u. d_{i+1}; $t = t^{max}$.
4. Intervall: $d_{i+1} \cdot t^{max} = x_3 < x \leq x_4 = d_{i+2} \cdot t^{max}$; Splitting mit d_{i+1} und d_{i+2}; $t = t^{max}$.
etc.

Fall 3b): Gilt $d_1 > 0$, so ist wie in Fall 1 im teilweise konkaven Bereich der Gesamtkostenfunktion die Minimalintensität d_1 mit der Intensität d^{tan*} zu kombinieren. Intensitätssplitting zwischen Tangential- und nächsthöherer Intensität und daran anschließend zwischen benachbarten Intensitäten ist bis zur Optimalintensität d^{opt*} kostenminimal. Danach entwickelt sich der Anpassungsprozeß wie zuvor bei $d_1 = 0$. Falls $d^{tan*} = d^{opt*}$, was auf Grund der diskreten Leistungsschaltungen durchaus möglich ist, dann wird bereits im zweiten Intervall zeitlich angepaßt. Sind d^{tan*} und d^{opt*} hingegen Nachbarintensitäten, ergeben sich folgende Anpassungsintervalle:

1. Intervall: $d_1 \cdot t^{min} = x^{min} \leq x \leq x_1 = d^{tan*} \cdot t^{min}$; Splitting mit d_1 und d^{tan*}; $t = t^{min}$.
2. Intervall: $d^{tan*} \cdot t^{min} = x_1 < x \leq x_2 = d^{opt*} \cdot t^{min}$; Splitting mit d^{tan*} u. d^{opt*}; $t = t^{min}$.
3. Intervall: $d^{opt*} \cdot t^{min} = x_2 < x \leq x_3 = d^{opt*} \cdot t^{max}$; zeitl. Anp. mit d^{opt*} und $t = x/d^{opt*}$.
4. Intervall: $d^{opt*} \cdot t^{max} = x_3 < x \leq x_4 = d_{i+1} \cdot t^{max}$; Spl. mit $d^{opt*} = d_i$ u. d_{i+1}; $t = t^{max}$.
etc.

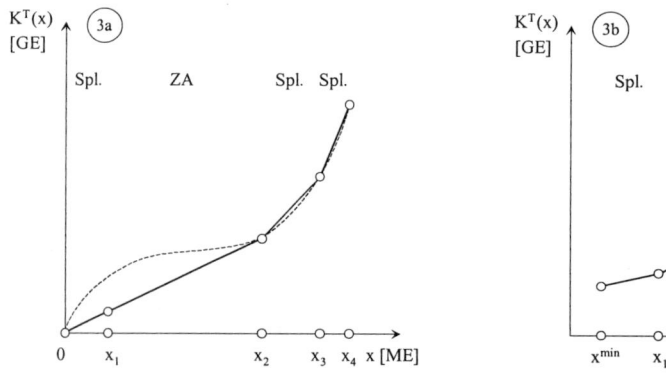
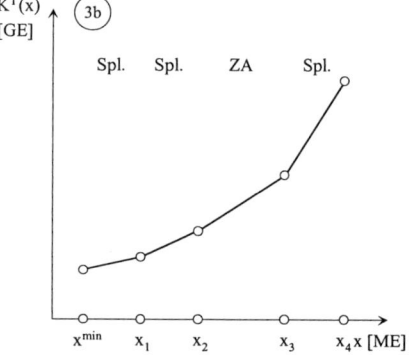

Fall 4: Im Falle kontinuierlich variierbarer Einsatzzeiten mit $t^{min} = 0$ müssen erst im Anschluß an ein Intervall zeitlicher Anpassung Linearkombinationen zwischen Nachbarintensitäten gebildet werden:

1. Intervall: $0 \leq x \leq x_1 = d^{opt*} \cdot t^{max}$; zeitliche Anpassung mit d^{opt*} und $t = x/d^{opt*}$.
2. Intervall: $d^{opt*} \cdot t^{max} = x_1 < x \leq x_2 = d_{i+1} \cdot t^{max}$; Spl. mit $d^{opt*} = d_i$ u. d_{i+1}; $t = t^{max}$.
3. Intervall: $d_{i+1} \cdot t^{max} = x_2 < x \leq x_3 = d_{i+2} \cdot t^{max}$; Splitting mit d_{i+1} und d_{i+2}; $t = t^{max}$.
etc.

Fall 5: Wenn die Intensität im Intervall $\mathbf{d^{min}} \leq \mathbf{d} \leq \mathbf{d^{max}}$ mit $d^{min} > 0$ kontinuierlich variiert werden kann und eine einmal eingeschaltete Anlage t^{const} ZE produzieren muß, dann verläuft der Anpassungspfad wie bereits in Aufgabe 1b) beschrieben.

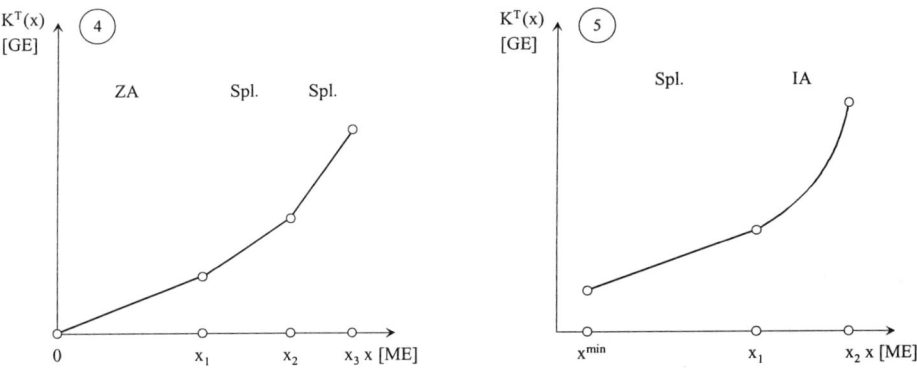

Fall 6: Kann auf mehrere diskrete Einsatzzeiten zurückgegriffen werden, lassen sich für jede Zeitschaltung ein Anpassungspfad und ein betriebszeitspezifischer Kostenverlauf wie in Fall 5 konstruieren. Wie in Fall 2 erfolgt der Übergang von einer bestimmten Betriebszeit auf die nächsthöhere in Abhängigkeit von der Lage der verschiedenen Kostenverläufe, wobei es zu Schnittpunkten im Bereich zeitlicher (6) und intensitätsmäßiger Anpassung (6a) sowie erneut zu nicht definierten Ausbringungsmengen (6b) und Kostensprüngen (6c) kommen kann. Folgender Anpassungsprozeß wäre denkbar:

1. Intervall: $d^{min} \cdot t_1 = x^{min} \leq x \leq x_1 = d^{tan} \cdot t_1$; Splitting mit d^{min} und d^{tan}; $t = t_1$.
2. Intervall: $d^{tan} \cdot t_1 = x_1 < x \leq x_2 = d' \cdot t_1$; intensitätsm. Anp. mit $t = t_1$ und $d = x/t_1$.
3. Intervall: $d^{min} \cdot t_2 < (!) \, d' \cdot t_1 = x_2 < x \leq x_3 = d^{tan} \cdot t_2$; Splitting mit d^{min} u. d^{tan}; $t = t_2$.
4. Intervall: $d^{tan} \cdot t_2 = x_3 < x \leq x_4 = d'' \cdot t_2$; intensitätsmäßige Anp. mit $t = t_2$ u. $d = x/t_2$.
etc.

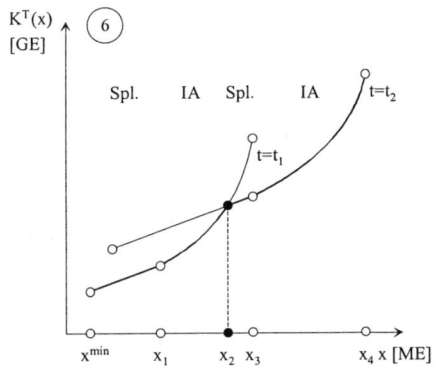

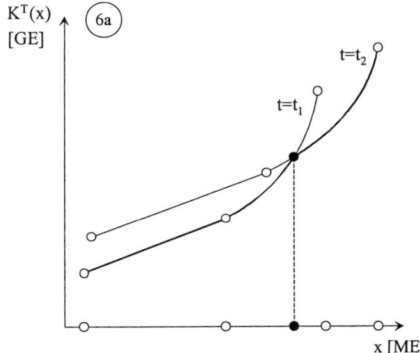

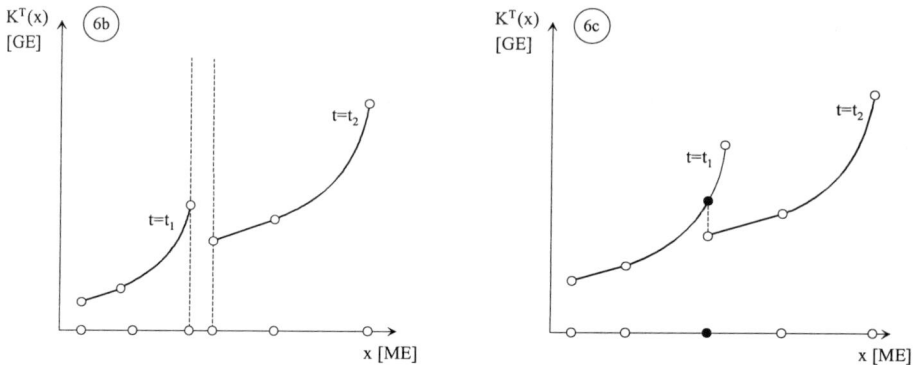

Fall 7: Bei kontinuierlich veränderlichen Intensitäten und Einsatzzeiten mit positiven Minimalausprägungen ist zunächst zwischen Minimal- und Tangentialintensität zu splitten sowie von Tangential- bis Optimalintenität intensitätsmäßig anzupassen, bevor auf den klassischen Anpassungspfad übergegangen werden kann:

1. Intervall: $d^{min} \cdot t^{min} = x^{min} \leq x \leq x_1 = d^{tan} \cdot t^{min}$; Splitting mit d^{min} und d^{tan}; $t = t^{min}$.
2. Intervall: $d^{tan} \cdot t^{min} = x_1 < x \leq x_2 = d^{opt} \cdot t^{min}$; inten. Anp. mit $t = t^{min}$ und $d = x/t^{min}$.
3. Intervall: $d^{opt} \cdot t^{min} = x_2 < x \leq x_3 = d^{opt} \cdot t^{max}$; zeitliche Anp. mit d^{opt} und $t = x/d^{opt}$.
4. Intervall: $d^{opt} \cdot t^{max} = x_3 < x \leq x_4 = d^{max} \cdot t^{max}$; inten. Anp. mit t^{max} und $d = x/t^{max}$.

Fall 8: Schließlich sind noch die drei Fälle zu behandeln, in denen ein Intensitätssplitting erforderlich ist, obgleich die Intensität im Intervall $0 \leq d \leq d^{max}$ kontinuierlich variiert werden kann. Bei einer konstanten Einsatzzeit t^{const} ergibt sich der aus Aufgabe 1a) bekannte Anpassungsprozeß mit Intensitätssplitting.

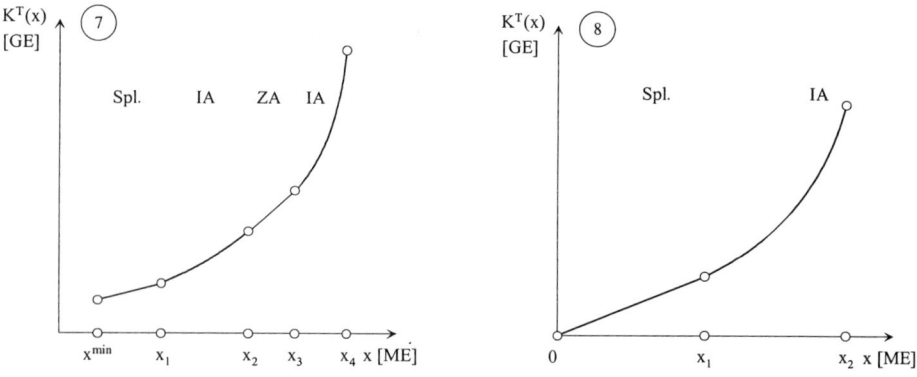

Fall 9: Auch im Falle mehrerer diskreter Betriebszeiten ist es für Mengen zwischen 0 und $d^{opt} \cdot t_n$ ME optimal, zwischen Null- und Optimalintensität zu splitten, wobei es unter Vernachlässigung rein zeitabhängiger Kosten durchaus statthaft ist, allein t_n zu berücksichtigen:

1. Intervall: $0 \le x \le x_1 = d^{opt} \cdot t_n$; Spl. mit $d^{min} = 0$ u. d^{opt}; $t \in \{t_1, t_2, ..., t_n\} \ge x/d^{opt}$.
2. Intervall: $d^{opt} \cdot t_n = x_1 < x \le x_2 = d^{max} \cdot t_n$; intensitätsm. Anp. mit $t = t_n$ und $d = x/t_n$.

Fall 10: Gilt $t^{min} \le t \le t^{max}$, weicht der kostenminimale Anpassungsprozeß nur im Bereich $0 \le x \le d^{opt} \cdot t^{min}$ vom klassischen Anpassungspfad ab:

1. Intervall: $0 \le x \le x_1 = d^{opt} \cdot t^{min}$; Splitting mit $d^{min} = 0$ und d^{opt}; $t = t^{min}$.
2. Intervall: $d^{opt} \cdot t^{min} = x_1 < x \le x_2 = d^{opt} \cdot t^{max}$; zeitliche Anp. mit d^{opt} und $t = x/d^{opt}$.
3. Intervall: $d^{opt} \cdot t^{max} = x_2 < x \le x_3 = d^{max} \cdot t^{max}$; int. Anp. mit $t = t^{max}$ und $d = x/t^{max}$.

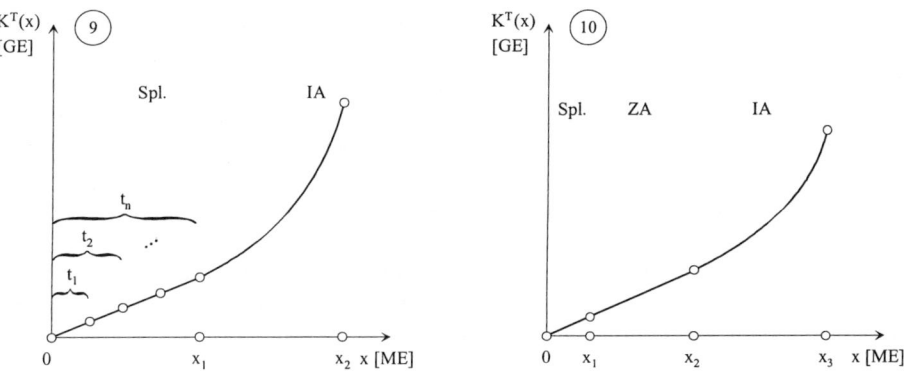

(Herrn STEFAN MIRSCHEL danke ich herzlich für die EDV-technische Umsetzung meiner Skizzen.)

Literaturhinweise

ADAM, D.: Produktionsmanagement, 9. Auflage, Wiesbaden 1998.

BOGASCHEWSKY, R., ROLAND, F.: Anpassungsprozesse mit Intensitätssplitting bei Gutenberg-Produktionsfunktionen, in: ZfB, 66. Jg. (1996), S. 49–75.

PACK, L.: Zum Intensitätssplitting, in: ZfB, 63. Jg. (1993), S. 487–514.

PETERSEN, L.: Zur Theorie des Intensitätssplittings, in: ZfB, 69. Jg. (1999), S. 677–698.

WAGNER, H., PAPKE, TH.: Kostentheorie und Kostenpolitik, Teil 1 und 2, Arbeitspapier Nr. 24 des Lehrstuhls für Organisation und elektronische Datenverarbeitung der Westfälischen Wilhelms-Universität Münster, Münster 1986.

Ronald Bogaschewsky und Folker Roland

Intensitätssplitting bei Produktionsfunktionen vom Typ B

Die von Erich Gutenberg entwickelte Produktionsfunktion vom Typ B basiert auf der Idee, daß der Verbrauch an Produktionsfaktoren in direktem Zusammenhang mit dem gewählten Leistungsgrad d – gemessen in produzierten Mengeneinheiten (ME) je Zeiteinheit (ZE) – des betrachteten Aggregats (Maschine, Fertigungsbereich) steht. Durch Bewertung der resultierenden Verbrauchsfunktionen v(d) mit – zunächst als konstant angenommenen – Faktorpreisen q je ME entstehen Funktionen der variablen Kosten je ME für jede Faktorart, die zu einer Funktion aggregiert werden können („variable Stückkostenfunktion"). Ist diese Funktion nicht stetig, so ist es möglich, daß sich für bestimmte Produktionsmengenbereiche weder die typische zeitliche Anpassung – bei Nutzung genau einer definierten Leistung – noch die typische intensitätsmäßige Anpassung – bei vollständiger Inanspruchnahme einer definierten Betriebsdauer – als optimale Strategie der Reaktion auf veränderte Produktionsmengenanforderungen erweist. Statt an genau einem Leistungsgrad während der gesamten Produktionszeit für eine gegebene Herstellungsmenge festzuhalten, kann in dieser Situation ein Intensitätssplitting zu minimalen Kosten führen.

Aufgabe 1

Erläutern Sie das Prinzip des Intensitätssplittings, und geben Sie Beispiele für einen sinnvollen Einsatz!

Aufgabe 2

Für die Fertigung eines Gutes auf dem Aggregat A wurde lange Zeit folgende von der Produktionsgeschwindigkeit d abhängige Funktion der variablen Stückkosten kv(d) unterstellt:

$$kv(d) = 2\,d^2 - 40\,d + 400$$

Hierbei werden der Leistungsgrad d in der Dimension Stück pro Stunde und die variablen Stückkosten in der Dimension Geldeinheiten (GE) pro Stück (hier bezogen auf den Output) gemessen.

Bei einer eingehenden Analyse wurde festgestellt, daß der auftretende Ausschuß bei der Ermittlung der der variablen Stückkostenfunktion zugrundeliegenden Verbrauchsfunktionen bislang völlig unberücksichtigt blieb. Er ist bei höheren Leistungsgraden deutlich größer als bei kleineren Produktionsgeschwindigkeiten. Vereinfachend wird angenommen, daß sich der Ausschuß durch folgende zusätzliche Verbrauchsfunktion berücksichtigen läßt, die die Kosten des Ausschusses, bezogen auf ein gefertigtes Stück, abbildet:

$v_{Aus} = 50$ GE/Stück für $5 \leq d \leq 12$ $v_{Aus} = 100$ GE/Stück für $12 < d \leq 20$

a) Bestimmen Sie algebraisch und graphisch die Funktion der variablen Stückkosten $kv(d)$ für den Fall, daß sich die Produktionsgeschwindigkeit von Aggregat A zwischen einer Leistung von 5 und 20 Stück pro Stunde stufenlos variieren läßt!

b) Bestimmen Sie algebraisch und graphisch die Äste zeitlicher und intensitätsmäßiger Anpassung der tagesbezogenen Gesamtkostenfunktion K (in Abhängigkeit von der Produktionsmenge x), wenn an einem Leistungsgrad während der gesamten Produktionszeit festgehalten wird! Gehen Sie dabei von einer maximalen Produktionszeit von 8 Stunden pro Tag aus! Inbetriebnahmekosten sind in Höhe von 1.000 GE zu berücksichtigen, Ganzzahligkeitsbedingungen im Hinblick auf die Produktionsmengen sind hier wie im folgenden nicht zu beachten.

c) Ermitteln Sie (algebraisch und graphisch) die Funktion der tagesbezogenen Niedrigstkostenkurve unter Berücksichtigung der Möglichkeit des Intensitätssplittings!

d) Nennen Sie die Produktionsstrategie (Fertigungszeiten, Leistungsgrade, variable Stückkosten und Gesamtkosten) für tagesbezogene Produktionsmengen von 40, 90, 100 und 140 Stück!

Lösung

Aufgabe 1

Als Intensitätssplitting wird eine Strategie der Anpassung an wechselnde Ausbringungsmengenanforderungen bezeichnet, bei der genau zwei Leistungsgrade bei der Fertigung der geforderten Gesamtmenge auf einem Aggregat während der Produktionszeit eingestellt werden. Im Gegensatz dazu wird sowohl bei der zeitlichen als auch bei der intensitätsmäßigen Anpassung an einer Produktionsgeschwindigkeit während der gesamten Produktionszeit festgehalten. In folgenden Situationen kann ein Intensitätssplitting typischerweise wirtschaftlich eingesetzt werden, wenn keine prohibitiven Intensitätsumstellungskosten zu berücksichtigen sind:

- Ist eine zeitliche Anpassung aus organisatorischen, rechtlichen oder anderen Gründen nicht möglich oder aufgrund der durch die erforderliche Umsetzung der betroffenen Mitarbeiter in andere Leistungsbereiche bzw. aufgrund der notwendigen Zahlungen für teilweise Nichtbeschäftigung (Kurzarbeitergeld) per se nicht wirtschaftlich, so führt die Kombination der minimal möglichen Leistung (d_{min}) mit einer weiteren, im einzelnen zu berechnenden Produktionsgeschwindigkeit bei Ausnutzung der maximalen Betriebsdauer (t_{max}) zu minimalen Kosten. Diese zweite, höhere Intensität (d_{tan}) kann graphisch abgeleitet werden, indem ausgehend von dem Kostenpunkt $K(x_{min})$, mit $x_{min} = d_{min} \cdot t_{max}$, eine Tangente an die Kostenfunktion $K(x)$ gelegt wird. Der Tangentialpunkt $(x_{tan}; K(x_{tan}))$ gibt Rückschluß auf die gesuchte Intensität $d_{tan} = x_{tan}/t_{max}$. Die Vorgehensweise bei der Bestimmung eines derartigen Tangentialpunktes wird in Aufgabe 2 demonstriert.

- Ist nur eine stufenweise Variation der Leistungsgrade möglich, so führt die jeweilige Kombination benachbarter zulässiger Intensitäten zu minimalen Kosten, sofern die Verbindungslinie aller zulässigen Stückkosten-Leistungspunkte eine konvexe Hüllkurve ergibt.

- Ein Intensitätssplitting bei nichtstetigen variablen Stückkostenfunktionen ist auch dann wirtschaftlich, wenn die Faktorkosten für verschiedene Produktionsgeschwindigkeiten sprunghaft steigen oder fallen. Der gleiche Effekt tritt auf, wenn die Verbrauchsfunktionen Sprungstellen aufweisen.

Aufgabe 2

a) Die Funktion der variablen Stückkosten $kv(d)$ läßt sich durch Addition der ursprünglichen Funktion der variablen Stückkosten (nun als $kv_1(d)$ bezeichnet) und v_{Aus} (im folgenden $kv_2(d)$) gewinnen. Dabei ist v_{Aus} nicht mehr mit Preisen zu bewerten, da die Funktion bereits in der richtigen Dimension (GE/Stück) vorliegt. Die Abbildung 1 zeigt diesen Zusammenhang graphisch auf:

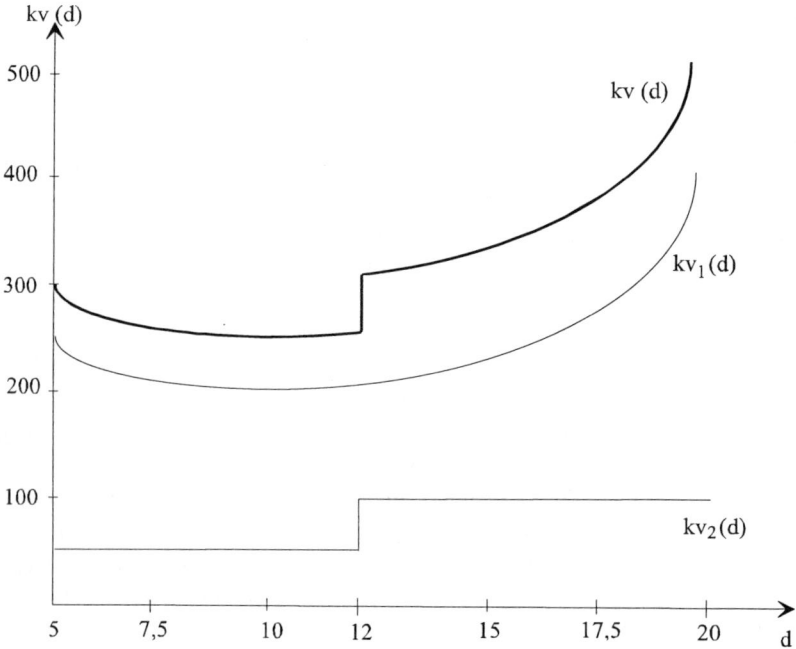

Abb. 1: Graphische Bestimmung der Funktion der variablen Stückkosten $kv(d)$

Formal kann kv(d) auf folgende Weise bestimmt werden:

$kv_1(d) = 2 d^2 - 40 d + 400$

$kv_2(d) = 50$ für $5 \le d \le 12$ und

         100   für $12 < d \le 20$

$kv(d) = 2 d^2 - 40 d + 450$ für $5 \le d \le 12$ und

        $2 d^2 - 40 d + 500$ für $12 < d \le 20$

b) Zur Bestimmung des Astes der Gesamtkostenfunktion im Bereich zeitlicher Anpassung ist zunächst der stückkostenminimale Leistungsgrad der Funktion kv(d) zu berechnen:

$kv(d)' = 4 d - 40 = 0$ $\Rightarrow d_{opt} = 10$ Stück pro Stunde

Die variablen Stückkosten für den optimalen Leistungsgrad betragen:

$kv(d_{opt}) = 250$ GE pro Stück

Es ergibt sich folgende Funktion für die zeitliche Anpassung unter Berücksichtigung der Inbetriebnahmekosten und der maximalen Betriebszeit von 8 Stunden:

$K(x) = 1.000 + 250 x$ für $0 \le x \le 80$

Zur Bestimmung des Astes der intensitätsmäßigen Anpassung läßt sich für den Bereich $80 < x \le 96$, also für Leistungsgrade zwischen 10 und 12 Stück/Stunde die Beziehung d = x/8 wie folgt ausnutzen:

$kv(x) = 2 (x/8)^2 - 40 (x/8) + 450$ für $80 < x \le 96$

Somit gilt für die gesamten variablen Kosten:

$Kv(x) = (1/32) x^3 - 5 x^2 + 450 x$ für $80 < x \le 96$

sowie für die Gesamtkosten:

$K(x) = 1.000 + (1/32) x^3 - 5 x^2 + 450 x$ für $80 < x \le 96$

Entsprechend lautet für den Bereich $96 < x \le 160$, also für Leistungsgrade zwischen 12 und 20 Stück/Stunde, die Kostenfunktion der intensitätsmäßigen Anpassung:

$K(x) = 1.000 + (1/32) x^3 - 5 x^2 + 500 x$ für $96 < x \le 160$

Die Äste der Kostenfunktion bei zeitlicher und intensitätsmäßiger Anpassung lassen sich wie in Abbildung 2 gezeigt darstellen (fett gezeichneter Kurvenverlauf):

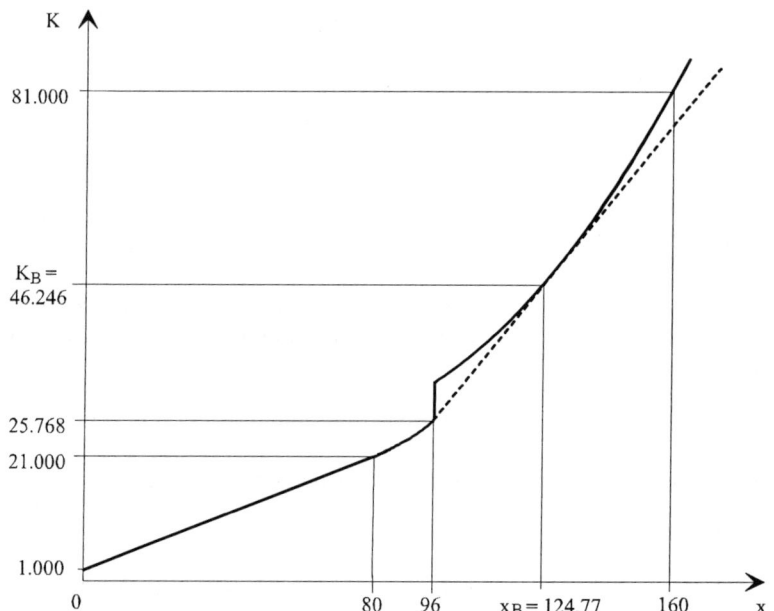

Abb. 2: Kostenfunktion bei zeitlich-intensitätsmäßiger Anpassung und Niedrigstkostenkurve bei Intensitätssplitting

c) Wird eine Gerade vom Punkt (x = 96; K = 25.786) an den zweiten Ast der intensitätsmäßigen Anpassung gelegt, so entsteht die in der Abbildung 2 gestrichelt gezeich-
nete Tangente, die für Mengen größer x = 96 bis zum Berührungspunkt die Möglichkeit des Intensitätssplittings eröffnet (siehe Lösungsteil 2d)).

Sie verläuft unterhalb des zweiten Astes der intensitätsmäßigen Anpassung und repräsentiert somit geringere Kosten als dieser. Die Funktion der Tangente läßt sich wie
folgt bestimmen.

Der Berührungspunkt (x_B; K_B) liege auf einer Geraden, die durch den Punkt (x = 96;
K = 25.786) verläuft und eine Steigung von a aufweist:

$$K_B = 25.768 + (x_B - 96)\, a$$

Sie berührt den zweiten Ast der intensitätsmäßigen Anpassung im Punkt (x_B; K_B):

$$K_B = 1.000 + (1/32)\, x_B{}^3 - 5\, x_B{}^2 + 500\, x_B$$

Hieraus ergibt sich die Gleichung:

(1) $25.768 + (x_B - 96)\, a = 1.000 + (1/32)\, x_B{}^3 - 5\, x_B{}^2 + 500\, x_B$

Der zweite Ast der zeitlichen Anpassung weist im Berührpunkt x_B dieselbe Steigung a wie die Tangente auf:

(2) $(3/32) x_B^2 - 10 x_B + 500 = a$

Die Auflösung der Gleichungen (1) und (2) ergibt folgende Werte:

$x_B = 124{,}772$ $a = 711{,}786$

Die Funktion der Tangente lautet somit:

$K(x) = 25.768 + (x - 96) 711{,}786$ oder

$K(x) = -42.563{,}503 + 711{,}786 x$

Es ergibt sich folgende Niedrigstkostenkurve unter Berücksichtigung der Möglichkeit des Intensitätssplittings:

$1.000 + 250 x$	für $0 \le x \le 80$
$1.000 + (1/32) x^3 - 5 x^2 + 450 x$	für $80 < x \le 96$
$-42.563{,}503 + 711{,}786 x$	für $96 < x \le 124{,}772$
$1.000 + (1/32) x^3 - 5 x^2 + 500 x$	für $124{,}772 < x \le 160$

d) Im Bereich $0 \le x \le 80$, also auch für eine Produktionsmenge von $x = 40$ Stück, erfolgt eine zeitliche Anpassung. Das Aggregat wird mit dem Leistungsgrad betrieben, bei dem die variablen Stückkosten minimal sind, also mit $d_{opt} = 10$ Stück pro Stunde. Die Produktionszeit t wird angepaßt. Zur Produktion von 40 Stück ist eine Produktionszeit von 4 Stunden notwendig. Dabei werden variable Stückkosten von 250 GE und Gesamtkosten von 11.000 GE verursacht.

Die Produktionsmenge $x = 90$ Stück liegt im ersten Abschnitt der intensitätsmäßigen Anpassung (zweiter Funktionsabschnitt). Die maximale tägliche Produktionszeit von $t_{max} = 8$ Stunden wird ausgenutzt. Zur Fertigung von 90 Stück ist eine Produktionsgeschwindigkeit von $d = 11{,}25$ Stück pro Stunde notwendig. Die variablen Stückkosten belaufen sich auf 253,125 GE, die Gesamtkosten auf 23.781,25 GE.

Für Mengen von $96 < x \le 124{,}772$ führt das Intensitätssplitting zu minimalen Kosten, wenn – wie in dieser Fallstudie – keine Intensitätsumstellungskosten zu berücksichtigen sind. Es werden die Leistungsgrade $d_1 = 12$ Stück pro Stunde (dies führt bei einer Produktionszeit von $t_{max} = 8$ Stunden zu einer Produktionsmenge von 96 Stück) und $d_2 = 15{,}597$ Stück pro Stunde (dies ergibt bei $t_{max} = 8$ Stunden eine Produktionsmenge von 124,772 Stück) eingesetzt. Hierbei entstehen variable Stückkosten von $kv(d_1 = 12) = 258$ GE pro Stück und $kv(d_2 = 15{,}597) = 362{,}642$ GE pro Stück. Es ist zu berechnen, für welche Produktionszeit t_1 das Aggregat mit $d_1 = 12$ Stück pro Stunde und für welche Dauer t_2 das Aggregat mit dem Leistungsgrad $d_2 = 15{,}597$ Stück pro Stunde zu betreiben ist, wenn insgesamt 100 Stück produziert werden sollen.

Die Summe der Produktionszeiten t_1 und t_2 muß der gesamten täglichen Betriebszeit entsprechen:

(3) $t_1 + t_2 = 8$ Stunden

Die in t_1 und t_2 produzierten Mengen müssen insgesamt 100 Stück ergeben:

(4) $12\,t_1 + 15{,}597\,t_2 = 100$ Stück

Die Auflösung der Gleichungen (3) und (4) ergibt folgende Werte:

$t_1 = 6{,}888$ Stunden und $t_2 = 1{,}112$ Stunden

Somit werden mit $d_1 = 12$ Stück/Stunde in $t_1 = 6{,}888$ Stunden 82,654 Stücke und mit $d_2 = 15{,}597$ Stück/Stunde in $t_2 = 1{,}112$ Stunden 17,346 Stücke gefertigt. Die Gesamtkosten haben eine Höhe von 28.615,15 GE.

Die Produktionsmenge $x = 140$ Stück liegt im Abschnitt $124{,}772 < x \leq 160$ und damit im zweiten Ast der intensitätsmäßigen Anpassung. In der maximalen täglichen Produktionszeit von $t_{max} = 8$ Stunden wird zur Fertigung von 140 Stück eine Produktionsgeschwindigkeit von $d = 17{,}5$ Stück pro Stunde eingestellt. Die variablen Stückkosten belaufen sich auf 412,5 GE. Es entstehen Gesamtkosten in Höhe von 58.750 GE.

Literaturhinweise

BLOECH, J., BOGASCHEWSKY, R., GÖTZE, U., ROLAND, F.: Einführung in die Produktion, 3. Aufl., Heidelberg 1998.

BOGASCHEWSKY, R., ROLAND, F.: Anpassungsprozesse mit Intensitätssplitting bei Gutenberg-Produktionsfunktionen, in: ZfB, 66. Jg. (1996), S. 49–75.

Michael!

...rtstag
...ge

...e

1935
ERo.

Mengebostel
Lüneburger Heide

Thomas Hering

Simultane zeitliche und intensitätsmäßige Anpassung

Gegeben sei die folgende Stückkostenfunktion eines Aggregates in Abhängigkeit von der Fertigungsintensität x (Mengeneinheiten pro Stunde, ME/h):

$$k(x) = x^2 - 10\,x + 49 \quad \text{[DM/ME]} \qquad \text{mit} \quad \begin{aligned} 0,5 &\le x \le 2 &&\text{[ME/h]} \\ 0 &\le t \le 20 &&\text{[h]} \\ M &= x \cdot t &&\text{[ME]} \end{aligned}$$

Aufgabe 1

Der Maschinenverschleiß verursacht zusätzliche Kosten in Höhe von $2\,M^2 x$ [DM] pro Planperiode.

a) Warum ist die Gesamtkostenfunktion $K_T = k(x) \cdot x \cdot t + 2\,M^2 x$ nicht linear-homogen in t?

b) Bestimmen Sie für alternative Ausbringungsmengen M die Gesamtkostenfunktion $K_T(M)$ und die Grenzkostenfunktion $K_T'(M)$ bei Optimalverhalten! Wie sind jeweils die Intensität x und die Einsatzzeit t zu wählen, um eine gegebene Produktionsmenge M zu erzeugen?

c) Warum steigt im simultanen Anpassungsbereich die Ausbringung, wenn x gesenkt wird? Mit welcher Intensität und Einsatzzeit wird M = 4 kostenminimal hergestellt?

d) Wie ändert sich der Anpassungsprozeß, wenn für x das neue Definitionsintervall $x \in [6; 10]$ gilt? Beantworten Sie die Frage rein verbal (keine Rechnungen bzw. Funktionen verlangt)!

Aufgabe 2

Es gilt wieder die Ausgangssituation ohne den Term für Maschinenverschleiß. Allerdings darf die Intensität nunmehr aus dem Intervall $6 \le x \le 10$ gewählt werden, und ein bisher frei verfügbarer Rohstoff kann nur noch bis zu einer Menge von 360 Faktoreinheiten [FE] pro Planperiode beschafft werden. Die Funktion des Faktorverbrauchs pro Stück lautet:

$$r(x) = x^2 - 20\,x + 102 \quad \text{[FE/ME]}$$

a) Beschreiben Sie den optimalen Anpassungsprozeß ohne Berücksichtigung der Rohstoffrestriktion! Stellen Sie die Gesamtkostenfunktion $K_T(M)$ und die Grenzkostenfunktion $K_T'(M)$ auf!

b) Welche Rohstoffmengen werden im Anpassungsprozeß der Aufgabe 2 a) für alternative Ausbringungsmengen verbraucht? Geben Sie die Funktion des Faktorverbrauchs in Abhängigkeit von M an!

c) Bestimmen Sie den optimalen Anpassungsprozeß unter Beachtung der Rohstoffrestriktion! Stellen Sie die Gesamtkostenfunktion $K_T(M)$ und die Grenzkostenfunktion $K_T'(M)$ auf!

d) Analysieren Sie, wie im simultanen Anpassungsbereich steigende Ausbringungsmengen erreicht werden: In welche Richtungen bewegen sich x und t bei zunehmendem M?

Aufgabe 3

Worin besteht der grundlegende Unterschied zwischen den Simultananpassungsprozessen in Aufgabe 1 und 2?

Lösung

Aufgabe 1

a) Die Kostenfunktion der Planperiode lautet:

$$K_T = k(x) \cdot x \cdot t + 2\,M^2 x = x^3 t - 10\,x^2 t + 49\,x\,t + 2\,x^3 t^2$$

Eine Verdoppelung der Einsatzzeit t verdoppelt zwar noch die Ausbringung M, aber die Kosten K_T werden mehr als verdoppelt, weil t im Quadrat auftritt (letzter Term). Die Funktion ist in t nicht linear-homogen.

b) $K_T = x^3 t - 10\,x^2 t + 49\,x\,t + 2\,x^3 t^2 = M\,x^2 - 10\,M\,x + 49\,M + 2\,M^2 x$

$$\Rightarrow \frac{dK_T}{dx} = 2\,M\,x - 10\,M + 2\,M^2 \overset{!}{=} 0$$

$$\Rightarrow 2\,x - 10 + 2\,M = 0 \quad \Rightarrow \quad x = 5 - M = 5 - x\,t$$

$$\Rightarrow x = \frac{5}{1+t}$$

Die optimale Intensität hängt also grundsätzlich von der Einsatzzeit ab! Damit ergibt sich unter Berücksichtigung der Restriktionen für x und t folgender *Anpassungsprozeß*:

1. Intervall: $0 \le M \le 3$; zeitliche Anpassung mit $x = x_{max} = 2$ und $0 \le t \le 1,5$.
2. Intervall: $3 < M \le 4,5$; **simultane Anpassung** mit $2 > x \ge 0,5$ und $1,5 < t \le 9$.
3. Intervall: $4,5 < M \le 10$; zeitliche Anpassung mit $x = x_{min} = 0,5$ und $9 < t \le 20$.
4. Intervall: $10 < M \le 40$; intensitätsmäßige Anp. mit $0,5 < x \le 2$ und $t = t_{max} = 20$.

Daraus resultiert die folgende *Gesamtkostenfunktion*:

1. Intervall (x = 2):
   $K_T = (2^2 - 10 \cdot 2 + 49) \cdot M + 2 \cdot 2 \cdot M^2 = 4 M^2 + 33 M$

2. Intervall (x = 5 − M):
   $K_T = ((5 - M)^2 - 10 \cdot (5 - M) + 49) \cdot M + 2 \cdot (5 - M) \cdot M^2$
   $= (25 - 10 M + M^2 - 50 + 10 M + 49) \cdot M - 2 M^3 + 10 M^2$
   $= - M^3 + 10 M^2 + 24 M$

3. Intervall (x = 0,5):
   $K_T = (0,5^2 - 10 \cdot 0,5 + 49) \cdot M + 2 \cdot 0,5 \cdot M^2 = M^2 + 44,25 M$

4. Intervall (t = 20, x = M/20):
   $K_T = M^3/20^2 - 10 \cdot M^2/20 + 49 M + 2 \cdot M^3/20$
   $= 0,1025 M^3 - 0,5 M^2 + 49 M$

Ableiten liefert schließlich die *Grenzkostenfunktion*:

1. Intervall:
   $K_T' = 8 M + 33$ (auch bei zeitlicher Anpassung nicht mehr konstant!)

2. Intervall:
   $K_T' = - 3 M^2 + 20 M + 24$

3. Intervall:
   $K_T' = 2 M + 44,25$ (auch bei zeitlicher Anpassung nicht mehr konstant!)

4. Intervall:
   $K_T' = 0,3075 M^2 - M + 49$

c) Aus der Beziehung x = 5 − M ist zu ersehen, daß fallende Werte von x mit steigenden Werten M zusammenhängen. Die Zunahme von t überkompensiert in M = x · t die Abnahme von x, so daß das Produkt M = x · t insgesamt zunimmt. Für M = 4 ergibt sich x = 5 − 4 = 1 und deshalb t = 4.

d) Es liegt eine Randlösung vor, weil die im simultanen Anpassungsbereich gültige Beziehung x = 5/(1 + t) für keine zulässige Kombination von x und t erfüllbar ist. Um aber dem simultanen Anpassungsprozeß dennoch so nahe wie möglich zu kommen, wird zunächst zeitlich mit x = x_{min} = 6 angepaßt, danach intensitätsmäßig mit t = t_{max} = 20. Es ergibt sich somit der für die GUTENBERG-Produktionsfunktion normale Anpassungsprozeß, als ob gar kein Term für Maschinenverschleiß vorhanden wäre.

Aufgabe 2

a) Zunächst ist die stückkostenminimale Intensität für die zeitliche Anpassung zu bestimmen.

$k(x) = x^2 - 10\,x + 49 \;\Rightarrow\; k'(x) = 2\,x - 10 = 0 \;\Rightarrow\; x = 5 \notin [6;\,10] \;\Rightarrow\; x_{opt} = 6$

Das Minimum der Parabel $k(x)$ liegt an der Stelle $x = 5$. Da der Definitionsbereich erst rechts davon beginnt ($6 \le x \le 10$), ist die Randlösung $x = 6$ optimal. Für sie gilt $k(6) = 25$.

Zeitliche Anpassung mit minimalen Stückkosten von 25 ist bis zur Menge $x_{opt} \cdot t_{max} = 6 \cdot 20 = 120$ möglich. Für größere Mengen muß intensitätsmäßig mit $x = M/t_{max} = M/20$ angepaßt werden. Die Gesamtkostenfunktion $K_T = k(x) \cdot x \cdot t$ liest sich somit wie folgt:

$$K_T = \begin{cases} 25\,M & ; \quad 0 \le M \le 120 \\ 0{,}0025\,M^3 - 0{,}5\,M^2 + 49\,M & ; \quad 120 < M \le 200 \end{cases}$$

$$K_T{}' = \begin{cases} 25 & ; \quad 0 \le M \le 120 \\ 0{,}0075\,M^2 - M + 49 & ; \quad 120 < M \le 200 \end{cases}$$

b) Diskussion der Faktorverbrauchsfunktion: $r(x) = x^2 - 20\,x + 102$

$r'(x) = 2\,x - 20 = 0 \;\Rightarrow\;$ Minimum bei $x = 10$; $r(10) = 2$

Verbrauch bei kostenminimaler Anpassung: $R_T = r(x) \cdot x \cdot t$

$$R_T = \begin{cases} r(6) \cdot M = 18\,M & ; \quad 0 \le M \le 120 \\ r\!\left(\dfrac{M}{20}\right) \cdot M = 0{,}0025\,M^3 - M^2 + 102\,M & ; \quad 120 < M \le 200 \end{cases}$$

Diese Funktion hat ein lokales Minimum bei $M \approx 198$ mit einem zugehörigen Faktorverbrauch von 397,98 FE.

c) Aus der Faktorbegrenzung $R_T \le 360$ resultiert, daß zeitliche Anpassung nur möglich ist für $R_T = 18\,M \le 360 \Leftrightarrow M \le 20$. Intensitätsmäßige Anpassung scheidet gänzlich aus, weil dort das Minimum des Faktorverbrauchs bei 397,98 > 360 liegt. Da bei $x_{opt} = 6$ das Minimum des Faktorverbrauchs pro Stück noch nicht erreicht ist, kann eine Erhöhung der Ausbringung über $M = 20$ hinaus ohne Verletzung der Rohstoffrestriktion nur erzielt werden, wenn die Intensität x wächst. Um sich dabei möglichst wenig von der ursprünglich optimalen Politik der zeitlichen Anpassung zu entfernen, ist die Rohstoffrestriktion stets als Gleichung einzuhalten. Zur Erzielung der gewünschten Ausbringung M muß überdies t passend zu x verändert werden. Die zeitliche Anpassung geht somit in eine **simultane Anpassung** von x und t über. Es gilt:

$$R_T = r(x) \cdot x \cdot t = 360 \quad \wedge \quad M = x \cdot t$$

$$\Rightarrow \quad x^2 - 20x + 102 = \frac{360}{M} \quad \Rightarrow \quad x = 10 - \sqrt{\frac{360}{M} - 2}$$

Vor der Wurzel kommt bei Auflösung der quadratischen Gleichung nach x nur das Minuszeichen zum Zuge, um möglichst nahe bei $x_{opt} = 6$ zu bleiben.

Für M = 20 ergibt sich aus der letzten Formel x = 6. Wenn M weiter steigt, wächst auch x. Die Obergrenze für x (und damit zugleich das Minimum von r(x)) ist an der Stelle x = 10 bei M = 180 und demnach t = 18 erreicht. Höhere Ausbringungsmengen als 180 lassen sich infolge des Rohstoffengpasses nicht erreichen. Da intensitätsmäßige Anpassung (mit t = 20) wegen der Rohstoffrestriktion nicht möglich ist, besitzt der Anpassungsprozeß also nur zwei Intervalle (zeitlich und simultan).

Die *Kosten* bei simultaner Anpassung betragen:

$$
\begin{aligned}
K_T &= k \left(10 - \sqrt{\frac{360}{M} - 2} \right) \cdot M \\[2mm]
&= \left(100 - 20 \cdot \sqrt{\frac{360}{M} - 2} + \frac{360}{M} - 2 - 100 + 10 \cdot \sqrt{\frac{360}{M} - 2} + 49 \right) \cdot M \\[2mm]
&= \left(47 - 10 \cdot \sqrt{\frac{360}{M} - 2} + \frac{360}{M} \right) \cdot M \\[2mm]
&= 47\,M - \sqrt{36000\,M - 200\,M^2} + 360
\end{aligned}
$$

Ableiten liefert die *Grenzkosten* bei simultaner Anpassung:

$$K_T' = 47 - \frac{18000 - 200\,M}{\sqrt{36000\,M - 200\,M^2}}$$

Zusammenfassend gilt:

$$
K_T = \begin{cases}
25\,M & ; \quad 0 \le M \le 20 \\
47\,M - \sqrt{36000\,M - 200\,M^2} + 360 & ; \quad 20 < M \le 180
\end{cases}
$$

$$
K_T' = \begin{cases}
25 & ; \quad 0 \le M \le 20 \\
47 - \dfrac{18000 - 200\,M}{\sqrt{36000\,M - 200\,M^2}} & ; \quad 20 < M < 180
\end{cases}
$$

d) Die oben unter c) gefundene Gleichung

$$x = 10 - \sqrt{\frac{360}{M} - 2}$$

zeigt, daß x mit steigendem M immer zunimmt. Wie verhält sich jedoch dabei t? Dies ergibt sich, wenn man einen Schritt zurückgeht und für M wieder x · t schreibt:

$$x^2 - 20x + 102 = \frac{360}{x \cdot t} \quad \Rightarrow \quad x^3 - 20x^2 + 102x = \frac{360}{t} \quad \Rightarrow \quad t = \frac{360}{x^3 - 20x^2 + 102x}$$

$$\Rightarrow \quad \frac{dt}{dx} = -\frac{360 \cdot (3x^2 - 40x + 102)}{(x^3 - 20x^2 + 102x)^2}$$

Das Vorzeichen dieses Differentialquotienten dt/dx gibt an, ob t mit steigendem x zunimmt (erste Ableitung positiv) oder fällt (erste Ableitung negativ).

Die Zählerfunktion hat ihr Minimum bei x = 6 2/3 und ist dort negativ. Nullstellen liegen bei x = 3,43488 und x = 9,89845. Die Nennerfunktion $(r(x) \cdot x)^2$ bleibt auf dem ganzen Definitionsbereichsintervall [6; 10] positiv. Damit gilt: Von x = 6 bis x = 9,89845 steigen x und t simultan bei zunehmendem M; von x = 9,89845 bis x = 10 steigt x und fällt t bei wachsendem M. Aus dem Vorzeichen der Ableitung dt/dx ergibt sich also, daß im simultanen Anpassungsbereich zunächst x und t gemeinsam mit M zunehmen, bevor im letzten Abschnitt eine gegenläufige Abstimmung von x und t erfolgt.

Aufgabe 3

In Aufgabe 1 ist der optimale Anpassungsprozeß grundsätzlich simultan; zeitliche und intensitätsmäßige Anpassung werden erst durch die Restriktionen für t und x erzwungen. In Aufgabe 2 liegen die Verhältnisse hingegen genau umgekehrt: Die Anpassung verläuft wie im Standardfall der GUTENBERG-Produktionsfunktion sukzessiv zeitlich und (wenn überhaupt noch möglich) intensitätsmäßig, wobei ein simultaner Anpassungsbereich erst durch die Rohstoffrestriktion erzwungen wird.

Literaturhinweise

ADAM, D.: Produktionsmanagement, 9. Aufl., Wiesbaden 1998.

MATSCHKE, M.J. (unter Mitwirkung von *U. JAECKEL* und *B. LEMSER*): Betriebliche Umweltwirtschaft, Herne/Berlin 1996.

VON ZWEHL, W., BRINK, A.: Optimale Aggregatanpassung bei begrenzt verfügbaren Einsatzfaktoren, in: ZfB, 64. Jg. (1994), S. 1109–1142.

Markus Kolbe

Fließbandabstimmung

Im Rahmen des strategischen Produktionsmanagements stellt sich innerhalb der Prozeßplanung unter anderem die Frage nach der Gestaltung des Fertigungslayouts. Dieses hängt eng zusammen mit der Wahl des Organisationsprinzips der Fertigung. Eine Möglichkeit besteht in der Konfiguration des Produktionssystems nach dem Fließprinzip.

Aufgabe 1

a) Erläutern Sie die wesentlichen Entscheidungskriterien bei der Wahl des Organisationsprinzips der Fertigung!

b) Schildern Sie die Konstellation, in der das Fließprinzip als Organisationsprinzip der Fertigung zu empfehlen ist!

c) Das Gestaltungsproblem der getakteten Fließproduktion beinhaltet die Fließbandabstimmung. Definieren Sie die Entscheidungsvariable und die beiden wesentlichen Zielgrößen sowie deren gegenseitige Abhängigkeit beim einfachen Grundproblem der Fließbandabstimmung!

d) Stellen Sie Erweiterungen des Grundproblems dar, die bei der Fließbandabstimmung relevant sind!

Aufgabe 2

Die Fließfertigung mit Produktvarianten kann unter Verwendung einer sog. Mischvariante auf den Einproduktfall zurückgeführt werden. Erläutern Sie die Bildung einer Mischvariante, und stellen Sie damit zusammenhängende Probleme dar!

Aufgabe 3

Im Unternehmen Electronics sollen auf einer eigens dafür zu konfigurierenden Fertigungslinie die Computer „Basis", „Advanced" und „Expert" zusammengebaut werden. Der Montageprozeß läßt sich in 10 Arbeitsvorgänge zerlegen. Bei der Montage sind Vorrangbeziehungen zu beachten, z. B. können die Kabel erst nach allen Modulen, Steckkarten und Geräten montiert werden. Da sich die hergestellten Computer in ihrer Konfiguration unterscheiden, ist die Dauer mancher Vorgänge variabel. Die folgende Tabelle enthält die Arbeitsvorgänge i mit den zugehörigen Vorrangbeziehungen und Arbeitszeiten t_{vi} der Produktvarianten v.

Arbeitsvorgang i	Vorgänger	Arbeitszeit t_{vi} [min]		
		Basis	Advanced	Expert
1 Öffnen des Gehäuses		2	2	2
2 Montage Mainboard	1	3	3	3
3 Montage Module	2	3	3	2
4 Montage Steckkarten	2	2	2	2
5 Montage Geräte	2	9	10	11
6 Prüfung Geräte-Montage	5	2	2	2
7 Montage Kabel	3, 4, 6	3	3	4
8 Gehäuse schließen	7	4	4	4
9 Label aufkleben	8	2	2	2
10 Probelauf	9	3	3	3

Durchschnittlich entfallen auf die Modelle Basis, Advanced und Expert 70 %, 20 % bzw. 10 % des Gesamtabsatzes.

a) Ermitteln Sie die theoretisch mini- bzw. maximalen Taktzeiten C^{min} und C^{max} sowie die jeweils theoretisch notwendige Anzahl an Arbeitsstationen m!

b) Als Jahresproduktion (6-Tage-Zweischichtbetrieb von je 7,5 h in 50 Wochen) sind insgesamt 50.000 Produkteinheiten geplant. Berechnen Sie die Taktzeit, durch die die geplante Produktionsmenge gewährleistet werden könnte!

c) Erläutern Sie, wie mit Hilfe paralleler Arbeitsstationen die unter 3b) errechnete Taktzeit realisiert werden kann! Gehen Sie dabei auf Besonderheiten der Fertigungssteuerung ein!

d) Ordnen Sie die Arbeitsvorgänge den Arbeitsstationen nach einer Ihnen bekannten Heuristik zu!

Lösung

Aufgabe 1

a) Entscheidungskriterien sind die Vielfalt (Breite) des Produktionsprogramms und das Produktionsvolumen der einzelnen Produkte. Gemeinsam betrachtet ermöglichen sie die Wahl eines Organisationstyps der Fertigung zwischen den beiden Extremen verrichtungsorientierte Werkstattfertigung (für sehr geringe Produktionsmengen bei sehr breitem Produktspektrum) einerseits und objektorientierte Fließfertigung (sehr geringe Produktvielfalt bei hohen Produktionsvolumina) andererseits.

b) Das Fließprinzip besagt, daß die Arbeitsplätze einer Fertigung linear hintereinander angeordnet sind. Sämtliche Produkte durchlaufen in dieser festgelegten Reihenfolge die Fertigung. Dieses Prinzip erscheint daher besonders für Fertigungsstätten geeignet, in denen technologisch sehr ähnliche Produkte gefertigt werden sollen, d. h. die weitestgehend dieselben Bearbeitungsschritte benötigen. Darüber hinaus sollten die Produktionsmengen der Produktfamilie und der einzelnen Produkte so hoch sein, daß sowohl die Errichtung der Fließproduktion, die mit hohen Investitionskosten einhergeht, vertretbar ist, als auch Umrüstungen des Produktionssystems, falls sie im laufenden Betrieb trotz großer Produktverwandtschaft notwendig sind, selten vorgenommen werden müssen.

c) Die Entscheidungsvariable der getakteten Fließbandabstimmung ist die Gruppierung der Arbeitsvorgänge zu Arbeitsstationen. Wesentliche Zielgrößen sind die Anzahl der zu bildenden Arbeitsstationen und die Taktzeit. Je weniger Arbeitsstationen gefordert werden, um den Personalbestand niedrig zu halten, um so größer muß die Taktzeit sein, da sämtliche nicht teilbaren Arbeitsvorgänge auf diese wenigen Arbeitsstationen verteilt werden sollen. Soll umgekehrt die Taktzeit sehr klein sein, um einen hohen Produktionsausstoß zu erhalten, so müssen entsprechend viele Arbeitsstationen gebildet werden, da dann wenige Arbeitsvorgänge innerhalb der Taktzeit in einer Arbeitsstation durchgeführt werden können. In jedem Fall müssen etwaige Vorrangbedingungen zwischen den Arbeitsvorgängen eingehalten werden.

d) Das Grundproblem der Fließbandabstimmung kann zum Beispiel um die folgenden Aspekte erweitert werden: Mehrproduktanlagen, Möglichkeit paralleler (identischer, proportionaler, heterogener) Maschinen, Maschinenausfälle, Berücksichtigung stochastischer Bearbeitungszeiten bzw. fehlende Taktung (Entkopplung der Stationen, z. B. über Zwischenläger).

Aufgabe 2

Mischvarianten werden für Produktvarianten mit denselben Vorrangbedingungen zwischen den Arbeitsvorgängen gebildet, indem gewichtete mittlere Bearbeitungszeiten ermittelt und der Mischvariante zugeordnet werden. Als Gewichte kommen die Anteile am Produktmix in Frage.

Bei Verwendung von Mischvarianten, die eine physisch nicht existente, sondern theoretische, durchschnittliche Produktvariante darstellen, müssen

1. die Stationsgrenzen variabel sein, damit eine Überschreitung der Taktzeit durch hohe Bearbeitungszeiten einer konkreten Variante ermöglicht werden kann (bei fixen Stationsgrenzen müßten für die Mischvariante die jeweils höchsten Bearbeitungszeiten verwendet werden), sowie

2. die Reihenfolge der Produktvarianten so gestaltet sein, daß sich Über- und Unterschreitungen der Taktzeit kurzfristig kompensieren und der Arbeitsbeginn in einer Station dem Takt nicht „davonläuft".

Aufgabe 3

a) Die untere Grenze der Taktzeit C^{min} wird determiniert durch den größten auftretenden Arbeitsvorgang. Die obere Grenze der Taktzeit C^{max} wird aus der Summe aller Arbeitsvorgänge ermittelt. Die theoretische Anzahl der Arbeitsstationen ergibt sich durch Aufrunden (wofür das Symbol $\lceil * \rceil$ steht) des Quotienten aus Gesamtbearbeitungszeit und Taktzeit: $m = \lceil \sum_i t_i / C \rceil$. Dabei werden bei Variantenproduktion die Arbeitszeiten verwendet, die sich für eine Mischvariante als Mittelwert über die mit den Bedarfsanteilen a_v gewichteten Arbeitszeiten der Varianten ergeben: $t_i = \sum_v t_{vi} \cdot a_v$. Für die Arbeitsvorgänge 3, 5 und 7 errechnen sich die durchschnittlichen Bearbeitungszeiten $t_3 = 0{,}7 \cdot 3 + 0{,}2 \cdot 3 + 0{,}1 \cdot 2 = 2{,}9$ min, $t_5 = 9{,}4$ min und $t_7 = 3{,}1$ min. Daraus folgen die minimale und maximale Taktzeit mit der jeweils resultierenden Anzahl an Arbeitsstationen ($\sum_i t_i = 33{,}4$ min):

$$
\begin{aligned}
C^{min} &= \quad 9{,}4 \text{ min} \quad &\Rightarrow \quad m = 4 \\
C^{max} &= \quad 33{,}4 \text{ min} \quad &\Rightarrow \quad m = 1
\end{aligned}
$$

b) Sind die Gesamtproduktionsmenge P und die hierfür zur Verfügung stehende Arbeitszeit T bekannt, so läßt sich die Taktzeit C durch das Verhältnis T/P ermitteln (der Quotient P/T ist die Produktionsrate).

$$
\begin{aligned}
C &= \quad 60 \text{ [min/h]} \cdot 7{,}5 \text{ [h/Schicht]} \cdot 2 \text{ [Schichten/Tag]} \\
  &\quad \cdot 6 \text{ [Tage/Woche]} \cdot 50 \text{ [Wochen/Jahr]} / 50.000 \text{ [1/Jahr]} \\
  &= \quad 270.000 \text{ [min/Jahr]} / 50.000 \text{ [1/Jahr]} \\
  &= \quad 5{,}4 \text{ min} \quad \Rightarrow \quad m = 7
\end{aligned}
$$

Diese Taktzeit ist im Rahmen der einfachen Fließfertigung nicht realisierbar, da sie unter der maximalen Bearbeitungszeit $t_5 = 9{,}4$ min bzw. der theoretisch minimalen Taktzeit C^{min} liegt. Umgekehrt ist mit der theoretisch minimalen Taktzeit ein Produktionsvolumen von maximal

$$
P = 270.000 \text{ [min/Jahr]} / 9{,}4 \text{ [min]} = 28.723 \text{ [1/Jahr]}
$$

möglich.

c) Parallele Stationen erlauben die lokale Vervielfachung der globalen Taktzeit. Bei zwei parallelen Arbeitsstationen läßt sich demzufolge lokal mit der doppelten Taktzeit arbeiten. Im Beispiel bietet es sich an, die Station, auf der Arbeitsvorgang 5 bearbeitet werden soll, um eine identische parallele Station zu ergänzen. Diese beiden Stationen werden im Wechsel alle zwei Takte mit neuen Bearbeitungen bedient, haben dann jeweils zwei volle Taktzeiten zur Bearbeitung zur Verfügung und geben entsprechend wechselweise am Ende jeder Taktzeit eine Bearbeitung an die nächste Station weiter. Im Rahmen der Gesamtplanung ist natürlich der zusätzliche Investitionsaufwand und der Platzbedarf für die zweite, identisch ausgestattete Station zu berücksichtigen.

d) Die Anwendung eines einfachen Algorithmus zur Zuordnung von Arbeitsvorgängen zu Arbeitsstationen erscheint zunächst aufgrund der parallelen Station nicht möglich. Betrachtet man jedoch die lokale Taktzeit von 10,8 min und die Dauer des Arbeitsvorgangs 5 von 9,4 min, stellt man fest, daß der betreffenden Arbeitsstation außer dem Arbeitsvorgang 5 kein weiterer Arbeitsvorgang mehr zugeordnet werden kann. Demzufolge ist es möglich, beide parallele Stationen als fiktive Station mit doppelter Geschwindigkeit zusammenzufassen, die der globalen Taktzeit unterliegt. Die effektive Bearbeitungszeit des Vorgangs 5 beträgt dann 4,7 min.

Ein jetzt anwendbarer einfacher Algorithmus ist die Zuordnung von Arbeitsvorgängen zu Stationen nach einer Prioritätsregel:

1. Schritt: Wähle eine Prioritätsregel und eröffne eine erste Arbeitsstation.

2. Schritt: Ermittle alle noch nicht zugeordneten Arbeitsvorgänge, deren Vorgänger bereits zugeordnet wurden. Falls keine Arbeitsvorgänge mehr vorhanden sind: Ende des Algorithmus.

3. Schritt: Ordne von den im 2. Schritt ermittelten Vorgängen, deren Arbeitszeit kleiner als die Restzeit der Arbeitsstation ist, denjenigen mit der höchsten Priorität der Arbeitsstation zu. Ist keine Zuordnung mehr möglich, eröffne eine neue Arbeitsstation.

Fahre fort mit Schritt 2.

Als Prioritätsregel kann zum Beispiel die Gesamtbearbeitungszeit des Arbeitsvorgangs und aller seiner Nachfolger (unter Berücksichtigung der Vorrangbeziehungen) dienen. Für das Beispiel ergeben sich dann die Prioritäten:

Arbeitsvorgang	1	2	3	4	5	6	7	8	9	10
Priorität	33,4	31,4	15	14,1	23,5	14,1	12,1	9	5	3

und damit die Zuordnung zu den Stationen.

Stationsnummer	1	2	3	4	5	6
zugeordnete Arbeitsvorgänge	1;2	5	3;4	6;7	8	9;10
Stationszeit [min]	5	4,7	4,9	5,1	4	5
Restzeit [min]	0,4	0,7	0,5	0,3	1,4	0,4

Es zeigt sich, daß die maximal auftretende Stationszeit 5,1 min beträgt. Die Taktzeit kann daher von 5,4 min auf 5,1 min herabgesetzt werden, mit der ein Volumen von

$$P = 270.000 \text{ [min/Jahr]} / 5,1 \text{ [min]} = 52.941 \text{ [1/Jahr]}$$

produziert wird.

Literaturhinweise

ADAM, D.: Produktionsdurchführungsplanung, in: *JACOB, H.* (Hrsg.), Industriebetriebslehre, 4. Aufl., Wiesbaden 1990, S. 673–918.

CHOW, W.-M.: Assembly Line Design, New York 1990.

DOMSCHKE, W., KLEIN, R., SCHOLL, A.: Antizipative Leistungsabstimmung bei moderner Variantenfertigung, in: ZfB, 66. Jg. (1996), Heft 12, S. 1465–1491.

GÜNTHER, H.-O.: Produktionsmanagement, 2. Aufl., Heidelberg 1995.

NOF, S.Y., WILHELM, W.E., WARNECKE, H.-J.: Industrial Assembly, London 1997.

SCHOLL, A.: Balancing and Sequencing of Assembly Lines, Heidelberg 1995.

IV. Produktionsprogrammplanung

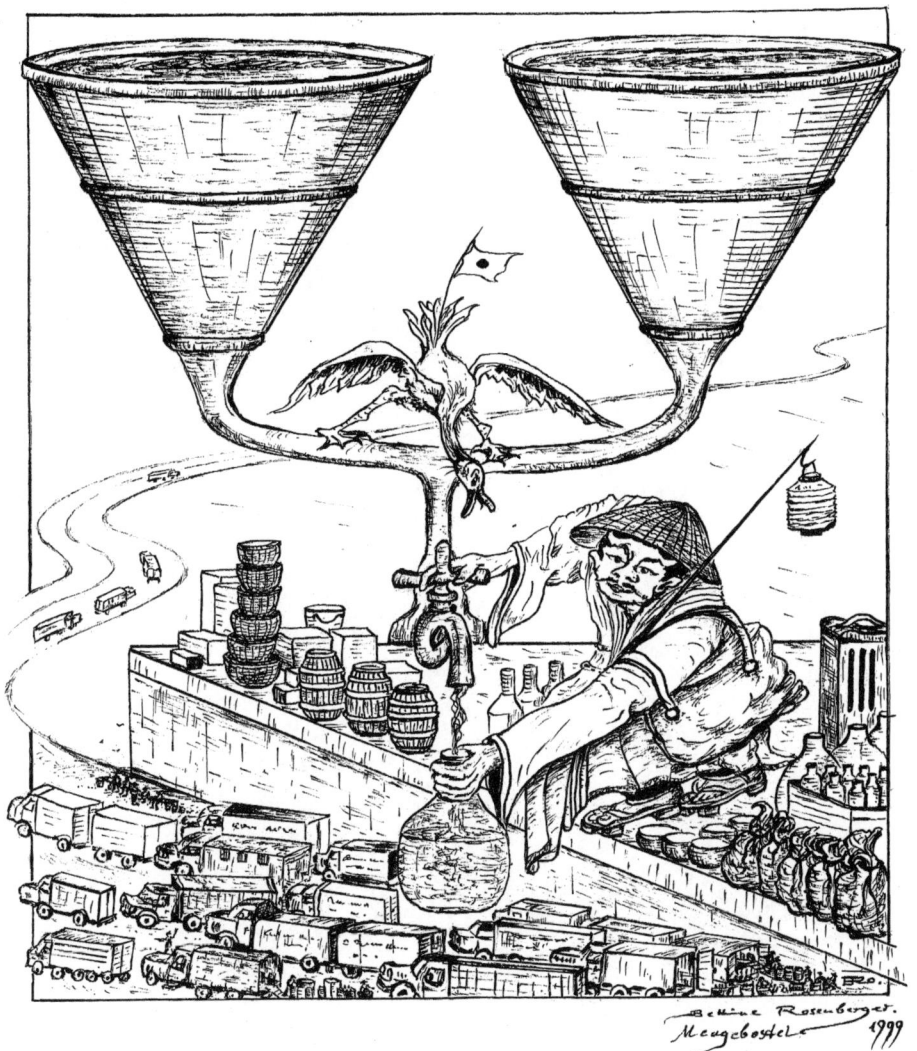

Tobias Schimpf

Strategische Produktprogrammplanung auf Basis der Prozeßkostenrechnung

Die Power GmbH ist ein mittelständischer Hersteller von Getrieben. Das Produkt-spektrum umfaßt zwei Produktgruppen (Schneckengetriebe und Planetengetriebe), wobei jeweils Standard-, Varianten- und Sonderprodukte unterschieden werden. Standardprodukte werden nach dem Baukastenprinzip aus dem Katalog konfiguriert. Für Variantenprodukte müssen kleine konstruktive Änderungen durchgeführt werden. Bei Sonderprodukten erfolgt eine wesentliche Veränderung der Produktstruktur. Auf-grund der vielfältigen Produktkonfigurationsmöglichkeiten gleicht selbst im Stan-dardgeschäft kaum ein Produkt dem anderen. Die Preisfindung erfolgt auf der Basis einer undifferenzierten Zuschlagskalkulation. Dem Controller Dr. Roni Ronaldino bereitet die Auswertung der betriebswirtschaftlichen Daten Kopfzerbrechen. Das Unternehmensgesamtergebnis war im letzten Jahr negativ (Euro –409.000) ausge-fallen, und der Vorstand hat Dr. Ronaldino gebeten, das Produktprogramm im Hin-blick auf Rentabilität und Umstrukturierungspotentiale zu analysieren.

Dr. Ronaldino erklärt sich die schlechte Performance damit, daß das vormals ertrags-kräftige Standardprogramm zunehmend durch Variantenprodukte und kundenindivi-duelle Anpassungen in kleinen Losgrößen substituiert wurde. Dies bewirkte aufgrund der erhöhten Komplexität bei den unterstützenden Prozessen einen starken Anstieg der Gemeinkosten in den Bereichen „Fertigungssteuerung", „Vertrieb", „Logistik" und „Konstruktion". Insbesondere bei den Varianten- und Sonderprodukten müssen zahlreiche aufwendige auftragsbezogene Tätigkeiten durchgeführt werden. In den folgenden Tabellen hat er relevantes Datenmaterial zusammengetragen (alle Zahlen-angaben in Euro bezogen auf ein Jahr). Zusätzlich ist anzumerken, daß bei der Ma-schinenstundensatzrechnung 50% der zugerechneten Kosten fix sind.

Produktgruppe	Schneckengetriebe			Planetengetriebe		
Produkttyp	Standard (S-ST)	Variante (S-V)	Sonder (S-S)	Standard (P-ST)	Variante (P-V)	Sonder (P-S)
Absatzmenge	840	420	250	850	495	210
Anzahl Kundenaufträge	60	70	125	50	45	70
Umsatz	9.072.000	7.980.000	9.875.000	8.840.000	9.454.500	8.043.000
Materialeinzelkosten	2.772.000	2.352.000	2.575.000	2.465.000	2.524.500	2.058.000
Fertigungslohn	1.680.000	1.344.000	1.900.000	1.615.000	2.029.500	1.743.000
Maschineneinzelkosten	2.268.000	1.596.000	1.250.000	2.550.000	2.277.000	1.302.000

Materialgemeinkosten	1.656.000	100% fix
Fertigungsgemeinkosten	9.867.000	60% fix
Vertriebs- / Verwaltungskosten	5.850.000	100% fix

Aufgabe 1

Zur Beurteilung des Produktprogramms sollen Sie Dr. Ronaldino bei der Erstellung einer Zuschlagskalkulation (Vollkostenansatz auf Produkttypenebene) und Deckungsbeitragsrechnung – jeweils auftragsbezogen – unterstützen. Gehen Sie dabei von produkttypenspezifischen Durchschnittswerten repräsentativer Aufträge aus! Welchen Erfolgsbeitrag generieren die Produkttypen zum Unternehmensergebnis? Läßt sich aus den Ergebnissen unter den geschilderten Rahmenbedingungen eine geeignete Entscheidungsgrundlage für die Überarbeitung des Produktprogramms ableiten?

Aufgabe 2

Dr. Ronaldino möchte eine aussagekräftigere Produkttypenanalyse auf Basis der Prozeßkostenrechnung erstellen, indem so weit wie möglich die Gemeinkostenzuschlagssätze durch Prozeßkosten ersetzt werden. In einem ersten Schritt möchte er die Kostenstellen „Konstruktion", „Fertigungssteuerung", „Arbeitsvorbereitung" (im Fertigungsgemeinkostenblock enthalten) und „Vertrieb" eingehender analysieren. Im folgenden sind für jede Kostenstelle die Ergebnisse einer groben Prozeßanalyse wiedergegeben. Neben den Personalkapazitäten und den gesamten Kostenstellenkosten (auf Jahresebene) sind die identifizierten Teilprozesse (TP) mit den beanspruchten Kapazitäten in Mannjahren (1 Mannjahr (MJ) entspricht 1.600 Stunden) und die relevanten Kostentreiber angegeben. Zusätzlich sind spezifische Aussagen zu den Prozeßbeanspruchungen der Produkte formuliert. Erstellen Sie aus den Angaben eine prozeßorientierte Kalkulation auf Auftragsebene! Wie verändern sich die Erfolgsbeiträge der Produkttypengruppen? Worin liegen die Veränderungen gegenüber den Ergebnissen aus Aufgabe 1 begründet? Welche Empfehlungen können Sie ableiten? Für fehlende Angaben sind geeignete Annahmen zu treffen!

1. Informationen zur Arbeitsvorbereitung

Personalkapazität	18 MJ	Kostenstellenkosten	2.345.000
TP1: Arbeitsplanerstellung	6,3 MJ	Arbeitspläne	
TP2: NC-Programmierung	9,5 MJ	NC-Programme	
TP3: Unterlieferantensteuerung	2,2 MJ	Unterlieferantenaufträge	

Im Rahmen eines S-V-Auftrages (S-S; P-V; P-S) müssen durchschnittlich 8 (18; 6; 13) Arbeitspläne erstellt werden, wobei der Aufwand für einen Arbeitsplan annähernd konstant ist. Für die Verbesserung der Standardprodukte werden jeweils 150 Arbeitspläne p.a. geschrieben. Der Rest von den 4.500 Arbeitsplänen p.a. geht auf Neuprodukte zurück. Von den ca. 12.000 NC-Programmen p.a. sind tendenziell für Sonder- und Neuprodukte mehr NC-Programme je Arbeitsplan erforderlich (ca. 30%, wobei der Erstellungsaufwand je Programm um 50% höher liegt) als bei Varianten- und Standardprodukten. Die Unterlieferanten fertigen spezielle Werkstücke, die ausschließlich in die kundenindividuellen Sonderprodukte eingehen. Die 195 Unterlieferantenaufträge gehen somit direkt aus den Sonderkundenaufträgen hervor.

2. Informationen zur Konstruktion

Personalkapazität	24 MJ	Kostenstellenkosten	3.940.000
TP4: Angebotserstellung	5,6 MJ	Angebote	
TP5: Konstruktionen erstellen	16,4 MJ	Konstruktionen	
TP6: Produktpflege	2,0 MJ	aktive Produkte	

Die Konstruktionsabteilung wird nur für die Angebotserstellung bei den Varianten- und Sonderaufträgen eingeschaltet. Aufgrund detaillierter Aufschriebe ergibt sich durchschnittlich eine Bearbeitungsdauer von 9 (19; 7,5; 21) Stunden für eine Angebotsbearbeitung S-V (S-S; P-V; P-S). Die restliche Kapazität wird als Reserve vorgehalten und für die Aktualisierung der Kataloge genutzt. Kommt es zur Annahme des Angebotes, so muß die Konstruktionsabteilung im Rahmen des TP 5 „Konstruktionen erstellen" weitere Ausarbeitungen vornehmen. 1,5 MJ werden für Neuprodukteinführungen, 9 MJ für Schneckengetriebeaufträge und der Rest für Planetengetriebeaufträge aufgewandt, wobei jeweils 80% der Kapazität auf den Typ „Sonder" entfällt. Der Bearbeitungsaufwand je Auftrag schwankt jedoch sehr stark. Im Rahmen der Produktpflege entfallen 1,3 MJ (0,7) auf den Bereich Schnecken(Planeten-)getriebe.

3. Informationen zur Fertigungssteuerung

Personalkapazität	18 MJ	Kostenstellenkosten	2.350.000
TP7: Aufträge einsteuern	7,7 MJ	Kundenaufträge	
TP8: Auftragskoordination/Terminverfolgung	5,8 MJ	Fertigungsaufträge	
TP9: Disposition	4,5 MJ	Teilepositionen	

Sowohl bei Schnecken- als auch Planetengetriebeaufträgen beansprucht die Einsteuerung eines Variantenkundenauftrags (Sonderauftrags) um 20% (50%) mehr Zeit als bei einem Standardauftrag. Es werden pro Jahr 1.600 Fertigungsaufträge abgewickelt, wobei sich die 5,8 MJ wie folgt verteilen: S-ST: 0,65 MJ; S-V: 1,0 MJ; S-S: 2,2 MJ; P-ST: 0,45 MJ; P-V: 0,5 MJ; P-S: 1,0 MJ. 50% der Dispositionskapazität für 25.000 Teilepositionen fallen kundenauftragsbezogen an; die anderen 50% stellen einen Basisaufwand dar.

4. Informationen zum Vertrieb

Personalkapazität	22 MJ	Kostenstellenkosten	3.400.000
TP10: Angebotserstellung	5,7 MJ	Kundenangebote	
TP11: Auftragsabwicklung	5,5 MJ	Kundenaufträge	
TP12: Kundenanfragen beantworten	2,8 MJ	Kundenanfragen	
TP13: Reklamationsabwicklung	3,7 MJ	Reklamationen	
TP14: Kundenbetreuung	4,3 MJ	Kunden	

Der Basisaufwand für die Bearbeitung einer Anfrage beträgt 1,5 Stunden. Die restliche verfügbare Kapazität des Prozesses verteilt sich als *Zusatz*aufwand im Verhältnis 4:5 auf Schnecken- und Planetengetriebe, wobei davon jeweils 20% auf Variantenprodukte entfallen. Es existieren zur Zeit 195 aktive Kunden. Folgende weitere Daten stehen zur Verfügung:

	S-ST	S-V	S-S	P-ST	P-V	P-S
Aufwandsverhältnis Auftragsabwicklung	1,5	4	8	1	2,5	6
Anzahl Angebote	125	200	180	90	130	100
Aufwandsverhältnis Angebotserstellung	1	5	10	1	4	8
Anzahl Anfragen	400	200	200	480	240	240
Reklamationsquote in % pro Getriebe	9%	20%	25%	10%	15%	20%
Kapazitätsverteilung der Reklamations-aufwendungen (3,7 MJ)	0,55	0,67	0,84	0,4	0,58	0,66

Lösung

Aufgabe 1

Die Erstellung einer **Zuschlagskalkulation** erfordert im ersten Schritt die Bestimmung der Zuschlagssätze (undifferenziert) für die Gemeinkostenverrechnung:

- Materialgemeinkostenzuschlagssatz: 11,23% (Bezugsbasis Materialeinzelkosten)
- Fertigungsgemeinkostenzuschlagssatz: 95,69% (Bezugsbasis Fertigungslohn)
- VVK-Zuschlagssatz: 12,23% (Bezugsbasis Herstellkosten)

Für die Einzelkosten wird ein Durchschnittswert angesetzt (Einzelkosten je Produkttyp/Anzahl Aufträge). Es errechnen sich folgende Selbstkosten und produktorientierte Erfolgsbeiträge:

Auftragszuschlagskalkulation		S-ST	S-V	S-S	P-ST	P-V	P-S
Materialeinzelkosten		46.200	33.600	20.600	49.300	56.100	29.400
Materialgemeinkosten	11,23%	5.188	3.773	2.313	5.536	6.300	3.302
Fertigungslohn		28.000	19.200	15.200	32.300	45.100	24.900
Fertigungsgemeinkosten	95,69%	26.793	18.372	14.545	30.908	43.156	23.827
Maschinenkosten		37.800	22.800	10.000	51.000	50.600	18.600
Herstellkosten		143.981	97.746	62.658	169.044	201.256	100.028
Vertr.-/Verw.kosten	12,23%	17.612	11.957	7.665	20.678	24.618	12.236
Selbstkosten je Auftrag		161.593	109.702	70.323	189.722	225.874	112.264
Umsatz je Auftrag		151.200	114.000	79.000	176.800	210.100	114.900
Erfolgsbeitrag je Auftrag		-10.393	4.298	8.677	-12.922	-15.774	2.636
Erfolgsbeitrag Produkttyp		-623.606	300.851	1.084.667	-646.098	-709.834	184.521

Bei Anwendung der Zuschlagskalkulation sind die Standard- sowie die Planeten-Variantenprodukte stark defizitär – insgesamt scheint die Produktgruppe Planetengetriebe verlustträchtig zu sein. Eine Eliminierung dieser Produkttypen müßte die logische Konsequenz sein. Nach diesem **Vollkostenansatz** werden die Gemeinkosten nach dem Durchschnittsprinzip verrechnet, wobei diese hier einen Anteil von ca. 33% der Gesamtkosten ausmachen. Die (willkürliche) Schlüsselung der Gemeinkosten („Gießkannenprinzip") anhand der wertmäßigen Zuschlagsbasen ignoriert die tatsächlichen Zusammenhänge zwischen Ressourcenbeanspruchung und Kalkulationsobjekten, so daß bei einem hohen Gemeinkostenanteil erhebliche Verzerrungen bei den Produktkosten auftreten können. Beispielsweise sind die Zuschlagsbasen (Materialeinzelkosten, Fertigungslohn sowie Selbstkosten) bei den Sonderaufträgen wesentlich geringer als bei den Varianten- und Standardaufträgen, so daß entgegen der eigentlich höheren Ressourcenbindung (aufgrund der aufwendigeren und komplexeren Abwicklung) die Sonderaufträge mit weniger Gemeinkosten belastet werden. Zur Entscheidungsfindung ist die Zuschlagskalkulation somit ungeeignet.

Die **Deckungsbeitragsrechnung** unterscheidet zwischen variablen und fixen Kostenbestandteilen. In den Deckungsbeitrag gehen nur die variablen Kostenbestandteile ein (**Teilkostenrechnung**). Aus den Angaben resultiert folgende Rechnung:

	S-ST	S-V	S-S	P-ST	P-V	P-S
Umsatz	151.200	114.000	79.000	176.800	210.100	114.900
Materialeinzelkosten	46.200	33.600	20.600	49.300	56.100	29.400
Fertigungslohn	28.000	19.200	15.200	32.300	45.100	24.900
var. Maschinenkosten	18.900	11.400	5.000	25.500	25.300	9.300
var. Fertigungsgemeinkosten	10.717	7.349	5.818	12.363	17.262	9.531
Deckungsbeitrag je Auftrag	47.383	42.451	32.382	57.337	66.338	41.769
DB / Umsatz	0,31	0,37	0,41	0,32	0,32	0,36

Alle Produkttypen weisen einen positiven Deckungsbeitrag auf, wobei die Planetengetriebe höhere Deckungsbeiträge je Auftrag erwirtschaften. In Relation zum Umsatz sind die Produkttypen fast gleichwertig. Auf kurzfristige Sicht ist somit kein Produkttyp aus dem Programm zu nehmen. Die Fixkosten weisen jedoch mit ca. 35% einen so großen Anteil an den Gesamtkosten auf, daß die Aussagefähigkeit dieses Teilkostenrechnungsansatzes für eine langfristige Beurteilung des Produktsortiments gleich null ist. Eine weitere Verteilung der Fixkosten (z.B. im Rahmen einer stufenweisen Fixkostendeckungsrechnung) wäre hier erforderlich.

Aufgabe 2

Die Prozeßkostenrechnung stellt über die Kostentreiber einen Wirkungszusammenhang zwischen Ressourcenverbrauch (Kosten) und Prozessen her. Ferner können logische Verbindungen zwischen Prozessen bzw. Kostentreibern und Kalkulationsobjekten (hier Aufträge) hergestellt werden, so daß eine transparente und differenzierte Verrechnung der analysierten Kosten ermöglicht wird. Aus den gegebenen Daten [Kapazität der Kostenstelle (Kap_k), Kosten der Kostenstelle ($KSTKosten_k$), Kapazitäten der TP (Kap_i), Kostentreibermenge der TP (CD_i)] lassen sich für jeden TP i in der Kostenstelle k die Prozeßgesamtkosten (PGK_i) und die Prozeßkostensätze (PKS_i) ermitteln:

$$PGK_i = Kap_i / Kap_k \cdot KSTKosten_k$$
$$PKS_i = PGK_i / CD_i$$

In den Kostenstellen sind keine leistungsmengenneutralen Prozesse berücksichtigt worden, so daß hier die sonst übliche Umlage dieser Kosten unterbleibt. Die so ermittelten durchschnittlichen Prozeßkostensätze sind nicht aussagekräftig, da größtenteils der Aufwand für eine Prozeßdurchführung in Abhängigkeit vom Produkttyp schwankt. Vielmehr sind die einzelnen Teilprozesse zu segmentieren und für jeden Produkttyp bzw. für jede Produktgruppe eine Ressourceninanspruchnahme und ein spezifischer Prozeßkostensatz zu ermitteln. Ein Teilprozeß wird somit in mehrere (Unter-)Teilprozesse aufgespalten. Hierzu werden in einem ersten Schritt die Prozeßkapazitäten mit Hilfe der gegebenen Informationen auf die Produkttypen verteilt. Entweder können die Kapazitäten direkt zugeordnet werden, oder es müssen die Mengenstrukturen zu Hilfe genommen werden (Komplexitätsindexanalyse). Beispielsweise ist im Vertrieb das Aufwandsverhältnis für die Auftragsabwicklung (TP11) gegeben. Ein Sonderauftrag „Planet" ist sechsmal aufwendiger als der Standardauftrag. Durch Multiplikation der Auftragsmengen mit den Aufwandsfaktoren ergibt sich eine Gesamtaufwandssumme (GAS = $1,5 \cdot 60 + 4 \cdot 70 + 8 \cdot 125 + 1 \cdot 50 + 2,5 \cdot 45 + 6 \cdot 70 = 1.952,5$). Für jeden Produkttyp resultiert aus der Division des produkttypenspezifischen Anteils an der GAS durch die GAS der gesuchte Anteil an der Prozeßkapazität (z.B. für S-ST: $1,5 \cdot 60 / 1.953 = 4,6\%$ von der Prozeßgesamtkapazität von 5,5 MJ => 0,254 MJ).

In weiteren Spalten sind die auf Neuprodukte (NP) entfallenden Kapazitäten und alle nicht zurechenbaren Kapazitäten (Rest) gesammelt. Für die weitere Behandlung dieser beiden Kategorien können zwei Wege eingeschlagen werden: 1. Diese Kosten können als leistungsmengenneutrale Kosten in Form einer Umlage (alternative Basen bzw. Schlüssel denkbar) auf den jeweiligen Teilprozeß verteilt werden. 2. Die Kosten werden in einem Pool „gesammelt" und als eine Art „Restgemeinkosten" anhand eines Schlüssels den Produkttypen zugeordnet. Im folgenden wird die letztere Alternative gewählt.

	Kap_i	S-ST	S-V	S-S	P-ST	P-V	P-S	NP	Rest
TP1: Arbeitsplanerstellung	6,3	0,210	0,784	3,150	0,210	0,378	1,274	0,294	
TP2: NC-Programmierung	9,5	0,185	0,691	5,412	0,185	0,333	2,189	0,505	
TP3: Unterlief.steuerung	2,2			1,410			0,790		
TP4: Angebotserst. Konstr.	5,6		1,125	2,138		0,609	1,313		0,416
TP5: Konstruktionen erst.	16,4		1,800	7,200		1,180	4,720	1,500	
TP6: Produktpflege	2,0	1,300			0,700				
TP7: Aufträge einsteuern	7,7	0,855	1,197	2,671	0,712	0,769	1,496		
TP8: Auftr.koor./Terminv.	5,8	0,650	1,000	2,200	0,450	0,500	1,000		
TP9: Disposition	4,5	0,321	0,375	0,670	0,268	0,241	0,375		2,250
TP10: Angebotserst. Vertr.	5,7	0,164	1,315	2,367	0,118	0,684	1,052		
TP11: Auftragsabwicklung	5,5	0,254	0,789	2,817	0,141	0,317	1,183		
TP12: Kundenanfr. beantw.	2,8	0,375	0,290	0,596	0,450	0,353	0,736		
TP13: Reklamationsabw.	3,7	0,550	0,670	0,840	0,400	0,580	0,660		
TP14: Kundenbetreuung	4,3								4,300

Produkttypenorientierte Kapazitätsverteilung

Auf der Basis des kostenstellenspezifischen Pro-MJ-Kostensatzes lassen sich die auf die segmentierten Teilprozesse entfallenden Prozeßgesamtkosten errechnen. Unter Berücksichtigung der produkttypenspezifischen Teilprozeßmengen ergeben sich die Prozeßkostensätze für die einzelnen Produkttypen. Für die Auftragskoordination in der Fertigung (TP8) werden anstelle der Fertigungsaufträge die Kundenaufträge als Kostentreiber herangezogen. Der Produktpflege (TP6) kann kein Kostentreiber zugeordnet werden. Die angegebenen Prozeßkosten sollen hier als Gemeinkosten des Produkttyps „Standard" behandelt werden – unabhängig von der Absatzmenge bzw. den Kundenaufträgen.

	Kostentreiber	S-ST	S-V	S-S	P-ST	P-V	P-S
TP1: Arbeitsplanerstellung	Arbeitspläne	182	182	182	182	182	182
TP2: NC-Programmierung	NC-Programme	74	74	111	74	74	111
TP3: Unterlief.steuerung	Kundenauftr. Sond.	0	0	1.470	0	0	1.470
TP4: Angebotserst. Konstr.	Kundenangebote	0	923	1.950	0	770	2.155
TP5: Konstruktionen erst.	Kundenaufträge	0	4.221	9.456	0	4.305	11.070
TP6: Produktpflege	n.a.	213.417	0	0	114.917	0	0
TP7: Aufträge einsteuern	Kundenaufträge	1.860	2.232	2.790	1.860	2.232	2.790
TP8: Auftr.koor./Terminv.	Kundenaufträge	1.414	1.865	2.298	1.175	1.451	1.865
TP9: Disposition	Kundenaufträge	699	699	699	699	699	699
TP10: Angebotserst. Vertr.	Kundenangebote	203	1.016	2.032	203	813	1.626
TP11: Auftragsabwicklung	Kundenaufträge	653	1.741	3.483	435	1.088	2.612
TP12: Kundenanfr. beantw.	Anfragen	145	224	461	145	227	474
TP13: Reklamationsabw.	Reklamationen	1.124	1.233	2.077	727	1.207	2.429

Produkttypenspezifische Prozeßkostensätze

Im nächsten Schritt ist eine Verbindung zwischen den Prozessen und dem Kalkulationsobjekt „Kundenauftrag" herzustellen. Es ist festzulegen, welche Prozeßkosten als Einzelkosten auf die Aufträge verrechnet werden können. Sechs Teilprozesse weisen den Kostentreiber „Kundenauftrag" auf, d.h., für jeden Auftrag wird der Prozeß einmal durchgeführt, und es fallen die ausgewiesenen Prozeßkosten an. Für die Arbeitsplanerstellung (TP1) und die NC-Programmierung (TP2) wird die durchschnittliche Anzahl an Arbeitsplänen bzw. NC-Programmen je Auftrag angesetzt (für einen S-S Auftrag sind im Rahmen von TP1 (TP2) 18 (50,95) Prozeßdurchführungen erforderlich; es fallen 18·182,4 = 3.283 (50,95·110,7 = 5.641) an Prozeßkosten an). Die auf die Standardgetriebe entfallenden Prozeßkosten (z.B. für S-ST: TP1: 150·182,4 = 27.360 und TP2: 326,6·73,8 = 24.103) sind genauso wie die der Produktpflege (TP6) Gemeinkosten eines Auftrages und können nur auf der Ebene des Produkttyps als Einzelkosten verrechnet werden. Für die Kundenanfragen (TP12) wird ebenfalls eine direkte Proportionalität zu den Kundenaufträgen unterstellt. Es ergeben sich für die Produkttypen Prozeßkoeffizienten (Anzahl Prozesse je Auftrag) von 6,67; 2,86; 1,60; 9,60; 5,33; 3,43. Bei der Reklamationsabwicklung (TP13), deren Prozeßkosten eigentlich Einzelkosten auf der Ebene der Getriebe darstellen, errechnen sich über die durchschnittliche Auftragslosgröße folgende Koeffizienten: 1,26; 1,20; 0,50; 1,70;

1,65; 0,60. Die Prozeßkosten für die Angebotserstellung (TP4, TP10) können ebenso als direkt abhängig von der Auftragsanzahl angesehen werden (für die Akquisition eines Auftrages sind x Angebote erforderlich) oder alternativ als Einzelkosten des Produkttyps bzw. Gemeinkosten des Auftrages interpretiert werden. Im folgenden werden die Kosten über Prozeßkoeffizienten als Einzelkosten berücksichtigt.

Mit diesen Informationen kann eine prozeßorientierte Auftragskalkulation zur Unterstützung der strategischen Produktprogrammplanung erstellt werden (vgl. nachfolgende Tabelle):

1. Subtraktion der Einzelkosten vom Umsatz (Ergebnis 1)
2. Berücksichtigung von Prozeßeinzelkosten (Ergebnis 2)
3. Berücksichtigung von GK (Ergebnis 3)
   - Prozeßgemeinkosten (unabhängig von der Auftragsanzahl)
   - Materialgemeinkosten (wie oben als Zuschlag auf die Materialeinzelkosten)
   - Restfertigungsgemeinkosten:

     Fertigungsgemeinkosten: 9.867.000
     – Kostenstellenkosten AV, Konstr., Fert.steuerung   – 8.635.000
     + Restprozeßkosten (NP bzw. Rest von TP1,2,4,5,9)   +   712.341
     = Restfertigungsgemeinkosten   = 1.944.341

     Bezugsgröße: Auftragsanzahl   1.944.341 / 420 = 4.629 je Auftrag
   - Restvertriebskosten: (TP14)
     Bezugsgröße: Auftragsanzahl   664.545 / 420 = 1.582 je Auftrag
   - Verwaltungskosten:
     Zuschlagsbasis: Einzelkosten und Prozeßeinzelkosten (46.527.854; 5,27%) (Alternativ könnten z.B. aus Vergleichsgründen die Verwaltungskosten je Produkttyp aus Aufgabe 1 übertragen werden.)

Gegenüber den Ergebnissen aus Aufgabe 1 hat sich das Bild grundlegend gewandelt: Nach Zurechnung der Prozeßeinzelkosten ist schon erkennbar, daß nun die Sonderaufträge defizitär sein werden. Die Standardprodukte sind die Erfolgsgaranten, während über eine Neupositionierung im Sondergeschäft nachgedacht werden muß. Insgesamt schneiden die Planetengetriebe nun wesentlich besser ab als die Schneckengetriebe, die insgesamt aufgrund des hohen Auftragsvolumens der Sonderaufträge (ca. 50%) ein sehr hohes negatives Ergebnis aufweisen. Gerade hier bei den Schneken-Sonderaufträgen kommt es durch die differenzierte Verteilung der Gemeinkosten zu den größten Veränderungen: Knapp über Euro 3 Mio. ist das Ergebnis dieses Produkttyps niedriger.

Die Veränderungen gegenüber den Ergebnissen aus Aufgabe 1 sind im wesentlichen darauf zurückzuführen, daß nun eine wesentlich differenziertere Verteilung der Gemeinkosten erfolgt. Insbesondere sind zwei Einflußfaktoren für die Unterschiede verantwortlich:

- *Komplexitätseffekte*: Die Produkttypen beanspruchen in unterschiedlichem Maße die Prozesse. Sonderaufträge sind prinzipiell aufwendiger als Standard- und Variantenaufträge, so daß sie bei der prozeßorientierten Kalkulation mit höheren Kosten belastet werden.

- *Degressionseffekte*: Da die Prozeßkosten als Einzelkosten auf einen Auftrag verrechnet werden und somit für ein Getriebe Gemeinkosten darstellen, kommt der Losgröße eine entscheidende Bedeutung zu. Da Sonderaufträge wesentlich kleiner sind, entfallen dort auf ein einzelnes Getriebe höhere anteilige Prozeßkosten als bei Varianten- und Standardgetrieben.

		Schneckengetriebe			Planetengetriebe		
		S-ST	S-V	S-S	P-ST	P-V	P-S
	Aufträge	60	70	125	50	45	70
	Umsatz je Auftrag	151.200	114.000	79.000	176.800	210.100	114.900
EK	Material	46.200	33.600	20.600	49.300	56.100	29.400
	Fertigungslohn	28.000	19.200	15.200	32.300	45.100	24.900
	Maschinenkosten	37.800	22.800	10.000	51.000	50.600	18.600
	Ergebnis 1 (je Auftrag)	39.200	38.400	33.200	44.200	58.300	42.000
P r o z e ß - E K	Fertigungsprozeßkosten						
	Arbeitsplanerstellung (TP1)		1.459	3.283		1.094	2.371
	NC-Programmierung (TP2)		1.286	5.641		964	4.074
	Unterlieferantensteuerung (TP3)			1.470			1.470
	Konstruktion (TP5)		4.221	9.456		4.305	11.070
	Aufträge einsteuern (TP7)	1.860	2.232	2.790	1.860	2.232	2.790
	Auftragskoordination (TP8)	1.414	1.865	2.298	1.175	1.451	1.865
	Disposition (TP9)	699	699	699	699	699	699
	Vertriebsprozeßkosten						
	Auftragsabwicklung (TP11)	653	1.741	3.483	435	1.088	2.612
	Kundenanfragen (TP12)	966	640	737	1.391	1.212	1.625
	Reklamationsabwicklung (TP13)	1.417	1.479	1.039	1.236	1.992	1.457
	Angebotsprozeß Konstr. (TP4)		2.638	2.807		2.223	3.078
	Angebotsprozeß Vertrieb (TP10)	423	2.903	2.926	366	2.348	2.322
	Ergebnis 2 (je Auftrag)	**31.767**	**17.236**	**–3.429**	**37.037**	**38.692**	**6.567**
Pro-zeß-GK	Konstruktionsprozeßkosten (TP6)	3.557			2.298		
	Arbeitsplanerstellung (TP1)	456			547		
	NC-Programmierung (TP2)	402			482		
GK	Materialgemeinkosten	5.188	3.773	2.313	5.536	6.300	3.302
	Restfertigungsgemeinkosten	4.629	4.629	4.629	4.629	4.629	4.629
	Restvertriebsprozeßkosten (TP14)	1.582	1.582	1.582	1.582	1.582	1.582
	Verwaltungskosten	6.289	5.095	4.340	7.359	9.026	5.704
	Ergebnis 3 (je Auftrag)	**9.664**	**2.156**	**–16.294**	**14.602**	**17.154**	**–8.651**
	Ergebnis aus Aufgabe 1	–10.393	4.298	8.677	–12.922	–15.774	2.636
	Erfolgsbeitrag Produkttyp	**579.841**	**150.904**	**–2.036.736**	**730.118**	**771.944**	**–605.571**
	Erfolgsbeitrag Produkttyp aus Aufgabe 1	–623.606	300.851	1.084.667	–646.098	–709.834	184.521

Prozeßorientierte Auftragskalkulation

Wesentliche Erkenntnis aus der prozeßorientierten Auftragskalkulation ist, daß die bisher eingesetzte Zuschlagskalkulation nicht die Auswirkungen der Losgröße und der Auftragsart berücksichtigt. Hier ist auch der Grund für die schrittweise Entwicklung vom Standardgeschäft zu den Varianten- und Sonderprodukten zu sehen, da die Standardprodukte zu teuer kalkuliert werden und damit am Markt kaum noch wettbewerbsfähig sind.

Im Rahmen der strategischen Produktprogrammplanung ist allerdings nicht der voreilige Schluß zu ziehen, daß keine Sonderprodukte mehr angeboten werden sollten. Vielmehr ist zu berücksichtigen, daß hier mit „Durchschnittswerten" gerechnet wurde. Während die Ergebnisse bei den Standardprodukten durchaus für den Großteil der Aufträge zutreffen, können bei Varianten- und insbesondere bei Sonderprodukten erhebliche Schwankungen der Prozeßkostensätze auftreten (z.B. beim Konstruktionserstellungsprozeß (TP5)). Somit können auch Sonderaufträge mit positivem Ergebnis existieren. Zur Verbesserung der Unternehmenssituation bietet sich an dieser Stelle eine Reihe von Maßnahmen an, von denen einige beispielhaft angeführt sind:

• Veränderung des Preisgefüges im Standardbereich mit flankierenden Marketingmaßnahmen zur Erhöhung der Auftragsmengen.

• Anwendung einer prozeßorientierten Kalkulation zur Preisfindung bei Sonder- und Variantenaufträgen.

• Aufgrund der hohen auftragsabhängigen Prozeßeinzelkosten sollte eine Erhöhung der Losgröße angestrebt und stückzahlabhängige Preissysteme eingeführt werden.

• Prozeßoptimierungen, wobei unter anderem folgende Fragen zu beantworten wären: Warum sind die Prozesse bei der Auftragsabwicklung im Bereich „Planeten" günstiger als bei den „Schnecken"? Wie könnten die komplexen Prozesse für Sonder- und Variantenaufträge vereinfacht werden?

• Target Costing und Wertanalysen zur markt- und kostenorientierten Gestaltung des Produktes (Senkung der Produkteinzelkosten).

Literaturhinweise

BATZ, V., SCHIMPF, T., EIGENBRODT, M.: Prozeßorientierte Ressourcenplanung als Baustein eines integrativen Prozeßmanagements, Controlling, 10. Jg. (1998), Nr. 6, S. 364–373.

COENENBERG, A.G.: Kostenrechnung und Kostenanalyse, 4. Aufl., Landsberg am Lech 1999.

HORVÁTH, P., MAYER, R.: Prozeßkostenrechnung – Konzeption und Entwicklungen, in: MÄNNEL, W. (Hrsg.), Prozeßkostenrechnung; Bedeutung – Methoden – Branchenerfahrungen – Softwarelösungen, Wiesbaden 1995, S. 59–86.

KAUFMANN, L.: Komplexitäts-Index-Analyse von Prozessen, in: Controlling, 8. Jg. (1996), Nr. 4, S. 212–221.

KAUFMANN, L.: Controllingorientierte Segmentierung von Prozessen, in: krp, 41. Jg. (1997), Nr. 4, S. 211–217.

Frank Keuper

Multidimensionale Quantifizierung und Verarbeitung von Imponderabilien in der strategischen Produktionsprogrammplanung

Aufgabe 1

Erläutern Sie kurz die Begriffe „Unsicherheit", „Unschärfe" und „Imponderabilien"!

Aufgabe 2

Erläutern Sie kurz die Probleme der multidimensionalen Quantifizierung und Verarbeitung von Imponderabilien im Rahmen der Strategieermittlung am Beispiel klassischer Portfolios!

Aufgabe 3

Der Vorstandvorsitzende der Hamburger „Power auf Dauer AG", Herr P. Ahnungslos, hat im Rahmen seines abgebrochenen Studiums der Betriebswirtschaftslehre mitbekommen, daß die Simplifizierung der strukturdefekten strategischen Planungssituation auf zwei Dimensionen im Rahmen klassischer Portfolios nicht sachadäquat erscheint. Von den im Rahmen der exogenen Umweltanalyse herausgestellten ökonomischen, ökologischen, technologischen, sozio-kulturellen und gesetzlichen Rahmenbedingungen sind vor dem Hintergrund einer zunehmenden Umweltorientierung der Märkte und einer wachsenden Dynamisierung des Fortschritts seiner Meinung nach vor allem die Beziehungen zwischen den ökonomischen, ökologischen und technischen Rahmenbedingungen von entscheidender Bedeutung. Diesem Gedanken will er durch eine Planung mit Hilfe des wissensbasierten Fuzzy-Ökonomie-Ökologie-Technologie-Portfolios (FÖÖT-Portfolios) Rechnung tragen. Aufgrund seines abgebrochenen Studiums bittet er Sie, anhand der nachfolgenden Daten eine vereinfachte Analyse seiner strategischen Entscheidungssituation mit Hilfe des FÖÖT-Portfolios vorzunehmen.

Die unscharfen Normstrategien „Desinvestition (D)", „Selektion (S)" und „Investition (I)" werden durch trapezoide bzw. halbtrapezoide Zugehörigkeitsfunktionen $D = (-10, 0, 0, 4)$, $S = (2, 6, 4, 4)$ und $I = (11, 30, 7, 0)$ über dem dimensionslosen Grundbereich $G = [-10, 30]$ visualisiert. Die Struktur der Kriterienhierarchien und die zu berücksichtigenden linguistischen Variablen sowie die von P. Ahnungslos generierten Input-Werte sind der nachfolgenden Tabelle zu entnehmen. Gleiches gilt für die halbtrapezoiden bzw. trapezoiden Zugehörigkeitsfunktionsvorschriften der linguistischen Terme „niedrig", „mittel" und „hoch" der linguistischen Variablen über dem dimensionslosen Grundbereich $G = [0, 10]$.

Hierarchieebene		Linguistische Variable	Input-Wert
1.	2.		
1.		Marktattraktivität	
	2.	Marktentwicklungsqualität	6
	2.	Umweltentwicklungsqualität	5
1.		Umweltverträglichkeit	
	2.	Umweltverträglichkeit der Leistungserstellung	7
	2.	Umweltverträglichkeit der Nutzung/Entsorgung	6
1.		Technische Attraktivität	
	2.	Originäre Entwicklungsmöglichkeit	8
	2.	Weiterentwicklungsmöglichkeit	9
Linguistische Terme der linguistischen Variablen			
niedrig		mittel	hoch
(0, 2, 0, 2)		(4, 5, 2, 2)	(8, 10, 3, 0)

Als Aggregationsoperator soll der Einfachheit halber der Gamma-Operator ohne Gewichtung verwendet werden; der Kompensationsfaktor Gamma beträgt $\gamma = 0{,}5$. Plausibilitätsziffern sind nicht zu berücksichtigen. Die jeweils neun Produktionsregeln innerhalb der Kriterienhierarchien „Marktattraktivität", „Umweltverträglichkeit" und „Technische Attraktivität" sind so auszugestalten, daß die möglichen Konklusionen „niedrig", „mittel" und „hoch" jeweils dreimal generiert werden.

a) Erläutern Sie kurz die Grundidee der Fuzzy-Set-Theorie! Wie sind unscharfe Mengen und insbesondere trapezoide Zugehörigkeitsfunktionen definiert, und wie können Zugehörigkeitsfunktionen allgemein miteinander verknüpft werden? Warum kann die Fuzzy-Set-Theorie nicht nur als eine Erweiterung der klassischen Mengenlehre, sondern als Fuzzy-Logik auch als eine Erweiterung der dualen Logik angesehen werden?

b) Ermitteln Sie für die Beispielsituation mathematisch exakt die Zugehörigkeitsgrade zu den unterschiedlichen Klassen der möglichen Geschäftseinheitslagen! Visualisieren Sie die ermittelte Positionierung im dreidimensionalen Raum! Erläutern Sie dabei Ihre Vorgehensweise und insbesondere die generelle Struktur wissensbasierter Fuzzy-Systeme! Bevor Sie jedoch die Defuzzyfizierungskomponenten klassischer wissensbasierter Fuzzy-Systeme erläutern, gilt es das spezielle Kantenproblem im Rahmen des FÖÖT-Portfolios näher zu spezifizieren. Ermitteln Sie anschließend für das Beispiel den Wert der Zugehörigkeit zur ausgewiesenen Strategieempfehlung! Bestimmen Sie mit Hilfe der Max-Min-Inferenz und dem Flächenschwerpunktverfahren den konkreten Strategiestellwert! Interpretieren Sie das Ergebnis, und erläutern Sie die wesentlichen Vorteile des FÖÖT-Portfolios!

Lösung

Aufgabe 1

Während die stochastische Unsicherheit – visualisiert durch Wahrscheinlichkeitsfunktionen – Ereignissen Wahrscheinlichkeiten zuordnet und das Ereignis selbst immer klar definiert ist, bezieht sich die Vagheit auf ein oder mehrere gleichzeitig zu beachtende Attribute eines Merkmals und damit auf die Unschärfen menschlicher Denk-, Formulierungs- und Entscheidungsprozesse. Dabei ist ein Attribut (z.B. „niedrig", „mittel" oder „hoch") oder eine Relation (z.B. „wesentlich größer als" oder „erheblich risikoreicher als") als unscharf definiert, wenn die Menge der Elemente, auf die das Attribut oder die Relation zutrifft, nicht klar von der Menge der nichtzutreffenden Objekte abgrenzbar ist. Diese nicht eindeutig erfaßbaren Gesichtspunkte, deren Quantifizierung aufgrund der Strukturdefektheit, insbesondere der Bewertungsdefektheit der Planungssituation, nicht gelungen ist, werden als Imponderabilien bezeichnet.

Aufgabe 2

Beim Portfoliomanagement werden die Marktbereiche in strategische Geschäftsfelder (SGF) und das unternehmerische Betätigungsfeld in strategische Geschäftseinheiten (SGE) segmentiert, welche jeweils eine Produkt-Markt-Kombination darstellen und einen eigenständigen Beitrag zum Unternehmenserfolg leisten. Die Chancen und Risiken der strategischen Geschäftsfelder und die Stärken und Schwächen der darauf agierenden strategischen Geschäftseinheiten werden durch einzelne oder aggregierte, ausgewählte Erfolgsfaktoren beurteilt und anschließend in Abhängigkeit von der Anzahl an Bewertungsklassen in einer zweidimensionalen Vier- oder Neunfeldermatrix abgebildet. Für jedes Feld wird eine Normstrategie entwickelt, die aufgrund ihres allgemeinen Charakters vom Planer situativ angepaßt und operationalisiert werden muß.

Klassische Portfolioansätze basieren auf einzelnen oder aggregierten Erfolgsfaktoren und weisen einige grundsätzliche Schwächen auf. So werden bei Singlefaktor-Portfolios, wie dem Marktanteil-Marktwachstum-Portfolio, i.d.R. ausschließlich deterministische oder objektiv stochastische, quantitative Größen verwendet. Neben dem Problem, in schlechtstrukturierten Planungssituationen deterministische oder stochastische, quantitative Daten zu erhalten, erscheint die Simplifizierung einer solchen Situation zu einer Einfaktorenbetrachtung nicht sachadäquat. Diese Nachteile versuchen Multifaktormodelle, wie das Marktattraktivitäts-Wettbewerbsvorteil-Portfolio, dadurch zu kompensieren, daß sie mehrere quantitative und qualitative ökonomische Kriterien, die hierarchisch untergliedert sind, zu einem Erfolgsfaktor aggregieren. Die Kriterien weisen dabei i.a. die drei linguistischen Ausprägungen „niedrig", „mittel" und „hoch" auf, welche jedoch durch einen pseudodeterministischen Punktwert künstlich geschärft und mit Hilfe von Scoringmodellen zu einem Unipolarwert aggregiert werden.

Um die Vorteilhaftigkeit einer strategischen Geschäftseinheit durch das Abwägen des Chancen-Risiko- und des Stärken-Schwächen-Potentials zu ermitteln, müssen die Achsen eines Scoring-Portfolios identische Maßeinheiten aufweisen. Hieraus folgt, daß die zu berücksichtigenden Beziehungen zwischen den Kriterien innerhalb des Scoring-Portfolios komplementär unabhängig oder alternativ ausgestaltet sein müssen. Komplementär unabhängig bedeutet, daß zwei untergeordnete Kriterien in die gleiche Richtung auf das übergeordnete Kriterium einwirken, wobei ihre individuelle Wirkungsstärke unabhängig von der jeweiligen Wirkungsstärke des anderen Kriteriums ist. Alternative Kriterien liegen vor, wenn sich entweder das eine oder das andere Subkriterium situationsabhängig auf das Zielkriterium auswirkt. Werden diese Anforderungen nicht berücksichtigt, so wird der Gesamtpunktwert aufgrund des mehrmaligen Erfassens des gleichen Wirkungszusammenhangs verfälscht. Realiter gelten jedoch für unterschiedliche strategische Geschäftseinheiten unterschiedliche Detailkriterien mit variierenden Detaillierungsgraden. Aufgrund des hohen Aggregationsniveaus der strategischen Produktionsprogrammplanung müssen die unterschiedlichen Kriterien abstrakt linguistisch formuliert werden. Beim klassischen Scoring-Portfolio ist jedoch die Zuordnung der originären Kriterienausprägung zu dem abstrakten linguistischen Bewertungskriterium intransparent. Hinzu kommt, daß die Ausgestaltung des abstrakten linguistischen Beurteilungskriteriums situationsspezifisch zu erfolgen hat, so daß ein und dieselbe individuelle Kriterienausprägung unterschiedliche Kriterienwerte nach sich ziehen kann. Diesem Gesichtspunkt können klassische Scoring-Portfolios lediglich durch eine unterschiedliche Gewichtung oder durch eine veränderte Bewertungsklasseneinteilung Rechnung tragen. Zudem ist in praxi eine strikte Teilung in komplementär unabhängige oder alternative Kriterienpaare aufgrund des hohen Abstraktionsgrades der strategischen Programmplanung nur schwer durchzuhalten.

Die Unterteilung der Erfolgsfaktoren bei Multifaktor-Portfolios in drei Kategorien ermöglicht im Gegensatz zur Zweiteilung bei Singlefaktor-Portfolios eine differenziertere Strategieempfehlung. Allerdings ist, wie schon bei der Stärken- und Schwächenanalyse und den Singlefaktor-Portfolios, die Einordnung des aggregierten Punktwertes in einzelne Klassen anhand scharfer Grenzwerte vor allem in der Nähe von Klassenübergängen problematisch. Zum einen sind die aggregierten grenznahen Größen interpretationsbedürftig, zum anderen ist die scharfe willkürliche Klassifikation und Feldeinteilung dem qualitativen Charakter der Planungssituation nicht angepaßt, so daß eher von fließenden Klassenübergängen als von scharfen Klassengrenzen gesprochen werden müßte.

Generell versuchen Portfolioansätze, mit der Positionierung von strategischen Geschäftseinheiten von der Komplexität und damit der Strukturdefektheit der Planungssituation zu abstrahieren und diese Simplifikation so grafisch aufzubereiten, daß allgemeine Handlungsempfehlungen abgeleitet werden können. Jedoch ist diese Vereinfachung auf eine zweidimensionale Sichtweise und einen pseudodeterministischen

Punktwert nicht problemadäquat. Vielmehr gilt es, eine möglichst hohe Anzahl von unternehmensrelevanten Erfolgsfaktoren im Rahmen der Umwelt- und Unternehmensanalyse zu erfassen, die Freiheitsgrade möglicher Ausprägungen und damit die extreme Unschärfe in der strategischen Planung in die Portfolioansätze zu integrieren und möglichst ganzheitlich zu visualisieren. Ferner erscheint es sinnvoll, bereits in der Modellbildungsphase das Expertenwissen des Planers zu integrieren und nicht nur im Rahmen der operativen Ausgestaltung der Normstrategien zu nutzen sowie die sachlich nicht begründbaren scharfen Klassengrenzen der Erfolgsfaktoren problemadäquat aufzuweichen. Ziel dieser Maßnahmen ist es, die Entscheidungsgrundlage durch einen dem menschlichen Denkprozeß nachempfundenen Strukturierungsablauf unter Beibehaltung der situationsinhärenten Unschärfe und eines Mindestmaßes an notwendiger Modellkomplexität im Sinne einer ganzheitlichen Situationsbeurteilung zu verbessern.

Aufgabe 3

a) Reale Entscheidungssituationen sind häufig gleichzeitig durch Unsicherheit und Unschärfe geprägt, so daß es eines Instrumentes bedarf, welches in der Lage ist, alle Arten der Unsicherheit oder Unschärfe abzubilden. Mit der Fuzzy-Set-Theorie, d.h. der Theorie zur Beschreibung und Verknüpfung unscharfer Mengen, welche 1965 von ZADEH entwickelt wurde, steht ein solches Instrument zur Verfügung. Die Fuzzy-Set-Theorie stellt einen Weg dar, die unterschiedlichen Formen der Unschärfe sowie zufällige Unsicherheiten, die in metrischer oder nichtmetrischer Form vorliegen oder aufgrund widersprüchlicher Evidenz entstanden sind, nicht in Form zustandsspezifischer Punktschätzungen abzubilden, sondern die Mehrwertigkeit der Erwartungen bis in die Entscheidungsphase mit Hilfe von Zugehörigkeitsfunktionen fortzutragen. Die fehlende Präzision bzw. die bestehende Vagheit wird somit im Modellbildungsprozeß von vornherein explizit toleriert.

Anstelle der Dichotomie des Cantorschen Mengenbegriffs, bei dem eine Aussage entweder wahr oder falsch sein kann (*tertium non datur*) bzw. ein Element in einer Menge enthalten ist (Zugehörigkeitswert: *1*) oder nicht (Zugehörigkeitswert: *0*), wird in der Fuzzy-Set-Theorie mit Hilfe einer Zugehörigkeitsfunktion der Zugehörigkeitsgrad eines Elementes zu einer Menge betrachtet. Da die Übergänge der Zugehörigkeit fließend sind, wird diese Menge als *unscharfe Menge* bezeichnet. Eine unscharfe Aussage kann somit „ziemlich wahr" und gleichzeitig „etwas falsch" sein. Beispielsweise kann die Marktattraktivität gleichzeitig als „mittel" bzw. „weniger schlecht" quantifiziert werden. Diese Sichtweise der Unschärfe basiert auf der Annahme, daß die vagen Begriffe „mittel" bzw. „weniger schlecht" einen reellwertigen, jedoch nicht bestimmbaren Wert beschreiben.

Die Zugehörigkeitsfunktion eines LR-Fuzzy-Intervalls wird durch die Notation $M =$ (v^L, v^R, s^L, s^R) festgelegt. Die beiden Punkte m^L und m^R stellen den linken und den rechten Eckpunkt des Gipfelintervalls *[v^L, v^R]* auf dem Zugehörigkeitsniveau eins dar. s^L und s^R geben die linke und die rechte Schwankungsbreite an. Wird *L (x) = R (x) = max* {0;1 – |x|} als Referenzfunktion gewählt, so ergibt sich ein trapezförmiger Funktionsverlauf, bei dem der linke Punkt *(v^L – s^L) = v^U* und der rechte Punkt *(v^R + s^R) = v^O* die jeweiligen Intervallgrenzen auf dem Nullniveau darstellen. Im Unterschied zum Fuzzy-Intervall weist eine Fuzzy-Zahl nur einen Gipfelpunkt auf, von dem die linke und die rechte Spreizung ausgehen.

$$
\mu_{\tilde{M}}^{Int}(x) = \begin{cases} L\left(\left(v^L - x\right)/s^L\right) & \text{für } x \leq v^L, s^L > 0 \\ 1 & \text{für } v^L \leq x \leq v^R \\ R\left(\left(x - v^R\right)/s^R\right) & \text{für } x \geq v^R, s^R > 0 \end{cases}
$$

Die Fuzzy-Set-Theorie kann nicht nur als eine Verallgemeinerung der klassischen Mengenlehre, sondern auch als eine Verallgemeinerung der zweiwertigen (dualen) Logik verstanden werden, was durch den Begriff *Fuzzy-Logik* verdeutlicht wird. Der Unterschied zwischen Logik und Mengenlehre zeigt sich bei der Betrachtung der entsprechenden Operationen. Während bei Mengenoperationen die gesamten Mengen mit all ihren Elementen verknüpft werden (als Ergebnis wird wieder eine Menge generiert), findet bei logischen Operationen eine Verknüpfung von Eigenschaften eines betrachteten Objektes statt (als Ergebnis wird ein Element mit einer bestimmten Eigenschaft generiert). Zur kontinuierlichen Verknüpfung dieser Eigenschaften im Rahmen der Fuzzy-Set-Theorie wurden eine Reihe von Operatoren entwickelt. Diese lassen sich in die Klasse der t-Normen (Durchschnittsoperatoren), der t-Conormen (Vereinigungsoperatoren) und der kompensatorischen Operatoren unterteilen, wobei die t-Norm das logische UND, die t-Conorm das logische ODER und die kompensatorischen Operatoren einen Kompromiß zwischen logischem UND und logischem ODER abbilden.

b) Generell stellen wissensbasierte Systeme ein Softwaresystem dar, in das problemspezifisches Fachwissen explizit integriert und getrennt von allgemeinem Problemlösungswissen repräsentiert wird. Insofern beinhalten wissensbasierte Systeme sowohl eine Wissensbasis als auch eine Problemlösungskomponente.

Wissensbasierte Fuzzy-Systeme sind regelbasierte Systeme, in deren Wissensbasis qualitatives, unscharfes Wissen in Form linguistischer Variablen und unscharfer Produktionsregeln hinterlegt ist, so daß auch in der Problemlösungskomponente die tatsächliche Unschärfe adäquat berücksichtigt wird. Zudem ermöglichen wissensbasierte Fuzzy-Systeme die approximative Inferenz, welche dem menschlichen Schlußfolgerungsprozeß sehr nahe kommt, mit der Folge, daß im Gegensatz zu klassischen Expertensystemen bei sehr kleinen Veränderungen des Inputs auch nur sehr kleine Variationen des Outputs generiert werden.

Die grundlegende Struktur unscharfer Regelung unterscheidet sich nicht von der einer konventionellen Regelung. Die Bezeichnung „wissensbasiertes Fuzzy-System" im Sinne eines Fuzzy Controllers bezieht sich auf die Art und Weise, in der die Stellgrößen erzeugt werden. Grundsätzlich besteht der Algorithmus eines wissensbasierten Fuzzy-Systems aus den drei Komponenten Fuzzyfizierung, Inferenz und Defuzzyfizierung.

Bei der Fuzzyfizierung werden die scharfen Eingangswerte mit Hilfe von Zugehörigkeitsfunktionen, welche die möglichen unscharfen linguistischen Zustandsgrößen innerhalb des Systems repräsentieren, in Zugehörigkeitsgrade zu jeweiligen unscharfen linguistischen Zustandsgrößen transformiert. Die Bildung von Fuzzy-Vektoren ist notwendig, weil zum einen das Reglerverhalten durch Produktionsregeln (Wenn-Dann-Regeln) determiniert wird und zum anderen die in der Regelbasis verwendeten Zustandsgrößen als Repräsentanten des menschlichen Expertenwissens in Form linguistischer Variablen vorliegen. Eine linguistische Variable ist dadurch gekennzeichnet, daß sie als Werte keine Zahlen oder Verteilungen, sondern sprachliche Konstrukte (sogenannte Terme) annimmt.

Um die Zugehörigkeitsgrade zu dem jeweils obersten Kriterium im Rahmen einer Fuzzy-Kriterienhierarchie ermitteln zu können, müssen zunächst die scharfen Input-Werte fuzzyfiziert, d.h. in Fuzzy-Vektoren transformiert werden. Die entsprechenden Werte für das Beispiel sind den nachfolgenden Abbildungen zu entnehmen.

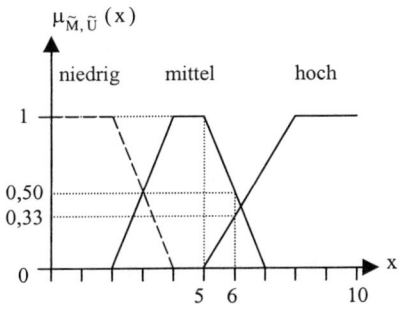

Marktentwicklungsqualität,
Umweltentwicklungsqualität

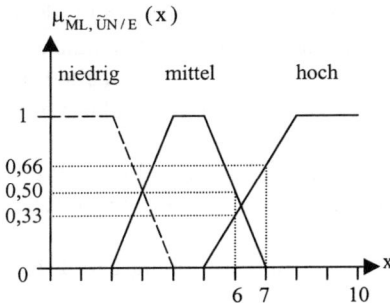

Umweltverträglichkeit der
Leistungserstellung,
Umweltverträglichkeit der
Nutzung/Entsorgung

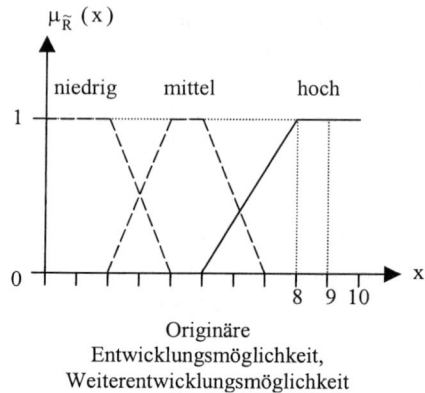

Originäre
Entwicklungsmöglichkeit,
Weiterentwicklungsmöglichkeit

Aus den Abbildungen wird deutlich, daß beispielsweise der Umweltentwicklungsqualität mit dem scharfen Input-Wert 5 der Zugehörigkeitsgrad 1 zum linguistischen
Term „mittel" der linguistischen Variablen „Umweltentwicklungsqualität" zugewiesen wird. Während hierbei die graduelle Zuordnung eindeutig ist, ist dies im Fall der
„Marktentwicklungsqualität" nicht mehr gegeben, da dem scharfen Input-Wert 6 sowohl eine graduelle Zugehörigkeit zum linguistischen Term „mittel" (Zugehörigkeitsgrad 0,5) als auch zum linguistischen Term „hoch" (Zugehörigkeitsgrad 0,33) zugeordnet wird. Sprachlich könnte die Marktentwicklungsqualität also mit „mehr hoch
als mittel" charakterisiert werden.

In der *Regelbasis*, dem Kern des Inferenzmechanismus, wird das Erfahrungswissen
eines Experten üblicherweise in Produktionsregeln abgebildet. Voraussetzung hierfür
ist, daß ein Experte beschreiben kann, wie sich der Regler für alle möglichen Ausprägungen der Zustandsgrößen verhalten soll, damit für jeden Zustand eine zulässige und
eindeutige Stell- bzw. Entscheidungsgröße generiert wird.

Während der Bedingungsteil einer Produktionsregel mehrere Bedingungen umfassen
kann, enthält die Konklusion genau eine Klausel:

       Wenn Bedingung 1 **und** Bedingung 2, **dann** Schlußfolgerung.

Die dargestellte Prämissenauswertung (Kompatibilitätsmaßermittlung), d.h. die reell-
wertige Wahrheitswertermittlung der Voraussetzung, erfolgt i.d.R. durch eine UND-
Verknüpfung der in den Prämissen enthaltenen Aussagen (UND-Operator). Kompensieren sich die einzelnen Bedingungen, so kann die Ermittlung des Kompatibilitäts-
maßes auch durch einen kompensatorischen Operator erfolgen.

Beispielhaft lauten die Produktionsregeln für die Regelbasis „Marktattraktivität":

Regel	WENN	Marktentwick-lungsqualität	&	Marktattraktivität Umweltentwick-lungsqualität	DANN	Markt-attraktivität
1.		niedrig		niedrig		niedrig
2.		mittel		niedrig		niedrig
3.		hoch		niedrig		mittel
4.		niedrig		mittel		niedrig
5.		mittel		mittel		mittel
6.		hoch		mittel		hoch
7.		niedrig		hoch		mittel
8.		mittel		hoch		hoch
9.		hoch		hoch		hoch

Um von den konkreten Zugehörigkeitsgraden der scharfen Input-Werten zu den linguistischen Eingangsgrößen auf die Zugehörigkeitsgrade zu den linguistischen Ausgangsgrößen schließen zu können, bedarf es eines *Inferenz*mechanismus.

In Erweiterung des klassischen *modus ponens* geht das *unscharfe Schließen* (Fuzzy Reasoning) davon aus, daß eine Schlußfolgerung nicht nur volle Gültigkeit bzw. Ungültigkeit aufweisen kann, sondern auch nur in dem Maße „wahr" ist (*modus tollens*), wie die entsprechenden Bedingungen der Regel wahr sind (Zwischenwerte). Zudem können – bedingt durch die Unschärfe der Entscheidungssituation (z.B. mangelnde Exklusionsbedingung) – innerhalb einer Regelmenge die Prämissenteile mehrerer Regeln teilweise erfüllt sein. Daher muß, im Gegensatz zu klassischen Expertensystemen, bei wissensbasierten Fuzzy-Systemen für die gesamte Regelmenge analysiert werden, welche Schlußfolgerungen welchen Erfüllungsgrad aufweisen.

Wenn *Bedingung 1* den linguistischen Term x $\left(\text{mit } \mu_{\widetilde{B}I}(x) = \alpha_I\right)$
der linguistischen Variablen X
und *Bedingung 2* den linguistischen Term y $\left(\text{mit } \mu_{\widetilde{B}II}(x) = \alpha_{II}\right)$
der linguistischen Variablen Y annimmt,
dann weist die *Schlußfolgerung* den linguistischen Term z $\left(\text{mit } \mu_Z = \alpha_Z\right)$
der linguistischen Variablen Z auf.

Die Verknüpfung der Zugehörigkeitsgrade zu den linguistischen Termen der linguistischen Eingangsvariablen im jeweiligen Prämissenteil der Produktionsregeln hat laut Aufgabenstellung mit dem Gamma-Operator ohne Gewichtung zu erfolgen. Allgemein ist der kompensatorische Gamma-Operator wie folgt definiert:

$$\mu_C(x) = \left(\mu_{\widetilde{A}}(x) \cdot \mu_{\widetilde{B}}(x)\right)^{1-\gamma} \cdot \left(1 - \left(1 - \mu_{\widetilde{A}}(x)\right) \cdot \left(1 - \mu_{\widetilde{B}}(x)\right)\right)^{\gamma}$$

Der Kompensationsfaktor γ (hier γ = 0,5) hat das Ziel, den Informationsverlust der bei ausschließlicher Betrachtung des Minimums (t-Normen) bzw. des Maximums (t-Conormen) entsteht, zu verringern. Werden die zuvor in den Abbildungen ermittelten Zugehörigkeitsgrade (Fuzzyfizierung) in die vorangehende Aggregationsvorschrift eingesetzt, ergeben sich folgende Konklusionen:

Marktattraktivität

$$\mu_{\widetilde{Markt}}^{mittel}(x) = \left(0,5 \cdot 1\right)^{0,5} \cdot \left(1 - \left(1 - 0,5\right) \cdot \left(1 - 1\right)\right)^{0,5} \approx 0,71$$

$$\mu_{\widetilde{Markt}}^{hoch}(x) = \left(0,33 \cdot 1\right)^{0,5} \cdot \left(1 - \left(1 - 0,33\right) \cdot \left(1 - 1\right)\right)^{0,5} \approx 0,57$$

Umweltverträglichkeit

$$\mu_{\widetilde{Umwelt}}^{hoch}(x) = \left(0,66 \cdot 0,5\right)^{0,5} \cdot \left(1 - \left(1 - 0,66\right) \cdot \left(1 - 0,5\right)\right)^{0,5} \approx 0,52$$

$$\mu_{\widetilde{Umwelt}}^{hoch}(x) = \left(0,66 \cdot 0,33\right)^{0,5} \cdot \left(1 - \left(1 - 0,66\right) \cdot \left(1 - 0,33\right)\right)^{0,5} \approx 0,41$$

Technische Attraktivität

$$\mu_{\widetilde{Technik}}^{hoch}(x) = \left(1 \cdot 1\right)^{0,5} \cdot \left(1 - \left(1 - 1\right) \cdot \left(1 - 1\right)\right)^{0,5} = 1$$

Die Ergebnisgenerierung sei exemplarisch für die Marktattraktivität näher erläutert.

Da der scharfe Input-Wert für die Marktentwicklungsqualität sowohl eine Zugehörigkeit zum linguistischen Term „mittel" als auch zum linguistischen Term „hoch" der linguistischen Variablen „Marktentwicklungsqualität" aufweist und der scharfe Input-Wert für die Umweltentwicklungsqualität ausschließlich eine vollständige Zugehörigkeit zum linguistischen Term „mittel" der linguistischen Variablen „Umweltentwicklungsqualität" repräsentiert, sind von den neun Produktionsregeln lediglich die Regeln fünf und sechs relevant (aktiv). Insofern ergibt sich auf Basis der Produktionsregeln in Abhängigkeit von der Prämissenkombination entweder eine „mittlere" oder „hohe" „Marktattraktivität". Die konkreten Zugehörigkeitswerte zu den beiden linguistischen Termen der linguistischen Ausgangsvariablen „Marktattraktivität" ergeben sich durch die mathematische Vernüpfung der Zugehörigkeitswerte zu den linguistischen Termen der Eingangsvariablen mit Hilfe des Gamma-Operators.

Nachdem die Teilergebnisse sämtlicher Regeln ermittelt sind, werden im nächsten Schritt die Einzelergebnisse durch die Bildung der Gesamtfläche akkumuliert (*Inferenz*). Ziel des Inferenzmechanismus ist es zu klären, welchen Einfluß die Merkmalsausprägung mit ihren entsprechenden Erfüllungsgraden auf die Gesamtbeurteilung der Konklusionserfüllung hat. Um diesen Einfluß zu quantifizieren und zu visualisieren, werden die Erfülltheitsgrade der Regelbedingungen mit den Zugehörigkeitsfunktionen der Konklusionsausprägungen verknüpft.

In der Literatur werden für den Vorgang der Verknüpfung vornehmlich das *Max-Prod-* und das *Max-Min-Verfahren* diskutiert. Grundsätzlich erfolgt bei beiden Verfahren die Ermittlung des Einflusses jeder einzelnen Merkmalsausprägung der Schlußfolgerung auf die Gesamtbeurteilung der Schlußfolgerung durch eine Reduzierung der Membership Functions aller linguistischen Terme in Abhängigkeit von den jeweiligen Inferenzteilergebnissen.

Bei der Max-Prod-Inferenz werden die Zugehörigkeitsfunktionen der konklusierten linguistischen Terme der linguistischen Ausgangsvariablen mit dem ermittelten maximalen Zugehörigkeitsgrad multipliziert. Im Gegensatz dazu schneidet die Max-Min-Inferenz die Teilflächen der linguistischen Terme der linguistischen Ausgangsvariablen in Höhe der Zugehörigkeitswerte der Vorbedingungen ab. In beiden Fällen stellen die generierten Flächen das unscharfe Regelungsergebnis dar.

Da im Fall der Umweltverträglichkeit die beiden aktiven Regeln der neun Regeln umfassenden Regelbasis zur gleichen linguistischen Bewertung, hier „hoch", aber zu unterschiedlichen Ausprägungen innerhalb dieser Bewertungsklasse gelangen, ist zu bestimmen, welcher Erfüllungsgrad und damit welche Schlußfolgerung eindeutig zur Lösung des konkreten Entscheidungsproblems heranzuziehen ist. Hierbei ist es unzureichend, nur die Lösung mit dem höchsten Erfüllungsgrad (Degree of Fullfillment, DOF) zu berücksichtigen, da zum einen Regelwissen unterschlagen wird und zum anderen die Gewichtung der einzelnen Bewertung ein falsches Bild widerspiegelt. Die Addition der Erfüllungsgrade gleicher linguistischer Ausprägungen ist nicht sinnvoll, da bei mehrfachem Auftreten der gleichen Information der Grenznutzen des Informationszuwachses abnehmend ist. Andernfalls würden zwei Regeln, die zu drei Viertel das Urteil „mittel" schlußfolgern lassen, einen höheren Zugehörigkeitswert erzielen als eine voll zutreffende Regel. Dieser Wert ist jedoch nicht mehr sinnvoll interpretierbar. Um die dargestellten Probleme zu relaxieren, erfolgt im Rahmen des FÖÖT-Portfolios die Bestimmung des DOF-Wertes mit Hilfe der algebraischen Summe.

$$DOF_{Gesamtbeurteilung} = [1 - \Pi (1 - DOF_{Regel\ i})]$$

Für die „Marktattraktivität" ergibt sich, basierend auf den Zugehörigkeitsgraden 0,52 und 0,41 zum Term „hoch", der Wert $DOF_{hoch} = [1 - (1 - 0,52) \cdot (1 - 0,41)] \approx 0,72$.

Nach der Ermittlung der Zugehörigkeitswerte zu den linguistischen Termen der linguistischen Variablen „Marktattraktivität", „Umweltverträglichkeit" und „Technische Attraktivität", sind auf dem jeweils ermittelten absoluten Höchstniveau (ermittelter maximaler Zugehörigkeitswert im Intervall $\alpha =]0, 1]$) und dem niedrigstmöglichen Niveau ($\alpha = 0$) α-Schnitte vorzunehmen. Eine α-Niveaumenge eines α-Schnittes bezeichnet somit die scharfe Menge aller zu einer unscharfen Menge gehörenden Elemente, die mindestens die Zugehörigkeit α aufweisen. Anschließend sind die α-Niveaumengen der α-Schnitte zu einem dreidimensionalen Kubus zusammenzusetzen, um die Unschärfe der möglichen Geschäftseinheitslage zu visualisieren.

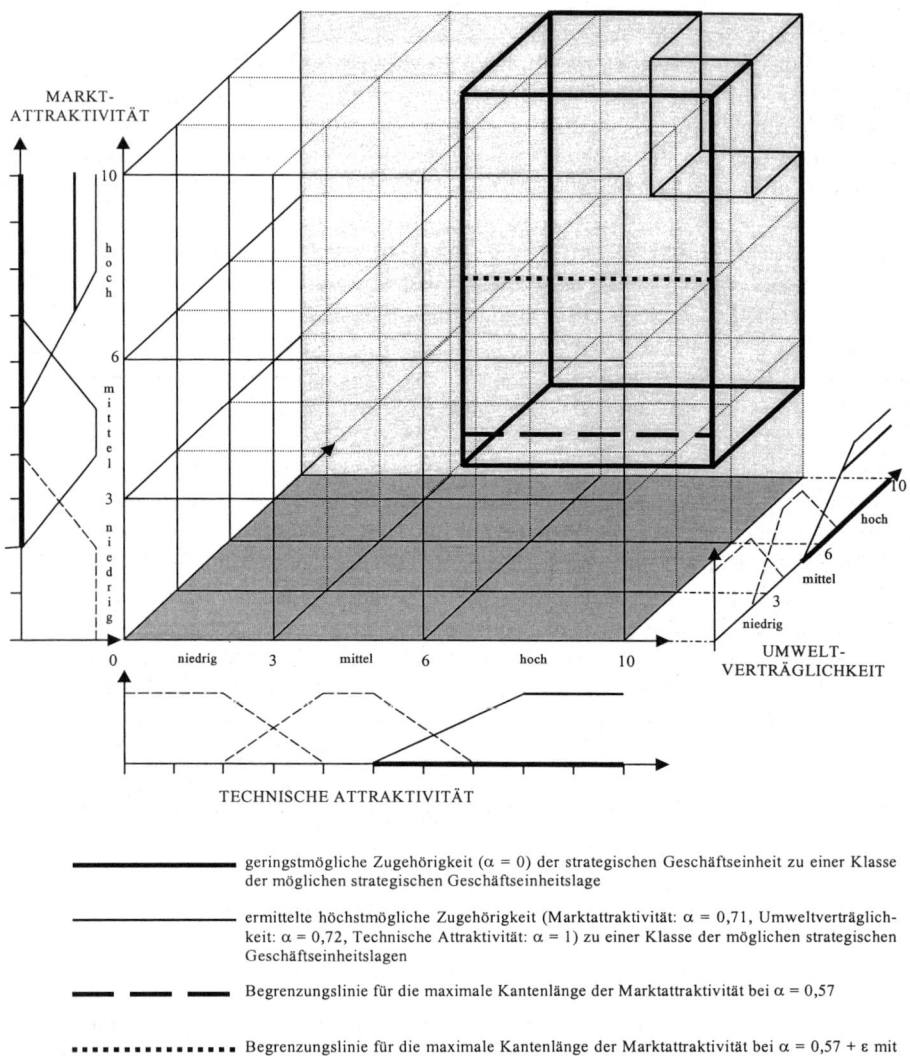

geringstmögliche Zugehörigkeit (α = 0) der strategischen Geschäftseinheit zu einer Klasse der möglichen strategischen Geschäftseinheitslage

ermittelte höchstmögliche Zugehörigkeit (Marktattraktivität: α = 0,71, Umweltverträglichkeit: α = 0,72, Technische Attraktivität: α = 1) zu einer Klasse der möglichen strategischen Geschäftseinheitslagen

Begrenzungslinie für die maximale Kantenlänge der Marktattraktivität bei α = 0,57

Begrenzungslinie für die maximale Kantenlänge der Marktattraktivität bei α = 0,57 + ε mit ε = infinitesimal kleiner Wert

In Anlehnung an die Normstrategien des Marktattraktivität-Marktwettbewerbsvorteil-Portfolios gelten auch für das wissensbasierte FÖÖT-Portfolio die drei grundsätzlichen strategischen Stoßrichtungen Investition, Desinvestition sowie Selektion. Bei der Zuordnung der Würfel zu den Strategien ist zu beachten, daß sämtliche der 27 möglichen Würfel (Geschäftseinheitslagen), welche die gleiche Gesamtwertigkeit haben, vollständig in jeweils eine Strategie eingegliedert werden. Eine gleiche Gesamtwertigkeit der Würfel meint in diesem Zusammenhang, daß beispielsweise sämtliche Würfel, bei denen zwei Seitenlängen durch das Kriterium „hoch" charakterisiert werden, ausschließlich einer Strategie zuzuordnen sind. Das dahintersteckende kombinatorische Kantenproblem verdeutlicht die nachfolgende Tabelle.

Investition			Selektion			Desinvestition		
MA	**UV**	**TA**	**MA**	**UV**	**TA**	**MA**	**UV**	**TA**
hoch	hoch	hoch	**mittel**	**mittel**	**hoch**	**hoch**	**niedrig**	**niedrig**
hoch	mittel	hoch	mittel	niedrig	hoch	**niedrig**	**niedrig**	**hoch**
hoch	hoch	mittel	hoch	niedrig	mittel	mittel	niedrig	mittel
mittel	hoch	hoch	mittel	hoch	niedrig	mittel	mittel	niedrig
hoch	hoch	niedrig	hoch	mittel	niedrig	niedrig	mittel	mittel
hoch	niedrig	hoch	niedrig	hoch	mittel	mittel	niedrig	niedrig
niedrig	hoch	hoch	niedrig	mittel	hoch	niedrig	mittel	niedrig
hoch	**mittel**	**mittel**	mittel	mittel	mittel	niedrig	niedrig	mittel
mittel	**hoch**	**mittel**	**niedrig**	**hoch**	**niedrig**	niedrig	niedrig	niedrig

Aus der Tabelle ist ersichtlich, daß eine Aufteilung der siebenundzwanzig Würfel in drei Kategorien à neun Würfel willkürlich wäre, da bei dieser gleichverteilten Würfelzuordnung Würfel mit gleicher Gesamtwertigkeit – Anzahl niedriger, mittlerer und hoher Ausprägungen – unterschiedlichen Strategien zugeordnet werden müßten (fett gedruckte Felder). Daher wird das FÖÖT-Portfolio in zwei Kategorien à zehn Würfel und eine Kategorie à sieben Würfel unterteilt.

Investition			Selektion			Desinvestition		
MA	UV	TA	MA	UV	TA	MA	UV	TA
hoch	hoch	hoch	mittel	niedrig	hoch	niedrig	hoch	niedrig
hoch	mittel	hoch	hoch	niedrig	mittel	hoch	niedrig	niedrig
hoch	hoch	mittel	mittel	hoch	niedrig	niedrig	niedrig	hoch
mittel	hoch	hoch	hoch	mittel	niedrig	mittel	niedrig	mittel
hoch	hoch	niedrig	niedrig	hoch	mittel	mittel	mittel	niedrig
hoch	niedrig	hoch	niedrig	mittel	hoch	niedrig	mittel	mittel
niedrig	hoch	hoch	mittel	mittel	mittel	mittel	niedrig	niedrig
hoch	mittel	mittel				niedrig	mittel	niedrig
mittel	hoch	mittel				niedrig	niedrig	mittel
mittel	mittel	hoch				niedrig	niedrig	niedrig

Während die Sieben-Würfel-Kategorie der Selektionsstrategie zugeordnet ist, umfassen die Investitions- und die Desinvestitionsstrategie jeweils zehn Würfel. Der Umfang der möglichen Geschäftsfeldlagen innerhalb der Selektionsstrategie wird bewußt gering gehalten, um in möglichst vielen Fällen zu eindeutigen Entscheidungen zu kommen. Dies gilt insbesondere vor dem Hintergrund, daß die Fuzzy-Set-Theorie innerhalb der Strategien eine fließende Bewertung der Geschäftsfeldlage ermöglicht und so selektionsstrategienahe Bereiche differenziert beurteilt werden können.

Da im vorliegenden Fall die „Technische Attraktivität" und die „Umweltverträglichkeit" als „hoch" sowie die „Marktattraktivität" zu einem gewissen Grad als „mittel" und „hoch" eingestuft wird, ist als grundsätzliche strategische Stoßrichtung die Normstrategie „Investition" zu wählen. Mit Hilfe des Gamma-Operators ohne Gewichtung und der algebraischen Summe ergibt sich gerundet ein Zugehörigkeitsgrad zur Strategie „Investition" von:

$$\mu_{\tilde{I}nvestition}(x) = (0,71 \cdot 0,72 \cdot 1)^{0,5} \cdot (1 - (1-0,71) \cdot (1-0,72) \cdot (1-1))^{0,5} \approx 0,72$$

$$\mu_{\tilde{I}nvestition}(x) = (0,57 \cdot 0,72 \cdot 1)^{0,5} \cdot (1 - (1-0,57) \cdot (1-0,72) \cdot (1-1))^{0,5} \approx 0,64$$

$$DOF_{Investition} = \left[1 - (1-0,72) \cdot (1-0,64) \right] \approx 0,90$$

Bei Verwendung der Max-Min-Inferenz werden wie bereits erläutert die Teilflächen der linguistischen Terme der linguistischen Ausgangsvariablen – hier die Investitionsstrategie im Rahmen der Normstrategien – in Höhe der Zugehörigkeitswerte der Konklusionen abgeschnitten.

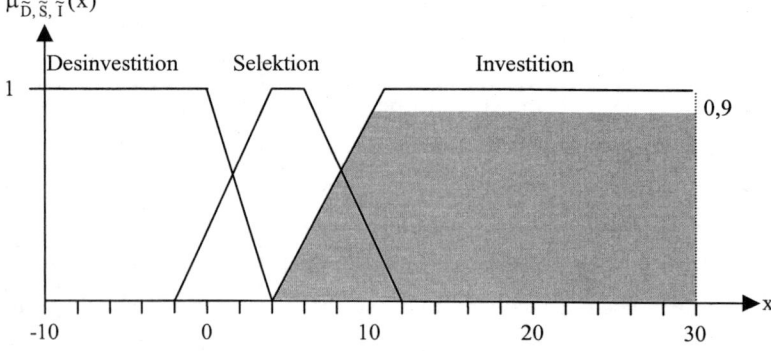

Bei der Defuzzyfizierung wird das unscharfe Inferenzergebnis in eine scharfe Ausgangsgröße transformiert. Ziel dabei ist es, die in der Ausgangs-Fuzzy-Menge enthaltenen Informationen möglichst inhaltserhaltend zu komprimieren. Die häufigsten Vorgehensweisen der Rücktransformation sind das *Flächenschwerpunktverfahren* (Center-of-Area-Methode, CoA-Methode) und die *Maximum-Methode* (Mean-of-Maximum-Methode, MoM-Methode).

Der Flächenschwerpunkt (x_S) des unscharfen Inferenzergebnisses berechnet sich nach der Formel

$$x_S = \frac{\int\limits_a^b x \cdot \mu_{Out}(x)\,dx}{\int\limits_a^b \mu_{Out}(x)\,dx} \quad ,$$

wobei $\mu_{Out}(x)$ die Zugehörigkeitsfunktion der Ausgangs-Fuzzy-Menge in den Grenzen a und b darstellt. Für das Beispiel gilt näherungsweise:

$$x_S = \frac{\int\limits_4^{10,28} x \cdot (0,1433x - 0,5732)\,dx + \int\limits_{10,28}^{30} x \cdot 0,9\,dx}{\int\limits_4^{10,28} (0,1433x - 0,5732)\,dx + \int\limits_{10,28}^{30} 0,9\,dx}$$

$$= \frac{\left[0,0477x^3 - 0,2866x^2\right]_4^{10,28} + \left[0,45x^2\right]_{10,28}^{30}}{\left[0,0716x^2 - 0,5732x\right]_4^{10,28} + \left[0,9x\right]_{10,28}^{30}}$$

$$= \frac{\left[0,0477 \cdot 10,28^3 - 0,2866 \cdot 10,28^2\right] - \left[0,0477 \cdot 4^3 - 0,2866 \cdot 4^2\right]}{\left[0,0716 \cdot 10,28^2 - 0,5732 \cdot 10,28\right] - \left[0,0716 \cdot 4^2 - 0,5732 \cdot 4\right]}$$

$$+ \frac{\left[0,45 \cdot 30^2\right] - \left[0,45 \cdot 10,28^2\right]}{\left[0,9 \cdot 30\right] - \left[0,9 \cdot 10,28\right]} = \frac{380,5134}{20,5692} = 18,4992$$

Der hohe Zugehörigkeitswert zur Normstrategie „Investition" und der dementsprechend hohe Strategiestellwert von $x_S = 18,5$ verdeutlicht, daß in der dargestellten Situation umfangreiche Investitionen zu tätigen sind.

Wesentliche Vorteile des FÖÖT-Portfolios gegenüber klassischen Portfolios sind:

1. Durch den Einsatz der Fuzzy-Set-Theorie werden die grundsätzlichen Probleme, wie die Abbildung unsicherer oder unscharfer Handlungsalternativen, die Explizierung der unsicheren Wirkung der Handlungsalternativen auf die Zielvariablen sowie die damit verbundene Unsicherheit bzw. Unschärfe der Zielvariablenausprägung selbst, inhaltserhaltend im Sinne nuancenreicher Ergebnisse relaxiert.

2. Die Problematik der Klassifizierung von Werten in der Nähe von Klassenübergängen und deren sachlogische Interpretation ist aufgrund des Nuancenreichtums der Ergebnisse und der Fuzzyfizierung der Klassengrenzen relaxiert. Dies ist von besonderer Bedeutung, da vor allem grenznahe Werte oder Grenzwerte situationsabhängig zu interpretieren sind und somit häufig bei traditioneller Aggregation das Problem aufweisen, daß bei marginalem Über- oder Unterschreiten von Grenzwerten die Klassenzugehörigkeit umschlägt.

3. Durch die Verwendung von Produktionsregeln ist approximativ die strategische Geschäftseinheitslage leicht ohne mathematischen Aufwand linguistisch zu ermitteln. Dabei legt sowohl die approximativ als auch die mathematisch exakt generierte dreidimensionale Geschäftseinheitslage, wie es in der Literatur gefordert wird, alle möglichen Ausprägungen offen (Auflösung der Punkthypothese), die aufgrund der Verarbeitung qualitativer Daten plausibel sind.

Literaturhinweise

BUSCHER, U., ROLAND, F.: Fuzzy Sets in der Linearen Optimierung, in: WiSt 1993, S. 313–317.

KEUPER, F.: Fuzzy-PPS-Systeme – Einsatzmöglichkeiten und Erfolgspotentiale der Theorie unscharfer Mengen, Wiesbaden 1999.

ZÄPFEL, G.: Strategisches Produktionsmanagement, Berlin/New York 1989.

ZIMMERMANN, H.-J.: Strategic Planning, Operations Reserch and Knowledge Based Systems, in: VERDEGAY, J.-L., DELGADO, M. (Hrsg.), The Interface between Artificial Intelligence and Operations Research in Fuzzy Environment, Köln 1989, S. 253–272.

Barbara Mikus

Eigenfertigung oder Fremdbezug

Die Bestimmung der Fertigungstiefe und die damit verbundenen Entscheidungen zwischen Eigenfertigung und Fremdbezug von Roh- und Hilfsstoffen sowie Zwischen- und Endprodukten haben vor dem Hintergrund eines sich verschärfenden Wettbewerbs und zunehmender Internationalisierung in der Industrie eine große Bedeutung.

Aufgabe 1

a) Wodurch kann eine Entscheidung zwischen Eigenfertigung und Fremdbezug ausgelöst werden?

b) Welche Gründe können für die Eigenfertigung bzw. für den Fremdbezug eines Werkstoffs sprechen?

Aufgabe 2

Ein Fahrradproduzent steht vor der Entscheidung, die für die Herstellung einer neuen Serie von Damenfahrrädern benötigten Rahmen selbst zu fertigen oder von einem Zulieferer zu beschaffen. Bei der Wahl zwischen Eigenfertigung und Fremdbezug sollen lediglich die für die Bereitstellung relevanten Kosten als Entscheidungskriterium herangezogen werden. Die mengenabhängigen Eigenfertigungskosten betragen 65 GE (Geldeinheiten) pro Rahmen, die mengenabhängigen Fremdbezugskosten, zusammengesetzt aus Kaufpreis und Nebenkosten, 75 GE. Bei einer Eigenfertigung fallen außerdem 150.000 GE fixe Kosten an, bei einem Fremdbezug wird mit fixen Kosten in Höhe von 20.000 GE gerechnet.

a) Welchen Bereitstellungsweg würden Sie wählen, wenn Sie einen Bedarf von 15.000 Fahrradrahmen pro Periode decken müßten?

b) Bei welcher kritischen Bedarfsmenge kommt es zu einem Wechsel der Vorteilhaftigkeit der beiden Bereitstellungswege?

c) Könnte bei den angenommenen linearen Kostenverläufen auch eine Aufteilung der bereitzustellenden Menge auf Eigenfertigung und Fremdbezug sinnvoll sein, und falls ja, unter welchen Bedingungen?

d) Gehen Sie davon aus, daß sich das Unternehmen entschlossen hat, in der Einführungsphase des Produktes die Fahrradrahmen zunächst selbst herzustellen! Der Absatz der Fahrräder entwickelt sich gut, und die prognostizierte Absatzmenge von 15.000 Fahrrädern pro Periode wird übertroffen. Aufgrund der Mengensteigerung könnte es sein, daß der Lieferant seinen Preis senken wird. Wie hoch ist bei einer bereitzustellenden Menge von 20.000 Fahrradrahmen der kritische Beschaffungspreis, bei dessen Unterschreiten die Eigenfertigung unvorteilhaft würde, unter der Annahme, daß die Fixkosten der Eigenfertigung bei einem Outsourcing

1. nicht abgebaut werden können?
2. sofort vollständig abgebaut werden können?
3. sofort zu einem Drittel abbaufähig sind und im weiteren Verlauf des Planungszeitraums nicht gesenkt werden können?

Aufgabe 3

Neben dieser speziellen Serie von Damenfahrrädern (V5) fertigt das Unternehmen noch vier weitere Varianten von Damen- und Herrenfahrrädern (V1-V4). Die dafür erforderlichen Fahrradrahmen werden in einer Fertigungsabteilung des Unternehmens lackiert. In dieser sind zwei identische Lackieranlagen im Zwei-Schicht-Betrieb im Einsatz, die jeweils insgesamt über eine Kapazität von 3.520 Stunden pro Periode verfügen. Bei Hinzunahme der Variante V5 in das Produktionsprogramm reicht die Kapazität der Anlagen nicht mehr aus, um den gesamten Bedarf an Fahrradrahmen selbst zu lackieren. Von einer Kapazitätserweiterung möchte man vorerst absehen und überprüft statt dessen, wieviel eine Fremdvergabe der Lackierarbeiten kostet. Die variablen Stückkosten der Fremdleistung (k^{FB}) sowie die der Eigenfertigung (k^{EF}), die zu bearbeitenden Mengen der einzelnen Varianten (x) und die benötigte Lackierzeit pro Rahmen (c) können der folgenden Tabelle entnommen werden.

	V1	V2	V3	V4	V5
k^{FB} [GE]	19	22,5	16,5	18	17,5
k^{EF} [GE]	16	12	10	18	15
x [ME]	16.000	20.000	30.000	10.000	20.000
c [Minuten]	4	7	5	6	5

Es ist außerdem davon auszugehen, daß durch die Zusammenarbeit mit einer externen Lackiererei keine weiteren Kosten neben den oben angegebenen variablen Fremdleistungskosten anfallen werden und daß sich durch die Fremdvergabe von Lackierarbeiten keine fixen Kosten im Unternehmen abbauen lassen.

a) Welche Anzahl von Rahmen der Variante V5 sollte im Unternehmen lackiert werden, wenn eine Aufteilung der zu bearbeitenden Menge auf Eigenfertigung und Fremdfertigung möglich ist? Gehen Sie anschließend davon aus, daß die Höhe der variablen Stückkosten der Fremdleistung für Variante V5 unsicher ist! Welche Mengen der Variante V5 sollten in Abhängigkeit von diesen variablen Kosten selbst lackiert werden?

b) Wie sollte sich das Produktionsprogramm der Lackieranlagen zusammensetzen, falls eine Aufteilung der zu bearbeitenden Mengen an Fahrradrahmen auf Eigen-

und Fremdfertigung aus technischen Gründen bei keiner Variante möglich ist? Wie hoch ist in diesem Fall die Preisobergrenze (kritischer Wert der variablen Stückkosten) für die Fremdlackierung der Variante V5, bei deren Unterschreiten eine Eigenfertigung unvorteilhaft wird?

c) Eine der beiden Lackieranlagen fällt plötzlich aus und läßt sich auch nicht mehr reparieren. Das Unternehmen steht nun vor der Entscheidung, entweder eine neue Maschine zu kaufen oder aber das Ausmaß der Fremdvergabe zu erhöhen. Eine neue Lackieranlage ist zu einem Preis von 600.000 GE erhältlich; ihre Kapazität entspricht der der alten Anlage. Der zugrunde zu legende Planungszeitraum umfaßt fünf Perioden; es wird erwartet, daß die andere Anlage weiterhin zur Verfügung steht. Ein Liquidationserlös soll vernachlässigt werden. Vereinfachend wird unterstellt, daß die oben für eine Periode angegebenen Kosten und Bedarfsmengen über den Planungszeitraum konstant bleiben. Diese Kosten sollen Auszahlungen entsprechen, die jeweils am Periodenende anfallen. Der zu berücksichtigende Kalkulationszinssatz beträgt 10%. Für den Fall einer Ersatzbeschaffung soll von dem in Aufgabenteil 3a) berechneten Produktionsprogramm ausgegangen werden. Bereiten Sie die Entscheidung des Unternehmens mit Hilfe einer geeigneten Rechnung vor!

Lösung

Aufgabe 1

a) Entscheidungen zwischen Eigenfertigung und Fremdbezug sind grundsätzlich in zwei unterschiedlichen Situationen notwendig bzw. sinnvoll. Ein neu oder zusätzlich auftretender Bedarf an Werkstoffen erfordert die erstmalige Festlegung des Bereitstellungsweges. Wird dagegen schon ein bestimmter Bereitstellungsweg beschritten, kann über dessen Fortführung oder den Wechsel zur jeweils alternativen Bereitstellungsform entschieden werden.

Geänderte qualitative und quantitative Bedarfe an Einsatzgütern treten häufig in Verbindung mit Veränderungen des Produktionsprogramms auf. Darüber hinaus stellt sich die Frage zwischen Eigenfertigung und Fremdbezug unabhängig vom Bedarf, wenn sich die Bestimmungsgrößen, die für die in der Vergangenheit getroffene Make-or-buy-Entscheidung ausschlaggebend waren, verändern, da sich dann der bisher genutzte Bereitstellungsweg als unvorteilhaft erweisen kann. Ein Wechsel der Versorgungsart kann beispielsweise bei den folgenden, zum Teil miteinander verbundenen Entwicklungen entscheidungsrelevanter Einflußfaktoren erwogen werden:

- Veränderung der Beschäftigungslage sowohl auf dem Markt (konjunkturelle Entwicklung) als auch im Unternehmen selbst (und dadurch bewirkte Kapazitätsengpässe oder -überschüsse),
- Änderungen der Eigenfertigungs- oder Fremdbezugskosten,
- Erfordernis von Ersatzinvestitionen,

- Auslaufen von Verträgen, z.B. Miet-, Pacht- und Anstellungsverträgen sowie Rahmenvereinbarungen mit Lieferanten,
- Abnahme der Liefer-/Produktionszuverlässigkeit, z.B. häufig auftretende Terminüberschreitungen oder Qualitätsmängel,
- Markteintritt neuer bzw. Marktaustritt bestehender Lieferanten,
- Neupositionierung des Unternehmens und damit verbunden die Trennung der eigenen Rand- und Kernleistungen,
- zunehmende Internationalisierung des Unternehmens,
- veränderte Anforderungen an Qualität oder Flexibilität sowie
- Veränderung der rechtlichen Verbindungen zu anderen Unternehmen (z.B. neue Muttergesellschaft oder Gründung eines Gemeinschaftsunternehmens).

b) Einige ausgewählte Gründe für Eigenfertigung und Fremdbezug:

Zielgröße	Gründe für Eigenfertigung	Gründe für Fremdbezug
Kosten und Erlöse	• Vermeidung von Lieferantengewinnen • Einsparung von Verpackungs- und außerbetrieblichen Transportkosten • Unabhängigkeit von Preiserhöhungen durch den Lieferanten • Steuerliche oder sonstige Vergünstigungen • Vermeidung von Leerkosten durch Auslastung vorhandener Personal- und Sachmittelkapazitäten	• Spezialisierungsvorteile der Lieferanten (z.B. geringe Herstellkosten durch Massenfertigung, Lern- und Erfahrungseffekte, bessere Anlagen) • Lohnkostenvorteil der Lieferanten (evtl. günstige Importmöglichkeiten) • Vermeidung von Entwicklungskosten • Einsparung von Lagerhaltungskosten • Geringer Fixkostenanteil und Vermeidung von Investitionen • Hohe Opportunitätskosten bei Eigenfertigung und Vollbeschäftigung • Möglichkeit der Ergänzung des Absatzsortiments oder einer Absatzvolumenerhöhung ohne entsprechenden Aufbau von Fertigungskapazitäten • Abwicklung von Gegengeschäften
Qualität	• Möglichkeit laufender Qualitätskontrollen während der Fertigung • Aneignung spezifischen Produktions-Know-hows • Nutzung von Patenten sowie vorhandenem Know-how und Erfahrungen • Enge Zusammenarbeit zwischen Entwicklung und Fertigung	• Nutzung des Know-hows und der Erfahrungen der Lieferanten • Einsatz von Spezialmaschinen • Intensivere Forschung & Entwicklung der Lieferanten
Zeit	• Vermeidung langer Liefer- und Transportzeiten • Schnelle Reaktionsmöglichkeit bei Modelländerungen, Bedarfsschwankungen oder Terminverschiebungen durch kürzere Informations- und Organisationswege • Bessere Kontrollmöglichkeiten hinsichtlich der Termineinhaltung	• Lieferabruf nach Bedarf, dadurch Vermeidung von Terminschwierigkeiten bei Bedarfsschwankungen • Beseitigung von Terminengpässen im Fertigungsbereich • Lange Fertigungsdauer bei Eigenfertigung

Risiko	• Geheimhaltung von vorhandenem Know-how und Neuentwicklungen • Unabhängigkeit vom Lieferanten • Reduzierung von Transportrisiken • Ggf. Qualitätsrisiko beim Fremdbezug	• Risikostreuung durch Bezug von mehreren Lieferanten • Niedriges Risiko bei Entwicklungsfehlschlägen und Nachfragesenkungen

Aufgabe 2

a) Die Kosten der Eigenfertigung betragen $K^{EF} = 150.000 + 65 \cdot 15.000 = 1.125.000$ GE, die Kosten des Fremdbezugs $K^{FB} = 20.000 + 75 \cdot 15.000 = 1.145.000$ GE. Bei einer zu bearbeitenden Menge von 15.000 ist demnach unter reinen Kostengesichtspunkten die Eigenfertigung vorteilhaft.

b) Die kritische Menge (x_{krit}) ergibt sich als Schnittpunkt der beiden Kostenfunktionen; es gilt: $K^{EF} = K^{FB} \rightarrow 150.000 + 65 \cdot x_{krit} = 20.000 + 75 \cdot x_{krit} \rightarrow x_{krit} = 13.000$.

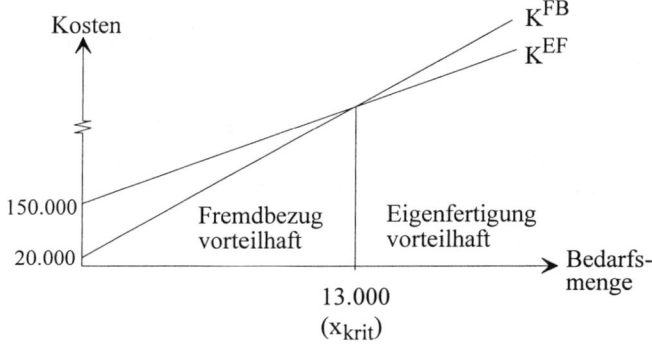

Bei Bedarfsmengen, die kleiner als 13.000 sind, ist ein Fremdbezug vorteilhaft; bei Mengen größer als 13.000 ist die Eigenfertigung der Fahrradrahmen vorzuziehen.

c) Bei linearen Kostenverläufen ist es im Normalfall vorteilhaft, nur eine Bereitstellungsart zu wählen. Es können jedoch Ausnahmen vorliegen, durch die eine Aufteilung der bereitzustellenden Menge auf Eigenfertigung und Fremdbezug sinnvoll bzw. erforderlich wird. Beispiele für derartige Fälle sind im folgenden genannt:

• Kapazitätsengpässe bei der Eigenfertigung begrenzen die herstellbare Menge.
• Es existieren wirksame Beschaffungshöchstmengen bei Fremdbezug.
• Unternehmenspolitische Gründe erfordern einen teilweisen Fremdbezug (z.B. Kompensationsgeschäfte).

d1) Da die fixen Kosten der Eigenfertigung bei einem Fremdbezug der Fahrradrahmen nicht abgebaut werden können, sind sie in dieser Situation nicht entscheidungsrelevant. Die kritischen Kosten des Fremdbezugs sind demnach dann erreicht, wenn sie den variablen Kosten der Eigenfertigung entsprechen, daraus läßt sich die Preisobergrenze (POG) ableiten:

$$K_v^{EF} = K^{FB} = K_f^{FB} + K_v^{FB} = K_f^{FB} + POG \cdot x$$

$$POG = \frac{K_v^{EF} - K_f^{FB}}{x}, \quad \text{hier: } POG = \frac{65 \cdot 20.000 - 20.000}{20.000} = 64 \text{ GE}$$

Der Lieferant muß den Preis unter 64 GE senken, damit sich ein Fremdbezug für den betrachteten Fahrradhersteller lohnt.

Falls keine fixen Kosten beim Fremdbezug anfielen oder aber diese aufgrund weiterer Geschäftsbeziehungen mit dem Lieferanten sowieso aufträten, entspräche die Preisobergrenze den variablen Stückkosten der Eigenfertigung.

d2) Da in dieser Situation auch die fixen Kosten der Eigenfertigung bei einem Fremdbezug abgebaut werden können, sind diese für die Entscheidung relevant. Die kritischen Kosten des Fremdbezugs sind demnach dann erreicht, wenn sie den gesamten Kosten der Eigenfertigung entsprechen:

$$K_f^{EF} + K_v^{EF} = K_f^{FB} + K_v^{FB} = K_f^{FB} + POG \cdot x$$

$$POG = \frac{K_f^{EF} + K_v^{EF} - K_f^{FB}}{x}, \quad \text{hier: } POG = \frac{150.000 + 65 \cdot 20.000 - 20.000}{20.000} = 71,50 \text{ GE}$$

d3) In diesem Fall ist nur der abbaufähige Teil der fixen Kosten der Eigenfertigung entscheidungsrelevant, d.h. 50.000 GE. Diese sind anstelle der gesamten fixen Kosten der Eigenfertigung bei der Ermittlung der Preisobergrenze anzusetzen:

$$POG = \frac{50.000 + 65 \cdot 20.000 - 20.000}{20.000} = 66,50 \text{ GE}$$

Aufgabe 3

a) Es steht eine Kapazität von 422.400 Minuten auf den beiden Lackieranlagen zur Verfügung. Um alle Fahrradrahmen selbst lackieren zu können, wird aber eine Kapazität von 514.000 Minuten benötigt. Zur Festlegung des optimalen Produktionsprogramms sind die relativen Mehrkosten des Fremdbezugs für die einzelnen Varianten zu berechnen, da diese die engpaßbezogene Kostenersparnis bei Eigenfertigung angeben. Sie ergeben sich aus der Differenz zwischen den variablen Stückkosten der Fremdleistung und denen der Eigenfertigung, bezogen auf eine Einheit der begrenzten Kapazität:

$$\text{Relative Mehrkosten} = \frac{k^{FB} - k^{EF}}{c}$$

Die Varianten werden nun gemäß der aus der Höhe der relativen Mehrkosten resultierenden Rangfolge so lange in das Produktionsprogramm aufgenommen, bis die Kapazität vollständig ausgenutzt ist; die verbleibenden Lackierarbeiten müssen fremdver-

geben werden. Die Ergebnisse dieses Vorgehens einschließlich der Eigenfertigungs-
und Fremdbezugsmengen sind nachstehend angegeben:

	V1	**V2**	**V3**	**V4**	**V5**
relative Mehrkosten	0,75	1,5	1,3	0	0,5
Rang	3	1	2	5	4
Eigenfertigungsmenge	16.000	20.000	30.000	0	**13.680**
Kapazitätsbedarf	64.000	140.000	150.000	0	68.400
Fremdbezugsmenge	0	0	0	10.000	**6.320**

Falls der Preis für die Fremdlackierung nicht feststeht und die Lackiererei noch ver-
handlungsbereit ist, bietet es sich an, zur Vorbereitung der Verhandlungen und der
Make-or-buy-Entscheidung Preisobergrenzen zu ermitteln. Jede Preisobergrenze stellt
eine Schwelle für die Vorteilhaftigkeit des Fremdbezugs gegenüber der Eigenfertigung einer bestimmten Menge von V5 dar, bei der ggf. eine spezifische Mengenkon-
stellation anderer Varianten (ganz oder teilweise) verdrängt wird. Bei der Berechnung
der einzelnen Preisobergrenzen sind jeweils die relativen Mehrkosten der nächsten
verdrängten Variante zu berücksichtigen. Im vorliegenden Fall ergibt sich die Eigen-
fertigungsmenge der Variante V5 (x_{V5}) in Abhängigkeit von den variablen Stückkosten des Fremdbezugs wie folgt:

$POG_1 = 15$

für $k^{FB} < 15 \rightarrow x_{V5} = 0$ (Fremdbezug ist vorteilhaft)

für $k^{FB} = 15 \rightarrow 0 \leq x_{V5} \leq 13.680$ (Indifferenz zw. Eigenfertigung und Fremdbezug)

$POG_2 = 18,75$ $(= 15 + 5 \cdot 0,75)$

für $15 < k^{FB} < 18,75 \rightarrow x_{V5} = 13.680$ (Eigenfertigung ist grundsätzlich vorteilhaft;
die relativen Mehrkosten sind geringer als bei V1 (0,75))

für $k^{FB} = 18,75 \rightarrow 13.680 \leq x_{V5} \leq 20.000$ (Indifferenz zwischen Fertigung von V1
und V5 aufgrund identischer relativer Mehrkosten)

für $k^{FB} > 18,75 \rightarrow x_{V5} = 20.000$ (komplette Eigenfertigung von V5 aufgrund höherer relativer Mehrkosten als bei V1)

Bei einem Preis, der höher als $21,5$ $(= 15 + 5 \cdot 1,3)$ ist (POG_3), wäre die Fertigung
von V5 auch der von V3 vorzuziehen. Dies könnte bei höheren Bedarfsmengen relevant sein.

b) Es liegt nun ein kombinatorisches Problem vor, bei dem aufgrund der fehlenden
Aufteilungsmöglichkeit die gemäß der relativen Mehrkosten gebildete Rangfolge
nicht unbedingt zur Optimallösung führt. Letztere läßt sich mit einer vollständigen

Enumeration oder Branch-and-bound-Verfahren bestimmen. Bei der vorliegenden Problemstellung erscheint es angesichts der Datenkonstellation (Kapazität, Kapazitätsbeanspruchung, Kosten) ausreichend, die beiden folgenden Alternativen auf Optimalität zu überprüfen:

Alternative 1:
Eigenfertigung: V2, V3 und V1; Fremdfertigung: V5; Indifferenz: V4
Kosten: $20.000 \cdot 12 + 30.000 \cdot 10 + 16.000 \cdot 16 + 20.000 \cdot 17,5 + 10.000 \cdot 18 =$
1.326.000 GE

Alternative 2:
Eigenfertigung: V2, V3 und V5; Fremdfertigung: V1 und V4
Kosten: $20.000 \cdot 12 + 30.000 \cdot 10 + 20.000 \cdot 15 + 16.000 \cdot 19 + 10.000 \cdot 18 =$
1.324.000 GE

Die Alternative 2 verursacht geringere Kosten und ist daher vorzuziehen.

Die Preisobergrenze für V5 ergibt sich aus den variablen Stückkosten der Eigenfertigung sowie den auf eine Mengeneinheit von V5 bezogenen Opportunitätskosten, die aus der Verdrängung der Variante V1 aus dem Produktionsprogramm resultieren:

$$15 + \frac{16.000 \cdot (19 - 16)}{20.000} = 17,40 \text{ GE}$$

c) Da jetzt eine Entscheidung für einen längeren Zeitraum zu treffen ist, empfiehlt es sich, zu deren Vorbereitung auf dynamische Verfahren der Investitionsrechnung, wie z.B. die Kapitalwertmethode, zurückzugreifen.

Falls eine Investition in eine neue Lackieranlage getätigt und das Produktionsprogramm aus 3a) verwirklicht wird, ergeben sich für jeden Zeitpunkt t_1 bis t_5 (als Ende der Periode 1 bis 5) Auszahlungen in Höhe von 1.291.800 GE ($16.000 \cdot 16 + 20.000 \cdot 12 + 30.000 \cdot 10 + 10.000 \cdot 18 + 13.680 \cdot 15 + 6.320 \cdot 17,5$). Zusätzlich ist in t_0 die Anschaffungsauszahlung zu berücksichtigen. Die Auszahlungsreihe lautet demnach:

t_0	t_1	t_2	t_3	t_4	t_5
600.000	1.291.800	1.291.800	1.291.800	1.291.800	1.291.800

Hieraus resultiert ein Kapitalwert bzw. Auszahlungsbarwert in Höhe von:

$$KW_1 = 600.000 + 1.291.800 \cdot \frac{1,1^5 - 1}{1,1^5 \cdot 0,1} = 5.496.938,35 \text{ GE}$$

Aufgrund der gleich hohen Auszahlungen in den Zeitpunkten t_1 bis t_5 kann der Kapitalwert mit Hilfe des Rentenbarwertfaktors berechnet werden.

Falls nicht investiert wird, sollten die folgenden Eigenfertigungs- und Fremdbezugs-mengen gewählt werden:

	V1	V2	V3	V4	V5
Eigenfertigungsmenge	0	20.000	14.240	0	0
Fremdbezugsmenge	16.000	0	15.760	10.000	20.000

Hieraus ergeben sich für jeden Zeitpunkt t_1 bis t_5 Auszahlungen in Höhe von 1.476.440 GE (16.000 · 19 + 20.000 · 12 + 14.240 · 10 + 15.760 · 16,5 + 10.000 · 18 + 20.000 · 17,5). Der korrespondierende Kapitalwert bzw. Auszahlungsbarwert beträgt:

$$KW_2 = 1.476.440 \cdot \frac{1,1^5 - 1}{1,1^5 \cdot 0,1} = 5.596.869,22 \text{ GE}$$

Da mit dem Kauf einer neuen Anlage ein geringerer Auszahlungsbarwert verbunden ist, sollte diese Investition getätigt und das Produktionsprogramm bzw. die Fremdver-gabe wie unter 3a) angegeben realisiert werden.

Literaturhinweise

FIETEN, R.: Make-or-Buy: Die Beschaffung wird zur Innovationsdrehscheibe im Unternehmen, in: Beschaffung aktuell (1986), Nr. 1, S. 14–16.

KILGER, W.: Entscheidungskriterien zur Wahl zwischen Eigenerstellung und Fremd-bezug, in: *BUSSE VON COLBE, W.* (Hrsg.): Das Rechnungswesen als Instrument der Unternehmensführung, Bielefeld 1969, S. 75–121.

KRUSCHWITZ, L.: Eigenerzeugung oder Beschaffung? Eigenverwendung oder Absatz? Zweckmäßige Optimierungsmethoden für industrielle Entscheidungsalternativen, Berlin 1971.

MÄNNEL, W.: Grundfragen des Kostenvergleichs zwischen Eigenfertigung und Fremdbezug (I), in: Kostenrechnungspraxis (1971), S. 147–154.

MÄNNEL, W.: Die Wahl zwischen Eigenfertigung und Fremdbezug: Theoretische Grundlagen – Praktische Fälle, 2. Aufl., Stuttgart 1981.

MIKUS, B.: Make-or-buy-Entscheidungen in der Produktion. Führungsprozesse – Risi-komanagement – Modellanalysen, Wiesbaden 1998.

REICHMANN, T.; PALLOKS, M.: Make-or-Buy-Entscheidungen. Was darf der Fremdbe-zug kosten, wenn die eigenen Kosten weiterlaufen?, in: Controlling (1995), Nr. 1, S. 4–11.

WEISS, M.: Planung der Fertigungstiefe. Ein hierarchischer Ansatz, Wiesbaden 1993.

Sven Behrens

Make-or-buy-Entscheidung in der Gemüseküche

Gegenstand der Fallstudie ist die Leistungserstellung in einem gastronomischen Großbetrieb (vgl. auch Dries, 1991). Herausgegriffen wird exemplarisch die Entscheidungssituation des Gemüsekochs, also einer Einheit auf der untersten Hierarchiestufe. Der Gemüsekoch soll unter Einhaltung eines Kosten- und Arbeitszeitbudgets eine vorgegebene Menge von Gemüse zubereiten. Er hat die Wahl zwischen dem Bezug roher Zutaten, die geputzt und gekocht werden müssen, und teurerer Tiefkühlware, die lediglich gekocht zu werden braucht. Das Putzen kann dabei mit in Grenzen variabler Putzgeschwindigkeit erfolgen. Der Gemüsekoch muß eine Make-or-buy-Entscheidung im engen Wortsinne treffen: putzen oder geputzte Ware kaufen.

Unter methodischen Gesichtspunkten betrachtet stellt die Fallstudie ein nichtlineares Optimierungsproblem bei mehrfacher Zielsetzung (vgl. Isermann, 1989) dar. Diese relativ komplexe Problemstruktur läßt sich hier jedoch auflösen. Dabei werden die Begriffe „Aktivität“, „Prozeß“, „Effizienz“ und „Interesse“ im Sinne der prozeßorientierten Produktionstheorie verwendet (vgl. Behrens, 1999). Es zeigt sich, daß die optimale Entscheidung des Gemüsekochs von seinen Präferenzen abhängt. Ist der Koch eher an einem hohen Lohn interessiert, wird er sich für eine Ausschöpfung des Arbeitszeitbudgets entscheiden. Strebt der Koch eher eine Verminderung seines Arbeitsleids an, wird er das Kostenbudget einhalten.

Die Gemüseküche muß täglich Mohrrüben, Erbsen, Spinat und Brokkoli in vorgegebenen Mengen zubereiten. Dafür ist ihr ein Budget für die Materialkosten in Höhe von 800 GE zugeteilt. Bei Budgetunterschreitung erhält der Gemüsekoch eine Prämie in Höhe von 25% der Kostenersparnis. Die Arbeit erfolgt im Rahmen der arbeitsvertraglich festgesetzten Arbeitszeit. Es ergibt sich auf diese Weise ein Arbeitszeitbudget von 22.800 ZE. Eine Überstundenvergütung ist nicht vorgesehen. Ein nicht ausgeschöpftes Zeitbudget kann vom Koch und seinen Gehilfen zum Skatspielen verwendet werden.

Die für die vier Gemüsesorten geltenden Materialkosten und Arbeitszeiten sind der folgenden Tabelle zu entnehmen. Roh- und Tiefkühlware können in beliebigen Anteilen miteinander kombiniert werden. Preise sind in GE/ME angegeben, Kochzeiten in ZE/ME.

Gemüsesorte	geforderte Menge	Rohpreis	Tiefkühlpreis	Kochzeit
Mohrrüben	100 ME	1,64	2,45	60
Erbsen	80 ME	1,20	3,25	30
Spinat	20 ME	3,90	5,40	30
Brokkoli	100 ME	1,68	2,50	30

Tiefkühlware muß nur gekocht werden, rohe Ware muß zusätzlich geputzt werden. Dabei wird zum einen Arbeitszeit verbraucht, zum anderen entsteht ein Putzverlust, so daß eine größere Menge von roher Ware (Bruttomenge) eingekauft werden muß. Der Putzverlust, also der prozentuale Anteil der Bruttomenge, der beim Putzen verlorengeht, wird hier für jede Gemüsesorte als Funktion P in Abhängigkeit von der eingesetzten Putzzeit h pro verzehrbarer Mengeneinheit dargestellt. Je größer die Putzgeschwindigkeit und je niedriger somit die Putzzeit ist, desto mehr Material geht verloren und um so geringer ist die resultierende Nettomenge. Dabei kann die Putzzeit nur in gewissen Grenzen variiert werden, die in der folgenden Tabelle in ZE/Netto-ME angegeben sind.

Gemüsesorte	minimale Putzzeit pro Netto-ME: h^{min}	maximale Putzzeit pro Netto-ME: h^{max}	Putzverlust in %: P(h)
Mohrrüben	20	40	$38 - 0{,}5 \cdot h_M$
Erbsen	40	72	$70 - 0{,}25 \cdot h_E$
Spinat	30	48	$70 - h_S$
Brokkoli	20	30	$28 - 0{,}4 \cdot h_B$

Aufgabe 1

Stellen Sie die Entscheidungssituation des Gemüsekochs als Optimierungsproblem dar!

Aufgabe 2

Geben Sie zu jeder Gemüseart die Technologiemenge an, indem Sie alle möglichen Kombinationen von Arbeitszeit und Materialkosten berechnen! Welche Aktivitäten sind interessant?

Aufgabe 3

Leiten Sie aus den effizienten Aktivitäten effiziente Prozesse für die gesamte Gemüsezubereitung ab! Welche Prämie kann der Gemüsekoch erreichen, wenn er sein Arbeitszeitbudget voll ausschöpft? Wieviel Freizeit verbleibt dem Gemüsekoch, wenn er auf die Prämie verzichtet und das Kostenbudget genau einhält?

Lösung

Aufgabe 1

Im folgenden seien M, E, S und B Indizes für die Gemüsesorten und R und T Indizes für den Zustand (roh bzw. tiefgekühlt) der Ware beim Kauf. Die Bruttomengen seien mit der Variable x, Kosten mit K, Zeiträume mit t und Preise mit c bezeichnet.

Der Gemüsekoch hat zwei Zielfunktionen, nämlich die Minimierung der Material-kosten (1) sowie die Minimierung der Arbeitszeit (2). Nebenbedingungen sind das Kosten- (3) und Zeitbudget (4), die Putzzeitgrenzen (5) sowie die geforderten Zube-reitungsmengen (6). Beim Zeitbudget sind die nicht disponierbaren Kochzeiten anzu-rechnen: $100 \cdot 60 + (80+20+100) \cdot 30 = 12.000$. Bei der Verarbeitung von Rohware ist der Putzverlust in Rechnung zu stellen. Insgesamt ergibt sich das folgende nichtlineare Programm bei mehrfacher Zielsetzung:

Zielfunktionen

(1) $\displaystyle Z_1 = \sum_{i=M,E,S,B} \sum_{j=R,T} c_{ij} \cdot x_{ij} \;\rightarrow\; \text{min!}$

(2) $\displaystyle Z_2 = \sum_{i=M,E,S,B} h_i \cdot x_{iR} \;\rightarrow\; \text{min!}$

Restriktionen

(3) $\displaystyle K = \sum_{i=M,E,S,B} \sum_{j=R,T} c_{ij} \cdot x_{ij} \leq 800$

(4) $\displaystyle t = \sum_{i=M,E,S,B} h_i \cdot x_{iR} + 12.000 \leq 22.800$

(5) $h_i^{\min} \leq h_i \leq h_i^{\max}, \quad i = M,E,S,B$

(6) $x_{iR} \cdot \left(1 - P(h_i)\right) + x_{iT} = \overline{x}_i, \quad i = M,E,S,B$

Aufgabe 2

Der Lösungsweg wird exemplarisch für Mohrrüben beschrieben. Für die anderen Ge-müsesorten werden lediglich die Ergebnisse angegeben.

Eine Aktivität wird im Sinne der prozeßorientierten Produktionstheorie durch einen Vektor beschrieben, der alle entscheidungsrelevanten Informationen enthält. Im Falle des Gemüsekochs sind dies die zuzubereitende Menge Mohrrüben, die dabei entste-henden Materialkosten und die dafür aufzuwendende Arbeitszeit. Da die Menge von $\overline{x}_M = 100$ vorgegeben ist, soll die Beschreibung der Aktivitäten auf Materialkosten und Arbeitszeit eingeschränkt werden.

Reine Aktivitäten sind zum einen der Kauf und das Kochen von 100 ME Tiefkühl-Mohrrüben, zum anderen der Kauf, das Putzen und Kochen von ausreichend rohen Mohrrüben, so daß nach dem Putzen genau 100 ME zur Verfügung stehen. Hierbei ist zu beachten, daß sich für jeden Wert von h_M eine reine Aktivität ergibt.

Bei der ausschließlichen Verwendung von Tiefkühlware entstehen Materialkosten von $K_{MT} = 245$ und ein Zeitaufwand von $t_{MT} = 6.000$. Bei der ausschließlichen Ver-wendung von roher Ware entstehen dagegen Materialkosten von $K_{MR} = 1{,}64 \cdot 100/$

$(1-P(h_M))$ und ein Zeitaufwand von $t_{MR} = 6.000 + 100 \cdot h_M$. Aus $20 \le h_M \le 40$ folgt $200 \le K_{MR} \le 227,\overline{7}$ und $8.000 \le t_{MR} \le 10.000$.

Durch die Verwendung gemischter Aktivitäten können die Materialkosten alle Werte zwischen 200 GE und 245 GE und der Zeitaufwand alle Werte zwischen 6.000 ZE und 10.000 ZE annehmen. Eine gemischte Aktivität entsteht dadurch, daß ein Teil der Mohrrüben roh und ein Teil als Tiefkühlware gekauft wird. So führt beispielsweise die gemischte Aktivität aus $25/(1-P(40))$ ME Rohware, die mit minimaler Geschwindigkeit geputzt wird, und 75 ME Tiefkühlware genauso wie die gemischte Aktivität aus $50/(1-P(20))$ ME Rohware, die mit maximaler Geschwindigkeit geputzt wird, und 50 ME Tiefkühlware zu einem Zeitaufwand von 7.000 ZE. Die Gesamtheit aller reinen und gemischten Aktivitäten bildet die Technologiemenge in bezug auf die Zubereitung von Mohrrüben.

Nicht alle möglichen Aktivitäten sind für den Gemüsekoch gleichwertig. Es ist davon auszugehen, daß der Gemüsekoch von zwei Aktivitäten mit gleichem Zeitaufwand diejenige präferieren wird, die zu geringeren Materialkosten führt. Dies wird durch den Begriff des Interesses im Sinne der prozeßorientierten Produktionstheorie beschrieben. Interessant sind diejenigen Aktivitäten, die im Rahmen der Präferenzen des Gemüsekochs für geringen Arbeitszeitaufwand und hohe Sparprämien nicht dominiert werden. Aus diesem Grund soll nun der effiziente Rand der Technologiemenge bestimmt werden. Da die Technologiemenge konvex ist, reicht es aus, für jeden zulässigen Zeitaufwand die materialkostenminimale Aktivitätenmischung zu bestimmen.

Hierfür soll zunächst der Einfluß der Putzgeschwindigkeit eliminiert werden. Dafür werden für jedes h_M mit $20 \le h_M \le 40$ die Kosten der reinen Aktivität mit den Kosten derjenigen gemischten Aktivität aus Tiefkühlware und Rohware bei Verarbeitung mit minimaler Putzzeit, die zu der gleichen Arbeitszeit führt, verglichen (vgl. Graphik 1).

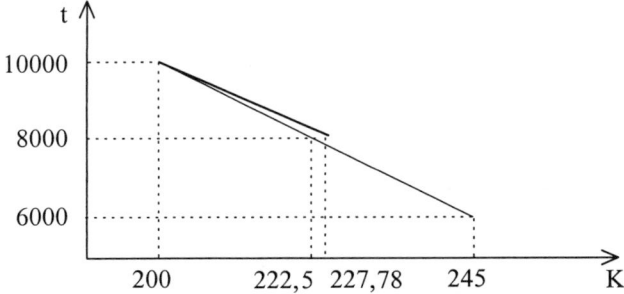

Diese gemischten Aktivitäten liegen auf der dünn gezeichneten Strecke zwischen dem zeitaufwendigsten reinen Prozeß (10.000 ZE, 200 GE) und dem reinen Tiefkühlprozeß (6.000 ZE, 245 GE). Diese Strecke läßt sich durch die Funktionsgleichung $K = 312,5 - 9 \cdot t_M / 800$ beschreiben. Dagegen betragen die Kosten einer reinen Aktivität

K_{MR} = 1,64·100/(1–P(h_M)) = 16.400/(32+t_M/200). Diese Hyperbel ist fett gezeichnet. Der Vergleich ergibt in diesem Fall, daß die gemischte Aktivität für alle 8.000 ≤ t_M < 10.000 kostengünstiger ausfällt. Für t_M=10.000 stimmen beide Alternativen überein. Insgesamt ergibt sich also für die Mohrrübenzubereitung eine Isoquante der effizienten Aktivitäten, die die Gestalt t_M = 27.777,$\overline{7}$ – 88,$\overline{8}$·K_M mit K_M ∈ [200, 245] aufweist.

Im Falle der Erbsen und des Spinats ergibt sich ebenfalls, daß sich eine Erhöhung der Intensität über die minimale Putzgeschwindigkeit hinaus nicht lohnt. Die Isoquanten gehorchen den Funktionsgleichungen t_E = 27.360 – 96·K_E mit K_E ∈ [200, 260] und t_S = 13.560 – 120·K_S mit K_S ∈ [100, 108].

Beim Brokkoli ergibt sich dagegen eine Kostenersparnis durch eine Verringerung der Putzzeit. Reine Aktivitäten, die aus einer Variation des Putzeifers resultieren, dominieren in diesem Fall gemischte Aktivitäten, die aus den reinen Aktivitäten des Putzens mit minimalem Eifer (200 GE, 6.000 ZE) und dem Kauf von Tiefkühlware (250 GE, 3.000 ZE) zusammengesetzt sind. Dadurch entsteht ein Knick in der Isoquante (vgl. Graphik 2). Sie besteht für hohe Zeiteinsätze t_B aus reinen Aktivitäten, die den fett gezeichneten Hyperbelabschnitt bilden. Für kleinere t_B und größere K_B hingegen besteht sie aus gemischten Aktivitäten. Die Funktionsgleichung lautet:

$$t_B = \begin{cases} \dfrac{4.200.000}{K_B} - 15.000 & K_B \in [200, 210] \\ 15.500 - 50 \cdot K_B & K_B \in [210, 250] \end{cases}$$

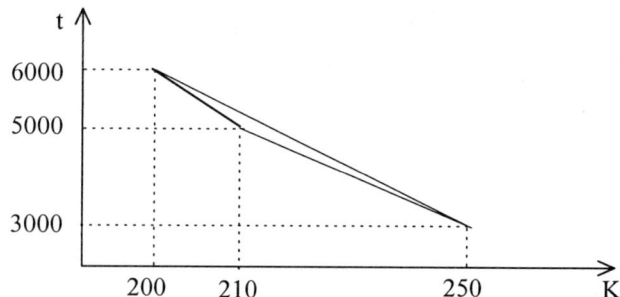

Aufgabe 3

Durch die Zusammenfassung der Aktivitäten des Mohrrüben-, Erbsen-, Spinat- und Brokkolizubereitens ergibt sich der Prozeß der Gemüsebereitung, also der gesamten Leistungserstellung in der Gemüseküche. Auch hier läßt sich eine Isoquante zwischen den substitutionalen Materialkosten und Zeitaufwänden ermitteln. Sie entsteht jedoch nicht durch Addition der partiellen Isoquanten. Vielmehr sind wie bei der selektiven Anpassung verschiedener Maschinen zunächst die günstigsten Kombinationen auszuschöpfen, ehe die ungünstigeren Substitutionen realisiert werden sollten (vgl. Graphik 3 auf der folgenden Seite).

Wird ausschließlich Tiefkühlgemüse verkocht, entstehen Materialkosten von

$$K^{max} = K_M^{max} + K_E^{max} + K_S^{max} + K_B^{max} = 863.$$

Um die Kosten zu senken, kann alternativ ein Teil der Mohrrüben, ein Teil der Erbsen, ein Teil des Spinats oder ein Teil des Brokkolis selbst geputzt werden. Den größten Substitutionseffekt je zusätzlicher Arbeitszeiteinheit kann beim Brokkoli erzielt werden, weil die Isoquante hier am flachsten verläuft. Hier kann bereits für 50 ZE eine GE eingelöst werden. Auf diese Weise lassen sich die ersten $250 - 210 = 40$ GE substituieren. Das zweitgünstigste Austauschverhältnis hat das Putzen von Mohrrüben. Hier müssen für eine GE 80 ZE eingesetzt werden. Mit diesen beiden Entscheidungen kann bereits das Budget von 800 GE unterschritten werden: $863 - 40 - 45 = 778$. Sollen darüber hinaus noch Kosten eingespart werden, weil der Gemüsekoch eine möglichst große Prämie erreichen will, muß er zunächst Erbsen selbst putzen ($778 - 60 = 718$), anschließend Brokkoli langsamer putzen ($718 - 10 = 708$) und schließlich Spinat selbst putzen ($708 - 8 = 700$). Am Ende verwendet er keine Tiefkühlkost mehr und erreicht das absolute Kostenminimum von

$$K^{min} = K_M^{min} + K_E^{min} + K_S^{min} + K_B^{min} = 700.$$

Die Arbeitszeit verläuft dabei gegenläufig. Zum Kostenminimum gehört der Zeitaufwand

$$t^{max} = t_M(K_M^{min}) + t_E(K_E^{min}) + t_S(K_S^{min}) + t_B(K_B^{min}) = 25.720.$$

Dies zeigt, daß das Kostenminimum nicht ohne Überstunden erreicht werden kann. Der Zeitaufwand muß also dadurch gesenkt werden, daß Rohware teilweise durch Tiefkühlware ersetzt wird. Hier ist es effizient, zunächst die Aktivität zu ersetzen, bei der je zusätzlicher Geldeinheit am meisten Zeiteinheiten gespart werden können, das ist mit einer Isoquantensteigung von 120 beim Putzen von Spinat der Fall. Auf diese Weise können bereits $120 \cdot 8 = 960$ ZE substituiert werden. Als nächstes ist eine Erhöhung der Intensität beim Brokkoliputzen erforderlich; sie löst mit einem durchschnittlichen Austauschverhältnis von 100 die nächsten $100 \cdot 10 = 1000$ ZE ein. Um das Arbeitszeitbudget von 22.800 ZE zu erreichen, sind dann auch noch Tiefkühlerbsen einzusetzen ($25.720 - 960 - 1000 - 96 \cdot y = 22.800 \rightarrow y = 10$ GE $\rightarrow$ 960 ZE Ersparnis durch Tiefkühlerbsen). Soll das Zeitbudget unterschritten werden, um Zeit zum Skatspiel zu gewinnen, kann der Gemüsekoch weitere Tiefkühlerbsen ($96 \cdot (60-10) = 4.800$) und darüber hinaus auch noch tiefgekühlte Mohrrüben einsetzen ($89 \cdot 45 = 4.000$). Wenn er jedoch zu viele Tiefkühl-Mohrrüben beschafft und auch noch Tiefkühl-Brokkoli einkauft ($50 \cdot 40 = 2.000$), verletzt er schließlich das Kostenbudget (800 GE < 863 GE) und erreicht das Zeitminimum

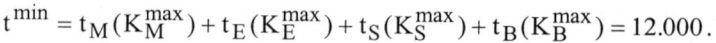

$$t^{min} = t_M(K_M^{max}) + t_E(K_E^{max}) + t_S(K_S^{max}) + t_B(K_B^{max}) = 12.000.$$

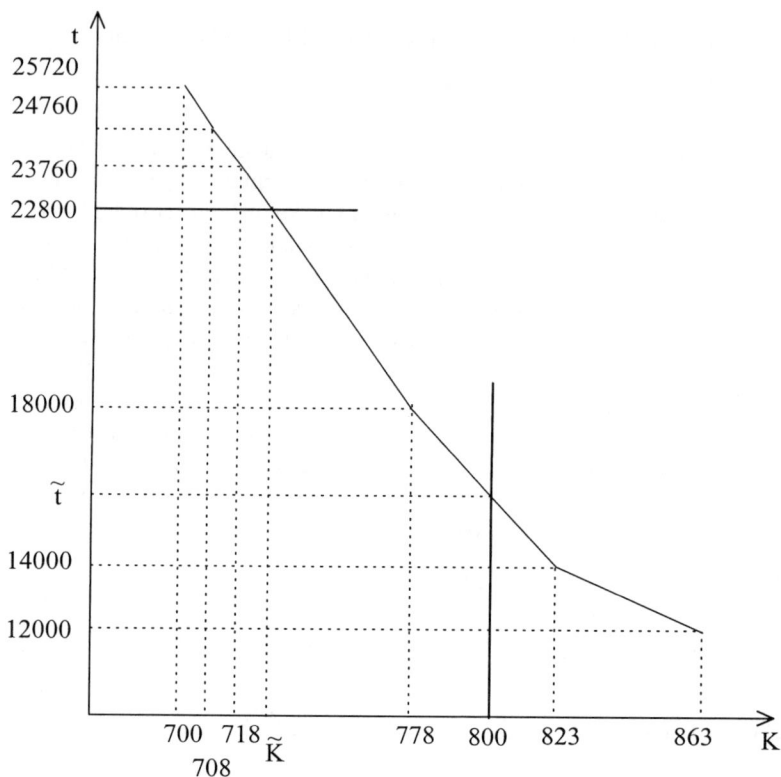

Als Schnittpunkte mit den vorgegebenen Budgetlinien ergeben sich die folgenden Prozesse: Bei einer Arbeitszeit von 22.800 ZE betragen die Materialkosten mindestens $\tilde{K} = 728$ GE. Der Gemüsekoch kann also höchstens eine Prämie von 18 GE einstreichen. Hält der Gemüsekoch dagegen das Kostenbudget von 800 GE genau ein, ergibt sich eine minimale Arbeitszeit von $\tilde{t} = 16.240$ ZE, also eine Freizeit von 6.560 ZE.

Literaturhinweise

BEHRENS, S.: Grundlagen der prozeßorientierten Produktionstheorie, in: *ALBACH, H., EYLERT, E., LUHMER, A., STEVEN, M.* (Hrsg.), Die Theorie der Unternehmung in Forschung und Praxis, Berlin u.a. 1999, S. 297–312.

DRIES, F.: Rechenbuch für das Gastgewerbe, 11. Aufl., Gießen 1991.

ISERMANN, H.: Optimierung bei mehrfacher Zielsetzung, in: *GAL, T.* (Hrsg.), Grundlagen des Operations Research, 2. Aufl., Berlin u.a. 1989, Band 1, S. 420–497.

STEVEN, M.: Produktionstheorie, Wiesbaden 1998.

Thomas Hering

Produktionsprogrammplanung bei Variantenfertigung

Die zunehmende Variantenvielfalt in der industriellen Fertigung geht häufig mit über-proportional steigenden Kosten bei gleichzeitig nur degressiv steigenden Erlösen einher.

Aufgabe 1

Diskutieren Sie für diese Situation die Frage, inwieweit

> Zuschlagskalkulation und
> Deckungsbeitragsrechnung

zur Ermittlung des gewinnmaximalen Produktionsprogramms (Mengen der einzelnen Varianten) geeignet sind!

Aufgabe 2

Die Hamburger SEEADLER-GmbH führt in ihrem umfangreichen Absatzprogramm u.a. auch naturgetreue, eigengefertigte Schiffsminiaturen von „Nordatlantikrennern". Alle Produkte durchlaufen nacheinander die zwei Stufen „Guß" und „Anstrich", welche über eine monatliche Kapazität von 2962 ZE (Zeiteinheiten) bzw. 1500 ZE verfügen. Die Fixkosten belaufen sich auf monatlich 70 GE (Geldeinheiten). Deckungs-spannen Dsp [GE/ME] (Geldeinheiten pro Mengeneinheit), Produktionskoeffizienten $PK_{Guß}$ [ZE/ME], $PK_{Anstrich}$ [ZE/ME] und Absatzhöchstmengen Abs [ME] pro Monat sind für das bisherige Rahmenprogramm in der nachstehenden Tabelle enthalten.

Reihe „Schnelldampfer" (Träger des Blauen Bandes)						
Schiff	BRT	Reederei	Dsp	$PK_{Guß}$	$PK_{Anstr.}$	Abs
DEUTSCHLAND	16.502	HAPAG	20	16	7	20
MAURETANIA	30.696	CUNARD	25	30	12	25
NORMANDIE	82.779	C.G.T.	35	82	40	15
QUEEN MARY	80.773	CUNARD	40	80	40	30
UNITED STATES	53.329	U.S.L.	30	53	25	15

Die Nachfrage der Schiffsliebhaber nach weiteren Varianten ist groß. Daher wird erwogen, drei neue Modelle in die Produktion aufzunehmen. Die Herstellung der erforderlichen Gußformen sowie die durch die Handhabung einer größeren Varian-tenzahl erhöhte Komplexität der Geschäftsabläufe würden allerdings zu zusätzlichen

Fixkosten von monatlich 500 GE führen (Gemeinkosten für die gesamte neue Variantengruppe). Die Daten der neuen Varianten lauten:

Reihe „Berühmte Ozeanriesen"						
Schiff	BRT	Reederei	Dsp	$PK_{Guß}$	$PK_{Anstr.}$	Abs
TITANIC	46.329	W.S.L.	35	46	22	35
IMPERATOR	52.117	HAPAG	45	52	24	15
BREMEN	51.656	NDL	40	51	25	20

Schließlich bietet es sich an, auf den vorhandenen Anlagen auch Modelle von Luftschiffen zu fertigen. Wegen der im Vergleich zu Seeschiffen durchaus andersartigen Konstruktion würden diese Varianten aber (im Falle ihrer Produktion) zusammen fixe Gemeinkosten von monatlich zusätzlich 2000 GE verursachen. Ihre Daten sind der folgenden Tabelle zu entnehmen.

Reihe „Berühmte Luftschiffe"					
Schiff	m^3	Dsp	$PK_{Guß}$	$PK_{Anstr.}$	Abs
LZ 1	11.300	10	10	10	5
LZ 127 „GRAF ZEPPELIN"	105.000	50	20	15	30

Bestimmen Sie das gewinnmaximale Produktionsprogramm: In welchen Mengen werden die zehn Varianten gefertigt, und wie hoch ist der maximale Gewinn pro Monat?

Aufgabe 3

Formulieren Sie für Aufgabe 2 einen mathematischen Planungsansatz!

Lösung

Aufgabe 1

Das Instrument der Zuschlagskalkulation ist ungeeignet, weil es eine Proportionalisierung der variantenfixen Kosten erfordert. Die Produktionsmengen, auf welche die Kosten zu verteilen sind, stehen noch gar nicht fest; sie sind ja gerade erst zu bestimmen. Echte Gemeinkosten lassen sich überdies nicht willkürfrei den einzelnen Varianten zurechnen. Entscheidungstheoretisch sinnvolle Zuschlagsätze können daher ex ante nicht ermittelt werden.

Die Deckungsbeitragsrechnung ist in der Version stufenweiser Fixkostendeckung als Grundlage der Programmplanung geeignet, sofern die Erlös- und Kostenfunktionen zumindest abschnittsweise linear verlaufen. Nur dann hängt die Deckungsspanne nicht von der erst noch zu bestimmenden Menge ab. Bei Engpässen ergeben sich weitere Probleme (siehe Aufgabe 2).

Aufgabe 2

Luftschiffe lohnen sich offenbar nicht, weil der maximal erzielbare Deckungsbeitrag von $10 \cdot 5 + 50 \cdot 30 = 1550$ nicht die Fixkosten (2000) erreicht.

Relative Kapazitäts- beanspruchung	$PK_{Guß}$	$\dfrac{PK_{G.}}{2962}$		$\dfrac{PK_{Anstr.}}{1500}$	$PK_{Anstr.}$
DEUTSCHLAND	16	0,0054	>	0,0047	7
MAURETANIA	30	0,0101	>	0,0080	12
NORMANDIE	82	0,0277	>	0,0267	40
QUEEN MARY	80	0,0270	>	0,0267	40
UNITED STATES	53	0,0179	>	0,0167	25
TITANIC	46	0,0155	>	0,0147	22
IMPERATOR	52	0,0176	>	0,0160	24
BREMEN	51	0,0172	>	0,0167	25

Ohne die Luftschiffe gilt: Die relative Kapazitätsbeanspruchung (PK/Kapazität) ist in der Abteilung „Guß" immer höher als in der Abteilung „Anstrich". Der Engpaß kann also im voraus bestimmt werden; unabhängig vom Programm stößt immer die Abteilung „Guß" zuerst an die Kapazitätsgrenze. Damit ist die Lösung auf der Basis relativer Deckungsspannen möglich.

Schiff	Dsp	$PK_{Guß}$	$\dfrac{Dsp}{PK_{G.}}$	Rang	Abs	Programm
DEUTSCHLAND	20	16	1,25	1	20	20
MAURETANIA	25	30	0,83	2	25	25
NORMANDIE	35	82	0,43	5	15	0
QUEEN MARY	40	80	0,50	4	30	13,7125
UNITED STATES	30	53	0,57	3	15	15

Betrachtet man nur die Schnelldampfer (Rahmenprogramm), ergibt sich die Vorteilhaftigkeitsreihenfolge *Deutschland-Mauretania-United States-Queen Mary-Normandie* mit den engpaßausschöpfenden, optimalen Produktionsmengen $x_D = 20$, $x_M = 25$, $x_N = 0$, $x_Q = 13,7125$ und $x_U = 15$. Der Gewinn beträgt $20 \cdot 20 + 25 \cdot 25 + 40 \cdot 13,7125 + 30 \cdot 15 - 70 = 1953,5$ GE. Für die Kapazitätsnachfrage in der Engpaßstufe „Guß" gilt: $16 \cdot 20 + 30 \cdot 25 + 80 \cdot 13,7125 + 53 \cdot 15 = 2962$ ZE.

Schiff	Dsp	$PK_{Guß}$	$\dfrac{Dsp}{PK_{G.}}$	Rang	Abs	Programm
DEUTSCHLAND	20	16	1,25	1	20	20
MAURETANIA	25	30	0,83	3	25	25
NORMANDIE	35	82	0,43	8	15	0
QUEEN MARY	40	80	0,50	7	30	0
UNITED STATES	30	53	0,57	6	15	0
TITANIC	35	46	0,76	5	35	2
IMPERATOR	45	52	0,87	2	15	15
BREMEN	40	51	0,78	4	20	20

Werden die Ozeanriesen hinzugenommen, lautet die sich nunmehr ergebende Reihenfolge der relativen Deckungsspannen *Deutschland-Imperator-Mauretania-Bremen-Titanic-United States-Queen Mary-Normandie*. Das optimale Programm besteht aus: $x_D = 20$, $x_M = 25$, $x_N = 0$, $x_Q = 0$, $x_U = 0$, $x_T = 2$, $x_I = 15$, $x_B = 20$. Diese Lösung ist auch unter Berücksichtigung der Fixkosten von 500 für die neue Variantengruppe besser als die erste, denn sie führt zu einem maximalen Gewinn von $20 \cdot 20 + 25 \cdot 25 + 35 \cdot 2 + 45 \cdot 15 + 40 \cdot 20 - 500 - 70 = 2000$ GE. Der Engpaß wird voll ausgeschöpft: $16 \cdot 20 + 30 \cdot 25 + 46 \cdot 2 + 52 \cdot 15 + 51 \cdot 20 = 2962$ ZE.

Es ist also insgesamt optimal, hinsichtlich der Variantenvielfalt einen Mittelweg einzuschlagen und nicht alle denkbaren Varianten zu fertigen.

Aufgabe 3

Zu dieser Lösung kommt auch der folgende gemischt-ganzzahlige lineare Optimierungsansatz:

Zielfunktion: Gewinnmaximierung

$$\max. \ G; \ G := 20x_D + 25x_M + 35x_N + 40x_Q + 30x_U + 35x_T + 45x_I + 40x_B + 10x_{LZ1} + 50x_{LZ127} - 500u_O - 2000u_L - 70$$

Restriktionen (1): Kapazitätsbeschränkungen „Guß" und „Anstrich"

$$16x_D + 30x_M + 82x_N + 80x_Q + 53x_U + 46x_T + 52x_I + 51x_B + 10x_{LZ1} + 20x_{LZ127} \leq 2962$$

$$7x_D + 12x_M + 40x_N + 40x_Q + 25x_U + 22x_T + 24x_I + 25x_B + 10x_{LZ1} + 15x_{LZ127} \leq 1500$$

Restriktionen (2): Schaltbedingungen für die Variantengruppengemeinkosten

$$x_T + x_I + x_B \leq 70u_O$$

$$x_{LZ1} + x_{LZ127} \leq 35u_L$$

Sobald Varianten aus der Gruppe der Ozeanriesen bzw. der Luftschiffe gefertigt werden, muß die zugehörige Binärvariable u_O bzw. u_L gleich eins sein, damit in der Zielfunktion die fixen Gemeinkosten der Variantengruppen den Gewinn schmälern. Aufgrund der Absatzrestriktionen (3) können die linken Seiten der Ungleichungen höchstens den Wert 70 bzw. 35 erreichen, so daß die Schaltbedingungen zu keiner unzulässigen Einschränkung des Lösungsraums führen.

Restriktionen (3): Absatzschranken

$$x_D \leq 20$$
$$x_M \leq 25$$
$$x_N \leq 15$$
$$x_Q \leq 30$$
$$x_U \leq 15$$
$$x_T \leq 35$$
$$x_I \leq 15$$
$$x_B \leq 20$$
$$x_{LZ1} \leq 5$$
$$x_{LZ127} \leq 30$$

Restriktionen (4): Nichtnegativität und Ganzzahligkeit

$$x_D, x_M, x_N, x_Q, x_U, x_T, x_I, x_B, x_{LZ1}, x_{LZ127} \geq 0$$
$$u_O, u_L \in \{0; 1\}$$

Literaturhinweise

ADAM, D.: Produktionsmanagement, 9. Aufl., Wiesbaden 1998.

ADAM, D., JOHANNWILLE, U.: Die Komplexitätsfalle, in: *ADAM, D.* (Hrsg.), Komplexitätsmanagement, SzU, Bd. 61, Wiesbaden 1998, S. 5–28.

ADAM, D., ROLLBERG, R.: Komplexitätskosten, in: DBW, 55. Jg. (1995), S. 667–670.

CORSTEN, H.: Produktionswirtschaft, 7. Aufl., München/Wien 1998.

Heinz Eckart Klingelhöfer

Produktionsprogrammplanung unter Berücksichtigung mehrerer Engpässe

Ein Unternehmen kann die Produkte 1, 2 und 3 herstellen. Das je Mengeneinheit (ME) in die Erzeugnisse eingehende Material in kg, der für die Produktion einer ME erforderliche Zeitbedarf in Zeiteinheiten (ZE) und die dabei entstehenden Schadstoffmengen in g, die maximal absetzbaren Mengen der Produkte und die erzielbaren Absatzpreise sind in der folgenden Tabelle angegeben. Material kann das Unternehmen zu 6 Geldeinheiten (GE) pro kg beschaffen und Schadstoffe zu 5 GE/g entsorgen. Für die Produktionszeit veranschlagt es den Wert jeder ZE mit 12 GE; die fixen Kosten der Periode belaufen sich auf $K_f = 15.000$ GE.

Er-zeug-nis	Material pro ME (kg/ME)	Produk-tionszeit (ZE/ME)	Schad-stoffe (g/ME)	max. Absatz (ME)	Absatzpreis pro ME (GE/ME)
1	6	7	10	400	190
2	9	6	8	500	160
3	12	5	9	600	227
Preis	6 GE/kg	12 GE/ZE	5 GE/g		

Aufgabe 1

Wie hoch sind die variablen Stückkosten und die Stückdeckungsbeiträge (auch als *Deckungsspannen* bezeichnet) je Erzeugnis? Welche Mengen der Erzeugnisse wird das Unternehmen produzieren? Welchen Gesamtdeckungsbeitrag GDB und welchen Gewinn G kann es damit erzielen? Wie hoch werden der Materialverbrauch, die beanspruchte Produktionszeit und die benötigten Entsorgungskapazitäten sein?

Aufgabe 2

Nun sei im Unterschied zu Aufgabe 1 unterstellt, daß das Unternehmen innerhalb der Planperiode nur bis zu 8.400 kg Material beschaffen, bestenfalls 5.000 ZE Produktionszeit zur Verfügung stellen und maximal 7.650 g des Schadstoffs entsorgen kann. Welche Auswirkungen hat dies auf das in Aufgabe 1 ermittelte Produktionsprogramm? Bestimmen Sie graphisch und rechnerisch das neue optimale Produktionsprogramm, und interpretieren Sie die sich bei Anwendung des Simplexalgorithmus im Endtableau ergebenden Werte!

Aufgabe 3

Eine ähnliche Aufgabenstellung mit den nachstehenden Ausgangsdaten

Erzeugnis	Material pro ME (kg/ME)	Produktionszeit (ZE/ME)	Schadstoffe (g/ME)	max. Absatz (ME)	(Stück-) Deckungsbeitrag (GE/ME)
1	5	5	6	400	25
2	8	4	4	500	−4
3	10	3	5	600	40
verfügbar	7.000 kg	3.150 ZE	5.000 g		
Preis	5 GE/kg	10 GE/ZE	4 GE/g		

und fixen Kosten in Höhe von $K_f = 10.000$ GE führte bei Anwendung des Simplexalgorithmus zum folgenden Tableau, bei dem freilich einige Werte fehlen (durch ???? gekennzeichnet):

	x_1	x_3	y_1	y_2	y_3	y_4	y_5	R.S.
x_1	????	????	????	????	????	????	????	????
y_5	????	????	????	0,1429	????	????	????	????
y_3	????	????	−0,2	????	????	????	????	450
y_4	????	????	0,0857	????	????	????	????	100
x_3	????	????	0,1429	????	????	????	????	550
G	????	????	????	1,4286	????	????	????	????

Ergänzen Sie dieses Simplextableau passend, ohne es durch Anwendung des Simplexalgorithmus neu zu errechnen! Ist das optimale Produktionsprogramm gefunden? G steht dabei für den Gewinn, x_1 und x_3 für die Erzeugnisse 1 bzw. 3, y_1 bis y_5 in der angegebenen Reihenfolge für die Schlupfvariablen des Materials, der Produktionszeit, der Schadstoffe und des Absatzes der Erzeugnisse 1 und 3 sowie schließlich R.S. für die rechten Seiten des Gleichungssystems.

Lösung

Aufgabe 1

Ausgehend von den in der Aufgabenstellung angegebenen Daten belaufen sich für Erzeugnis 1 die Materialkosten auf 6 kg/ME · 6 GE/kg = 36 GE/ME, die Fertigungskosten auf 7 ZE/ME · 12 GE/ZE = 84 GE/ME und die Entsorgungskosten auf 10 g/ME · 5 GE/g = 50 GE/ME. Insgesamt werden somit **variable Stückkosten** in Höhe von 170 GE/ME verursacht. Bei einem Preis von 190 GE/ME ergibt sich daher ein

(Stück-)Deckungsbeitrag bzw. eine **Deckungsspanne** DB_1 von 190 GE/ME − 170 GE/ME = 20 GE/ME. Entsprechend erhält man die in der folgenden Tabelle ebenfalls angegebenen Werte für die Erzeugnisse 2 und 3.

Er-zeug-nis	Material-kosten (GE/ME)	Fertigungs-kosten (GE/ME)	Entsorgungs-kosten (GE/ME)	variable Stückkosten (GE/ME)	(Stück-) Deckungsbeitrag (GE/ME)
1	36	84	50	170	20
2	54	72	40	166	−6
3	72	60	45	177	50

Unter der Zielsetzung der **(Gesamt-)Deckungsbeitragsmaximierung** (GDB → max.), die wegen der kurzfristig nicht gegebenen Entscheidungsrelevanz der fixen Kosten K_f zum gleichen Ergebnis wie jene der **Gewinnmaximierung** (G = GDB − K_f → max.) führt, kann das einen negativen Stückdeckungsbeitrag DB_2 aufweisende Erzeugnis 2 gleich aus dem Produktionsprogramm gestrichen werden. Die verbleibenden Erzeugnisse 1 und 3 hingegen wird man jeweils bis zur **Absatzobergrenze** AO produzieren, denn jede zusätzlich erzeugte Einheit erhöht den Gesamtdeckungsbeitrag GDB (und damit den Gewinn G) um den durch sie erzielten Stückdeckungsbeitrag DB. Auf diese Weise erhält man den **Gesamtdeckungsbeitrag** GDB_{AO} als Summe der mit ihren Stückdeckungsbeiträgen gewichteten Produktionsmengen mit:

$$GDB_{AO} = DB_1 \cdot x_{1,AO} + DB_3 \cdot x_{3,AO}$$

$$= 20 \text{ GE/ME} \cdot 400 \text{ ME} + 50 \text{ GE/ME} \cdot 600 \text{ ME}$$

$$= 38.000 \text{ GE}$$

Entsprechend beträgt dann der **Gewinn** G_{AO}:

$$G_{AO} = GDB_{AO} - K_f = DB_1 \cdot x_{1,AO} + DB_3 \cdot x_{3,AO} - K_f$$

$$= 38.000 \text{ GE} - 15.000 \text{ GE}$$

$$= 23.000 \text{ GE}$$

Der **Materialverbrauch** bei Durchführung des Produktionsprogramms ergibt sich als (mathematisches) Produkt aus der produzierten Menge mit dem jeweiligen erzeugnisspezifischen Materialverbrauch je Mengeneinheit und beträgt 400 ME · 6 kg/ME = 2.400 kg für Erzeugnis 1 und 600 ME · 12 kg/ME = 7.200 kg für Erzeugnis 3, zusammen also 9.600 kg, wenn beide bis zu ihren Absatzobergrenzen produziert werden. Entsprechend errechnen sich die beanspruchte **Fertigungskapazität** mit 5.800 ZE und die zu entsorgenden **Schadstoffmengen** mit 9.400 g (vgl. nachstehende Tabelle).

Er-zeug-nis	maximale Absatz-menge	gesamter Material-verbrauch	gesamte Produk-tionszeit	gesamte Schadstoff-menge	Gesamt-deckungs-beitrag
1	400	2.400	2.800	4.000	8.000
3	600	7.200	3.000	5.400	30.000
Summe		**9.600**	**5.800**	**9.400**	**38.000**

Aufgabe 2

Das in Aufgabe 1 ermittelte optimale Produktionsprogramm – die Produktion der Erzeugnisse 1 und 3 bis an ihre Absatzobergrenzen – läßt sich nur unter drei Voraussetzungen verwirklichen:

- Das erforderliche Material muß verfügbar und
- die Fertigungskapazität groß genug sein.
- Außerdem müssen ausreichend Entsorgungsmöglichkeiten für die anfallenden Schadstoffe vorhanden sein.

Schon ein Vergleich der am Ende der Aufgabe 1 ermittelten Werte mit jenen der neuen Aufgabenstellung zeigt jedoch, daß diese Voraussetzung in keinem der drei Fälle erfüllt ist. – Es liegt eine **Produktion mit mehreren (potentiellen) Engpässen** vor.

Für das zu lösende Produktionsprogrammplanungsproblem gilt dabei nach wie vor, daß nur eine Produktion der Erzeugnisse 1 und 3 in Frage kommt, ist doch der Stückdeckungsbeitrag von Erzeugnis 2 negativ. Die zu maximierende **Zielfunktion** ZF lautet damit weiterhin in der Formulierung als Gesamtdeckungsbeitragsfunktion:

$$\text{ZF:} \quad \text{GDB} = \text{DB}_1 \cdot x_1 + \text{DB}_3 \cdot x_3 = 20 \text{ GE/ME} \cdot x_1 + 50 \text{ GE/ME} \cdot x_3 \quad \rightarrow \text{max.!}$$

oder – äquivalent dazu – in der Formulierung als Gewinnfunktion:

$$\text{ZF:} \quad \text{G} = \text{GDB} - \text{K}_f = \text{DB}_1 \cdot x_1 + \text{DB}_3 \cdot x_3 - \text{K}_f \quad \rightarrow \text{max.!}$$
$$= 20 \text{ GE/ME} \cdot x_1 + 50 \text{ GE/ME} \cdot x_3 - 15.000 \text{ GE} \quad \rightarrow \text{max.!}$$

Hinzu treten jetzt jedoch als **Nebenbedingungen** die Beschränkungen:

(A)	$6\,x_1 + 12\,x_3$	$\leq$	8.400	(Materialverbrauch)
(B)	$7\,x_1 + 5\,x_3$	$\leq$	5.000	(Produktionszeit)
(C)	$10\,x_1 + 9\,x_3$	$\leq$	7.650	(Schadstoffentstehung)
(D)	$1\,x_1 + 0\,x_3$	$\leq$	400	(Absatz Erzeugnis 1)
(E)	$0\,x_1 + 1\,x_3$	$\leq$	600	(Absatz Erzeugnis 3)
(F)	x_1, x_3	$\geq$	0	(Nichtnegativitätsbedingungen)

Da gem. Aufgabe 1 nur eine Produktion der Erzeugnisse 1 und 3 in Frage kommt, das vorliegende Produktionsprogrammplanungsproblem mithin zweidimensional ist, bietet sich neben einer rechnerischen auch eine **graphische Lösung** an. Dazu sind zunächst die Nebenbedingungen (A)-(F) in ein x_1-x_3-Koordinatensystem einzutragen: Durch Auflösen der Ungleichungen nach x_3 bzw. x_1 und Einzeichnen der resultierenden Begrenzungsgeraden (die Nebenbedingungen sind linear strukturiert) erhält man den in der nachstehenden Abbildung grau hinterlegten Raum zulässiger Lösungen:

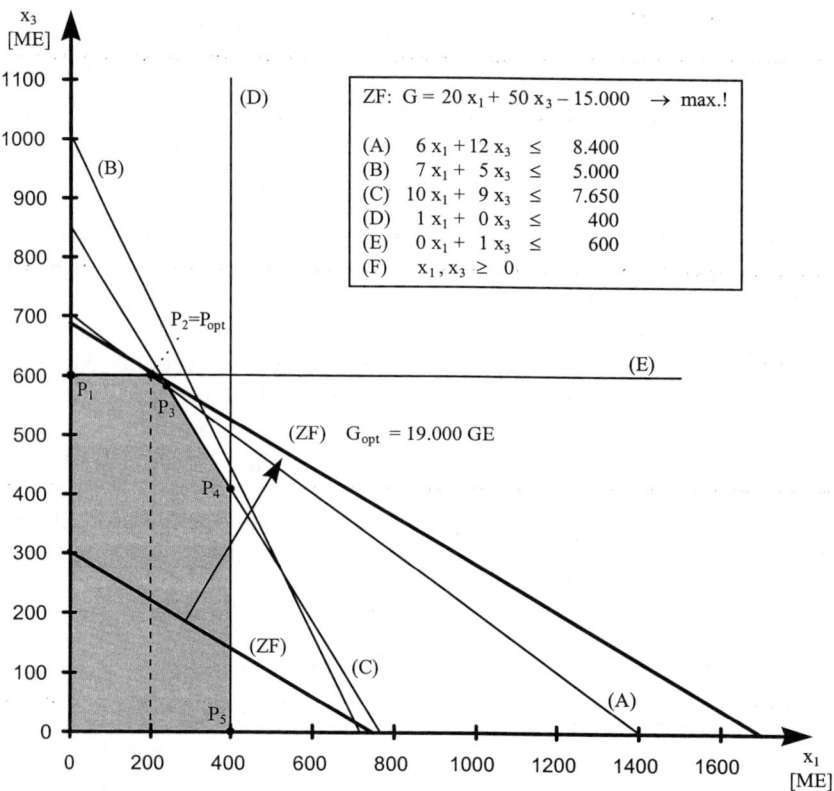

Es fällt auf, daß die Produktionszeitbeschränkung (B) keinen Einfluß auf die Gestalt des durch den Koordinatenursprung und die Punkte P_1 bis P_5 charakterisierten Lösungsraumes hat, da sie durch die hier schärfere Schadstoffrestriktion (C) dominiert wird. Innerhalb dieses grau hinterlegten Bereiches wird keine der Nebenbedingungen verletzt. Damit stellt *jede* dort liegende Kombination der Erzeugnisse 1 und 3 ein zulässiges Produktionsprogramm dar. Von diesen Kombinationen soll jetzt die optimale (gewinnmaximale) gesucht werden:

Durch Vorgabe eines bestimmten Gewinnes (Gesamtdeckungsbeitrages) und Bestimmung der Gesamtheit aller genau diesen Gewinn (Gesamtdeckungsbeitrag) erzielenden x_1-x_3-Kombinationen erhält man eine Iso-Gewinnlinie (Iso-Gesamtdeckungsbeitragslinie). Da nun der Gewinn G bei Parallelverschiebung nach außen (d.h. nach rechts oben) mit steigender Entfernung vom Koordinatenursprung zunimmt (die Mengen x_1 und x_3 gehen mit positiven Koeffizienten – ihren Stückdeckungsbeiträgen DB_1 und DB_3 – in die Zielfunktion ein), erhält man das gewinnmaximale Produktionsprogramm in dem Eckpunkt, in dem die Iso-Gewinnlinie den zulässigen Lösungsraum gerade vollständig verlassen möchte. Dies ist in obiger Abbildung im Punkt $P_{opt} = P_2$ erreicht. Dessen Koordinaten geben die optimale Aufteilung der Produktion auf die Erzeugnisse 1 und 3 an, nämlich $x_1 = 200$ ME und $x_3 = 600$ ME. Der damit erzielbare **Gewinn G_{opt}** (und somit auch der mögliche **Gesamtdeckungsbeitrag GDB_{opt}**) errechnet sich durch Einsetzen dieser Werte in die passende Zielfunktion:

$$G_{opt} = DB_1 \cdot x_1 + DB_3 \cdot x_3 - K_f$$

$$= 20 \text{ GE/ME} \cdot 200 \text{ ME} + 50 \text{ GE/ME} \cdot 600 \text{ ME} - 15.000 \text{ GE}$$

$$= 19.000 \text{ GE}$$

$$GDB_{opt} = GDB + K_f = DB_1 \cdot x_1 + DB_3 \cdot x_3 = 34.000 \text{ GE}$$

Die Ausführungen zur graphischen Lösung abschließend, läßt sich ferner schon anhand der oben angegebenen Abbildung zeigen, daß die *optimale Lösung stets mindestens einen Eckpunkt des Lösungsraumes beinhalten muß*: Selbst nach beliebigen Drehungen möchte die Iso-Gewinnlinie den Lösungsraum beim Parallelverschieben erst in einem Eckpunkt oder – beim Zusammenfallen mit einer Restriktion – an einer Kante vollständig verlassen. Im zweiten Fall, auch als *duale Ausartung* des Problems bezeichnet, sind alle Lösungen auf dieser Begrenzungskante optimal (und damit natürlich ebenso die zugehörigen Eckpunkte). Darüber hinaus kann die Zielfunktionsgerade im Falle eines *nichtkonvexen Lösungsraumes* diesen auch in mehreren nicht auf lediglich einer Begrenzungslinie liegenden Eckpunkten gleichzeitig verlassen.

Im Falle einer **rechnerischen Lösung** des Produktionsprogrammplanungsproblems läßt sich aufgrund der linearen Struktur von Zielfunktion und Restriktionen die optimale Produktionsaufteilung unter Verwendung des **Simplexalgorithmus** bestimmen. Hierzu sind die durch die Nebenbedingungen gegebenen Ungleichungen (mit Ausnahme der Nichtnegativitätsbedingungen) zunächst mit Hilfe von *Schlupfvariablen*, welche die durch die Produkte nicht beanspruchten Restkapazitäten bis zu den entsprechenden Obergrenzen aufnehmen, in Gleichungen zu überführen. Seien dies y_1 für das unverbrauchte Material, y_2 für die nicht benötigte Produktionszeit, y_3 für noch nicht ausgeschöpfte Schadstoffmengen sowie y_4 und y_5 für die noch über die Anzahl der schon produzierten Güter hinaus möglichen Absatzmengen. Selbstverständlich müssen die Schlupfvariablen ebenfalls die Nichtnegativitätsbedingungen erfüllen, da nicht mehr produziert werden darf, als maximal möglich oder zulässig ist. Um ferner eine algorithmische Gleichbehandlung der Zielfunktion mit den Nebenbedingungen zu gewährleisten, faßt man den Gewinn G (oder alternativ den Gesamtdeckungsbeitrag GDB) formal als Schlupfvariable der Zielfunktion ZF auf (für die allerdings die Nichtnegativitätsbedingung nicht gilt) und bringt alle Variablen auf die linke Seite. Somit ergibt sich aus dem ursprünglichen linearen Optimierungsproblem das folgende Gleichungssystem mit den Nichtnegativitätsbedingungen unter (F):

$$\text{ZF:} \quad G - 20\,x_1 - 50\,x_3 \quad = \quad -15.000$$

$$\text{(A)} \quad y_1 + 6\,x_1 + 12\,x_3 \quad = \quad 8.400 \qquad \text{(Materialverbrauch)}$$

$$\text{(B)} \quad y_2 + 7\,x_1 + 5\,x_3 \quad = \quad 5.000 \qquad \text{(Produktionszeit)}$$

$$\text{(C)} \quad y_3 + 10\,x_1 + 9\,x_3 \quad = \quad 7.650 \qquad \text{(Schadstoffentstehung)}$$

$$\text{(D)} \quad y_4 + 1\,x_1 + 0\,x_3 \quad = \quad 400 \qquad \text{(Absatz Erzeugnis 1)}$$

$$\text{(E)} \quad y_5 + 0\,x_1 + 1\,x_3 \quad = \quad 600 \qquad \text{(Absatz Erzeugnis 3)}$$

$$\text{(F)} \quad x_1, x_3, y_1, y_2, y_3, y_4, y_5 \quad \geq \quad 0 \qquad \text{(Nichtnegativitätsbedingungen)}$$

Weil dieses Gleichungssystem mit 7 Variablen mehr Variablen als Gleichungen (5 ohne die Zielfunktion) aufweist, wird es – falls es überhaupt lösbar ist – unendlich viele Lösungen haben. Behelfen kann man sich in einer solchen Situation allerdings durch Nullsetzen der beiden „überzähligen" Variablen (*Nichtbasisvariablen*), um auf diese Weise für die übrigen fünf eine eindeutige Lösung zu erhalten (*Basisvariablen*: im weiter unten einzuführenden Simplextableau bilden die zugehörigen Spalten eine Basis des $\mathbb{R}^5$). Für die weitere Suche nach dem optimalen Produktionsprogramm macht man sich dann die oben schon angesprochene Eigenschaft zunutze, daß sich die optimale Lösung eines linearen Optimierungsproblems in einer Ecke des zulässigen Lösungsraumes befinden muß, und wählt eine dieser Ecken als Ausgangslösung. Besonders geeignet ist dafür der Koordinatenursprung, falls er zulässig ist. Dadurch, daß dort $x_1 = x_3 = 0$ ist, lassen sich nämlich die Werte der Schlupfvariablen y_1 bis y_5 (und damit eine erste Basislösung) unmittelbar aus dem Gleichungssystem ablesen. Weil auf diese Weise nichts produziert wird, geben die Schlupfvariablen die gesamten verfügbaren Kapazitäten an, und es resultiert ein Verlust (G = –15.000 GE) in Höhe der fixen Kosten K_f.

Sofern die Startlösung noch nicht optimal ist, wird nun der Simplexalgorithmus durch Ersatz jeweils einer der augenblicklichen Basisvariablen durch eine der augenblicklichen Nichtbasisvariablen so lange zur jeweils benachbarten Ecke des zulässigen Lösungsraumes wechseln, bis die optimale Lösung gefunden ist. Ausgewählt wird dafür diejenige Nichtbasisvariable, die den größten Gewinnzuwachs pro Mengeneinheit verspricht, also den höchsten (Stück-)Deckungsbeitrag aufweist. Auf diese Weise gelangt diejenige Nichtbasisvariable in die Basis, die den betragsmäßig größten negativen Koeffizienten in der Zielfunktion ZF aufweist (hier: x_3). Die dazugehörige Spalte bei spaltenweiser Anordnung aller Variablen nennt man *Pivotspalte*.

Unter der Zielsetzung der Gewinnmaximierung wird man nun x_3 möglichst stark wachsen lassen. Dem ist allerdings durch Bedingung (E) bereits bei $x_3 = 600$ eine Grenze gesetzt, denn y_5 darf gem. Bedingung (F) nicht negativ werden. Bei der so erreichten vollständigen Ausnutzung von Gleichung (E) durch x_3 wird die dort stehende bisherige Basisvariable y_5 zu null und damit zur neuen Nichtbasisvariablen. Mathematisch läßt sich die *für diese Aktion schärfste Restriktion (die Pivotzeile)* erkennen, indem zuerst für jede Zeile mit positivem Pivotspaltenwert der Quotient Q aus rechter Seite R.S. und dem in der Pivotspalte stehenden Wert bestimmt und anschließend von diesen Quotienten derjenige mit dem kleinsten Wert ermittelt wird. Das Element im Schnittpunkt von Pivotzeile und -spalte bezeichnet man als *Pivotelement* (hier: 1).

Um den Rechengang einfacher zu kontrollieren, faßt man in der Regel alle bisher beschriebenen Schritte zusammen und überträgt das Gleichungssystem in ein Tableau, das **Simplextableau**. Solange es sich noch auf das ursprüngliche Gleichungssystem bezieht, bezeichnet man es auch als *Ausgangstableau*:

	x_1	x_3	y_1	y_2	y_3	y_4	y_5	R.S.	Q	
y_1	6	12	1	0	0	0	0	8.400	700	(A)
y_2	7	5	0	1	0	0	0	5.000	1.000	(B)
y_3	10	9	0	0	1	0	0	7.650	850	(C)
y_4	1	0	0	0	0	1	0	400		(D)
y_5	0	(1)	0	0	0	0	1	600	600	(E)
G	–20	–50	0	0	0	0	0	–15.000		ZF

Ausgangstableau (Spalte Q nach Ermittlung der x_3-Spalte als Pivotspalte)

Es enthält in seiner Kopfzeile sowohl die Produkt- als auch die Schlupfvariablen und in der ganz linken Spalte die Basisvariablen (d.h. im Ausgangstableau die Schlupfvariablen) und die zu maximierende Zielfunktionsvariable (im Beispiel: G für den Gewinn). In der mit R.S. gekennzeichneten Spalte finden sich die rechten Seiten der einzelnen Gleichungen; Q steht für den sich ergebenden Quotienten aus dem Wert der rechten Gleichungsseite und dem zugehörigen (positiven) Element der Pivotspalte. Das gefundene Pivotelement ist in runde Klammern gesetzt. Im mittleren Feld (hier: in den Spalten x_1 bis y_5) werden die Koeffizienten der einzelnen Nebenbedingungen eingetragen, in die Fußzeile diejenigen der Zielfunktion (unter R.S. entsprechend der Gewinn). Da die Schlupfvariablen keinen direkten Einfluß auf die Zielfunktion haben, sind deren Zielfunktionskoeffizienten 0.

Ausgehend von dem auf diese Weise aufgestellten Simplextableau wird im nächsten Schritt die Pivotzeile (E) so normiert, daß das Pivotelement (hier: 1) zu 1 wird; d.h., die ganze Pivotzeile wird durch das bisherige Pivotelement geteilt (erübrigt sich im Beispiel). Sodann eliminiert man die neue Basisvariable x_3 aus allen übrigen Gleichungen und der Zielfunktion ZF, indem entsprechende Vielfache der normierten

Pivotzeile (E') von diesen Gleichungen abgezogen werden. Sinn beider Umwandlungen ist, daß die neue Basisvariable x_3 – genauso wie alle übrigen Basisvariablen – nur in einer Gleichung (nämlich der bisherigen Pivotzeile) und auch nur mit dem Koeffizienten 1 vorkommt. Da weiterhin laut Voraussetzung alle Nichtbasisvariablen auf 0 zu setzen sind, wodurch die sie enthaltenden Terme verschwinden, lassen sich so die Werte aller Basisvariablen direkt aus den rechten Seiten ablesen. Als Ergebnis dieser Umformungen resultiert das neue Simplextableau:

	x_1	x_3	y_1	y_2	y_3	y_4	y_5	R.S.	Q	
y_1	(6)	0	1	0	0	0	–12	1.200	200	(A') = (A) – 12 (E')
y_2	7	0	0	1	0	0	–5	2.000	285,7	(B') = (B) – 5 (E')
y_3	10	0	0	0	1	0	–9	2.250	225	(C') = (C) – 9 (E')
y_4	1	0	0	0	0	1	0	400	400	(D') = (D)
x_3	0	1	0	0	0	0	1	600		(E') = (E)/1
G	–20	0	0	0	0	0	50	15.000		ZF' = ZF + 50 (E')

Tableau nach der ersten Umformung
(Spalte Q nach Ermittlung der x_1-Spalte als neuer Pivotspalte)

Wie man sieht, ist x_3 tatsächlich aus allen Gleichungen mit Ausnahme von (E') verschwunden; es hat den Koeffizienten 1 und ist deshalb als neue Basisvariable direkt aus dem Gleichungssystem abzulesen: Da y_5 als neue Nichtbasisvariable zu null geworden ist, ergibt sich aus Gleichung (E') ein Wert von $x_3 = 600$, also eine Produktion von Erzeugnis 3 bis zur Absatzobergrenze. x_1 bleibt hingegen weiterhin bei null, so daß die gefundene Ecke dem Punkt P_1 der graphischen Lösung entspricht. Der dabei realisierte Gewinn ergibt sich aus der neuen Zielfunktionszeile ZF' mit G = 15.000 GE, ist aber genauso auch aus der alten (ZF) errechenbar, indem dort die neuen Werte für x_1 und x_3 eingesetzt werden. Durch die Produktion von x_3 sind ferner die freien Kapazitäten gesunken, wie sich an den geänderten Werten für die Schlupfvariablen ablesen läßt: $y_1 = 1.200$ kg (noch beschaffbares Material), $y_2 = 2.000$ ZE (ungenutzte Produktionszeit), $y_3 = 2.250$ g (für die Produktion zusätzlicher Güter noch erlaubte Schadstoffemissionen) und $y_4 = 400$ ME (noch absetzbare Menge an Erzeugnis 1).

Ausgehend von dem gefundenen Tableau nach der ersten Umformung ergeben sich die weiteren Simplex-Umformungen nach dem gleichen Schema wie zuvor: Da lediglich x_1 einen negativen Koeffizienten in der Zielfunktion ZF' aufweist (–20), muß für weitere Gewinnsteigerungen auch Erzeugnis 1 in das Produktionsprogramm aufgenommen werden, d.h., x_1 wird Basisvariable, die zugehörige Spalte Pivotspalte. Durch Bildung der Quotienten Q aus rechter Seite der Gleichungen und Pivotspalte (im angegebenen Tableau bereits geschehen) läßt sich erkennen, daß Gleichung (A') die schärfste aller zur Zeit relevanten Restriktionen beinhaltet (der Quotient Q ist mit 200 am kleinsten) und somit zur Pivotzeile wird. Das bedeutet, daß das zur Verfügung stehende Material (insgesamt 8.400 kg) voll ausgeschöpft und damit y_1

zur Nichtbasisvariable wird. Das Pivotelement (6) im Schnittpunkt von Pivotspalte und -zeile gibt den Wert an, durch den die Gleichung (A') zu teilen ist, damit x_1 als neue Basisvariable den Koeffizienten 1 erhält. Nachdem schließlich x_1 aus allen anderen Gleichungen eliminiert worden ist, erhält man endlich das neue Tableau:

	x_1	x_3	y_1	y_2	y_3	y_4	y_5	R.S.	
x_1	1	0	$0,1\overline{6}$	0	0	0	-2	200	(A") = (A')/6
y_2	0	0	$-1,1\overline{6}$	1	0	0	9	600	(B") = (B') – 7 (A")
y_3	0	0	$-1,\overline{6}$	0	1	0	11	250	(C") = (C') – 10 (A")
y_4	0	0	$-0,1\overline{6}$	0	0	1	2	200	(D") = (D') – (A")
x_3	0	1	0	0	0	0	1	600	(E") = (E')
G	0	0	$3,\overline{3}$	0	0	0	10	19.000	ZF" = ZF' + 20 (A")

Tableau nach der zweiten Umformung (Endtableau)

Da kein Koeffizient der Zielfunktion ZF" mehr negativ ist, ist mit diesem Tableau die optimale Lösung gefunden: Durch die Produktion von x_1 = 200 ME und x_3 = 600 ME erhöht sich der realisierbare Gewinn G von 15.000 GE auf 19.000 GE (dieser Wert errechnet sich auch aus der ursprünglichen Zielfunktion ZF, wenn dort die gerade bestimmten Mengen der Erzeugnisse 1 und 3 eingesetzt werden); verglichen mit der graphischen Lösung entspricht das angegebene Programm der Ecke P_2.

Die Schlupfvariablen y_1 und y_5 haben als Nichtbasisvariablen beide den Wert null, d.h., die zugehörigen Nebenbedingungen sind in der betrachteten Lösung streng erfüllt: Sowohl die zur Verfügung stehende Materialmenge als auch die Absatzkapazitäten für das Produkt x_3 werden völlig ausgenutzt (wirklich knapp). Diese Auswirkungen lassen sich anhand der Koeffizienten in der Zielfunktionszeile noch genauer angeben: Stünde nur 1 kg an Material mehr zur Verfügung, so erhöhte sich der erzielbare Gewinn um $3,\overline{3}$ GE, bei nur 1 ME mehr verfügbaren Absatzkapazitäten für Produkt x_3 um 10 GE. Die Werte in der Zielfunktionszeile geben also die Auswirkungen auf die Zielerreichung an, wenn sich die entsprechenden Restriktionen um eine Einheit verändern (und es zu keinem Basiswechsel kommt). Oder andersherum ausgedrückt: Soviel könnte maximal für eine zusätzliche Einheit der knappen Faktoren über die bisherigen Beschaffungskosten (im Falle des Materials) oder über die bisherigen Akquisitionskosten (für zusätzliche Kunden) hinaus bezahlt werden, ohne den Gewinn gegenüber der optimalen Lösung zu verringern (daher auch die Bezeichnung als Schatten- oder Knappheitspreise): Selbst wenn 1 kg zusätzliches Material $9,\overline{3}$ GE statt 6 GE kostete oder eine zusätzliche Einheit von x_3 für 217 GE statt 227 GE abgesetzt werden könnte, reichten die dadurch erzielbaren höheren Gesamtdeckungsbeiträge aus, den Gewinn nicht sinken zu lassen. Dies ergibt sich auch wie folgt aus den übrigen Feldern der y_1- und der y_5-Spalte des Simplextableaus:

8.401 kg statt 8.400 kg Material erlaubten die Produktion von weiteren $0,1\overline{6}$ ME an x_1, während die Produktion von x_3 konstant bliebe. Der Gewinn stiege auf diese Weise um 20 GE/ME · $0,1\overline{6}$ ME + 50 GE/ME · 0 ME = $3,\overline{3}$ GE, also genau um die als Zielfunktionskoeffizient in der y_1-Spalte genannte Größe. Entsprechend könnte ein weiteres kg an Material um diesen Betrag teurer sein (also $9,\overline{3}$ GE statt 6 GE kosten), ohne den Gewinn zu schmälern. Erforderlich wären für eine solche Produktionserhöhung zusätzliche $1,1\overline{6}$ ZE Produktionszeit, und es entstünden $1,\overline{6}$ g mehr an Schadstoffen, wie sich auch anhand der Ausgangsdaten überprüfen läßt:

$$1,1\overline{6} \text{ ZE} = 7 \text{ ZE/ME} \cdot 0,1\overline{6} \text{ ME} + 5 \text{ ZE/ME} \cdot 0 \text{ ME} \quad \text{und}$$

$$1,\overline{6} \text{ g} = 10 \text{ g/ME} \cdot 0,1\overline{6} \text{ ME} + 9 \text{ g/ME} \cdot 0 \text{ ME}$$

Eine Absatzobergrenze für das Produkt x_3 von 601 ME statt 600 ME führte dazu, daß von x_3 tatsächlich 1 ME mehr, von x_1 aber 2 ME weniger produziert würden. Dies hätte eine Verringerung der Produktionszeit um 9 ZE und eine Schadstoffminderentstehung von 11 g zur Folge, wie auch die Überprüfung durch Einsetzen der Ausgangsdaten bestätigt:

$$-9 \text{ ZE} = 7 \text{ ZE/ME} \cdot (-2 \text{ ME}) + 5 \text{ ZE/ME} \cdot 1 \text{ ME} \quad \text{und}$$

$$-11 \text{ g} = 10 \text{ g/ME} \cdot (-2 \text{ ME}) + 9 \text{ g/ME} \cdot 1 \text{ ME}$$

Es ergäbe sich ein zusätzlicher Gewinn in Höhe von 20 GE/ME · (–2 ME) + 50 GE/ME · 1 ME = 10 GE, was dem Zielfunktionskoeffizienten in der y_5-Spalte entspricht. Ein um bis maximal diesen Betrag verringerter Absatzpreis für die zusätzliche ME von x_3 verringerte den Gewinn nicht.

Die positiven Größen für die in die Basis gelangten Schlupfvariablen y_2, y_3 und y_4 schließlich zeigen, daß die zugehörigen Beschränkungen noch nicht voll ausgeschöpft (nicht knapp) sind: An Produktionszeit stehen bei Verwirklichung des ermittelten optimalen Produktionsprogramms noch 600 ZE zur Verfügung, das Schadstofflimit wird noch um 250 g unterschritten, und von Erzeugnis x_1 wären weitere Mengen – nämlich 200 ME mehr – am Markt absetzbar (alle diese Werte lassen sich wie bisher anhand der Ausgangsdaten überprüfen). Weder die Zurverfügungstellung weiterer Produktionszeit noch eine Erschließung weiterer Entsorgungsmöglichkeiten, noch zusätzliche Absatzfördermaßnahmen für Produkt x_1 könnten demnach den Gewinn erhöhen. Deshalb ist man auch nicht bereit, für eine zusätzliche Einheit dieser nicht knappen Faktoren mehr als bisher zu bezahlen – in der Zielfunktionszeile wird der Knappheitspreis null zugeordnet.

Aufgabe 3

Da für die Schlupfvariablen y_1 und y_2 keine eigenen Zeilen vorgesehen sind, muß es sich bei ihnen um die beiden Nichtbasisvariablen handeln. Sie sind folglich mit dem Wert null belegt, denn die zugehörigen Restriktionen werden voll ausgeschöpft. Bei den fünf übrigen Variablen handelt es sich um die Basisvariablen, denen demnach ein

Knappheitspreis von null zugeordnet ist. Allein die Berücksichtigung dieser Information läßt die Zielfunktionszeile schon das folgende Aussehen annehmen:

G	0	0	????	1,4286	0	0	0	????

Ähnlich leicht lassen sich auch die Spalten der Basisvariablen komplettieren: Sie weisen bei isolierter Betrachtung und Umordnung (zu Zeilenreihenfolge = Spaltenreihenfolge) das Aussehen der Einheitsmatrix auf, so daß sich das Endtableau wie nachstehend ergänzen läßt:

	x_1	x_3	y_1	y_2	y_3	y_4	y_5	R.S.
x_1	1	0	????	????	0	0	0	????
y_5	0	0	????	0,1429	0	0	1	????
y_3	0	0	-0,2	????	1	0	0	450
y_4	0	0	0,0857	????	0	1	0	100
x_3	0	1	0,1429	????	0	0	0	550
G	0	0	????	1,4286	0	0	0	????

Ein Großteil der in der Aufgabenstellung angegebenen Fragezeichen ist damit bereits beseitigt. Schwieriger wird es jedoch mit den verbleibenden. Hier hilft aber zunächst das Betrachten des Restriktionssystems weiter. Die Absatzbeschränkungen der Erzeugnisse 1 und 3 lassen sich nämlich wie folgt schreiben:

(D) $y_4 + 1\,x_1 + 0\,x_3 = 400$ (Absatz Erzeugnis 1)

(E) $y_5 + 0\,x_1 + 1\,x_3 = 600$ (Absatz Erzeugnis 3)

Daraus ist im Hinblick auf die rechten Seiten R.S. unmittelbar zu schließen, daß sich die Werte der Erzeugnisvariablen x_1 und x_3 mit jenen der zugehörigen Schlupfvariablen y_4 und y_5 jeweils genau zur jeweiligen Absatzobergrenze ergänzen müssen. Weil ferner y_4 und x_3 bekannt sind, resultieren die rechten Seiten R.S. für x_1 und y_5 als:

R.S. für x_1: $x_1 = 400 - y_4 = 400 - 100 = 300$ [ME]

R.S. für y_5: $y_5 = 600 - x_3 = 600 - 550 = 50$ [ME]

Damit ist es jetzt auch kein Problem mehr, den sich ergebenden Gewinn G zu berechnen. Er ergibt sich als Differenz aus den mit den jeweiligen Stückdeckungsbeiträgen gewichteten Produktionsmengen der Erzeugnisse 1 und 3 einerseits und den fixen Kosten K_f andererseits:

$$G = DB_1 \cdot x_1 + DB_3 \cdot x_3 - K_f$$
$$= 25 \cdot 300 + 40 \cdot 550 - 10.000 = 19.500 \text{ [ME]}$$

Es verbleiben die fehlenden Werte in der y_1- und der y_2-Spalte zu bestimmen. Sie geben an, um welchen Betrag sich die Basisvariablen und der erzielbare Gewinn *ändern*, wenn sich y_1 bzw. y_2 *marginal erhöht* (und es zu keinem Basiswechsel kommt). Hier bietet es sich zunächst an, sich den gerade geschilderten komplementären Zusammenhang zwischen x_1 und y_4 sowie entsprechend zwischen x_3 und y_5 auch weiterhin nutzbar zu machen: Eine Ausdehnung der Produktion des Erzeugnisses um Δx führt zu einer entsprechenden Senkung des Wertes der zugehörigen Schlupfvariable und umgekehrt. Also müssen beide jeweils mit unterschiedlichem Vorzeichen in die y_1- und die y_2-Spalte des Simplextableaus eingehen, d.h. $\Delta y = -\Delta x$. Damit lassen sich schon einmal die folgenden Werte angeben:

y_1-Spalte: $\Delta x_1 = -\Delta y_4 = -0{,}0857$ [ME]   und $\Delta y_5 = -\Delta x_3 = -0{,}1429$ [ME]

y_2-Spalte: $\Delta x_3 = -\Delta y_5 = -0{,}1429$ [ME]

Der Zielfunktionskoeffizient in der y_1-Spalte gibt die Auswirkungen auf den Gewinn an, wenn statt 7.000 kg Material 7.001 kg zur Verfügung stehen. Dieses zusätzliche kg an Material erlaubte – wie gerade ermittelt – die Produktion von weiteren 0,1429 ME an x_3; dafür müßte aber die Produktion von x_1 um 0,0857 ME zurückgenommen werden. Also stiege der Gewinn auf diese Weise um 25 GE/ME · (–0,0857 ME) + 40 GE/ME · 0,1429 ME = 3,5735 GE (der exakte, mit den *ungerundeten* Daten errechnete Wert liegt bei 3,5714 GE). Um diesen Wert könnte 1 kg zusätzliches Material teurer sein, ohne den Gewinn zu schmälern (d.h., es könnte 8,5714 GE statt 5 GE kosten). Da der ermittelte *Zielfunktionskoeffizient* in der y_1-Spalte ebenso wie jener in der y_2-Spalte *positiv* ist, läßt sich ferner der Schluß ziehen, daß es sich bei dem in der Aufgabenstellung angegebenen Simplextableau um das Endtableau handelt: Würde y_1 oder y_2 zur neuen Basisvariable, so *sänke* der Gewinn mit jeder zusätzlichen Einheit dieser Schlupfvariablen um den jeweiligen Zielfunktionskoeffizienten (sofern es zu keinem Basiswechsel kommt). Das ermittelte **Produktionsprogramm ist damit optimal**.

Ähnliche Überlegungen wie zur y_1-Spalte sind schließlich ebenso – wenn auch in umgekehrter Vorgehensweise – anzustellen, wenn man den Δx_1-Wert (und damit jenen für Δy_4) in der y_2-Spalte bestimmen möchte: Eine Erhöhung der zur Verfügung stehenden Produktionszeit von 3.150 ZE um 1 ZE auf 3.151 ZE führte zu einem zusätzlichen Gewinnbeitrag in Höhe von 1,4286 GE. Dieser setzt sich zusammen aus den zusätzlichen Produktionsmengen der Erzeugnisse 1 und 3, bewertet mit den dadurch erzielbaren Stückdeckungsbeiträgen DB_1 und DB_3. Also läßt sich durch Auflösen dieses Zusammenhanges auch die Menge Δx_1 bestimmen:

y_2-Spalte: $\Delta x_1 \cdot DB_1 + \Delta x_3 \cdot DB_3 = 1{,}4286$ [GE]

$\Delta x_1 = (1{,}4286 - \Delta x_3 \cdot DB_3) / DB_1$

$= (1{,}4286 + 0{,}1429 \cdot 40) / 25$

$= 0{,}2857$ [ME]

Hieraus resultiert der Δy_4-Wert in der y_2-Spalte aufgrund des zuvor erläuterten Zusammenhanges mit $\Delta y_4 = -\Delta x_1 = -0{,}2857$ [ME].

Bis auf den Δy_3-Wert in der y_2-Spalte sind damit alle durch ???? gekennzeichneten Felder des in der Aufgabenstellung angegebenen Simplextableaus bestimmt. Der letzte Wert läßt sich allerdings aus den übrigen unter Zuhilfenahme der Ausgangsdaten ermitteln: Δy_3 ist in der y_2-Spalte als zusätzliche Verringerung der Schadstoffentstehung bei Ausdehnung der Produktionszeit um 1 ZE zu interpretieren. Dies folgt aus der Definition von y_3 als Schlupfvariable der Schadstoffrestriktion. Da bei Ausdehnung der Produktionszeit um 1 ZE 0,2857 ME von Erzeugnis 1 mehr und 0,1429 ME von Erzeugnis 3 weniger produziert werden, resultiert die zusätzliche Schadstoffentstehung aus der Gewichtung dieser Werte mit ihrer jeweiligen stückspezifischen Schadstoffentstehung. Δy_3 als Verringerung der zusätzlichen Schadstoffentstehung folgt dann als der entsprechende negative Wert:

$$y_2\text{-Spalte:} \quad \Delta y_3 = -(6 \cdot \Delta x_1 + 5 \cdot \Delta x_3)$$

$$= -6 \cdot 0{,}2857 - 5 \cdot (-0{,}1429)$$

$$= -1 \quad \text{(Abweichungen aufgrund von Rundungsfehlern)}$$

Damit ergibt sich endlich das vollständige Simplextableau mit:

	x_1	x_3	y_1	y_2	y_3	y_4	y_5	R.S.
x_1	1	0	$-0{,}0857$	$0{,}2857$	0	0	0	300
y_5	0	0	$-0{,}1429$	$0{,}1429$	0	0	1	50
y_3	0	0	$-0{,}2$	-1	1	0	0	450
y_4	0	0	$0{,}0857$	$-0{,}2857$	0	1	0	100
x_3	0	1	$0{,}1429$	$-0{,}1429$	0	0	0	550
G	0	0	$3{,}5714$	$1{,}4286$	0	0	0	19.500

Literaturhinweise

ELLINGER, T., BEUERMANN, G., LEISTEN, R.: Operations Research, 4. Aufl., Berlin u.a. 1998, S. 18–41.

MÜLLER-MERBACH, H.: Operations Research, 3. Aufl., München 1973, S. 96–113.

SCHWINN, R.: Betriebswirtschaftslehre, München/Wien 1993, S. 137–142.

Frank Keuper

Umweltorientierte operative Produktionsprogrammplanung im Spannungsfeld zwischen defensiver und offensiver Strategie

Aufgabe 1

Diskutieren Sie, inwieweit jede Art von Produktion die Umwelt grundsätzlich in zweifacher Weise tangiert!

Aufgabe 2

Erläutern Sie überblicksartig die wichtigsten Umweltschutzfelder einer modernen und damit umweltorientierten Produktionsplanung!

Aufgabe 3

Erläutern Sie vor dem Hintergrund eines defensiv ausgerichteten Umweltmanagements den auf Hansmann zurückgehenden Modellansatz zur umweltorientierten operativen Produktionsprogrammplanung! Gehen Sie vor der Modellformulierung auf die dem Ansatz zugrundeliegenden Eigenschaften ein, und definieren Sie die von Ihnen verwendeten Symbole!

Aufgabe 4

Die „Power auf Dauer AG", ein bekanntes Hamburger Unternehmen, möchte das Produktions- und Investitionsprogramm umweltorientiert, aber defensiv für seine zwei neuen, in der Öffentlichkeit noch nicht bekannten und daher mit den geheimen Codenamen „Tornado" und „Loser" versehenen Produkte planen. Das Unternehmen kann pro Periode von „Tornado" (Produkt 1) maximal 1000 [ME] zum Absatzpreis von 200 [GE] und von „Loser" (Produkt 2) maximal 800 [ME] zum Preis von 170 [GE] absetzen. Es handelt sich bei dem geheimen Produktionsprozeß um einen zweistufigen Fertigungsablauf mit den Kapazitäten $Kap_1 = 550$ [ME] und $Kap_2 = 700$ [ME]. Durch eine Schallschutzinvestition für den noch viel geheimeren Power-Generator kann auch in der Nacht gefertigt werden. Die zusätzliche Nachtschicht erhöht die bestehenden Kapazitäten um $\Delta Kap_1 = 180$ [ME] und $\Delta Kap_2 = 260$ [ME]. Pro Periode darf das Unternehmen maximal 3200 [EE] NO_x und 5200 [EE] SO_2 emittieren (EE = Emissionseinheiten). Ein NO_x-Filter würde die Belastung um 900 [EE] pro Planperiode reduzieren, ein SO_2-Filter absorbiert 1000 [EE]. Die möglichen Investitionen ziehen Annuitäten von 5800 [GE] (NO_x) und 3900 [GE] (SO_2) nach sich. Eine Schallschutzinvestition verursacht hingegen eine Annuität von 3200 [GE]. Die Abwasserabgabe beträgt 6 [GE] pro Abwassereinheit ($[m^3]$). In der nachfolgenden Tabelle sind die weiteren relevanten Daten enthalten, wobei beispielsweise P_{12} bedeutet, daß mit dem Produktionsverfahren 2 Produkt 1 produziert wird:

x_{zv}	k_{zv}	r_{zv}	q_{zv}	w_{zv}	a_{1zv}	a_{2zv}	e_{1zv} (NO_x)	e_{2zv} (SO_2)
P_{11}	35	0,5	11	1	0,4	0,5	6	7,5
P_{12}	52	0,5	11	1	0,6	0,55	4	6,5
P_{21}	41	0,5	7	0,8	0,5	0,6	5	5,5
P_{22}	59	0,5	7	0,8	0,7	0,65	3,5	5

Stellen Sie für die Planungssituation den Modellansatz auf, und berechnen Sie für die „Power auf Dauer AG" das bruttogewinnmaximale Produktions- und Investitionsprogramm!

Aufgabe 5

Erläutern Sie, wodurch sich ein offensives Umweltmanagement auszeichnet! Wie lautet die Zielfunktion im simultanen Produktionsprogramm- und Investitionsprogrammplanungsansatz nach Hansmann bei offensiver Strategie? Erläutern Sie anschließend, inwieweit nach Hansmann das Dualitätstheorem der linearen Optimierung zur Ermittlung der in der Zielfunktion enthaltenen Gewichtungsfaktoren herangezogen werden kann!

Aufgabe 6

Berechnen Sie für die „Power auf Dauer AG" das emissionsminimale Produktions- und Investitionsprogramm unter Verwendung der in Aufgabe 4 ermittelten Dualwerte! Der Vorstandsvorsitzende der „Power auf Dauer AG", Herr P. Ahnungslos, verlangt jedoch trotz aller Umweltorientierung einen Mindestgewinn von 70 000 [GE].

Aufgabe 7

Herr P. Ahnungslos hat im Rahmen seines abgebrochenen betriebswirtschaftlichen Studiums von der Fuzzy-Set-Theorie gehört. Er bittet Sie daher, mit Hilfe der linearen Fuzzy-Optimierung das Spannungsfeld zwischen defensiver und offensiver Strategie aufzulösen und einen Kompromiß zu finden. Dabei sind lediglich die scharfen Zielfunktionen aus den Aufgaben 4 und 6 in lineare Fuzzy-Zielfunktionen zu transformieren. Gehen Sie bei der Generierung der Zugehörigkeitsfunktionen der Zielfunktionen davon aus, daß die ermittelten Werte für den Gewinn und die Umweltbelastung im Rahmen der defensiven und der offensiven Strategie jeweils die unteren bzw. die oberen Akzeptanzgrenzen auf dem Niveau null bzw. eins darstellen! Als Aggregationsoperator ist der Minimum-Operator zu verwenden. Bestimmen Sie das unter dieser Datenkonstellation satisfizierendste Produktionsprogramm! Erläutern Sie Ihre Vorgehensweise!

Lösung

Aufgabe 1

Grundsätzlich wird bei jeder Art der Produktion die Umwelt in zweifacher Weise tangiert:

- Der Einsatz von Input-Faktoren im Rahmen des Transformationsprozesses innerhalb der Produktion stellt aus umweltorientierter Sicht Rohstoffentnahmen dar. Solange die Entnahmerate unterhalb der Regenerationsrate bleibt, werden die natürlichen Rohstoffpotentiale nicht geschädigt. Handelt es sich jedoch um nicht regenerierbare oder erst nach langer Zeit regenerierbare Rohstoffe, werden die zukünftigen natürlichen Nutzenpotentiale der Umwelt bereits heute verbraucht.

- Da jede Art der Produktion, Nutzung und Entsorgung von Gütern im weitesten Sinne einen energetischen Transformationsprozeß darstellt, ist unabdingbar mit der Ausbringung „gewollter Hauptprodukte" auch die Entstehung „ungewollter Nebenprodukte" verbunden. Inwieweit der unerwünschte Output in Form von Emissionen die Umwelt als Immissionen schädigt, hängt dabei von der Halbwertzeit der Immissionen ab. Die biologische Halbwertzeit stellt die Zeitspanne dar, in der die halbe Menge eines zugeführten Inputs in der Umwelt abgebaut bzw. die Hälfte der durch den Input abgebauten Substanz neu gebildet wird.

Aufgabe 2

Die wichtigsten von Unternehmen zu berücksichtigenden Umweltschutzfelder sind die Luftreinhaltung, die Wasserreinhaltung, die Abfallwirtschaft und der Lärmschutz.

- *Luftreinhaltung*
  Ziel des Bundes-Immissionsschutzgesetzes und der TA-Luft ist die Vermeidung und Minimierung luftverunreinigender Stoffe. Durch integrierte Technologien, wie Vermeidungsstrategien, bei denen Einsatzstoffe, die in hohem Maße Emissionen emittieren, substituiert werden, oder prozeßtechnische Maßnahmen, bei denen Umweltschutzgesichtspunkte in den Produktionsprozeß integriert werden, als auch durch nachgeschaltete Technologien, bei denen die Umweltschutzgesichtspunkte im Anschluß an den Produktionsprozeß berücksichtigt werden, wird versucht, den Schadstoffausstoß unterhalb der Grenzwerte bzw. so gering wie möglich zu halten.

- *Wasserreinhaltung*
  Die Novellierung des Wasserhaushaltsgesetzes (WHG) und des Abwasserabgabengesetzes (AbwAG) in den Jahren 1987 bzw. 1989 führte zu einer Dynamisierung der Gesetzeslage. Nach § 7a WHG ist entsprechend dem Stand der Technik die Einleitung von Abwässern mit gefährlichen Stoffen, d.h. giftigen, langlebigen, anreicherungsfähigen, krebserzeugenden, fruchtschädigenden und erbgutverändernden Stoffen, so gering wie möglich zu halten.

- *Lärmschutz*

  Die zulässigen Lärmemissionswerte für unterschiedliche Gebiete (z.B. Kurorte, Krankenhäuser, Wohngebiete) zu verschiedenen Zeiten (z.B. nachts, sonntags) sind in der TA Lärm geregelt. Wie auch bei Wasserreinhaltung ist der Lärmschutz entsprechend dem Stand der Technik auszugestalten.

- *Abfallwirtschaft*

  Trotz des Einsatzes integrierter Umweltschutztechnologien fallen Reststoffe an, die nach Möglichkeit der stofflichen Verwertung zuzuführen sind. Diesen Zweck erfüllen integrierte Recyclingverfahren.

Aufgabe 3

Bei dem betrachteten Modell handelt es sich um einen simultanen Produktionsprogramm- und Investitionsplanungsansatz. Da Investitionen entweder durchgeführt werden oder nicht, wird das Modell gemischt-ganzzahlig. Als Planungszeitraum wird ein Jahr zugrunde gelegt mit der Konsequenz, daß die Investitionsausgaben auf die Nutzungszeit verteilt und anteilig durch ihre Annuität Berücksichtigung finden.

Der im Modell abgebildete Produktionsprozeß weist folgende Eigenschaften auf:

- Es handelt sich um einen mehrstufigen Produktionsprozeß eines Mehrprodukt-unternehmens.

- Jedes Produkt kann mit kostenverschiedenen Produktionsverfahren, die unterschiedliche Emissionen und Emissionsmengen ausstoßen, gefertigt werden.

- Zur Verminderung der Emissionen können Investitionen in integrierte oder nachgeschaltete Technologien getätigt werden.

- Produktionsanlagen können schallisoliert werden.

- Die mit Schadstoffen immittierten Abwässer werden mit einer Abgabe nach dem Abwasserabgabengesetz belegt.

- Eine intensitätsmäßige oder quantitative Kapazitätsanpassung ist nicht möglich. Lediglich durch zusätzliche Nachtschichten kann eine zeitliche Anpassung erfolgen.

- Von Unsicherheiten und Unschärfen wird abstrahiert.

- Das Modell ist gemischt-ganzzahlig mit den Produktionsmengen als reellen Variablen und Null/Eins-Variablen, die angeben, ob eine Umweltschutzinvestition durchgeführt werden soll oder nicht.

- Von Recyclingmöglichkeiten wird abstrahiert, so daß nur noch die Entsorgung das Produktionsprogramm beeinflußt.

Darstellung des Modells

Indizes

z   Produkt

v   Produktionsverfahren (Technologie)

i   Produktionsstufe

j   Schadstoff

Variable

x_{zv} Produktionsmenge von Produkt z, die mit Hilfe des Verfahrens v in der Planperiode hergestellt wird

y   Menge der Schadstoffeinheiten im Abwasser in der Planperiode

u_j Null/Eins-Variable der Umweltinvestition j (j = 1 Lärmisolierung, j = 2, ... , J Filteranlagen)

Konstante

p_z Preis für das Produkt z

k_{zv} variable Kosten pro Mengeneinheit des Produktes z, die mit dem Produktionsverfahren v hergestellt wird

q_{zv} Entsorgungskosten einer Einheit Produktionsabfall

q   Abwasserabgabe je Schadstoffeinheit

F_j Investitionsannuität für Filter und Lärmisolierung

r_{zv} Produktionsabfall für eine Einheit des Produktes z beim Verfahren v

a_{izv} Produktionszeit pro Stück des Produktes z beim Verfahren v auf der Produktionsstufe i

Kap_i Kapazität in der Planperiode der Stufe i

ΔKap_i Zusatzkapazität durch Nachtschicht in der Planperiode

N_z Absatzpotential des Produktes z in der Planperiode

e_{jzv} Emissionsmenge des Schadstoffs j pro Einheit des Produktes z beim Verfahren v

E_j Grenzwert des Schadstoffs j in der Planperiode

Fil_j Durch den Filter absorbierbare Schadstoffmenge von j in der Planperiode

w_{zv} Menge der Schadstoffeinheiten im Abwasser für ein Stück des Produktes z beim Verfahren v

G   Bruttogewinn vor Abzug nicht umweltbezogener fixer Kosten in der Planperiode

Der simultane, gemischt-ganzzahlige Produktionsprogramm- und Investitionsprogrammplanungsansatz bei defensiver Strategie des Umweltmanagements lautet demnach wie folgt:

Zielfunktion

$$G = \underbrace{\sum_z p_z \cdot \sum_v x_{zv}}_{\text{Erlöse}} - \underbrace{\sum_{zv} k_{zv} \cdot x_{zv}}_{\text{variable Produktionskosten}} - \underbrace{\sum_{zv} q_{zv} \cdot r_{zv} \cdot x_{zv}}_{\text{Abfallentsorgungskosten}} - \underbrace{q \cdot y}_{\text{Abwasserabgabe}}$$

$$- \underbrace{\sum_j F_j \cdot u_j}_{\substack{\text{Umweltinvestitions-}\\\text{annuität}}} \rightarrow \max!$$

Kapazitätsbedingung

$$\sum_{zv} a_{izv} \cdot x_{zv} \quad\leq\quad Kap_i + \Delta Kap_i \cdot u_i \qquad \forall\, i$$

Absatzbedingung

$$\sum_z x_{zv} \quad\leq\quad N_z \qquad \forall\, z$$

Emissionsbedingung

$$\sum_{zv} e_{jzv} \cdot x_{zv} - Fil_j \cdot u_j \quad\leq\quad E_j \qquad \forall\, j = 2, \dots, J$$

Abwassergleichung

$$\sum_{zv} w_{zv} \cdot x_{zv} \quad=\quad y$$

Nicht-Negativitätsbedingungen

$$x_{zv} \quad\geq\quad 0 \qquad \forall\, z \vee v$$
$$y \quad\geq\quad 0$$
$$u_j \quad=\quad 0 \text{ oder } 1 \qquad \forall\, j$$

Beim vorliegenden Ansatz wird der Zielkonflikt zwischen ökonomischen und ökologischen Zielen dadurch gelöst, daß das ökonomische Ziel dem ökologischen Ziel übergeordnet wird und ökologische Gesichtspunkte lediglich in Form von Nebenbedingungen Einzug in die Modellbildung halten. Die Zielsetzung des dargestellten Ansatzes läßt sich demnach wie folgt konkretisieren:

Die gesetzlich vorgegebenen Umweltvorschriften werden bei der Planung des Produktionsprogramms eingehalten. Darüber hinausgehende Umweltinvestitionen werden nur vorgenommen, wenn damit eine Steigerung des Bruttogewinns verbunden ist.

Aufgabe 4

Mit den Ausgangsdaten läßt sich folgendes gemischt-ganzzahlige LP-Modell generieren:

Zielfunktion

$$G = 200\,(x_{11} + x_{12}) + 170\,(x_{21} + x_{22}) - 35x_{11} - 52x_{12} - 41x_{21} - 59x_{22} - 11 \cdot 0,5$$
$$(x_{11} + x_{12}) - 7 \cdot 0,5\,(x_{21} + x_{22}) - 6y - 3200u_1 - 5800u_2 - 3900u_3 \rightarrow \max!$$

Kapazitätsrestriktionen

$0,4x_{11} + 0,6x_{12} + 0,5x_{21} + 0,7x_{22} - 180u_1$	$\leq$	550
$0,5x_{11} + 0,55x_{12} + 0,6x_{21} + 0,65x_{22} - 260u_1$	$\leq$	700

Absatzbedingungen

$x_{11} + x_{12}$	$\leq$	1000
$x_{21} + x_{22}$	$\leq$	800

Emissionsbedingungen

$6x_{11} + 4x_{12} + 5x_{21} + 3,5x_{22} - 900u_2$	$\leq$	3200
$7,5x_{11} + 6,5x_{12} + 5,5x_{21} + 5x_{22} - 1000u_3$	$\leq$	5200

Abwassergleichung

$x_{11} + x_{12} + 0,8x_{21} + 0,8x_{22}$	$=$	y

Nicht-Negativitätsbedingungen

$x_{11}, x_{12}, x_{21}, x_{22}$	$\geq$	0
y	$\geq$	0
u_1, u_2, u_3	$=$	0 oder 1

Mit Hilfe des PC-Programms impac® ergibt sich gerundet folgende optimale Lösung:

$x_{11} = 73,33$, $x_{12} = 773,33$, $x_{21} = 133,33$, $x_{22} = 0$, $y = 937,33$, $u_1 = 0$, $u_2 = 1$, $u_3 = 1$, $G = 120800$

Es zeigt sich, daß die Absatzgrenze von beiden Produkten nicht erreicht werden. Die Lärmschutzinvestition wird nicht durchgeführt. Die Filterinvestitionen werden dagegen vor dem Hintergrund der Gewinnmaximierung getätigt. Begrenzt wird das Produktionsprogramm durch die Kapazität der ersten Produktionsstufe und den Schwefeldioxyd- sowie den Stickoxydgrenzwert.

Aufgabe 5

Im Rahmen eines offensiven Umweltschutzmanagements werden die vom Staat vorgegebenen Umweltschutzanforderungen über das geforderte Maß hinaus erfüllt, um innerhalb der gesamten Wertschöpfungskette Prozesse umweltgerecht zu verbessern. Die Umweltverträglichkeit von Rohstoffen, Zwischenprodukten und Endprodukten sowie der logistischen Prozesse kann u.U. die Absatzchancen der Enderzeugnisse verbessern, wenn die Kunden die Umweltverträglichkeit des Endproduktes bzw. dessen umweltverträgliche Herstellung als zusätzlichen Nutzen quantifizieren und damit monetär entlohnen. Dementsprechend ordnet ein offensives Umweltmanagement primär ökonomisches Streben ökologischen Zielsetzungen unter. Insofern gilt es die Emissionen bei gleichzeitiger Einhaltung eines vorgegebenen Gewinnanspruchsniveaus zu minimieren. Demnach lautet die Zielfunktion beim offensiven Umweltmanagement:

$$E = \underbrace{\sum_{jzv} g_1 \cdot e_{jzv} \cdot x_{zv}}_{\text{Abluft}} + \underbrace{\sum_{zv} g_2 \cdot r_{zv} \cdot x_{zv}}_{\text{Abfall}} + \underbrace{g_3 \cdot y}_{\text{Abwasser}} \underbrace{- g_4 \cdot F_1 \cdot u_1}_{\text{Lärm}} \rightarrow \min!$$

Da die Investition in den Lärmschutz die Lärmemission senkt, muß das Vorzeichen vor g_4 negativ sein. Die Nebenbedingungen sind mit denen im Fall defensiver Vorgehensweise identisch. Allerdings wird aus der Zielfunktion der defensiven Strategie eine Nebenbedingung, die darauf abzielt, ein vorgegebenes Gewinnanspruchsniveau mindestens zu erreichen.

In der Zielfunktion bei offensiver Strategie werden die Emissionen des Unternehmens mit Gewichten g_m versehen, die einerseits den Grad der Umweltbelastung ausdrücken und andererseits die unterschiedlichen Emissionswirkungen vergleichbar machen sollen. Außer den subjektiven Umweltpräferenzen müssen diese Faktoren dementsprechend auch die unterschiedlichen Maßeinheiten widerspiegeln. Das Gewichtungssystem muß somit sowohl betriebswirtschaftliche als auch gesamtwirtschaftliche und gesellschaftspolitische (z.B. gesundheitspolitische) Zielsetzungen simultan repräsentieren.

Da die festgelegten Immissions- und Emissionsgrenzwerte Ausdruck des gesellschaftlichen Konsens sind, sind die Grenzwerte grundsätzlich geeignet, um aus ihnen die Gewichtungsfaktoren abzuleiten. Zusätzlich verfolgt im Rahmen einer offensiven Strategie das Unternehmen eigenverantwortlich umweltpolitische Ziele, so daß die spezielle Situation des betrachteten Unternehmens bei der Wahl der Gewichtungsfaktoren zu berücksichtigen ist. Die individuelle Entscheidungssituation spiegelt sich in der Zielfunktion und in allen Restriktionen wider.

Im Rahmen der linearen Optimierung weist eine ausgeschöpfte Restriktion eine Schlupfvariable mit dem Wert null auf. Der Dualwert der Schlupfvariablen stellt den Opportunitätskostensatz der dem Dualproblem zugeordneten „echten" Variablen dar, wobei der Dualwert den zusätzlichen Wert repräsentiert, den die letzte von einem Faktor eingesetzte bzw. eine zusätzlich zur Verfügung stehende Mengeneinheit zur Verbesserung des Zielerreichungsgrades (hier: Gewinn) leisten würde.

Werden die Grenzwerte durch das ermittelte Produktionsprogramm nicht erreicht, ist der Dualwert gleich null. Andernfalls – bei starker Begrenzung des Produktionsprogramms durch die Grenzwerte – wird der Dualwert sehr hoch ausfallen, da eine zusätzlich emittierbare Emissionseinheit den Deckungsbeitrag erheblich verbessern würde. Insofern repräsentieren die Dualwerte das Ausmaß, inwieweit staatlich festgelegte Grenzwerte den Deckungsbeitrag determinieren. Das heißt, je schädlicher die Emissionen, desto niedriger wird der staatlich festgelegte Grenzwert sein und desto höher sind die Dualwerte und damit der Deckungsbeitragsverzicht des produzierenden Unternehmens. Somit stellen die aus der Optimallösung zu entnehmenden Dualwerte grundsätzlich geeignete Gewichtungsfaktoren im Rahmen offensiver Umweltschutzstrategien dar. Allerdings ist zu beachten, daß die Schädigung der Umwelt mehr von der Immission als von der Emission abhängt, so daß die Emissionsgrenzwerte nur „Ersatzgrößen" der schwer zu quantifizierenden „Immissionsschäden" darstellen. Zudem sind die staatlich festgelegten Emissionsgrenzwerte Durchschnittswerte, die nicht die spezifischen Belange des Unternehmens oder gar die unterschiedliche regionale Konzentration von emittierenden Unternehmen berücksichtigen. Letztendlich können sich die Dualwerte bei Veränderung der Datensituation sprunghaft ändern, auch wenn die Umweltrestriktionen konstant bleiben.

Aufgabe 6

Die Grenzwerte werden bei defensiver Strategie vollständig ausgeschöpft, so daß die Dualwerte für die NO_x-Belastung 3,36 und für die SO_2-Belastung 16,2 betragen. Für Abfall und Abwasser existieren keine Grenzwerte und somit auch keine Dualwerte. Im Gegensatz dazu werden die Kosten pro Emissionseinheit als Dualwerte interpretiert, da sie inhaltlich mit den Dualwerten als Opportunitätskostensätze übereinstimmen. Dementsprechend gestaltet sich die Zielfunktion bei offensiver Strategie wie folgt:

Zielfunktion

$$E = 3,36 \left(6x_{11} + 4x_{12} + 5x_{21} + 3,5x_{22}\right) + 16,2 \left(7,5x_{11} + 6,5x_{12} + 5,5x_{21} + 5x_{22}\right)$$
$$+ 11 \left(0,5x_{11} + 0,5x_{12}\right) + 7 \left(0,5x_{21} + 0,5x_{22}\right) + 6y \to min!$$

Mindestgewinnbedingung

$$200 (x_{11} + x_{12}) + 170 (x_{21} + x_{22}) - 35x_{11} - 52x_{12} - 41x_{21} - 59x_{22} -$$
$$11 \cdot 0,5 (x_{11} + x_{12}) - 7 \cdot 0,5 (x_{21} + x_{22}) - 6y - 3200u_1 - 5800u_2 - 3900u_3 \quad \geq 70000$$

Kapazitäts-, Absatz- und Emissionsbedingungen sowie die Abwassergleichung sind mit den Restriktionen bei defensiver Strategie identisch. Es ergibt sich folgende numerische Lösung:

	Defensiv	Offensiv
Gewinn [GE]	120800	70000
Produkt 1 [ME]	847	0
Produkt 2 [ME]	113	580
NO_x	3200	2900
SO_2	5200	3190
Abwasser [m³]	937	464
Abfall [ME]	480	290
Umweltbelastung (Punkte)	124893	66230

Aufgabe 7

Allgemein können lineare „Fuzzy-Zielfunktionen" wie folgt formuliert werden:

$$\mu_z\left(c^T x\right) = \begin{cases} 0 & \text{für } c^T x \leq Z_{min} \\[2mm] \dfrac{c^T x - Z_{min}}{Z_{max} - Z_{min}} & \text{für } Z_{min} \leq c^T x \leq Z_{max} \\[2mm] 1 & \text{für } c^T x \geq Z_{max} \end{cases}$$

Da die bisher berechneten Gewinn- und Umweltbelastungswerte die unteren sowie oberen Akzeptanzgrenzen auf dem Niveau null und eins darstellen, weisen die Fuzzy-Zielfunktionen folgende Notation auf:

$$\mu_{\widetilde{Z}}^{\text{Gewinn}} = \begin{cases} 0 & \text{für } G \leq 70000 \\ \dfrac{G\left(x_{11}, x_{12}, x_{21}, x_{22}, u_1, u_2, u_3, y\right) - 70000}{120800 - 70000} & \text{für } 70000 < G < 120800 \\ 1 & \text{für } G \geq 120800 \end{cases}$$

$$\mu_{\widetilde{Z}}^{\text{Umwelt}} = \begin{cases} 1 & \text{für } E \leq 66230 \\ \dfrac{124893 - E\left(x_{11}, x_{12}, x_{21}, x_{22}\right)}{124893 - 66230} & \text{für } 66230 < E < 124893 \\ 0 & \text{für } E \geq 124893 \end{cases}$$

Die aufgestellten Fuzzy-Zielfunktionsverläufe werden nun in Fuzzy-Restriktionen transformiert mit der Konsequenz, daß die Zielfunktion des unscharfen Problems nicht mehr in der bisher isolierten Betrachtung der Maximierung des Gewinns bzw. der Minimierung der Umweltbelastung besteht, sondern vielmehr die Maximierung des minimalen Zugehörigkeitsgrades/Zufriedenheitsgrades (UND-Operator) unter Berücksichtigung sowohl gewinn- als auch umweltorientierter Zielsetzungen ange-strebt wird.

$$\lambda = \min\left\{\mu_{\widetilde{Z}}^{\text{Gewinn}}, \mu_{\widetilde{Z}}^{\text{Umwelt}}\right\} \rightarrow \max!$$

$$\left(120800 - 70000\right) \cdot \lambda - G \leq -70000$$

$$\left(124893 - 66230\right) \cdot \lambda + E \leq 124893$$

Die scharfen Nebenbedingungen im Rahmen der defensiven und offensiven Strategie bilden den weiteren Rahmen des Optimierungsproblems.

Als gerundete numerische Lösung ergibt sich, daß von Produkt 1 510 [ME] und von Produkt 2 232 [ME] gefertigt werden. Während der Gewinn 97621 [GE] beträgt, werden für die Umweltbelastung trotz fehlender Umweltschutzinvestitionen nur 92913 Punkte ausgewiesen. Die Zufriedenheit mit dem Ergebnis beträgt $\lambda = 0{,}54$, so daß von einem wohl abgewogenen Kompromiß gesprochen werden kann.

Literaturhinweise

ADAM, D.: Produktionsmanagement, 9. Auflage, Wiesbaden 1998.

BOGASCHEWSKY, R.: Natürliche Umwelt und Produktion, Wiesbaden 1995.

BRINK, A. u. a.: Lineare und ganzzahlige Optimierung mit impac, München 1991.

HANSMANN, K.-W.: Umweltorientierte Produktionsplanung und -steuerung, in: *HANS-MANN, K.-W.* (Hrsg.), Umweltorientierte Betriebswirtschaftslehre, Wiesbaden 1998, S. 78–139.

KEUPER, F.: Fuzzy-PPS-Systeme – Einsatzmöglichkeiten und Erfolgspotentiale der Theorie unscharfer Mengen, Wiesbaden 1999.

KLINGELHÖFER, H.E.: Betriebliche Entsorgung und Produktion, Diss. Greifswald 1999.

VENTZKE, R.: Umweltorientierte Produktionsplanung, Frankfurt am Main u.a. 1994.

Martin Steinrücke

Programmplanung bei Kuppelproduktion

Aufgabe 1

a) Ordnen Sie die Kuppelproduktion in die Systematik möglicher Produktionsformen ein, und beschreiben Sie verschiedene Erscheinungsformen der Kuppelproduktion!

b) Gehen Sie auf das Problem der Kostenzurechnung bei Kuppelproduktion ein! Beschreiben Sie mögliche Verfahren der Kostenzurechnung im Rahmen der Kostenträgerrechnung!

Aufgabe 2

Ein Unternehmen stellt drei marktfähige Produkte A, B und C in Kuppelproduktion her. Dabei fallen gleichzeitig mit zwei Einheiten des Produktes A vier Einheiten des Produktes B und drei Einheiten von Produkt C an. Für dieses Produktbündel entstehen variable Produktionskosten in Höhe von 36 GE. Überschüssige Produkte müssen auf jeden Fall entsorgt werden. Alle weiteren Informationen sind in der folgenden Tabelle zusammengefaßt.

	Produkt A	Produkt B	Produkt C
Verkaufspreis	$11 \ (GE/ME_A)$	$3 \ (GE/ME_B)$	?
Max. Absatzmenge	$136 \ (ME_A)$	$192 \ (ME_B)$	$189 \ (ME_C)$
Entsorgungskosten	$1 \ (GE/ME_A)$	$1 \ (GE/ME_B)$	$2 \ (GE/ME_C)$

a) Wie hoch muß der Verkaufspreis für Produkt C mindestens sein, damit sich die Fertigung der Produktbündel lohnt? Von welcher Prämisse gehen Sie dabei aus?

b) Wie viele Produktbündel müssen mindestens hergestellt werden, um daraus alle maximalen Absatzmengen vollständig bedienen zu können? Bestimmen Sie die Preisuntergrenze für Produkt C, ab der sich die Herstellung dieses Produktionsprogramms lohnt! Begründen Sie, warum ein darüber hinausgehendes Produktionsniveau nicht sinnvoll sein kann!

c) Der Verkaufsleiter rechnet damit, daß das Produkt C für $10 \ (GE/ME_C)$ verkauft werden kann. Bestimmen Sie die Deckungsbeitragsfunktion in Abhängigkeit von der Anzahl der zu fertigenden Produktbündel, und ermitteln Sie das gewinnmaximale Produktionsprogramm!

d) In einer Marktforschungsstudie wurde für Produkt C die Preis-Absatz-Funktion $p_C = 14 - 0,05 \cdot x_C$ ermittelt. Es können also höchstens 280 Mengeneinheiten von Produkt C abgesetzt werden. Alle anderen Daten gelten unverändert. Wie verändern sich die in Teilaufgabe 2c) ermittelte Deckungsbeitragsfunktion und das gewinnmaximale Produktionsprogramm?

Lösung

Aufgabe 1

a) Bei Mehrproduktfertigung kann man zwischen verbundener und unverbundener Produktion unterscheiden. Letztere liegt dann vor, wenn man zur Erstellung der Produkte jeweils unterschiedliche Faktoren beansprucht. Wenn dagegen die Produkte dieselben Ressourcen benötigen, dann spricht man von einer verbundenen Produktion. Bei enger Begriffsauslegung liegt im Regelfall immer eine verbundene Produktion vor, da man zumindest auf der dispositiven Ebene auf dieselben Produktionsfaktoren zurückgreifen muß. Die Kuppelproduktion ist ein Spezialfall der verbundenen Produktion, bei der Zwischen- oder Endprodukte fertigungstechnisch bzw. naturgesetzlich bedingt in einem bestimmten Mengenverhältnis zueinander hervorgebracht werden.

Bei fester Koppelung stehen die *Mengenverhältnisse* unveränderbar fest. Da entweder eines der Kuppelprodukte das Hauptprodukt ist oder über feststehende Mengenrelationen ein Produktbündel definiert werden kann, reduziert sich die Produktionsprogrammplanung – ggf. unter Berücksichtigung gegenläufiger Nachfrageentwicklungen oder von Entsorgungskosten – auf die Mengenplanung *eines* Produkts. Dagegen können sich bei elastischer Koppelung die Mengenrelationen durch Veränderungen in den Prozeßbedingungen verschieben. Hierzu zählen bspw. die Faktorqualität oder die Verfahrenswahl. Deshalb kommt hier der Ausgestaltung der Prozeßbedingungen im Rahmen der Produktionsplanung entscheidende Bedeutung zu.

Hinsichtlich der *Häufigkeit des Auftretens* in mehrstufigen Produktionsprozessen kann man zwischen einfachen und mehrfachen Kuppelproduktionen unterscheiden, bei denen Kuppelprodukte entweder in nur einer oder aber in mehreren Produktionsstufen entstehen. Weiterhin lassen sich anhand der *Abfolge im Materialfluß* lineare und zyklische Kuppelproduktionen gegeneinander abgrenzen. Bei letzterer gehen die Kuppelprodukte zumindest teilweise in vorgelagerte Produktionsstufen ein, während sie bei einem linearen Materialfluß ausschließlich nachgelagerte Produktionsstufen durchlaufen. Schließlich können Kuppelproduktionen noch im Hinblick auf die *Verzweigung des Materialflusses* in getrennt oder kombiniert weiterzuverarbeitende Kuppelproduktionen differenziert werden.

b) Da in einem Kuppelproduktionsprozeß zwangsläufig mehrere Produkte entstehen, werden die variablen Kosten durch ein über Mengenrelationen definiertes Produktbündel verursacht. Deshalb ist eine verursachungsgerechte Aufteilung der variablen Kosten auf einzelne Kuppelprodukte nicht möglich. Aus Sicht der Kuppelprodukte handelt es sich lediglich um variable Gemeinkosten, deren Umlage immer willkürlich ist. Da die Kuppelprodukte im Rahmen der Kostenträgerrechnung dennoch kalkuliert werden müssen, bieten sich im wesentlichen zwei Verfahren an:

- Bei der Anwendung des Restwertverfahrens sollte eines der Kuppelprodukte das Hauptprodukt sein. Dann werden von den variablen Kosten der Produktbündel zuzüglich evtl. auftretender Entsorgungskosten die Erlöse aus dem Verkauf der Nebenprodukte abgezogen. Den sich daraus ergebenden Saldo verteilt man gleichmäßig auf die Ausbringungsmenge des Hauptprodukts.

- Sofern keines der Kuppelprodukte ein Hauptprodukt ist, kann das Äquivalenzziffernverfahren verwendet werden. Man rechnet die Ausbringungsmengen der Kuppelprodukte über Äquivalenzziffern, die sich an den Marktpreisen orientieren können, auf Einheitssorten um. Die variablen Kosten der Produktbündel werden auf die Summe aller Einheitssorten verteilt. Aus der Multiplikation der sich daraus ergebenden Verrechnungssätze mit den Äquivalenzziffern ergeben sich die Kosten pro Mengeneinheit der jeweiligen Kuppelprodukte.

Es ist zu beachten, daß aus den oben erläuterten Gründen keines der beiden Verfahren entscheidungsrelevante Kosten für die Kuppelprodukte ermittelt.

Aufgabe 2

a) Die mit einem Produktbündel erzielbaren Erlöse müssen die variablen Kosten übersteigen. Es muß also gelten:

$$3 \cdot p_C + 2 \cdot 11 + 4 \cdot 3 > 36 \quad \Leftrightarrow \quad p_C > 0,\overline{6} \ (GE/ME_C)$$

Ab einem Verkaufspreis von 0,67 GE pro Mengeneinheit des Produktes C sollte die beschriebene Kuppelproduktion aufgenommen werden. Dabei wird unterstellt, daß alle produzierten Mengen abgesetzt werden können. Deshalb gilt der Mindestpreis für Produkt C bis zu einer Produktion von 48 Bündeln. Bei jeder darüber hinausgehenden Produktion fallen Entsorgungskosten an, die in der vorstehenden Rechnung nicht berücksichtigt wurden.

b) Unter Berücksichtigung der festen Koppelungsverhältnisse zwischen den Produkten läßt sich die für die jeweilige Absatzhöchstmenge erforderliche Anzahl an Produktbündeln ermitteln. Daraus ergeben sich die folgenden Produktionsmengen.

Anzahl der Produktbündel	Produktions- menge von A	Produktions- menge von B	Produktions- menge von C
68	**136**	272	204
48	96	**192**	144
63	126	252	**189**

Es müssen also 68 Produktbündel hergestellt werden, um alle Absatzhöchstmengen bedienen zu können. Dabei wird die Absatzmenge von A punktgenau produziert, während von B ein Überschuß von 80 Mengeneinheiten und von C ein Überschuß von 15 Mengeneinheiten entsteht. Die Fertigung von 68 Produktbündeln lohnt sich dann, wenn deren Erlöse alle entstehenden Produktions- und Entsorgungskosten übersteigen. Deshalb muß gelten:

$$DB\,(p_C) = \underbrace{136 \cdot 11 + 192 \cdot 3 + 189 \cdot p_C}_{\text{Umsatz von 68 Bündeln}} - \underbrace{36 \cdot 68}_{\substack{\text{Kosten der Produktion} \\ \text{von 68 Bündeln}}}$$

$$- \underbrace{(80 \cdot 1 + 15 \cdot 2)}_{\substack{\text{Entsorgungskosten} \\ \text{für B und C}}} > 0$$

$$\Leftrightarrow \quad 189 \cdot p_C - 486 > 0$$

$$\Leftrightarrow \quad p_C > 18/7 \approx 2{,}57 \quad (GE/ME_C)$$

Ab einem Verkaufspreis von 2,58 GE pro Mengeneinheit des Produktes C sollte die Fertigung von 68 Produktbündeln empfohlen werden. Eine darüber hinausgehende Produktion ist nicht sinnvoll, weil die Absatzhöchstmengen bereits vollständig bedient werden, dem aber steigende Produktions- und Entsorgungskosten entgegenstünden. Weiterhin würde der Verhandlungsspielraum aufgrund eines steigenden Mindestverkaufspreises eingeengt.

c) Bezeichne *b* die Anzahl der Produktbündel. Dann lassen sich über die jeweiligen Absatzhöchstmengen und die festen Koppelungsverhältnisse Intervalle ermitteln, innerhalb derer sich sowohl die Umsätze als auch die Produktions- und Entsorgungskosten unterschiedlich entwickeln. Im einzelnen sind dies:

Intervall 1: $0 \le b \le 48$

Die hergestellten Produktbündel können vollständig abgesetzt werden. Daraus ergibt sich folgende Deckungsbeitragsfunktion:

$$DB\,(b) = (11 \cdot 2 + 3 \cdot 4 + 10 \cdot 3) \cdot b - 36 \cdot b$$
$$\Leftrightarrow \quad DB\,(b) = 28 \cdot b$$

Intervall 2: $48 < b \leq 63$

Von A und C können alle produzierten Mengeneinheiten abgesetzt werden. Dagegen sind von B alle die Absatzhöchstgrenze überschreitenden Mengeneinheiten zu entsorgen. Es gilt folgende Deckungsbeitragsfunktion:

$$DB(b) = \underbrace{22 \cdot b + 192 \cdot 3 + 30 \cdot b}_{\text{Umsatz}} - \underbrace{36 \cdot b}_{\substack{\text{Pr oduktions–}\\\text{kosten}}} - \underbrace{4 \cdot (b - 48) \cdot 1}_{\text{Entsorgungskosten für B}}$$

$\Leftrightarrow$ $DB(b) = 12 \cdot b + 768$

Intervall 3: $63 < b \leq 68$

Von A können alle produzierten Mengeneinheiten abgesetzt werden, während für B und C Entsorgungskosten für alle die jeweiligen Absatzhöchstgrenzen überschreitenden Mengeneinheiten anfallen. Man erhält folgende Deckungsbeitragsfunktion:

$$DB(b) = \underbrace{22 \cdot b + 192 \cdot 3 + 189 \cdot 10}_{\text{Umsatz}} - 36 \cdot b - 4 \cdot (b - 48) \cdot 1 - \underbrace{3 \cdot (b - 63) \cdot 2}_{\text{Entsorgungskosten für C}}$$

$\Leftrightarrow$ $DB(b) = 3036 - 24 \cdot b$

Intervall 4: $b > 68$

Alle Produkte werden in einem ihre maximale Nachfrage überschreitenden Umfang produziert. Entsprechend fallen auch für alle Produkte Entsorgungskosten an. Das führt zu folgender Deckungsbeitragsfunktion:

$$DB(b) = 136 \cdot 11 + 192 \cdot 3 + 189 \cdot 10 - 36 \cdot b - 4 \cdot (b - 48) \cdot 1 - 3 \cdot (b - 63) \cdot 2$$

$$- \underbrace{2 \cdot (b - 68) \cdot 1}_{\text{Entsorgungskosten für A}}$$

$\Leftrightarrow$ $DB(b) = 4668 - 48 \cdot b$

Insgesamt ergibt sich folgende Deckungsbeitragsfunktion:

$$DB(b) = \begin{cases} 28 \cdot b & ; \quad 0 \leq b \leq 48 \\[2mm] 12 \cdot b + 768 & ; \quad 48 < b \leq 63 \\[2mm] 3036 - 24 \cdot b & ; \quad 63 < b \leq 68 \\[2mm] 4668 - 48 \cdot b & ; \quad b > 68 \end{cases}$$

Die Deckungsbeitragsfunktion nimmt also folgenden Verlauf:

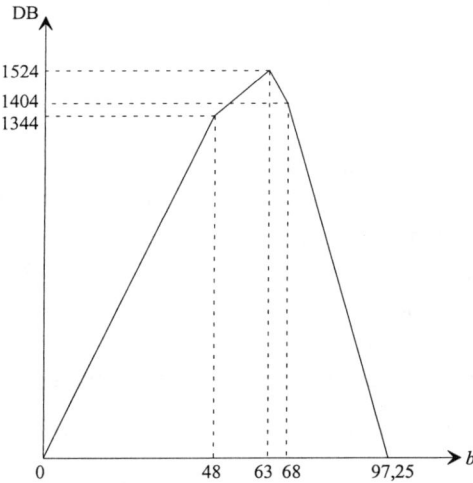

Abbildung 1: Deckungsbeitragsfunktion für $p_C = 10$ (GE/ME$_C$)

Das gewinnmaximale Produktionsprogramm besteht aus 63 Produktbündeln. Das sind 126 Mengeneinheiten von A, 252 Mengeneinheiten von B und 189 Mengeneinheiten von C. Damit beläuft sich der maximale Deckungsbeitrag auf 1524 GE.

d) Wegen der Preis-Absatz-Funktion $p_C = 14 - 0,05 \cdot x_C$, $0 \le x_C \le 280$, verändern sich unter Berücksichtigung der linearen Koppelung $x_C = 3 \cdot b$ die Intervalle und Funktionsverläufe wie folgt:

Intervall 1: $0 \le b \le 48$

$$DB(b) = \left(11 \cdot 2 + 3 \cdot 4 + (14 - 0,05 \cdot x_C) \cdot 3\right) \cdot b - 36 \cdot b$$

$\Leftrightarrow$ $DB(b) = -0,45 \cdot b^2 + 40 \cdot b$

Intervall 2: $48 < b \le 68$

$$DB(b) = 22 \cdot b + 192 \cdot 3 + (14 - 0,05 \cdot x_C) \cdot 3 \cdot b - 36 \cdot b - 4 \cdot (b - 48) \cdot 1$$

$\Leftrightarrow$ $DB(b) = -0,45 \cdot b^2 + 24 \cdot b + 768$

Intervall 3: $68 < b \le 93,\overline{3}$

Von C können alle produzierten Mengeneinheiten abgesetzt werden. Dagegen fallen für A und B Entsorgungskosten gemäß der die jeweiligen Absatzhöchstmengen übersteigenden Produktionsmengen an.

$$DB(b) = 136 \cdot 11 + 192 \cdot 3 + (14 - 0{,}05 \cdot x_C) \cdot 3 \cdot b - 36 \cdot b$$
$$- 4 \cdot (b - 48) \cdot 1 - 2 \cdot (b - 68) \cdot 1$$

$$\Leftrightarrow \quad DB(b) = -0{,}45 \cdot b^2 + 2400$$

Intervall 4: $b > 93{,}\overline{3}$

Alle Produkte werden in einem ihre maximale Absatzmenge übersteigenden Umfang hergestellt. Deshalb fallen auch für alle Produkte Entsorgungskosten an.

$$DB(b) = 136 \cdot 11 + 192 \cdot 3 + 280 \cdot 0 - 36 \cdot b$$
$$- 4 \cdot (b - 48) \cdot 1 - 2 \cdot (b - 68) \cdot 1 - 3 \cdot (b - 93{,}\overline{3}) \cdot 2$$

$$\Leftrightarrow \quad DB(b) = -48 \cdot b + 2960$$

Zusammenfassend erhält man die folgende Deckungsbeitragsfunktion:

$$DB(b) = \begin{cases} -0{,}45 \cdot b^2 + 40 \cdot b & ; \quad 0 \le b \le 48 \\[2ex] -0{,}45 \cdot b^2 + 24 \cdot b + 768 & ; \quad 48 < b \le 68 \\[2ex] -0{,}45 \cdot b^2 + 2400 & ; \quad 68 < b \le 93{,}\overline{3} \\[2ex] -48 \cdot b + 2960 & ; \quad b > 93{,}\overline{3} \end{cases}$$

Wegen $DB'(44{,}4) = 0$ und $DB''(44{,}4) < 0$ ist $b^* = 44{,}\overline{4}$ das Optimum in Intervall 1. Eine Abschätzung zeigt sofort, daß mit $b^* = 44{,}\overline{4}$ auch das absolute Optimum des gesamten Definitionsbereichs gefunden wurde. Im ökonomisch relevanten Bereich verläuft die Deckungsbeitragsfunktion wie folgt:

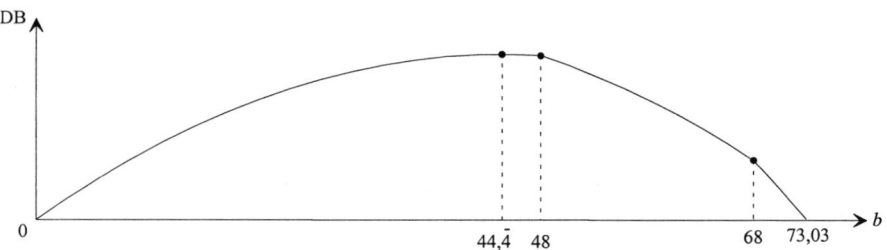

Abbildung 2: Deckungsbeitragsfunktion für die Preis-Absatz-Funktion $p_C = 14 - 0{,}05 \cdot x_C$

Das gewinnmaximale Produktionsprogramm beläuft sich auf $44{,}\overline{4}$ Produktbündel. Das sind $88{,}\overline{8}$ Mengeneinheiten von A, $177{,}\overline{7}$ Mengeneinheiten von B und $133{,}\overline{3}$ Mengeneinheiten von C. Damit wird ein Deckungsbeitrag von $888{,}\overline{8}$ GE erzielt.

Literaturhinweise

FANDEL, G., HEUFT, B., PAFF, A., PITZ, T.: Kostenrechnung, Berlin u.a. 1999.

FANDEL, G.: Produktion I, Produktions- und Kostentheorie, 5. Auflage, Berlin u.a. 1996.

FANDEL, G.: Zur Berücksichtigung von Überschuß- bzw. Vernichtungsmengen in der optimalen Programmplanung bei Kuppelproduktion, in: *BROCKHOFF, K., KRELLE, W.* (Hrsg.): Unternehmensplanung, Berlin u.a. 1981, S. 193–212.

KILGER, W.: Einführung in die Kostenrechnung, 3. Auflage, Wiesbaden 1992.

WEBER, K.: Industriebetriebslehre, 2. Auflage, Berlin u.a. 1996.

Gerhard Schünemann

Szenarien einer simultanen Produktions-, Investitions- und Finanzprogrammplanung mit Hilfe von Planbilanzen

Die Geschäftsführung der Aufschwung-Absturz-GmbH wurde von den Anteilseignern beauftragt, für einen Planungszeitraum von vier Perioden möglichst hohe Gewinnrücklagen zu erwirtschaften. Danach ist die Tätigung von Entnahmen vorgesehen, und das Unternehmen soll auch in den darauffolgenden Jahren fortgeführt werden.

Bisher produziert das Unternehmen auf der einzigen Maschine M1 das Erzeugnis E1. In der ersten Periode des Planungszeitraumes können noch 100 Mengeneinheiten [ME], in der darauffolgenden Periode nur noch 50 ME zu jeweils 10 TDM/ME abgesetzt werden. Auf dem enger werdenden Absatzmarkt ist es nur noch über eine Produktdifferenzierung möglich, neue Absatzmöglichkeiten zu erschließen. Eine solche Erweiterung des Produktionsprogramms um zusätzliche Produktvarianten erzwingt Diversifizierungsinvestitionen. So erfordert die Fertigung weiterer Varianten zusätzliche variantenspezifische Maschinenfunktionen. Die zur Herstellung von E1 benötigte Grundfunktion F1 ist auch für alle künftigen Varianten erforderlich. Die Kapazität der Maschine M1 wird auch in Zukunft nicht knapp sein. Es besteht die Möglichkeit, mit Beginn der zweiten Periode (Zeitpunkt t_1) das neue Produkt E2 auf den Markt zu bringen. Das Absatzvolumen von E2 wird bei einer zugrunde gelegten Preisforderung von jeweils 20 TDM/ME mit 80 ME in der zweiten und 60 ME sowohl in der dritten als auch in der vierten Periode prognostiziert. Das Unternehmen hat bislang keine eigene Produktentwicklung betrieben. Daher besteht nur die Möglichkeit, E2 in Lizenz herzustellen. Über die speziellen Produktionserfordernisse für diese neue Variante liegen allerdings nur unsichere Informationen vor. Bekannt ist lediglich, daß mit einer Wahrscheinlichkeit von je 50 % davon ausgegangen werden kann, daß entweder die Maschinenfunktion F2 oder aber F3 erforderlich sein wird. Für den Lizenzvertrag bietet der Lizenzgeber dem Unternehmen zwei mögliche Varianten an:

Variante 1: Bei einer Lizenzgebühr von 100 TDM erhält der Lizenznehmer erst mit Beginn der zweiten Periode (Zeitpunkt t_1) die Lizenz in Verbindung mit der Information, welche der beiden Maschinenfunktionen benötigt wird.

Variante 2: Bei einer Lizenzgebühr von 300 TDM erhält der Lizenznehmer bereits zu Beginn der ersten Periode (Zeitpunkt t_0) sowohl die Lizenz als auch die entsprechende Information über die benötigte Maschinenfunktion.

Die Lizenz ist im Zeitpunkt des Erwerbs zu bezahlen, zu aktivieren und danach über vier Jahre linear abzuschreiben.

Die Herstellung des neuen Produkts E2 erfordert Diversifizierungsinvestitionen in Maschinen. Dabei kann das Unternehmen zwischen drei Investitionsalternativen wählen: Als neu anzuschaffende Maschinen kommen M2 (mit Funktion F2), M3 (mit Funktion F3) oder M 2/3 (mit den Funktionen F2 und F3) in Frage. Sämtliche Maschinen haben eine Nutzungsdauer von fünf Jahren. Die neue Maschine müßte zu Beginn der zweiten Periode (Zeitpunkt t_1) bereitgestellt werden, um rechtzeitig mit der Produktion beginnen zu können. Bei allen drei Maschinen handelt es sich um Spezialmaschinen, die in Einzelfertigung hergestellt werden müssen. Für den Maschinenkauf unterbreitet das Maschinenbauunternehmen zwei Vertragsvarianten in Abhängigkeit davon, ob die Maschine ein Jahr vor Produktionsbeginn (t_0) oder aber erst zu Beginn der zweiten Periode (t_1) bestellt wird. Bei einer frühzeitigen Bestellung in t_0 kann der Maschinenbauer teilweise günstigere Beschaffungskonditionen einräumen, weil dann kostengünstigere Teile mit längeren Lieferzeiten eingesetzt werden können. Wird bereits in t_0 bestellt, kostet M2 1.000 TDM, M3 1.000 TDM und M2/3 1.500 TDM. Hingegen sind für M2 1.000 TDM, für M3 2.000 TDM und für M2/3 2.100 TDM zu zahlen, falls erst kurzfristig in t_1 bestellt wird. In jedem Falle wird die neue Maschine zu Beginn der zweiten Periode (t_1) angeschafft und bezahlt. Als Abschreibungsmethode wird die lineare Zeitabschreibung zugrunde gelegt.

Mit Beginn der dritten Periode (Zeitpunkt t_2) werden weitere Erzeugnisvarianten nachgefragt. Für diese sind keine Lizenzen verfügbar. Das Unternehmen entschließt sich daher, eigene F & E-Arbeiten durchzuführen. Als Grundlage dafür wurden bereits im Vorfeld fünf vorteilhaft erscheinende Produktideen isoliert. Von diesen sollen möglichst viele umgesetzt werden. Allerdings steigen die bereits in t_0 in voller Höhe zu tätigenden F & E-Ausgaben mit der Anzahl der bis t_2 ausgearbeiteten produktionsreifen Lösungen stark progressiv an: Während die Erarbeitung nur einer Lösung 2 TDM kostet, sind zwei, drei, vier oder gar fünf produktionsreife Konzepte mit Ausgaben von 10 TDM, 50 TDM, 250 TDM bzw. 1.250 TDM verbunden.

Das Unternehmen hat sich vorgenommen, F & E-Arbeiten nicht über Kredite, sondern aus dem laufenden Umsatzprozeß zu finanzieren (Kassenbestand, kurzfristig verfügbare Bankguthaben). Die in t_0 zu tätigenden F & E-Ausgaben sind Aufwendungen und gehen in der ersten Periode in voller Höhe zu Lasten des Gewinns.

Wird das Produktionsprogramm dann zu Beginn der dritten Periode erweitert, ist für jede der neuen Produktvarianten eine weitere spezifische Maschinenfunktion erforderlich. Das Unternehmen sieht vor, für die Produktion der neuen Varianten ein flexibles Fertigungssystem (FFS) einzusetzen. Dieses soll den Einsatz separat erhältlicher, schnell auswechselbarer Funktionsmodule FX_i (i = 1, ..., 5) ermöglichen. Die Anzahl der benötigten Funktionsmodule hängt jedoch von der noch zu bestimmenden Anzahl der zu entwickelnden Produktvarianten ab. Die Anschaffungsausgaben für das FFS werden mit 3.000 TDM veranschlagt, pro Modul kämen jeweils weitere 200 TDM hinzu. Die Nutzungsdauer des FFS und der Module soll fünf Jahre betragen.

Auch hier wird die lineare Zeitabschreibung zugrunde gelegt. Es wird in der Prognose davon ausgegangen, daß von jeder neuen Produktvariante bei einem Stückpreis von 25 TDM jeweils 40 ME sowohl in der dritten als auch in der vierten Periode abgesetzt werden können. Die Kapazität des FFS reicht zur Herstellung der Mengen aller fünf Produkte aus.

Neben den jeweils separat zu ermittelnden Abschreibungen und Kreditzinsen sind folgende weitere Aufwendungen zu berücksichtigen: Jede neu angeschaffte Maschine führt zu einer Steigerung der Personalkosten pro Jahr von derzeit 300 TDM um jeweils 60 TDM sowie zu einer Erhöhung der sonstigen Kosten pro Jahr (für Miete, Energie, Versicherung etc.) von derzeit 200 TDM um jeweils 40 TDM. Materialkosten fallen in allen vier Perioden unabhängig von der konkreten Erzeugnisvariante in Höhe von 1 TDM/ME an.

Werden zu Beginn einer Periode in der Eröffnungsbilanz liquide Mittel als Bankguthaben oder Kassenbestand ausgewiesen, so sind sie für ein Jahr zu einem Zinssatz von 6 % in Finanzanlagen zu investieren, soweit sie nicht für F & E bzw. Investitionen verausgabt werden müssen. Für die erforderlichen Investitionen in Maschinen sowie in den Lizenzvertrag nimmt das Unternehmen genau dann, wenn die eigenen liquiden Mittel (entsprechend Eröffnungsbilanz) dafür nicht ausreichen, langfristige Kredite auf. Die Kreditlaufzeit soll jeweils der den Abschreibungen zugrundeliegenden normativen Nutzungsdauer der zugehörigen Investitionsprojekte bzw. des Lizenzvertrages entsprechen. Die Tilgung der Kredite erfolgt in gleichen Jahresraten. Der jeweils für die gesamte Kreditlaufzeit gültige Zinssatz f richtet sich nach der Eigenkapitalquote q des Unternehmens auf Grundlage der Eröffnungsbilanz des Jahres, in dem investiert werden soll; er wird nach der Formel

$$f = 0{,}1 \cdot 1{,}1^{(q^{-1})}$$

bestimmt. Treten in einer Periode kurzfristige Liquiditätsprobleme auf (ersichtlich aus einem negativen Zahlungssaldo am Periodenende), wird in jedem Falle ein Kontokorrentkredit zu einem Zinssatz von 20 % p. a. gewährt. Soll am Anfang einer Periode sowohl in den Lizenzerwerb als auch in eine Maschine investiert werden, sind die in der Kasse befindlichen liquiden Mittel zunächst zur Finanzierung des Lizenzerwerbs zu verwenden. Zu berücksichtigen ist auch der Tilgungsplan eines bereits vor t_0 aufgenommenen bis zum Ende der fünften Periode reichenden langfristigen Kredits, nach dem in den Perioden eins bis vier jeweils 240 TDM an Raten und 144 TDM bzw. 115,20 TDM bzw. 86,40 TDM bzw. 57,60 TDM an Zinsen zu zahlen ist. Die Restschuld am Ende der Perioden eins bis vier beläuft sich dann auf 960, 720, 480 und 240 TDM.

In t_0 liegt die nachstehende Eröffnungsbilanz vor. Die Angaben erfolgen in TDM.

Aktiva		Passiva	
Anlagevermögen		Eigenkapital	
Maschine M1	800	Stammkapital	100
sonst. Ausrüstung	210	Rücklagen	200
Umlaufvermögen		Fremdkapital	
Vorräte	400	langfr. Kredit	1.200
Bank/Kasse	90		
	1.500		1.500

Die im Umlaufvermögen aufgeführten Vorräte sollen vor allem dem Ausgleich kurzfristiger Lieferschwankungen dienen und über alle Perioden in gleicher Höhe beibehalten werden. Forderungen und Verbindlichkeiten aus Lieferungen und Leistungen erscheinen im Modellfall nicht in der Jahresbilanz: Es wird vereinfachend unterstellt, daß sie stets in der Periode zahlungswirksam werden, in der sie anfallen. Zu beachten ist noch, daß aufgrund beschränkter Raumkapazität höchstens drei Maschinen (einschließlich FFS) gleichzeitig installiert sein können. Die Problematik der Besteuerung des erwirtschafteten Gewinns soll für den vorliegenden Modellfall ausgeklammert werden, d. h., Management und Eigentümer können über den gesamten erwirtschafteten Gewinn disponieren.

Aufgabe 1

Ermitteln Sie den Fremdkapitalzinssatz f, der über die gesamte Laufzeit von langfristigen Krediten gültig ist, die in der ersten Periode aufgenommen werden!

Aufgabe 2

Entwickeln Sie die möglichen Strategien zur Zielerreichung, charakterisieren Sie diese kurz, und nennen Sie deren Vor- und Nachteile! Sondern Sie offensichtlich dominierte Strategien von vornherein aus!

Aufgabe 3

Spielen Sie unter Zugrundelegung der in Aufgabe 2 bestimmten Strategien unter Anwendung der Methode der Planbilanzen und der Plan-Gewinn- und Verlustrechnung die Szenarien der Unternehmensentwicklung zunächst nur über die beiden ersten Perioden durch! Versuchen Sie, allein auf Grundlage der hierbei erzielten Ergebnisse (d. h. ohne Rückgriff auf die konkreten Planungsrechnungen für die dritte und vierte Periode), die Strategien im Hinblick auf ihren voraussichtlichen Beitrag zur Zielerreichung in eine Rangfolge zu bringen! Entwickeln Sie in diesem Zusammenhang zugleich eine kritische Argumentation über die Eignung von Jahresabschlußinformationen für Prognosezwecke!

Aufgabe 4

Spielen Sie nunmehr analog Aufgabe 3 die Szenarien auch für die dritte und vierte Periode durch, und bilden Sie nun die endgültige Rangfolge nach dem eingangs formulierten Ziel!

Aufgabe 5

Untersuchen Sie die unter Zugrundelegung von Planbilanzen und Plan-GuV ermittelten Bilanzpositionen im Hinblick auf erkennbare Entwicklungstrends! Stellen Sie in diesem Zusammenhang Überlegungen darüber an, wie problematisch es sein kann, einem Unternehmen sinnvolle Ziele vorzugeben!

Über die Entwicklung von der fünften bis zur achten Periode werden folgende Annahmen getroffen:

a) Ab der fünften Periode verschlechtern sich die bisherigen Absatzmöglichkeiten der Produkte infolge verstärkten Konkurrenzkampfes drastisch: Produkt E2 wird in der bisher vorliegenden Form gar nicht mehr nachgefragt, und seine Herstellung muß daher in der fünften Periode vorübergehend eingestellt werden; von den drei auf dem FFS hergestellten Erzeugnissen können in der fünften Periode bei gleichem Preis (25 TDM) nur noch die Hälfte der ursprünglichen Mengen hergestellt und abgesetzt werden, d. h. 20 ME je Erzeugnisvariante.

b) Um die eingetretenen Umsatzeinbußen wieder zu kompensieren (oder gar zu überkompensieren) und um neue Absatzmöglichkeiten zu erschließen, entschließt sich das Management zur Durchführung von F & E-Arbeiten, die mit aufwandsgleichen Ausgaben von 400 TDM zu Beginn der fünften Periode verbunden sind. Diese F & E-Ausgaben werden wie folgt verteilt:

- je 50 TDM zur Modernisierung und Verbesserung der bereits vorhandenen drei auf dem FFS herstellbaren Erzeugnisvarianten;
- je 100 TDM zur Entwicklung von zwei neuen auf dem FFS zu fertigenden Produktvarianten;
- 50 TDM für eine wesentliche Verbesserung des Erzeugnisses E2.

c) Im Ergebnis der F & E-Arbeiten und in Verbindung mit (unten noch zu beschreibenden) Investitionen entstehen folgende ökonomische Wirkungen:

- Die drei bereits vorher auf dem FFS hergestellten Erzeugnisvarianten können in der sechsten Periode jeweils bei einem Preis von 25 TDM in einer Stückzahl von 40 ME abgesetzt werden, und ab der siebenten Periode können alle fünf dann auf dem FFS zu fertigenden Varianten jeweils bei einem Preis von 30 TDM in einer Stückzahl von 40 ME abgesetzt werden.

- Das wesentlich verbesserte Produkt E2 kann bei einem Preis von 25 TDM in der sechsten Periode zu 80 ME, in der siebenten Periode zu 60 ME und in der achten Periode zu 40 ME abgesetzt werden.

d) Ab der siebenten Periode werden für die beiden neuen auf dem FFS zu produzierenden Erzeugnisvarianten zwei entsprechende Module benötigt. Diese werden rechtzeitig vorbestellt und kosten dann im Zeitpunkt der Anschaffung (t_6) 250 TDM pro Modul; sie sind über fünf Jahre linear abzuschreiben.

e) Maschine M1 muß zu Beginn der fünften Periode (t_4) ersetzt werden. Der zum Ersatzzeitpunkt aktuelle Marktpreis beträgt 1.200 TDM. Auch die zu Beginn der siebenten Periode (t_6) zu ersetzenden Maschinen M2, M3 bzw. M2/3 sind nun um 20 Prozent teurer als ihre Vorgänger; ihre Nutzungsdauer beträgt ebenfalls fünf Jahre, und es wird die lineare Zeitabschreibung zugrunde gelegt. Die oben formulierten Beschaffungskonditionen gelten weiterhin in analoger Weise.

f) Ab der fünften Periode erhöhen sich die Materialkosten auf 1,2 TDM für jedes gefertigte Produkt. Die Finanzierungskonditionen und die Möglichkeiten der Geldanlage bleiben die gleichen wie in den ersten vier Perioden. Zu Beginn der fünften Periode (t_4) wird an die Eigentümer eine Ausschüttung in Höhe von 1.200 TDM aus den Gewinnrücklagen vorgenommen.

Aufgabe 6

Durch welche Maschine sollte M2/3 im Rahmen der Strategie S12 zu Beginn der siebenten Periode sinnvoller Weise ersetzt werden? Was ist im Zusammenhang mit Strategie S11 beim Ersatz der zur Herstellung des Erzeugnisses E2 benötigten Maschine zu beachten?

Aufgabe 7

Welche Rangfolge der Strategien ergibt sich nach dem Kriterium der in der Bilanz ausgewiesenen Gewinnrücklagen am Ende der fünften Periode sowie zum Ende der achten Periode? Arbeiten Sie verbal die wichtigsten Gründe für den eingetretenen Wechsel in der Vorteilhaftigkeit der Strategien heraus!

Lösung

Aufgabe 1

Die Ermittlung des Fremdkapitalzinssatzes f – gültig für in der ersten Periode aufgenommene langfristige Kredite – erfolgt unter Zugrundelegung der aus der Eröffnungsbilanz abzuleitenden Eigenkapitalquote q:

$$q = \frac{\text{Eigenkapital}}{\text{Gesamtkapital}} = \frac{\text{Stammkapital} + \text{Rücklagen}}{\text{Gesamtkapital}} = \frac{100 + 200}{1500} = 0,2$$

Daraus resultiert: $f = 0,1 \cdot 1,1^{(q^{-1})} = 0,1 \cdot 1,1^5 \approx 0,161.$

Aufgabe 2

In Abhängigkeit davon, welche Form des Lizenzvertrages gewählt wird, können die möglichen Strategien in zwei Klassen eingeteilt werden:

Strategieklasse 1: Strategien, bei denen die *Kenntnis* der ab Beginn der zweiten Periode (t_1) erforderlichen neuen Maschinenfunktion F2 oder F3 *im Zeitpunkt t_0 noch nicht* vorliegt. Den Strategien dieser Klasse liegt ein Lizenzerwerb erst zu Beginn der zweiten Periode (t_1) zugrunde.

Strategieklasse 2: Strategien, bei denen die *Kenntnis* der ab Beginn der zweiten Periode (t_1) erforderlichen neuen Maschinenfunktion F2 oder F3 bereits im Zeitpunkt t_0 vorliegt. Den Strategien dieser Klasse liegt ein Lizenzerwerb schon zu Beginn der ersten Periode (t_0) zugrunde.

Eine nähere Bestimmung der diesen beiden Klassen zuzuordnenden Strategien resultiert aus den mit dem Erwerb der Maschinen M2, M3 und M2/3 zu Beginn der zweiten Periode (t_1) verbundenen Konditionen und den daraus für das Unternehmen resultierenden Optionen. Eine weitere strategische Differenzierung ergibt sich scheinbar in Abhängigkeit von der Anzahl der ab der dritten Periode (t_2) zu produzierenden weiteren Erzeugnisvarianten; da für entsprechende in t_0 zu tätigende F & E-Ausgaben jedoch nur eigene liquide Mittel in Höhe von 90 TDM verfügbar sind, beträgt die maximale und damit umzusetzende Zahl dieser neuen Varianten *eindeutig drei*. Somit können die folgenden Strategien abgeleitet werden:

Strategieklasse 1

Strategie S11

Erwerb der Lizenz zu Beginn der zweiten Periode (t_1) für 100 TDM, dann kurzfristige Bestellung und Kauf der Maschine M2 für 1.000 TDM *oder* der Maschine M3 für 2.000 TDM sowie Erwerb des FFS und der drei Module zu Beginn der dritten Periode (t_2); Herstellung und Verkauf der entsprechenden Erzeugnisse zu den angegebenen Preisen in den absetzbaren Stückzahlen.

Strategie S12

Erwerb der Lizenz zu Beginn der zweiten Periode (t_1) für 100 TDM, Kauf der *bereits in t_0 vorbestellten* Maschine M2/3 in t_1 für 1.500 TDM. Weiter wird wie bei Strategie S11 verfahren.

Strategieklasse 2

Strategie S21

Erwerb der Lizenz zu Beginn der ersten Periode (t_0) für 300 TDM, Kauf der erforderlichen Maschine M2 oder M3 in t_1 für 1.000 TDM (was ja aufgrund der bereits in t_0 vorhandenen Kenntnis über die „richtige" Maschinenfunktion und der daraus resultierenden Möglichkeit einer rechtzeitigen Vorbestellung der benötigten Maschine problemlos realisierbar ist). Weiter wird wie bei Strategie S11 verfahren.

Die mit der Problemstellung des Fallbeispiels verbundene Unsicherheit der Information über die ab t_1 benötigte neue Maschinenfunktion wird durch die einzelnen Strategien auf unterschiedliche Weise bewältigt:

Strategie S11 ist als *bedingte* Strategie ausgestaltet: Die Entscheidung über die in t_1 anzuschaffende Maschine wird vom Eintreten genau eines von zwei möglichen künftigen Umweltzuständen (entweder F2 erforderlich oder F3 erforderlich) abhängig gemacht. Die Planung wird dadurch *flexibel*, führt jedoch zu einem *unelastischen* Investitionsprogramm, weil auf der Maschine M2 (M3) nur eine einzige Funktion realisiert werden kann.

Strategie S12 kann als *unbedingte* Strategie charakterisiert werden: Die Entscheidung über die in t_1 anzuschaffende Maschine wird bereits in t_0 festgelegt und erfolgt unabhängig vom Eintreten künftiger Umweltzustände. Somit ermöglicht diese Strategie nur eine *starre* Planung. Der Informationsunsicherheit wird jedoch in diesem Fall durch ein *elastisches* Investitionsprogramm begegnet, das durch die universell (für die beiden Funktionen F2 und F3) einsetzbare Maschine M2/3 repräsentiert wird.

Strategie S21 ist mit einer *bedingten* Entscheidung bereits in t_0 verbunden (in Abhängigkeit davon, welche Information über die relevante neue Maschinenfunktion in Verbindung mit dem Erwerb der Lizenz vermittelt wird). Die Planung ist in diesem Sinne *flexibel*, führt aber wieder zu einem unelastischen Investitionsprogramm. Im Rahmen dieser Strategie wird die Unsicherheit der Information unter Inkaufnahme zusätzlicher Aufwendungen völlig beseitigt.

Vor- und Nachteile der Strategien:

Strategie S11 birgt die 50prozentige Chance in sich, daß eine geringe Lizenzgebühr in t_1 mit einem „billigen" Erwerb der in t_1 erforderlichen neuen Maschine einhergeht, was in den kommenden Perioden zu geringeren Aufwendungen und damit hohen Gewinnen führt (Vorteil). Andererseits besteht das 50prozentige Risiko, daß in t_1 eine besonders „teure" neue Maschine erworben werden muß, was in den kommenden Perioden entsprechend höhere Aufwendungen und damit niedrige Gewinne nach sich zieht (Nachteil).

Strategie S12 „nivelliert" die in S11 auftretenden Chancen und Risiken durch Orientierung auf eine Maschine in „mittlerer Preislage" in Verbindung mit einer geringen Lizenzgebühr in t_1.

Strategie S21 führt *mit Sicherheit* zu einem „billigen" Maschinenerwerb in t_1 (Vorteil gegenüber S11 und S12), ist jedoch andererseits mit recht hohen Aufwendungen verbunden, die aus einem „teuren" Lizenzerwerb bereits in t_0 resultieren (Nachteil gegenüber S11 und S12).

Somit besitzt jede dieser Strategien gegenüber den anderen sowohl Vor- als auch Nachteile, und es kann a priori (d. h. ohne Rückgriff auf Ergebnisse entsprechender Planungsrechnungen) keine der Strategien gegenüber den anderen vorgezogen werden.

Aufgabe 3

Die Ergebnisse der Anwendung der Planungsrechnungen (Planbilanzen und Plan-GuV) auf die ersten beiden Perioden (Zeitpunkte t_1 und t_2) können den folgenden Tabellen entnommen werden. Zu beachten ist dabei, daß Strategie S11 ab der ersten Periode in zwei Berechnungsvarianten S11 (1) und S11 (2) weiterzuführen ist, wobei einer jeden eine 50prozentige Wahrscheinlichkeit zugeordnet werden kann. Um einen besseren Vergleich mit den beiden anderen Strategien zu ermöglichen, werden beide Berechnungsvarianten zu einer „Durchschnittsvariante" S11 ($\varnothing$) zusammengefaßt. Als Beurteilungskriterien im Hinblick auf die weitere Entwicklung könnten die in t_2 in der Bilanz ausgewiesenen Gewinnrücklagen (GWRL), der Kassenbestand sowie der aus den Bilanzrelationen ermittelbare, für die folgende dritte Periode gültige Fremdkapitalzinssatz f herangezogen werden: Die Höhe der GWLR ist Ausgangspunkt für die GWRL-Entwicklung der Folgeperioden, der Kassenbestand bestimmt den Umfang der Kreditaufnahmen und damit die Höhe der später anfallenden Fremdkapitalzinsen und Tilgungsraten und der Fremdkapitalzinssatz f ist unmittelbar für einen Teil der in den folgenden Perioden zu leistenden Zinszahlungen verantwortlich.

Strategie	Kennziffern	t_0	t_1	t_2	t_3	t_4
	FK-Zinssatz f	0,161	0,153	0,129	0,126	0,116
	Erträge	–	1.002,4	2.100	4.200	4.301,03
	Aufwendungen	–	1.024	1.459,565	2.649,764	2.512,534
	Gewinn	–	– 21,6	640,435	1.550,236	1.788,496
S11(1)	Anlagevermögen	1.010	780	1.425	3.850	2.675
[p = 0,5]	Umlaufvermögen	490	458,4	1.045,035	2.083,843	4.005,946
	dar. Bank/Kasse	90	58,4	645,035	1.683,843	3.605,946
	Bilanzsumme	1.500	1.238,4	2.470,035	5.933,843	6.680,946
	Eigenkapital	300	278,4	918,835	2.469,071	4.257,567
	dar. Gewinnrücklagen	200	178,4	818,835	2.369,071	4.157,567
	Fremdkapital	1.200	960	1.551,2	3.464,772	2.423,379

Strategie	Kennziffern	t_0	t_1	t_2	t_3	t_4
	FK-Zinssatz f	0,161	0,153	0,163	0,142	0,121
	Erträge	–	1.002,4	2.100	4.200	4.267,970
	Aufwendungen	–	1.024	1.812,565	3.130,172	2.930,741
	Gewinn	–	– 21,6	287,435	1.069,828	1.337,229
S11(2)	Anlagevermögen	1.010	780	2.225	4.450	3.075
[p = 0,5]	Umlaufvermögen	490	458,4	692,035	1.532,835	2.933,071
	dar. Bank/Kasse	90	58,4	292,035	1.132,835	2.533,071
	Bilanzsumme	1.500	1.238,4	2.917,035	5.982,835	6.008,071
	Eigenkapital	300	278,4	565,835	1.635,663	2.972,892
	dar. Gewinnrücklagen	200	178,4	465,835	1.535,663	2.872,892
	Fremdkapital	1.200	960	2.351,2	4.347,172	3.035,179

Strategie	Kennziffern	t_0	t_1	t_2	t_3	t_4
	FK-Zinssatz f	0,161	0,153	0,141	0,132	0,118
	Erträge	–	1.002,4	2.100	4.200	4.284,5
	Aufwendungen	–	1.024	1.636,065	2.889,968	2.721,6375
	Gewinn	–	– 21,6	463,935	1.310,032	1.562,8625
	Anlagevermögen	1.010	780	1.825	4.150	2.875
S11($\varnothing$)	Umlaufvermögen	490	458,4	868,535	1.808,339	3.469,5085
	dar. Bank/Kasse	90	58,4	468,535	1.408,339	3.069,5085
	Bilanzsumme	1.500	1.238,4	2.693,535	5.958,339	6.344,5085
	Eigenkapital	300	278,4	742,335	2.052,367	3.615,2295
	dar. Gewinnrücklagen	200	178,4	642,335	1.952,367	3.515,2295
	Fremdkapital	1.200	960	1.951,2	3.905,972	2.729,279

Strategie	Kennziffern	t_0	t_1	t_2	t_3	t_4
	FK-Zinssatz f	0,161	0,153	0,141	0,132	0,118
	Erträge	–	1.002,4	2.100	4.200	4.285,62
	Aufwendungen	–	1.024	1.636,065	2.871,31	2.706,711
	Gewinn	–	– 21,6	463,935	1.328,69	1.578,909
	Anlagevermögen	1.010	780	1.825	4.150	2.875
S12	Umlaufvermögen	490	458,4	868,535	1.826,997	3.504,213
	dar. Bank/Kasse	90	58,4	468,535	1.426,997	3.104,213
	Bilanzsumme	1.500	1.328,4	2.693,535	5.976,997	6.379,213
	Eigenkapital	300	278,4	742,335	2.071,025	3.649,934
	dar. Gewinnrücklagen	200	178,4	642,335	1.971,025	3.549,934
	Fremdkapital	1.200	960	1.951,2	3.905,972	2.729,274

Strategie	Kennziffern	t_0	t_1	t_2	t_3	t_4
	FK-Zinssatz f	0,161	0,232	0,141	0,132	0,118
	Erträge	–	1.000	2.100	4.200	4.285,389
	Aufwendungen	–	1.140,86	1.631,767	2.852,32	2.675,762
	Gewinn	–	– 140,86	468,233	1.347,68	1.609,627
	Anlagevermögen	1.010	1.005	1.500	3.875	2.650
S21	Umlaufvermögen	490	400	777,373	1.823,155	3.508,242
	dar. Bank/Kasse	90	0	377,373	1.423,155	3.108,242
	Bilanzsumme	1.500	1.405	2.277,373	5.698,155	6.158,242
	Eigenkapital	300	159,14	627,373	1.975,053	3.584,665
	dar. Gewinnrücklagen	200	59,14	527,373	1.875,053	3.484,665
	Fremdkapital	1.200	1.245,86	1.650	3.723,102	2.573,577

Die Ausprägungen der Beurteilungskriterien in t_2 sind im folgenden zusammengefaßt, woraus als Rangfolge der Strategien resultiert: $S11(\emptyset) \approx S12 > S21$.

Kriterien	Strategie S11($\emptyset$)	Strategie S12	Strategie S21
GWRL	642,335	642,335	527,373
Kasse	468,535	468,535	377,373
f	0,141	0,141	0,141

Die aus der Abschlußbilanz der zweiten Periode abgeleiteten Kriterien können die Dynamik der künftigen Entwicklung jedoch nur unzureichend zum Ausdruck bringen, da sie nur „Momentaufnahmen" darstellen. So werden Wirkungen in der Vergangenheit getroffener Entscheidungen nicht erfaßt, die sich in t_3 und t_4 noch weiter entfalten (z. B. die durch die konkreten Bedingungen der Kreditaufnahme in t_0 und t_1 ausgelösten Zahlungsströme in Form von Zinszahlungen und Tilgungen oder die durch unterschiedliche Modalitäten der Lizenznahme und der Investitionstätigkeit ausgelösten verschiedenartigen Abschreibungsverläufe). Demzufolge verlangt eine „richtige" Beurteilung die adäquate Berücksichtigung derjenigen Einflußfaktoren, die die Dynamik der künftigen Entwicklung bestimmen. Dies kann durch Fortsetzung der Planungsrechnungen für die dritte und vierte Periode geschehen.

Aufgabe 4

Entsprechend dem Auftrag der Eigentümer werden zum Ende der vierten Periode möglichst hohe GWRL angestrebt. Die in der Abschlußbilanz der vierten Periode ausgewiesenen GWRL betragen 3.515,2295 TDM für $S11(\emptyset)$, 3.549,9340 TDM für S12 und 3.484,665 TDM für S21. Die endgültige Rangfolge der Strategien lautet nunmehr: $S12 > S11(\emptyset) > S21$.

Aufgabe 5

Zum einen wird sichtbar, daß die am Ende der zweiten Periode noch als gleich bewerteten Strategien S11($\emptyset$) und S12 sich jetzt signifikant voneinander unterscheiden. Noch bemerkenswerter scheint zu sein, daß S21 zwar immer noch „Schlußlicht" ist, jedoch im Zeitablauf in der Höhe der GWRL deutlich aufholt. Betrachtet man ergänzend dazu die über die vier Perioden von den einzelnen Strategien erwirtschafteten Gewinne, so fällt auf, daß Strategie S21 mit Ausnahme der ersten Periode, wo im Gegensatz zu den anderen oben betrachteten Strategien ein Verlust „eingefahren" wurde, stets den höchsten Gewinn erwirtschaftet hat. Es erhebt sich demzufolge die berechtigte Frage, ob nicht unter sonst gleichen („normalen") Bedingungen der weiteren Entwicklung die Strategie S21 noch an den beiden anderen Strategien „vorbeiziehen" könnte.

Allein die zuletzt angedeutete Möglichkeit macht die Problematik deutlich, vor dem ein Unternehmen steht, das bis zu einem begrenzten Planungshorizont ein bestimmtes Ziel verfolgt. *Am Planungshorizont* muß notwendigerweise ein *Schnitt* gezogen werden, der zeitlich vertikale Interdependenzen durchtrennt. Wird ein solcher Schnitt aber erst an „späterer" Stelle gezogen oder werden nach dem Planungshorizont eintretende relevante Veränderungen zumindest „von der Tendenz her" berücksichtigt, so kann das wesentliche Folgen für die Vorteilhaftigkeit der einzelnen Strategien nach der ursprünglich formulierten Zielstellung haben.

Aufgabe 6

Da die zur Herstellung von E2 relevante Maschinenfunktion seit Beginn der zweiten Periode bekannt ist, sollte direkt die betreffende Maschine M2 oder M3 (ggf. mit Vorbestellung) angeschafft werden. Auch im Zusammenhang mit Strategie S11 ist im Rahmen der Lösung des Ersatzproblems zu prüfen, ob eine rechtzeitige Vorbestellung vorteilhaft ist.

Aufgabe 7

Am Ende der fünften Periode ergeben sich, unter Berücksichtigung einer Ausschüttung von 1.200 TDM zu Beginn der fünften Periode, GWRL von 1.009,95 TDM für S11($\emptyset$), 1.138,07 TDM für S12 und 1.190,92 TDM für S21. Damit ergibt sich als *neue* Rangfolge: S21 > S12 > S11($\emptyset$). Diese Rangfolge bleibt – wie sich der Leser selbst überzeugen kann – bis zum Ende der achten Periode unverändert. Die Gründe dafür, daß Strategie S21 die anderen beiden Strategien nunmehr überholt hat, liegen in ihrer bereits ab der zweiten Periode erkennbaren „inneren Dynamik", die sich insbesondere darin äußert, daß

- der hohe Fremdkapitalzinssatz aus Periode 2 aufgrund der sich gleichmäßig verringernden Restschuld von Periode zu Periode an Wirksamkeit verliert,
- in der fünften Periode keine Abschreibungen mehr für die Lizenz zu verrechnen sind, während das für die anderen Strategien noch getan werden muß,
- für die in t_1 angeschaffte Maschine die von allen Strategien niedrigsten Abschreibungen anfallen.

Literaturhinweise

ADAM, D.: Investitionscontrolling, 2. Auflage, München/Wien 1997.

ADAM, D.: Planung und Entscheidung, 4. Auflage, Wiesbaden 1996.

COENENBERG, A.G.: Jahresabschluß und Jahresabschlußanalyse, 16. Auflage, Landsberg am Lech 1997.

MATSCHKE, M.J.: Finanzierung der Unternehmung, Herne/Berlin 1991.

RIEDEL, K.: Der Einsatz von Planbilanzen bei der Bewertung von Alternativen im Rahmen der komplexen Produktions-, Investitions- und Finanzprogrammplanung unter Anwendung von MS Excel, Diplomarbeit, Fachbereich Maschinenbau der FH Stralsund, Stralsund 1998.

SCHÜNEMANN, G.: Erweiterung des Produktionsprogramms bei unsicheren Informationen, Veröffentlichungen des Instituts für Industrie- und Krankenhausbetriebslehre der Westfälischen Wilhelms-Universität Münster, Hrsg. *D. ADAM,* Nr. 40, Münster 1996.

SCHÜNEMANN, G.: Zinsreaktionsfunktionen, in: *BURCHERT, H., HERING, TH.* (Hrsg.), Betriebliche Finanzwirtschaft, München/Wien 1999, S. 166–175.

Ulrich Steinmetz

Kombinierte Absatz-, Produktions- und Beschaffungsprogrammplanung

Das Brauen von Bier ist ein mehrstufiger Produktionsprozeß. Die kleine Brauerei Siebenspringe GmbH beschränkt sich auf die Herstellung der Hauptprodukte „7springe Pils" (P) und „7springe Radler" (R). Dabei kommen dem Reinheitsgebot entsprechend nur die Rohstoffe Wasser (W), Malz (M), Hefe (HE) und Hopfen (HO) sowie für die Produktion des Radlers zusätzlich Limonadengrundstoff (L) zum Einsatz.

Vereinfacht läßt sich der Produktionsprozeß wie folgt darstellen: In der ersten Stufe wird aus Wasser, Malz und Hopfen ein Sud (S) zubereitet, der in der zweiten Stufe unter Zusatz von Hefe und Wasser vergoren und anschließend gelagert wird. Die dritte Produktionsstufe ist mit der Filtration des naturtrüben Bieres (B) befaßt, wobei die Filteranlagen in regelmäßigen Abständen mit Hilfe von Wasser gereinigt werden müssen. Schließlich kann in der vierten Stufe das Pils durch die Zugabe von Limonadengrundstoff und Wasser zum Radler weiterverarbeitet werden.

Um den Sud herzustellen, müssen 100 kg Malz mit 20 kg Hopfen und 0,5 m^3 Wasser versetzt werden. Dabei entstehen 2 Hektoliter (hl) Sud. 1 hl des Sudes wird gemeinsam mit 0,45 m^3 Wasser und unter Zusatz von 20 kg Hefe vergoren. Hieraus resultieren 5 hl naturtrübes Bier. Um 1 hl Pils zu erhalten, müssen 1,1 hl Bier und 0,05 m^3 Wasser eingesetzt werden. Der Radler entsteht schließlich durch Mischung von Pils, Wasser und Limonadengrundstoff im Verhältnis 10:9:1.

Im Monat August, für den hier die Planung erfolgen soll, können maximal 10000 hl Pils und 1000 hl Radler abgesetzt werden. Darüber hinaus erfreut sich das naturtrübe Bier, von dem maximal 150 hl verkauft werden können, in der nahegelegenen Universitätsstadt zunehmender Beliebtheit. Eine Lagerhaltung erfolgt nicht.

Das Wasser wird aus einem brauereieigenen Brunnen gewonnen. Es kann zu Kosten von 5,– DM/m^3 bereitgestellt werden. Die übrigen Rohstoffe können von Lieferanten bezogen werden, wobei folgende Bereitstellungskosten (q) anzusetzen sind: $q_M = 800,- \text{DM/t}$, $q_{HE} = 3000,- \text{DM/t}$, $q_{HO} = 10000,- \text{DM/t}$ und $q_L = 300,- \text{DM/hl}$. Auf den Absatzmärkten können folgende Preise (p) erzielt werden: $p_B = 60,- \text{DM/hl}$, $p_P = 54,- \text{DM/hl}$ und $p_R = 45,- \text{DM/hl}$.

Aufgabe 1

Ermitteln Sie das Beschaffungs- und das Produktionsprogramm unter der Voraussetzung, daß die gesamte Nachfrage befriedigt werden soll! Welcher Deckungsbeitrag wird erwirtschaftet? (Über die Bereitstellungskosten hinausgehende variable Kosten sind zu vernachlässigen.)

Aufgabe 2

Die Brauerei hat ihren Produktionsstandort in der Nähe eines Feuchtbiotops. Da in den vergangenen Jahren in den Sommermonaten der Grundwasserspiegel bedrohlich abgesunken war, erhält die Siebensprünge GmbH nun die Auflage, die Wasserentnahme im Monat August auf 1800 m^3 zu beschränken.

Führen Sie eine Beschaffungs-, Produktions- und Absatzprogrammplanung durch! Welcher Deckungsbeitrag kann maximal erzielt werden?

Lösung

Aufgabe 1

Der Bedarf an Rohstoffen kann im vorliegenden Fall mit Hilfe der Methoden der programmgesteuerten Bedarfsermittlung bestimmt werden. Diese Verfahren basieren auf der Auflösung von Stücklisten bzw. Rezepturen.

Hier sind Rezepturen gegeben, die jedoch sowohl hinsichtlich der verwendeten Maßeinheiten als auch hinsichtlich der Bezugsgrößen zunächst zu vereinheitlichen sind. Im folgenden werden die Rezepturen auf einen Hektoliter des jeweils in der betrachteten Stufe erzeugten Produktes bezogen, wobei die Einsatzmengen bei Wasser in Kubikmetern, bei Malz, Hefe und Hopfen in Tonnen und sonst in Hektolitern angegeben sind.

Die Darstellung der Produktionsstruktur kann sehr übersichtlich in einer Direktbedarfsmatrix **D** erfolgen, wobei die Zeilen und Spalten den Gütern in der Reihenfolge Wasser, Malz, Hefe, Hopfen, Limonadengrundstoff, Sud, Bier, Pils und Radler zugeordnet sind:

$$\mathbf{D} = \begin{pmatrix} 0 & 0 & 0 & 0 & 0 & 0,25 & 0,09 & 0,05 & 0,045 \\ 0 & 0 & 0 & 0 & 0 & 0,05 & 0 & 0 & 0 \\ 0 & 0 & 0 & 0 & 0 & 0 & 0,004 & 0 & 0, \\ 0 & 0 & 0 & 0 & 0 & 0,01 & 0 & 0 & 0 \\ 0 & 0 & 0 & 0 & 0 & 0 & 0 & 0 & 0,05 \\ 0 & 0 & 0 & 0 & 0 & 0 & 0,2 & 0 & 0 \\ 0 & 0 & 0 & 0 & 0 & 0 & 0 & 1,1 & 0 \\ 0 & 0 & 0 & 0 & 0 & 0 & 0 & 0 & 0,5 \\ 0 & 0 & 0 & 0 & 0 & 0 & 0 & 0 & 0 \end{pmatrix} .$$

Aus dieser Matrix läßt sich die Bruttogesamtbedarfsmatrix **B** entwickeln:

$$
\mathbf{B} = \begin{pmatrix}
1 & 0 & 0 & 0 & 0 & 0{,}25 & 0{,}14 & 0{,}204 & 0{,}147 \\
0 & 1 & 0 & 0 & 0 & 0{,}05 & 0{,}01 & 0{,}011 & 0{,}0055 \\
0 & 0 & 1 & 0 & 0 & 0 & 0{,}004 & 0{,}0044 & 0{,}0022 \\
0 & 0 & 0 & 1 & 0 & 0{,}01 & 0{,}002 & 0{,}0022 & 0{,}0011 \\
0 & 0 & 0 & 0 & 1 & 0 & 0 & 0 & 0{,}05 \\
0 & 0 & 0 & 0 & 0 & 1 & 0{,}2 & 0{,}22 & 0{,}11 \\
0 & 0 & 0 & 0 & 0 & 0 & 1 & 1{,}1 & 0{,}55 \\
0 & 0 & 0 & 0 & 0 & 0 & 0 & 1 & 0{,}5 \\
0 & 0 & 0 & 0 & 0 & 0 & 0 & 0 & 1
\end{pmatrix}.
$$

Wird diese Matrix nun multipliziert mit dem Primärbedarfsvektor **X**

$$
\mathbf{X}^{\mathbf{T}} = \begin{pmatrix} 0 & 0 & 0 & 0 & 0 & 0 & 150 & 10000 & 1000 \end{pmatrix},
$$

so ergibt sich der Bruttogesamtbedarfsvektor **R**

$$
\mathbf{R}^{\mathbf{T}} = \begin{pmatrix} 2208 & 117 & 46{,}8 & 23{,}4 & 50 & 2340 & 11700 & 10500 & 1000 \end{pmatrix}.
$$

Die ersten fünf Elemente dieses Vektors geben die bereitzustellenden Mengen der Rohstoffe wieder. Sie bilden also das Beschaffungsprogramm. Die anderen vier Elemente beschreiben das Produktionsprogramm.

Dabei fallen variable Kosten in Höhe von

$$
K_v = 5 \cdot 2208 + 800 \cdot 117 + 3000 \cdot 46{,}8 + 10000 \cdot 23{,}4 + 300 \cdot 50 = 494040
$$

an. Der Umsatz beläuft sich demgegenüber auf

$$
U = 60 \cdot 150 + 54 \cdot 10000 + 45 \cdot 1000 = 594000.
$$

Daraus resultiert als Gesamtdeckungsbeitrag

$$
DB = U - K_v = 594000 - 494040 = 99960.
$$

Aufgabe 2

Offensichtlich übersteigt der Wasserbedarf im Monat August die maximal zulässige Entnahmemenge. Es liegt also ein Engpaß vor, der bei der Planung zu berücksichtigen ist. Eine Entscheidung darüber, welche Produkte in welchem Umfang abgesetzt werden sollen, kann auf der Grundlage der engpaßbezogenen Deckungsspannen getroffen werden.

Die für ein Hektoliter des jeweiligen Produktes benötigten Rohstoffmengen lassen sich aus der Bruttogesamtbedarfsmatrix ablesen, so daß sich beispielsweise die Deckungsspanne (in DM/hl) für das naturtrübe Bier wie folgt errechnen läßt:

$$\text{Dsp}_B = p_B - k_{v,B} = 60 - (5 \cdot 0{,}14 + 800 \cdot 0{,}01 + 3000 \cdot 0{,}004 + 10000 \cdot 0{,}002) = 19{,}3.$$

Die übrigen ergeben sich entsprechend. Da alle relevanten Deckungsspannen positiv sind, kommen prinzipiell alle drei verkaufsfähigen Produkte für das Absatzprogramm in Frage.

Auch die hektoliterbezogene Engpaßbeanspruchung der einzelnen Produkte kann aus der Bruttogesamtbedarfsmatrix abgelesen werden. Sie wird durch das erste Element der jeweiligen Spalte ($b_{W,i}$) wiedergegeben.

Die Ermittlung des optimalen Absatzprogramms kann nun anhand der folgenden Tabelle nachvollzogen werden, wobei die maximalen Absatzmengen mit $x_{i,max}$, die zu realisierenden mit x_i und die gesamte Engpaßbeanspruchung des Produktes i mit $R_{W,i}$ bezeichnet sind:

i	Dsp_i	$b_{W,i}$	$\text{Dsp}_i/b_{W,i}$	Rang	$x_{i,max}$	x_i	$R_{W,i}$
B	19,3	0,14	137,8571	1	150	150	21
P	8,98	0,204	44,0196	3	10000	8000	1632
R	7,265	0,147	49,4218	2	1000	1000	147
						Summe:	1800

Auf der Basis des neuen, das optimale Absatzprogramm repräsentierenden Primärbedarfsvektors $\mathbf{X_{neu}}$

$$\mathbf{X_{neu}^T} = \begin{pmatrix} 0 & 0 & 0 & 0 & 0 & 0 & 150 & 8000 & 1000 \end{pmatrix}$$

kann der neue Bruttogesamtbedarfsvektor $\mathbf{R_{neu}}$ errechnet werden:

$$\mathbf{R_{neu}^T} = \begin{pmatrix} 1800 & 95 & 38 & 19 & 50 & 1900 & 9500 & 8500 & 1000 \end{pmatrix}.$$

Die ersten fünf Elemente dieses Vektors geben wieder das Beschaffungsprogramm an, während die übrigen vier auch hier das Produktionsprogramm darstellen.

Der maximale Deckungsbeitrag beläuft sich auf

$DB_{neu} = 82000$.

Literaturhinweise

ADAM, D.: Produktionsmanagement, 9. Aufl., Wiesbaden 1998.

BLOECH, J. u. a.: Einführung in die Produktion, 3. Aufl., Heidelberg 1998.

BLOECH, J., LÜCKE, W.: Produktionswirtschaft, Stuttgart/New York 1982.

KISTNER, K.-P., STEVEN, M.: Produktionsplanung, 2. Aufl., Heidelberg 1993.

TEMPELMEIER, H.: Material-Logistik, 3. Aufl., Berlin u. a. 1995.

V. Integrierte Produktionsplanung

Ulrich Johannwille

Koordination der Teilbereiche der Produktionsplanung

Die Stevens AG, die bisher ausschließlich Zubehör für Modelleisenbahnen produziert hat, hat ihr Produktionsprogramm erweitert. In der Zukunft sollen zusätzlich hochwertige und realitätsgetreue Auto-Modelle im Maßstab 1:40 angeboten werden. Die Fertigung erfolgt in einem eigens zu diesem Zweck errichteten Werk in der Schweiz. In diesem Werk fertigt die Stevens AG bisher lediglich drei Produkte, einen Golf Cabrio, einen VW Beetle und einen Ferrari BB.

Während der Golf zum Preis von 99,- [DM/Stück] angeboten werden kann und dabei Materialkosten von 24,- [DM/Stück] verursacht, entstehen bei der Herstellung des Beetle, dessen Absatzpreis 146,- [DM/Stück] beträgt, Materialkosten von 56,- [DM/Stück]. Von beiden Produkten können maximal 100 Stück abgesetzt werden. Mit dem Ferrari, der Materialkosten von 45,- [DM/Stück] verursacht, hat das Unternehmen eine Monopolstellung am Markt. Die Marktforschung hat folgende monatliche Preis-Absatz-Funktion ermittelt:

$$p_{Ferrari} = 180 - 0,25 \cdot M_{Ferrari}$$

Beide Produkte werden auf einer einzigen Produktionsanlage gefertigt, für die folgende Zeit-Kosten-Leistungsfunktion ermittelt wurde:

$$K(x) = 4 \cdot x^3 - 48 \cdot x^2 + 194 \cdot x \quad [DM / ZE]$$

Die Produktionskosten sind dabei unabhängig davon, welcher PKW-Typ auf der Anlage gefertigt wird. Die Intensität kann zwischen 0 und 10 [ME/ZE] variiert werden; im Planungszeitraum kann die Maschine für höchstens 50 ZE eingesetzt werden.

Die 4 Spezialräder des Ferrari werden vom Unternehmen fremdbezogen. Ihre Kosten sind bereits in obigem Materialkostensatz enthalten. Die Bestell- und Lagerkosten wurden bisher in den Planungen des Unternehmens nicht berücksichtigt. Es kann aber davon ausgegangen werden, daß eine Bestellung bestellfixe Kosten in Höhe von 4.000 DM verursacht. Für die Lagerung eines Rades über einen Monat entstehen Lagerkosten in Höhe von 0,80 DM.

Die Geschäftsleitung sucht das optimale Produktions- und Absatzprogramm für den neuen Geschäftsbereich.

Aufgabe 1

Skizzieren Sie das grundsätzliche Planungsproblem der Stevens AG! Welche Zielsetzung ist zu verfolgen? Was sind die Daten der Entscheidungssituation? Welche Variablen stehen dem Unternehmen zur Lösung des Problems zur Verfügung? Können die Produktions- und Absatzmengen der einzelnen Produkte isoliert geplant werden oder ist ein Simultanmodell erforderlich?

Aufgabe 2

Ermitteln Sie das optimale Produktionsprogramm für den Bereich Spielzeug-PKW zunächst ohne Berücksichtigung der Kosten der Bestellpolitik! Welche Kosten der Bestellpolitik sind mit diesem Programm verbunden? Wie hoch ist der Deckungsbeitrag, der sich nach Abzug der Produktions-, Material- und Bestellkosten ergibt?

Aufgabe 3

In der Stevens AG kommt man zu der Erkenntnis, daß sich die Planungsergebnisse eventuell verbessern lassen, wenn die Bestellkosten ex ante in die Planung einbezogen werden. Ermitteln Sie die optimalen Produktionsmengen der drei Produkte durch simultane Planung der Produktions- und Bestellmengen! Welcher Deckungsbeitrag ist mit diesem Programm verbunden?

Lösung

Aufgabe 1

Die Stevens AG steht vor der Aufgabe, die Produktionsmengen der einzelnen Fahrzeugtypen festzulegen. Zudem ist zu entscheiden, mit welcher Einsatzzeit und Intensität diese Mengen auf der einzigen Produktionsanlage gefertigt werden. Schließlich muß auch die optimale Bestellmenge für die Räder des Ferrari ermittelt werden.

Aus der Zielsetzung der Gewinnmaximierung kann in diesem Fall das Unterziel „Deckungsbeitragsmaximierung" abgeleitet werden, da die Fixkosten des Unternehmens von den zu treffenden kurzfristigen Entscheidungen nicht tangiert werden. Eine Beschränkung auf das Ziel „Kostenminimierung" ist nicht möglich, da die Programmentscheidung die Erlöse direkt beeinflußt.

Variablen des Entscheidungsproblems sind die Produktionsmengen der drei Produkte (M_{Golf}, M_{Beetle}, $M_{Ferrari}$), die Einsatzzeit (t) und die Intensität (x) der Produktionsanlage sowie die Bestellmenge der Ferrari-Räder (y). Die optimale Anpassung der Maschine kann erst festgelegt werden, wenn die gesamte Produktionsmenge $M = M_{Golf} + M_{Beetle} + M_{Ferrari}$ bekannt ist, die sich aus der Produktionsprogrammplanung ergibt. Um diese Menge bestimmen zu können, sind aber für die Programmplanung Informationen über die entstehenden Kosten erforderlich. Zwischen beiden Planungsbereichen bestehen damit Interdependenzen; sie können nur simultan optimiert werden.

Zudem bestehen Interdependenzen zwischen der Bestellpolitik und der Programmplanung: Zur Bestimmung der optimalen Bestellmenge y muß die optimale monatliche Produktionsmenge des Ferrari bekannt sein; diese kann jedoch nur bestimmt werden, wenn zuvor alle Kosten (also auch die Kosten der Bestellpolitik) bekannt sind.

Aufgrund der bestehenden Interdependenzen sind zur Bestimmung der optimalen Politik alle drei Bereiche simultan zu planen.

Aufgabe 2

In einem ersten Planungsschritt sollen zunächst die Interdependenzen zur Bestellpolitik vernachlässigt werden. Zur Bestimmung des optimalen Produktionsprogramms wird daher zunächst das optimale Anpassungsverhalten der Produktionsanlage in Abhängigkeit von alternativen Produktionsmengen M ermittelt:

Gesucht ist zunächst die Intensität x, die zu den geringsten Stückkosten führt. Dazu ist die Mengen-Kosten-Leistungsfunktion zu minimieren:

$$k(x) = \frac{K(x)}{x} = 4 \cdot x^2 - 48 \cdot x + 194$$

$$\frac{dk(x)}{dx} = 8 \cdot x - 48 = 0 \quad \Leftrightarrow \quad x_{opt} = 6$$

$$k(x_{opt}) = 50$$

Es ergibt sich eine optimale Intensität von $x_{opt} = 6$, die Stückkosten von 50 DM verursacht. Das Aggregat wird also für Produktionsmengen unter $M = x_{opt} \cdot t_{max} = 300$ Stück zeitlich angepaßt. Höhere Produktionsmengen können nur durch Erhöhung der Intensität produziert werden. Es existieren damit zwei Anpassungsintervalle:

Intervall	Anpassung	Grenzkosten
0 < M < 300	zeitliche Anpassung	k(M) = 50
300 < M < 500	intensitätsmäßige Anpassung	$K'(M) = 0{,}0048 \cdot M^2 - 1{,}92 \cdot M + 194$

Analog ist in einem zweiten Planungsschritt festzulegen, welche Produkte angeboten werden, wenn alternative Gesamtmengen M gefertigt werden. Dazu sind die Deckungsspannen der einzelnen Produkte zu ermitteln. Da diese jedoch auch von den Kosten des Produktionsbereichs bestimmt werden, können zunächst nur Brutto-Deckungsspannen (BDSP) abgeleitet werden, die die Produktionskosten noch nicht enthalten:

Produkt	Grenzerlös	Grenz-Materialkosten	Grenz-BDSP
Golf	99	24	75
Beetle	146	56	90
Ferrari	$180 - 0,5 \cdot M_{Ferrari}$	45	$135 - 0,5 \cdot M_{Ferrari}$

Wenn insgesamt nur M = 1 Stück angeboten werden soll, dann wird das Produkt mit der höchsten Grenz-BDSP, also der Ferrari, produziert. Wird M weiter erhöht, dann wird so lange allein der Ferrari angeboten, wie gilt: Grenz-BDSP$_{Ferrari}$ > Grenz-BDSP$_{Beetle}$:

$$135 - 0,5 \cdot M = 90 \Leftrightarrow M = 90$$

Für M > 90 wird damit neben dem Ferrari zusätzlich der Beetle angeboten. Bei M = 190 ist die maximale Absatzmenge des Beetle erreicht. Da der Ferrari bei $M_{Ferrari}$ = 90 gegenüber dem Golf eine höhere Grenz-BDSP aufweist, wird für M > 190 zunächst die Absatzmenge des Ferrari weiter erhöht. Erst wenn die Grenz-BDSP des Ferrari der Grenz-BDSP des Golf entspricht, wird auch der Golf ins Produktionsprogramm aufgenommen. Insgesamt ergibt sich damit folgendes Produktionsprogramm in Abhängigkeit von M:

Intervall	angebotene Produkte	Grenzprodukt	Grenz-BDSP
0 < M < 90	Ferrari	Ferrari	$135 - 0,5 \cdot M$
90 < M < 190	Ferrari, Beetle	Beetle	90
190 < M < 220	Ferrari, Beetle	Ferrari	$135 - 0,5 \cdot (M-100)$
220 < M < 320	Ferrari, Beetle, Golf	Golf	75
420 < M < 470	Ferrari, Beetle, Golf	Ferrari	$135 - 0,5 \cdot (M-200)$

Abschließend kann in einem dritten Schritt die optimale Produktionsmenge M berechnet werden. Das Optimum ist im Schnittpunkt der Grenz-BDSP-Funktion und der Grenzkostenfunktion erreicht. Dieser Schnittpunkt muß im zweiten Intervall der Grenzkostenfunktion liegen, da $K_T'(300) = 50 < 75$ = Grenz-BDSP(300). Zudem gilt: $K_T'(320) = 71,12 < 75$, so daß der Schnittpunkt im fünften Intervall der Grenz-BDSP-Funktion zu suchen ist (vgl. die Abbildung auf der folgenden Seite).

Es muß daher gelten:

$$135 - 0,5 \cdot (M - 200) = 0,0048 \cdot M^2 - 1,92 \cdot M + 194$$

$$\Leftrightarrow 235 - 0,5 \cdot M = 0,0048 \cdot M^2 - 1,92 \cdot M + 194$$

$$\Leftrightarrow 0 = 0,0048 \cdot M^2 - 1,42 \cdot M - 41$$

$$\Leftrightarrow 0 = M^2 - \frac{3550}{12} \cdot M - \frac{51250}{6}$$

$$\Leftrightarrow M = \frac{3550}{24} \pm \sqrt{\left(\frac{3550}{24}\right)^2 + \frac{51250}{6}}$$

$$\Leftrightarrow M = 322,33 \quad \vee \quad (M = -26,499)$$

Optimal ist damit die Produktion von 100 Stück des Modells Beetle, 100 Stück des Modells Golf und 122,33 Stück des Modells Ferrari.

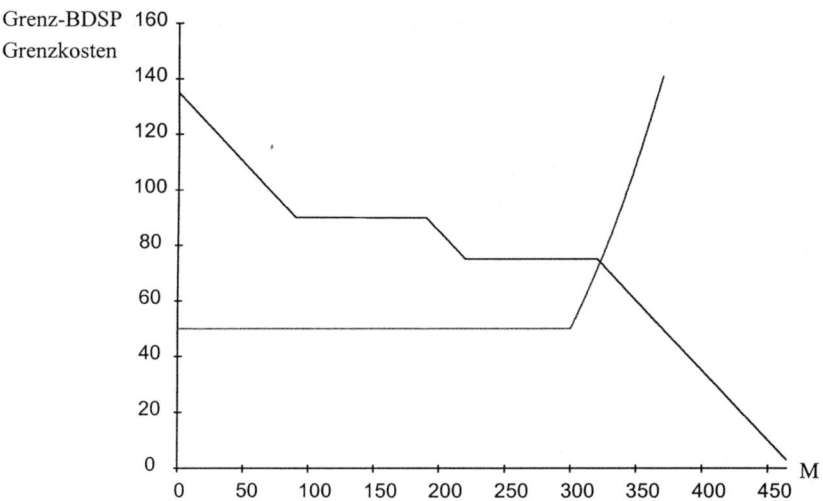

Der Brutto-Deckungsbeitrag beträgt:

$DB_{Brutto} = 90 \cdot 100 + 75 \cdot 100 + (135 - 0,25 \cdot 122,33) \cdot 122,33 = 29.273,39$ DM.

Die Produktionskosten ergeben sich aus der Gesamtkostenfunktion. Es gilt:

$$K_T{}'(M) = 0,0048 \cdot M^2 - 1,92 \cdot M + 194$$

$$\Leftrightarrow K_T(M) = \int_0^M K_T{}'(m)\, dm = 0,0016 \cdot M^3 - 0,96 \cdot M^2 + 194 \cdot M$$

Mit den Zahlen des Beispiels folgt:

$K_T = 0,0016 \cdot 322,33^3 - 0,96 \cdot 322,33^2 + 194 \cdot 322,33 = 16.373,66$ DM.

Zusätzlich sind die Kosten der Bestellpolitik für einen Wert von $M_{Ferrari} = 122,33$ zu ermitteln. Es ergibt sich damit eine Nachfrage nach Rädern von 489,32 ME im Planungszeitraum.

Die Kosten der Bestellpolitik ergeben sich als Summe aus bestellfixen Kosten und Lagerkosten. Die *bestellfixen Kosten* pro Monat werden vom monatlichen Bedarf V bzw. von der Anzahl der Bestellungen V/y bestimmt:

$$K_{bestellfix} = Cr \cdot \frac{V}{y}$$

Die *Lagerkosten* hängen vom Lagerbestand ab. Bei kontinuierlichem Lagerabgang ist im Durchschnitt die Hälfte der Bestellmenge – also y/2 – im Lager gebunden. Dieser Durchschnittsbestand ist mit dem Lagerkostensatz zu bewerten, so daß gilt:

$$K_{Lager} = \frac{y}{2} \cdot Cl$$

Als Gesamtkosten der Bestellpolitik ergeben sich somit:

$$K_B = Cr \cdot \frac{V}{y} + \frac{y}{2} \cdot Cl$$

Diese Funktion ist zu minimieren:

$$\frac{dK_B}{dy} = -Cr \cdot \frac{V}{y^2} + \frac{Cl}{2} = 0$$

$$\Leftrightarrow \quad y_{opt} = \sqrt{\frac{2VCr}{Cl}}$$

Die optimale Bestellmenge ergibt sich nach der klassischen Bestellmengenformel im Fall der Stevens AG damit zu:

$$y_{opt} = \sqrt{\frac{2 \cdot 489{,}32 \cdot 4000}{0{,}8}} \approx 2.212 \ ME.$$

Daraus ergeben sich als Kosten der Bestellpolitik:

$$K_B = \frac{4000 \cdot 489{,}32}{2212} + \frac{2.212 \cdot 0{,}8}{2} = 1.769{,}65 \ DM.$$

Insgesamt läßt sich damit durch sukzessive Planung von Produktionsprogramm und Bestellpolitik ein Deckungsbeitrag von DB = DB_{Brutto} – K_T – K_B = 11.130,08 DM erzielen.

Aufgabe 3

Um auch die Planung der optimalen Bestellpolitik in das Simultanmodell einzubeziehen, ist zunächst die Funktion der optimalen Losgröße in Abhängigkeit vom monatlichen Bedarf V zu ermitteln.

$$y_{opt}(V) = \sqrt{\frac{2 \cdot V \cdot Cr}{Cl}}$$

Wird dieser Term für y in die Funktion der Bestellkosten eingesetzt, so ergibt sich:

$$K_B = \frac{Cr \cdot V}{\sqrt{\frac{2 \cdot V \cdot Cr}{Cl}}} + \frac{\sqrt{\frac{2 \cdot V \cdot Cr}{Cl}} \cdot Cl}{2}$$

$$= \sqrt{\frac{V \cdot Cr \cdot Cl}{2}} + \sqrt{\frac{V \cdot Cr \cdot Cl}{2}} = 2 \cdot \sqrt{\frac{V \cdot Cr \cdot Cl}{2}} = \sqrt{2 \cdot V \cdot Cr \cdot Cl}$$

mit $V = 4 \cdot M_{Ferrari}$

Die Grenzbestellkosten bei Erhöhung der Produktionsmenge des Ferrari um eine beliebig kleine Mengeneinheit ergeben sich dann zu:

$$K_B = \sqrt{2 \cdot 4 \cdot M_{Ferrari} \cdot Cr \cdot Cl} = 160 \cdot \sqrt{M_{Ferrari}}$$

$$\frac{dK_B}{dM_{Ferrari}} = 160 \cdot \frac{1}{2} \cdot \frac{1}{\sqrt{M_{Ferrari}}} = \frac{80}{\sqrt{M_{Ferrari}}}$$

Die Grenzbestellkosten sinken also mit steigender Produktionsmenge des Ferrari.

Diese Grenzkosten sind in die Berechnung der Grenz-BDSP des Ferraris einzubeziehen. Es gilt damit:

$$\text{Grenz - BDSP}_{Ferrari} = 135 - 0,5 \cdot M_{Ferrari} - \frac{80}{\sqrt{M_{Ferrari}}}$$

Als nächstes muß die Kapazitätsnachfragefunktion neu berechnet werden. Dazu wird zunächst die Menge $M_{Ferrari}$ gesucht, bei der die Grenz-BDSP des Ferrari der des Beetle entspricht:

$$\text{Grenz - BDSP}_{Ferrari} = 135 - 0,5 \cdot M_{Ferrari} - \frac{80}{\sqrt{M_{Ferrari}}} = 90 = \text{Grenz - BDSP}_{Beetle}$$

Diese Gleichung kann z.B. mit Hilfe des Newton-Verfahrens gelöst werden; es ergibt sich eine Menge von $M_{Ferrari} = 3,4$ bzw. $M_{Ferrari} = 71$.

Analog kann auch der Schnittpunkt mit der Grenz-BDSP des Golfs ermittelt werden:

$$\text{Grenz - BDSP}_{Ferrari} = 135 - 0,5 \cdot M_{Ferrari} - \frac{80}{\sqrt{M_{Ferrari}}} = 75 = \text{Grenz - BDSP}_{Golf}$$

Als Lösung ergibt sich: $M_{Ferrari} = 1,83$ bzw. $M_{Ferrari} = 104,33$

Offensichtlich ist es bei niedrigen Produktionsmengen unvorteilhaft, den Ferrari zu fertigen, da in diesem Fall zu hohe Bestellkosten anfallen. Erst mit steigender Produktionsmenge steigt die Grenz-BDSP des Ferrari aufgrund des Degressionseffektes bei den Bestellkosten an, bevor sie wegen der mit steigender Absatzmenge fallenden Grenz-Erlöse wieder fällt. Bei geringen Produktionsmengen M wird damit zunächst der Beetle angeboten. Gesucht ist die Menge M_{krit}, bei der der Deckungsbeitrag des Ferrari erstmals dem Deckungsbeitrag des Beetle entspricht:

$$135 \cdot M_{krit.} - 0,25 \cdot M_{krit.} - 160 \cdot \sqrt{M_{krit.}} = 90 \cdot M_{krit.}$$

Lösung mit Hilfe des Newton-Verfahrens ergibt: $M_{krit} = 15,05$. Bei dieser Menge erwirtschaftet der Beetle einen Deckungsbeitrag von $90 \cdot 15,05 = 1.354,50$ GE. Für den Ferrari ergibt sich ein Rohdeckungsbeitrag von $(135 - 0,25 \cdot 15,05) \cdot 15,05 = 1.975,12$ GE. Für 15,05 Ferraris werden 60,20 Räder benötigt, die in einer optimalen Bestellmenge von 775,88 ME beschafft werden. Es ergeben sich Bestellkosten bei Optimalverhalten in Höhe von 620,62 GE, so daß der Deckungsbeitrag des Ferrari sich genau zu 1.354,50 GE ergibt.

Mit diesen Informationen kann die neue Grenz-BDSP-Funktion ermittelt werden:

Intervall	Produkte	Grenz-produkt	Grenz-BDSP
$0 \ < M < \ 15,05$	Beetle	Beetle	90
$15,05 < M < \ 71,00$	Ferrari	Ferrari	$135 - 0,5 \cdot M - 80/M^{0,5}$
$71,00 < M < 171,00$	Ferrari, Beetle	Beetle	90
$171,00 < M < 204,33$	Ferrari, Beetle	Ferrari	$185 - 0,5 \cdot M - 80/(M-100)^{0,5}$
$204,33 < M < 304,33$	Ferrari, Beetle, Golf	Golf	75
$304,33 < M < 460$	Ferrari, Beetle, Golf	Ferrari	$235 - 0,5 \cdot M - 80/(M-200)^{0,5}$

Die optimale Produktionsmenge ergibt sich durch Gleichsetzen der Grenz-BDSP-Funktion des letzten Intervalls mit der Grenzkostenfunktion bei intensitätsmäßiger Anpassung:

$$135 - 0,5 \cdot (M - 200) - \frac{80}{\sqrt{M - 200}} = 0,0048 \cdot M^2 - 1,92 \cdot M + 194$$

Auch diese Gleichung kann z.B. mit dem Newton-Verfahren gelöst werden. Es ergibt sich als Lösung im relevanten Bereich:

$M_{opt} = 317,86$.

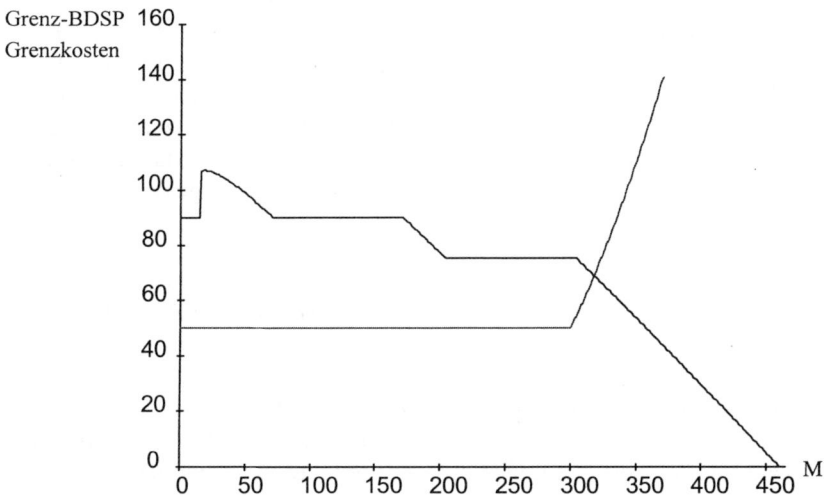

Damit werden im Optimum 100 Stück des Beetle, 100 Stück des Golf und 117,86 Stück des Ferrari produziert. Es ergibt sich folgender optimaler Deckungsbeitrag:

Brutto-DSP (ohne Bestellkosten):	28.938,36 DM
Produktionskosten:	16.055,23 DM
Bestellkosten ($y_{opt} = 2.171$):	1.737,01 DM
gesamt:	11.146,12 DM

Durch die Simultanplanung beider Bereiche kann der Gewinn gegenüber einer isolierten Planung um 16,04 DM oder 0,14% gesteigert werden, da die niedrigeren Produktions- und Bestellkosten den niedrigeren Brutto-Deckungsbeitrag überkompensieren. Es stellt sich in diesem Fall die Frage, ob diese marginale Verbesserung des Zielbeitrages den zusätzlichen Planungsaufwand rechtfertigt.

Literaturhinweise

ADAM, D.: Produktionsmanagement, 9. Aufl., Wiesbaden 1998.

ADAM, D.: Planung und Entscheidung, 4. Aufl., Wiesbaden 1996, S. 552–567.

JACOB, H.: Die Planung des kurzfristigen Produktionsprogramms, in: *JACOB, H.* (Hrsg.), Industriebetriebslehre, 4. Aufl., Wiesbaden 1990, S. 502–550.

Achim Dinge

Zeitliche Koordination der Losgrößen- und Ablaufplanung

Für die Produktion vollautomatischer Dosenöffner hat die Snemeis AG eine neue Maschine zur Bestückung der Elektronikbauteile angeschafft. Für die in Sortenfertigung hergestellten Produkte „Hausfrauen-Glück", „Junggesellen-Rettung", „Mega-Family" und „Dosen-Schreck" standen bisher jeweils eigene Anlagen zur Verfügung, die jetzt durch die neue Maschine ersetzt wurden. Durch diese neue Maschine sollen insbesondere die Produktionszeiten der einzelnen Dosenöffnertypen gesenkt werden.

Aufgabe 1

Skizzieren Sie kurz das vorliegende Planungsproblem, das sich bei Sortenfertigung ergibt!

Herr Ravioli, seines Zeichens Produktionsleiter im Bereich Dosenöffner, läßt aus diesem Grund zunächst alle für diese Problemstellung relevanten Größen zusammentragen, um daran anschließend die Losgrößen der vier Produkte zu bestimmen.

	Hausfrauen-Glück (HG)	Junggesellen-Rettung (JR)	Mega-Family (MF)	Dosen-Schreck (DS)
Produktionsgeschwindigkeit x [ME/Tag]	100	450	100	200
Absatzgeschwindigkeit V [ME/Tag]	20	18	50	100
Rüstzeit tr [Std]	4	2	4	9
Lagerkostensatz Cl [GE/(ME·Tag)]	0,2	0,3	0,2	0,4

Für jede Stunde, die zum Umrüsten benötigt wird, veranschlagt Herr Ravioli Personal-, Material- und Opportunitätskosten von 10 GE. Ein Monat hat 22 Arbeitstage, an denen jeweils 7,7 Stunden gearbeitet wird.

Aufgabe 2

Leiten Sie allgemein die Formel der klassischen Losgröße her, und nennen Sie die Prämissen, die der klassischen Losgröße zugrunde liegen! Ermitteln Sie auf Basis der obigen Angaben die optimalen Losgrößen mit Hilfe der klassischen Losgrößenformel!

Aufgabe 3

Führen die ermittelten Losgrößen zu einem zulässigen Maschinenbelegungsplan? Entwickeln sie einen Ansatz, mit dem die Koordination von Losgrößen und Maschinenbelegungsplanung realisiert werden kann! Wie lauten nun die optimalen Losgrößen der vier Produkte bei einem Planungshorizont von einem Monat?

Nach der Festlegung der Losgrößen schaffen es die Mitarbeiter von Herrn Ravioli aber nicht, ohne den Einsatz von Überstunden die nachgefragten Mengen zu produzieren. Scheinbar sind die Kapazitäten der Maschine zu knapp bemessen. Leider kann aber auch nicht mehr auf die alten Maschinen zurückgegriffen werden, da diese schon verschrottet wurden. Deshalb versucht Herr Ravioli durch Änderungen in der Konstruktion, die Anzahl der Sorten auf zwei zu reduzieren, denn er hofft, dadurch Produktions- und Rüstzeiten einzusparen. Hausfrauenglück und Dosenschreck sowie Mega-Family und Junggesellen-Rettung benötigen jetzt jeweils die gleichen Elektronikbauteile und Fertigungsschritte. Für diese neue Situation gelten folgende Daten:

Sorte	x [ME/Monat]	V [ME/Monat]	Cr [GE/Umrüstung]	Cl [GE/(ME · Monat)]
HG/DS	6.000	2.640	120	7
MF/JR	12.000	1.276	150	6

Aufgabe 4

Ermitteln Sie die optimalen Losgrößen unter der Prämisse einer zulässigen Maschinenbelegung für einen Planungshorizont von einem Monat! Zeigen Sie, daß die zur Verfügung stehende Produktionskapazität bzw. -zeit auf Basis der errechneten Losgrößen wirklich knapp ist! Erstellen Sie einen Ansatz, der unter Ausnutzung der gesamten zur Verfügung stehenden Kapazität die „optimalen" Losgrößen bestimmt! Welche Überlegungen können in dieser Situation auch angestellt werden, um zu einer anderen, besseren Lösung zu gelangen?

Lösung

Aufgabe 1

Das Planungsproblem besteht darin, auf Basis der festgelegten Nachfragemengen die kostengünstigsten Losgrößen für die vier Dosenöffner-Typen zu bestimmen. Die Dosenöffner werden auf einer Anlage zeitlich nacheinander in geschlossenen Losen hergestellt. Bei einem Sortenwechsel ist die Produktionsanlage auf die Erfordernisse der neuen Sorte umzurüsten. Der Sortenwechsel erfordert Zeit und verursacht Rüstkosten. Die Losgrößenplanung beschäftigt sich mit der Frage, welche Mengen einer Sorte zwischen zwei Umrüstungen hergestellt werden sollen. Zusätzlich treten das *Lossequenzproblem* und das *Sortenreihenfolgeproblem* auf. In der Lossequenzplanung sind die Auflagezeitpunkte einer Sorte so festzulegen, daß es weder zu einer Doppelbelegung der Maschinenkapazität noch zu Fehlmengen bei der Montage kommt. Das Sortenreihenfolgeproblem tritt auf, wenn die Rüstkosten oder -zeiten von der Reihenfolge abhängen, in der die Sorten produziert werden. Es geht dann darum, eine Reihenfolge der Sorten festzulegen, bei der möglichst geringe Rüstkosten oder -zeiten für alle Sorten des Programms auftreten.

Bei der Losgrößenplanung ist diejenige Losgröße y zu ermitteln, bei der die von der Losgröße abhängigen Kosten minimiert werden. Je größer die Lose sind, um so weniger Umrüstungen sind erforderlich, um die in einer Planungsperiode nachgefragte Menge herzustellen. Mit steigenden Losgrößen bzw. einer geringeren Anzahl der Lose im Planungszeitraum sinken daher die Rüstkosten.

Von der Losgröße hängen andererseits die Lagermengen ab. Mit steigender Losgröße steigen die durchschnittlichen Lagerbestände und damit die Lagerkosten im Planungszeitraum. Aus isolierter Sicht der Lagerkosten sind daher möglichst kleine Lose bzw. häufige Loswechsel ökonomisch sinnvoll.

Das Planungsproblem besteht darin, die gegensätzlichen Wirkungen zum Ausgleich zu bringen und die kostenminimale Losgröße zu bestimmen.

Aufgabe 2

Die unterschiedlichen Verläufe der Rüst- und Lagerkosten in Abhängigkeit von der Losgröße y sind in der folgenden Abbildung dargestellt. In diesem Fall sind die von der Losgröße y [ME/Los] abhängigen Stückkosten k(y) [GE/ME] zu minimieren, um die optimale Losgröße y_{opt} zu bestimmen.

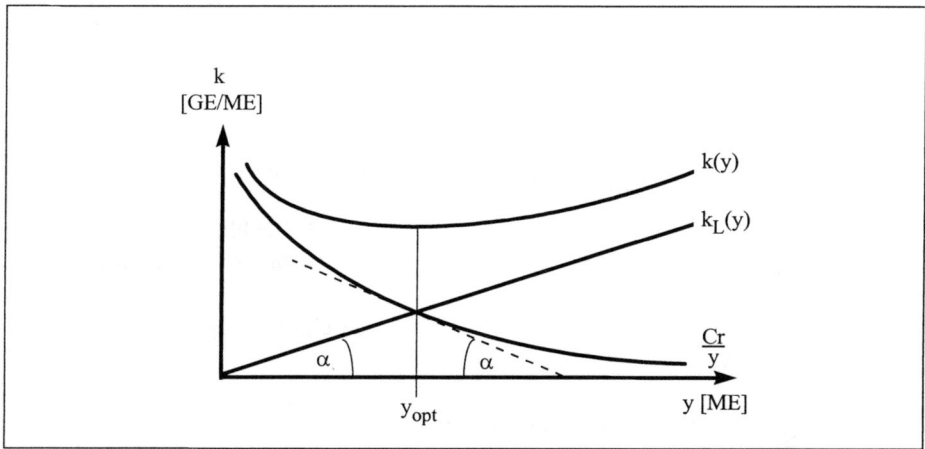

Wenn mit Cr [GE/Los] die *Rüstkosten* bezeichnet werden, dann lassen sich die Rüstkosten je ME durch folgende Formel abbilden:

$$\text{Rüstkosten je ME} = \frac{Cr}{y}$$

Die *Lagerkosten* sind vom durchschnittlichen Bestand, der Lagerdauer und dem Lagerkostensatz abhängig. Der Lagerkostensatz erfaßt die Zinsen für das im Lager gebundene Kapital und die relevanten Kosten für Wartung und Pflege des Lagers.

Für die Produktion der Losgröße y wird bei gegebener Produktionsgeschwindigkeit x [ME/ZE] die Produktionszeit y/x [ZE] benötigt. Wird die Identität von Produktions- und Absatzbeginn unterstellt, so werden in der Produktionszeit schon y/x · V [ME] verkauft, so daß sich der maximale Lagerbestand g als Differenz der Menge y und der in der Produktionszeit verkauften Menge darstellen läßt:

$$g = y - \frac{y}{x} \cdot V = y \cdot \left(1 - \frac{V}{x}\right)$$

Im Schnitt befinden sich dann

$$\frac{g}{2} = \frac{y}{2} \cdot \left(1 - \frac{V}{x}\right)$$

ME im Lager.

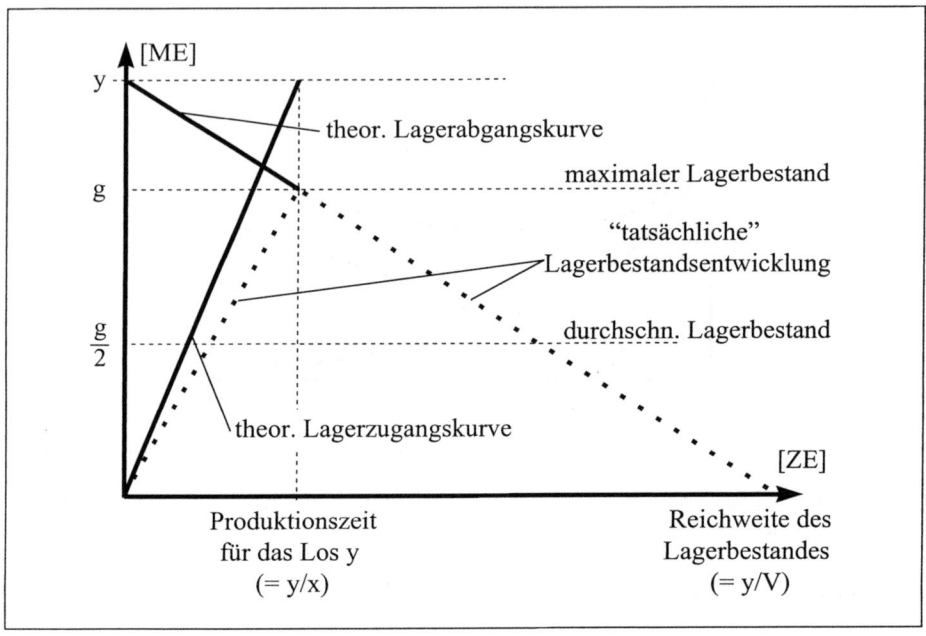

Wird dieser durchschnittliche Lagerbestand mit den Lagerkosten Cl [GE/(ME·ZE)] und der Lagerreichweite bzw. -dauer y/V [ZE] multipliziert, ergeben sich die Lagerkosten je Los [GE/Los]. Diese Lagerkosten müssen dann noch durch die Losgröße [ME/Los] geteilt werden, um zu den Stücklagerkosten k_L [GE/ME] zu gelangen:

$$k_L = \left(\frac{y}{2}\left(1 - \frac{V}{x}\right) \cdot \frac{y}{V} \cdot Cl \right) \cdot \frac{1}{y} = \frac{y}{2V}\left(1 - \frac{V}{x}\right) \cdot Cl$$

Für die Gesamtstückkostenfunktion k(y) gilt:

$$k(y) = \frac{Cr}{y} + \frac{y}{2V}\left(1 - \frac{V}{x}\right) \cdot Cl$$

Werden die Stückkosten mit der Gesamtmenge in der Planungsperiode R = V·T multipliziert, so ergeben sich die Gesamtkosten $K_T(y)$ in der Planungsperiode T:

$$K_T(y) = \left(\frac{Cr}{y} + \frac{y}{2V}\left(1 - \frac{V}{x}\right) \cdot Cl \right) \cdot R$$

Für die Ermittlung des Kostenminimums wird die Kostenfunktion nach y differenziert und gleich null gesetzt.

$$K_T{}'(y) = \left(-\frac{Cr}{y^2} + \frac{1}{2V}\left(1 - \frac{V}{x}\right) \cdot Cl \right) \cdot R = 0$$

Diese Gleichung ist dann erfüllt, wenn entweder R und/oder der Klammerausdruck den Wert null annimmt. Da sich für R = 0 die Frage der Losgröße nicht stellt (R = Menge in der Planungsperiode), muß zwangsläufig der Klammerausdruck gleich null gesetzt werden:

$$-\frac{Cr}{y^2} + \frac{1}{2V}\left(1 - \frac{V}{x}\right) \cdot Cl = 0$$

An dieser Stelle zeigt sich auch, daß sowohl die Gesamtstückkosten- als auch die Gesamtkostenfunktion zur Bestimmung der optimalen Losgröße herangezogen werden kann, da die beiden resultierenden Grenzkostenfunktionen dieselbe Nullstelle haben.

Wird diese Gleichung nach y aufgelöst, resultiert daraus folgende Losgrößenformel:

$$\frac{1}{2V}\left(1 - \frac{V}{x}\right) \cdot Cl = \frac{Cr}{y^2} \quad \Leftrightarrow \quad y^2 = \frac{Cr \cdot 2V}{\left(1 - \frac{V}{x}\right) \cdot Cl} \quad \Rightarrow \quad y_{opt} = \sqrt{\frac{Cr \cdot 2V}{\left(1 - \frac{V}{x}\right) \cdot Cl}}$$

Dieses Modell kann nur dann sinnvoll eingesetzt werden, wenn bestimmte Prämissen beachtet werden. Für die Ermittlung der optimalen Losgröße wurde neben der Identität von Produktions- und Absatzbeginn davon ausgegangen, daß:

1. die Rüstkosten Cr unabhängig von der Bearbeitungsreihenfolge sind,
2. die Daten (Cr, Cl, V und x) im Zeitablauf konstant sind,
3. eine einstufige Produktion vorliegt, d.h., es existieren keine losgrößenabhängigen Lagerkosten zwischen den Fertigungsstufen,
4. der Betriebsmittelbestand nur aus einer Anlage besteht, auf der alle Sorten gefertigt werden,
5. kein Maschinenbelegungsproblem besteht,
6. die Umrüst- und reinen Bearbeitungszeiten die Fertigungskapazität nicht überschreiten, d.h., es existiert kein Engpaß in der Fertigung,
7. kein Lagerengpaß existiert,
8. das Los erst vollkommen verkauft wird, bevor mit einer Neuproduktion begonnen wird und
9. keine Verzugsmengen auftreten sowie keine Lieferfristen berücksichtigt werden.

Für die vier Dosenöffnersorten ergeben sich damit folgende – isoliert ermittelte – optimale Losgrößen:

$$y_{HG,opt} = \sqrt{\frac{(4 \cdot 10) \cdot 2 \cdot 20}{\left(1 - \frac{20}{100}\right) \cdot 0,2}} = 100 \, [ME]$$

sowie $y_{JR,opt} = 50$, $y_{MF,opt} = 200$ und $y_{HG,opt} = 300$.

Aufgabe 3

Die Losgrößen der vier Dosenöffnersorten wurden isoliert voneinander ermittelt. Sollen die Planungsergebnisse in die Realität übertragen werden, muß z.B. überprüft werden, ob auf Basis der berechneten Lose ein zulässiger, d.h. überschneidungsfreier Maschinenbelegungsplan aufgestellt werden kann.

Dazu sind zunächst die Los- bzw. Lagerreichweiten $L = y/V$ [ZE] der einzelnen Sorten zu bestimmen, da die Losreichweite Auskunft darüber gibt, wann genau mit der Produktion eines neuen Loses der jeweiligen Sorte begonnen werden muß.

$$L_{HG} = \frac{100}{20} = 5\,[ZE],\; L_{JR} = \frac{50}{18} \approx 2{,}78\,[ZE],\; L_{DS} = \frac{200}{50} = 4\,[ZE],\; L_{MF} = \frac{300}{100} = 3\,[ZE]$$

Die Losreichweiten der vier Sorten sind nicht identisch, so daß es zwangsläufig zu Überschneidungen kommen muß, solange die Produktionszeiten der Lose größer als null sind und die Nachfrage immer erfüllt werden soll. Wird die Maschinenbelegung in einem Gantt-Diagramm dargestellt, sind weitere Angaben nötig (gerundete Werte):

Sorte	x [ME/Tag]	V [ME/Tag]	y_{opt} [ME]	L (Verkaufs- zeit) [Tage]	Produktions- zeit [Tage]	Rüstzeit tr [Tage]
HG	100	20	100	5	1	0,52
JR	450	18	50	2,78	0,11	0,26
MF	50	40	200	4	2	0,52
DS	200	20	200	3	1,5	1,17

Es ist zu beachten, daß sich alle zeitabhängigen Größen (x, V, Cl, tr, L) immer auf den Betriebskalender beziehen. So bedeutet bspw. x = 100 ME/Tag, daß diese Menge in den 7,7 Betriebsstunden pro Arbeitstag hergestellt werden kann und daß in einem Monat 22 · 100 ME produziert werden können.

Mit diesen Angaben läßt sich für die Produktionsreihenfolge HG-JR-MF-DS folgendes Gantt-Diagramm aufstellen.

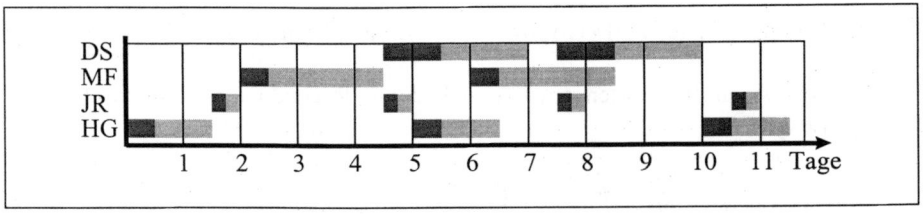

Für diese willkürlich festgelegte Reihenfolge der Lose wird die Maschine zunächst für 1,52 Tage für die Umrüstung und zur Produktion der Sorte HG belegt. Nach 5 Tagen ist der Lagerbestand dieses Loses wieder auf null abgesunken, und es muß zu diesem Zeitpunkt erneut ein Los der Sorte HG aufgelegt werden. Als nächstes werden die Zeiten für die Sorte JR in das Diagramm eingetragen. Die ersten 1,52 Tage sind durch die Fertigung der Sorte HG belegt. Die Umrüstung und Produktion von JR kann also frühestens zu diesem Zeitpunkt beginnen und benötigt 0,37 Tage. JR muß nach 2,78 Tagen wieder neu aufgelegt werden. Dieses Verfahren wird analog für die beiden verbliebenen Sorten angewendet.

Aus dem Gantt-Diagramm wird das durch die statische klassische Losgrößenplanung nicht gelöste zeitliche Koordinationsproblem deutlich (von der insgesamt knappen Fertigungskapazität wird an dieser Stelle abstrahiert). Der Belegungsplan ist zeitlich unzulässig, da auf der Maschine jeweils nur ein Los zum gleichen Zeitpunkt bearbeitet werden kann. Wird eine der betroffenen Sorten zu einem späteren Zeitpunkt aufgelegt, kommt es für die verschobene Sorte zu Lieferengpässen, da das Lager leer ist. Wird eine der Sorten vorgezogen, kommt es zu zusätzlichen, nicht im Losgrößenmodell erfaßten Lagerkosten. Auch eine veränderte Reihenfolge der Lose führt nicht zu einer zeitlich zulässigen Lösung.

Durch eine Abwandlung der klassischen Losgrößenformel kann allerdings ein überschneidungsfreier Maschinenbelegungsplan erzeugt werden. Dazu sind z.B. die Losreichweiten der einzelnen Sorten so aufeinander abzustimmen, daß alle Lose der verschiedenen Sorten die gleiche Reichweite haben. Unter dieser Voraussetzung werden alle Maschinenbelegungszeiten im Gantt-Diagramm immer um einen gleichbleibenden Zeitblock gegeneinander verschoben, so daß es nicht zu Überschneidungen kommt, wenn die Fertigungskapazität insgesamt nicht knapp ist.

Das Modell ist so zu verändern, daß für alle Lose die gleiche Losreichweite erreicht wird: $L_{HG} = L_{JR} = L_{MF} = L_{DS}$. Diese Annahme ist identisch mit der Forderung, daß von allen Sorten die gleiche Anzahl von Losen h aufgelegt wird:

$$ h = \underbrace{\frac{R_z}{y_z}}_{\substack{\text{Anzahl der} \\ \text{Lose im Planungs--} \\ \text{zeitraum}}} = \text{const.} \ \forall z \quad \text{bzw.} \quad \frac{R_{HG}}{y_{HG}} = \frac{R_{JR}}{y_{JR}} = \frac{R_{MF}}{y_{MF}} = \frac{R_{DS}}{y_{DS}} = h $$

Als Folge dieser Bedingung existieren zwischen der Losplanung der vier Sorten Interdependenzen, und es muß nun die Gesamtkostenfunktion $K_T(y_z)$ aller Sorten z (mit z = HG, JR, MF, DS) minimiert werden:

$$K_T(y_z) = \sum_z \left(\frac{Cr_z}{y_z} + \frac{y_z}{2V_z}\left(1 - \frac{V_z}{x_z}\right) \cdot Cl_z \right) \cdot R_z$$

$$= \sum_z \frac{Cr_z}{y_z} \cdot R_z + \frac{y_z}{2V_z}\left(1 - \frac{V_z}{x_z}\right) \cdot Cl_z \cdot R_z = \sum_z \frac{R_z}{y_z} \cdot Cr_z + \frac{y_z}{2} \cdot \frac{R_z}{V_z}\left(1 - \frac{V_z}{x_z}\right) \cdot Cl_z$$

$$= \sum_z \frac{R_z}{y_z} \cdot Cr_z + \frac{y_z}{2}\left(1 - \frac{V_z}{x_z}\right) \cdot Cl_z \cdot T \qquad \text{mit} \quad R_z = V_z \cdot T \quad \text{bzw.} \quad T = \frac{R_z}{V_z}$$

Wird nun y_z durch R_z/h substituiert, ergibt sich die neue Kostenfunktion $K_T(h)$:

$$K_T(h) = \sum_z h \cdot Cr_z + \frac{R_z}{2h}\left(1 - \frac{V_z}{x_z}\right) \cdot Cl_z \cdot T = \sum_z h \cdot Cr_z + \sum_z \frac{R_z}{2h}\left(1 - \frac{V_z}{x_z}\right) \cdot Cl_z \cdot T$$

Wird diese Kostenfunktion nach h abgeleitet

$$K_T'(h) = \sum_z Cr_z + \sum_z -\frac{R_z}{2h^2}\left(1 - \frac{V_z}{x_z}\right) \cdot Cl_z \cdot T$$

und null gesetzt, dann ergibt sich eine optimale Losanzahl h_{opt}:

$$\sum_z Cr_z = \sum_z \frac{R_z}{2h^2}\left(1 - \frac{V_z}{x_z}\right) \cdot Cl_z \cdot T \qquad \Leftrightarrow \qquad \sum_z Cr_z = \frac{1}{h^2}\sum_z \frac{R_z}{2}\left(1 - \frac{V_z}{x_z}\right) \cdot Cl_z \cdot T$$

$$\Leftrightarrow \quad h^2 = \frac{\sum_z \frac{R_z}{2}\left(1 - \frac{V_z}{x_z}\right) \cdot Cl_z \cdot T}{\sum_z Cr_z} \qquad \Rightarrow \quad h_{opt} = \sqrt{\frac{\sum_z \frac{R_z}{2}\left(1 - \frac{V_z}{x_z}\right) \cdot Cl_z \cdot T}{\sum_z Cr_z}}$$

Die gesuchten, zeitlich koordinierten Losgrößen der einzelnen Sorten lassen sich wiederum aus der kostenminimalen Auflagenzahl ableiten:

$$h_{opt} = \frac{R_z}{y_{z,opt}} \qquad \text{bzw.} \qquad y_{z,opt} = \frac{R_z}{h_{opt}}$$

Während in Aufgabe 2 die Losgrößen unabhängig vom Planungshorizont berechnet werden konnten, ist zur Berechnung von h der Planungshorizont explizit zu berücksichtigen, da sowohl R als auch T in der Formel vorkommen. Um die optimale Auflagenzahl zu bestimmen, werden alle Werte auf Monatsbasis umgerechnet (z.B. Sorte HG: x = 100 $\Rightarrow$ x_{Monat} = 2.200), so daß T = 1 und $R_z = V_z$ gilt. Die Gleichung vereinfacht sich dann zu:

$$h_{opt} = \sqrt{\frac{\sum_z \left(\frac{V_z}{2}\left(1 - \frac{V_z}{x_z}\right) \cdot Cl_z \right)}{\sum_z Cr_z}}$$

Für h_{opt} ergibt sich mit den umgerechneten Werten: $h_{opt} \approx 12{,}89$. Für die Losgrößen der vier Sorten folgt daraus: $y_{HG,opt} \approx 34{,}14$; $y_{JR,opt} \approx 30{,}72$; $y_{MF,opt} \approx 85{,}34$ und $y_{DS,opt} \approx 170{,}67$. Für alle Sorten ergibt sich eine Reichweite von ca. 0,0776 Fertigungsmonaten bzw. 1,71 Fertigungstagen. Durch diese Koordination gibt es keine zeitlichen Überschneidungen mehr; allerdings wurde auch hier die zur Verfügung stehende Fertigungskapazität nicht berücksichtigt.

Aufgabe 4

In der neuen Datensituation lauten die Losgrößen: $y_{HG/DS,opt} \approx 317{,}11$ und $y_{MF/JR,opt} \approx 179{,}69$. Die einheitliche Losreichweite L beträgt ca. 0,12 Fertigungsmonate bzw. ca. 2,64 Fertigungstage.

Insgesamt stehen in einem Monat $22 \cdot 7{,}7 = 169{,}4$ Arbeitsstunden zur Verfügung. Auf Basis der ermittelten Losgrößen ergibt sich ein Zeitbedarf von (gerundet):

Sorte	Anzahl der Lose/ Rüstungen pro Monat (1/L)	Rüstzeitbedarf pro Monat [Std]	Produktionszeit (R/x) pro Monat [Std]	Gesamtzeitbedarf [Std]
HG/DS	1/0,12 = 8,33	99,90	74,54	174,44
MF/JR	8,33	124,88	21,12	146,00
Summe		224,78	95,66	**320,44**

Der Zeitbedarf (320,44 Std/Monat) für die nachgefragten Mengen im Planungszeitraum von einem Monat übersteigt das zur Verfügung stehende Zeitangebot (169,40 Std/Monat) – die Fertigungskapazität ist also knapp.

Soll in diesem Fall das Problem sachlich koordiniert werden, so muß auf der einen Seite immer noch ein zulässiger Maschinenbelegungsplan generiert werden, auf der anderen Seite muß auch die Einhaltung der zur Verfügung stehenden Fertigungskapazität gewährleistet sein.

Da die Produktionszeit durch das bestehende Programm bzw. die nachgefragten Mengen der einzelnen Sorten festgelegt ist, besteht nur die Möglichkeit, durch eine Änderung der Anzahl der Umrüstungen die Kapazitätsrestriktion einzuhalten; die Rüstzeit der Sorten muß der Differenz aus zur Verfügung stehender Arbeitszeit und bereits verplanter Produktionszeit entsprechen ($169{,}40 - 95{,}66 = 73{,}74$ Std/Monat):

$$\frac{2.640}{y_{HG/DS}} \cdot tr_{HG/DS} + \frac{1.276}{y_{MF/JR}} \cdot tr_{MF/JR} = 73{,}74$$

Weiterhin müssen natürlich die Losauflagehäufigkeiten übereinstimmen, damit ein überschneidungsfreier Maschinenbelegungsplan erzeugt wird:

$$h = \frac{R_z}{y_z} \quad \forall z, \text{ mit den Daten des Falls}: \frac{2.640}{y_{HG/DS}} = \frac{1.276}{y_{MF/JR}}$$

Daraus folgt: $y_{HG/DS} \approx 2{,}069\, y_{MF/JR}$

Eingesetzt in die Rüstzeitrestriktion ergibt sich:

$$\frac{2.640}{2{,}069\, y_{MF/JR}} \cdot 12 + \frac{1.276}{y_{MF/JR}} \cdot 15 = 73{,}74$$

$$\Rightarrow \quad y_{MF/JR} \approx 467{,}21$$

$$\Rightarrow \quad y_{HG/DS} \approx 2{,}069 \cdot y_{MF/JR} = 966{,}66$$

Da weniger Zeit zum Rüsten vorhanden ist, als bei den ursprünglichen Losgrößen benötigt würde, muß die Anzahl der Lose – und somit der Rüstungen – reduziert werden. Im Umkehrschluß werden die Lose wesentlich größer, und es fallen höhere Lagerkosten an.

Bei dieser Modellanwendung wurde nur Wert auf die Erzeugung einer zulässigen Lösung gelegt, ohne die ursprüngliche Zielsetzung zu beachten. Die so erzeugte Lösung muß nicht zwangsläufig auch die kostenminimale bzw. gewinnmaximale Lösung sein. So wäre es denkbar, auf die Produktion einiger Dosenöffner zu verzichten. Dann müßten die Interdependenzen zwischen der Losgrößenplanung und der Programmplanung beachtet werden. Die Planung der Absatzmengen und die Losgrößenplanung müssen dann in einem Modell zusammengefaßt werden, weil die Festlegung der Losgrößen dann nicht nur Kosten-, sondern auch Erlöswirkungen zeitigt.

Möglich wäre auch eine Erhöhung der Fertigungsintensität, so daß pro ZE mehr ME hergestellt werden können. Im Normalfall geht die Losgrößenplanung von einer bekannten Fertigungsgeschwindigkeit x aus. Insgesamt müßten dann also die kostenminimalen Intensitäten und Losgrößen simultan in einem Modell bestimmt werden.

Literaturhinweise

ADAM, D.: Produktionsdurchführungsplanung, in: JACOB, H. (Hrsg.), Industriebetriebslehre, 4. Aufl., Wiesbaden 1990, S. 673–918.

ADAM, D., BACKHAUS, K., BAUER, M., DINGE, A., JOHANNWILLE, U., VOETH, M., WELKER, M.: Koordination betrieblicher Entscheidungen – Die Fallstudie Peter Pollmann, 2. Aufl., Berlin et al. 1998, S. 59–71.

Bettina Rosenberger.
Mengshausen/Niedersachsen

„Die Prowi–Bande feiert ihr 1. Buch"
Für Dr. H. Burchert, Dr. Th. Hering =d Dr. R. Rollberg.

Thomas Hering

Simultane Produktionsprogramm-, Maschinenbelegungs- und Losgrößenplanung

Die Baltische Maschinen- und Werkzeugfabrik mit Sitz in Wainoden (Kurland) unterhält am Standort Seemuppen einen Werkstattbetrieb mit m Fertigungsanlagen. Auf diesen Anlagen werden – in jeweils unterschiedlicher Maschinenfolge – n Typen von fremdbezogenen Rohlingen zu Fertigprodukten weiterverarbeitet. Zu Beginn jedes der T Tage des Planungszeitraums können die Anlagen auf eine der n Produktsorten umgerüstet werden, was jedoch nur dann (produkt- und maschinenspezifische) Kosten verursacht, wenn die Anlage am Vortage stillstand oder eine andere Sorte bearbeitete. Aufgrund des hohen Qualitätsbewußtseins der Belegschaft und der modernen Logistik fallen weder Ausschuß noch Rohstofflagerkosten an. Die variablen Produktionsstückkosten sind anlagen- und produktabhängig konstant. Zusätzlich entstehen pro Tag und Anlage mengenunabhängige Betriebskosten, aber nur, wenn das Aggregat am betrachteten Tage überhaupt etwas produziert. Zwischen- und Endläger verursachen sortenabhängige Lagerkosten pro Stück und Tag. Für jedes der n Produkte sind der Absatzpreis und die maximale Absatzmenge pro Tag bekannt. Die Produktionskapazität ist begrenzt und wird ggf. noch durch sorten- und aggregatspezifische Rüstzeiten geschmälert.

Aufgabe 1

Welche Interdependenzen bestehen zwischen der Produktionsprogrammplanung, der Maschinenbelegungsplanung (Ablaufplanung) und der Losgrößenplanung?

Aufgabe 2

Aufgrund der beschriebenen Interdependenzen müssen die drei Bereiche strenggenommen simultan geplant werden. Formulieren Sie einen entsprechenden gemischtganzzahligen linearen Optimierungsansatz, mit dem die Baltische Maschinen- und Werkzeugfabrik ihre gewinnmaximale Produktionspolitik berechnen kann! Unterscheiden Sie dabei die folgenden beiden Fälle:

a) *Offene Produktion.* Auf einer Anlage bearbeitete Teile können noch am selben Tage auf dem Folgeaggregat bearbeitet werden.

b) *Geschlossene Produktion.* Die Fertigungsmenge eines Tages kann frühestens am Folgetag in die nächste Bearbeitungsstufe gelangen.

Lösung

Aufgabe 1

Die Produktionsprogrammplanung bestimmt die Mengen der zu fertigenden Produkte und somit wichtige Ausgangsinformationen für die Losgrößen- und Maschinenbelegungsplanung. Ohne quantitative Produktionsvorgabe können keine innerbetrieblichen Teilaufträge gebildet und den Maschinen zeitlich zugeordnet werden. Umgekehrt benötigt aber die Produktionsprogrammplanung Kosteninformationen in bezug auf die einzelnen Produkte. Da die den Produkten zuzurechnenden Rüst- und Lagerkosten sowie die sprungfixen Aggregatkosten aber von der Losgrößenplanung und ihrer Umsetzung in einen zulässigen Maschinenbelegungsplan abhängen, liegen die für die Programmplanung benötigten variablen Kosten der Produkte erst nach Abschluß der Losgrößen- und Ablaufplanung vor. Auch die in die Programmplanung eingehende freie Fertigungskapazität steht erst fest, wenn die aus der Maschinenbelegungs- und Losgrößenplanung resultierenden ablaufbedingten Stillstands- und Rüstzeiten bekannt sind.

Aus der Losgrößenplanung ergeben sich die innerbetrieblichen Teilaufträge (Lose), für welche die Ablaufplanung einen zeitlich durchsetzbaren Maschinenbelegungsplan finden muß. Eine Auftragsreihenfolgeplanung ist erst möglich, wenn die Aufträge nach Zahl und Umfang definiert sind. Andererseits können aber die Lose nicht gebildet werden, ohne zugleich auf die Kapazitätsverhältnisse der Anlagen Rücksicht zu nehmen: Isoliert berechnete „optimale" Losgrößen sind u.U. nicht durchsetzbar, weil es infolge der Sortenfertigung zeitweise zu Mehrfachbelegungen der Anlagen kommt.

Aufgabe 2

a) Ansatz für die offene Produktion.

Symbole für Variable:

G = Gewinn (Zielvariable)

x_{ijt} = am Tag t auf Anlage (Maschine/Aggregat) i hergestellte Menge der Sorte j

A_{jt} = am Tag t abgesetzte Menge der Sorte j

L_{sjt} = Lagerbestand der Sorte j nach ihrer Bearbeitungsstufe s am Ende des Tages t

y_{ijt} = $\begin{cases} 1, \text{ wenn am Tag t die Sorte j auf Anlage i gefertigt wird;} \\ 0, \text{ sonst.} \end{cases}$

u_{ijt} = $\begin{cases} 1, \text{ wenn zu Beginn des Tags t die Anlage i auf Sorte j umgerüstet wird;} \\ 0, \text{ sonst.} \end{cases}$

Symbole für Konstante:

x_{ijt}^{max} = Kapazität der Anlage i in Stück der Sorte j am Tag t

k_{ij} = variable Stückkosten (für s = 1 einschl. Rohling) der Sorte j auf Anlage i

l_{sj} = Lagerkosten (pro Stück und Tag) der Sorte j nach ihrer Bearbeitungsstufe s

BK_i = sprungfixe Betriebskosten beim Einsatz der Anlage i

RK_{ij} = Kosten für die Umrüstung von Anlage i auf Sorte j

rz_{ij} = rüstzeitbedingte Kapazitätsminderung in Stück der Sorte j auf Anlage i

p_{jt} = Absatzpreis (pro Stück) der Sorte j am Tag t

A_{jt}^{max} = Absatzhöchstmenge der Sorte j am Tag t

$i(s, j)$ = der Bearbeitungsstufe s von Sorte j zugeordnete Anlage i

Symbole für Indizes:

i	$\in \{1, 2, \ldots, m\}$	Anlage (Maschine, Aggregat)
j	$\in \{1, 2, \ldots, n\}$	Sorte (Produkt)
s	$\in \{1, 2, \ldots, m\}$	Bearbeitungsstufe
t	$\in \{1, 2, \ldots, T\}$	Tag

Zielfunktion bei Gewinnmaximierung:

$$\max. G; G := \underbrace{\sum_{t=1}^{T} \sum_{j=1}^{n} p_{jt} \cdot A_{jt}}_{\text{Erlöse}} - \sum_{t=1}^{T} \sum_{j=1}^{n} \sum_{i=1}^{m} (\underbrace{k_{ij} \cdot x_{ijt}}_{\substack{\text{variable} \\ \text{Produktions-} \\ \text{kosten}}} + \underbrace{BK_i \cdot y_{ijt}}_{\substack{\text{sprungfixe} \\ \text{Betriebs-} \\ \text{kosten}}} + \underbrace{RK_{ij} \cdot u_{ijt}}_{\substack{\text{Rüst-} \\ \text{kosten}}})$$

$$- \underbrace{\sum_{t=1}^{T} \sum_{j=1}^{n} \sum_{s=1}^{m} \frac{L_{sjt-1} + L_{sjt}}{2} \cdot l_{sj}}_{\text{Lagerkosten}}$$

Die Erlöse im Planungszeitraum ergeben sich aus den Preisen, multipliziert mit den Absatzmengen über alle Produkte j und Tage t. Bei den variablen Produktionskosten (Stückkosten mal Produktionsmenge) ist außer über j und t auch noch über alle Anlagen i zu summieren. Sprungfixe Betriebskosten und Rüstkosten werden pro Anlage und Tag nur verrechnet, wenn die zugehörigen binären Schaltvariablen gleich eins sind. Produktion und Absatz mögen sich gleichmäßig über den Tag hinweg verteilen, so daß eine kontinuierliche Lagerbestandsentwicklung unterstellt werden kann. Der Lagerkostensatz kommt dann jeweils auf den Durchschnittsbestand des Tages t (arithmetisches Mittel aus Anfangs- und Endbestand) zur Anwendung.

Restriktionen (1): Lagerbilanzgleichungen

$$\underbrace{L_{sjt-1}}_{\text{Anfangsbestand}} + \underbrace{x_{i(s,j)jt}}_{\substack{\text{Zugang durch}\\\text{Produktion}}} - \underbrace{x_{i(s+1,j)jt}}_{\substack{\text{Abgang durch}\\\text{Weiterverarbeitung}\\\text{in Folgestufe}}} = \underbrace{L_{sjt}}_{\text{Endbestand}} \qquad \forall\, j, t, \; \forall\, s < m$$

$$\underbrace{L_{mjt-1}}_{\substack{\text{Anfangsbestand}\\\text{der letzten Stufe}\\s=m}} + \underbrace{x_{i(m,j)jt}}_{\substack{\text{Zugang durch}\\\text{Produktion der}\\\text{letzten Stufe}}} - \underbrace{A_{jt}}_{\substack{\text{Lagerabgang durch}\\\text{Absatz}}} = \underbrace{L_{mjt}}_{\substack{\text{Endbestand an}\\\text{Fertigprodukten}\\(\text{Stufe } s = m)}} \qquad \forall\, j, t$$

Die Konstante $i(s, j)$ gibt jeweils die Indexnummer der Anlage an, auf der Sorte j in ihrer Bearbeitungsstufe s gefertigt wird. Nach der letzten Bearbeitungsstufe $s = m$ können die Fertigprodukte am Markt abgesetzt oder gelagert werden. Es ist „offene Produktion" unterstellt, da die Fertigung der Stufe s am selben Tage in der Stufe s + 1 weiterverarbeitet werden kann. Weil wegen der Nichtnegativität der Lagerbestandsvariablen jede Weiterverarbeitung (sowie der Fertigproduktabsatz) nur möglich ist, wenn entsprechende Lagerbestände und/oder Produktionsmengen der Vorstufen existieren, stellen die Gleichungen neben der Bestandsfortschreibung auch die Einhaltung der Bearbeitungsreihenfolgen innerhalb der Produktionsprozesse der einzelnen Sorten sicher. Der Lagerabgang sieht voraussetzungsgemäß keinerlei Materialverlust zwischen den Stufen vor (eine deterministische Ausschußquote ließe sich jedoch an dieser Stelle leicht integrieren). Lageranfangsbestände L_{sj0} zu Beginn des Planungszeitraums sind als Konstante vorzugeben (z.B. null).

Restriktionen (2): Absatzhöchstmengen

$$A_{jt} \leq A_{jt}^{max} \qquad \forall\, j, t$$

Restriktionen (3): Maschinenbelegung

$$\sum_{j=1}^{n} y_{ijt} \leq 1 \qquad \forall\, i, t$$

An einem Tag t kann auf jeder Anlage i höchstens eine Sorte j gefertigt werden.

Restriktionen (4): Fertigungskapazitäts- und -schaltbedingungen

$$x_{ijt} \leq x_{ijt}^{max} \cdot y_{ijt} - rz_{ij} \cdot u_{ijt} \qquad \forall\, i, j, t$$

$$x_{ijt} \geq y_{ijt} \qquad \forall\, i, j, t$$

Die erste Bedingungsgruppe impliziert: Sobald die Produktionsmenge x_{ijt} positiv ist, muß die zugehörige Fertigungsschaltvariable y_{ijt} gleich eins sein. Zugleich wird dadurch die Produktionsmengenobergrenze x_{ijt}^{max} eingehalten, die sich im Umrüstungsfalle ($u_{ijt} = 1$) noch um den rüstzeitbedingten Produktionsausfall rz_{ij} reduziert.

Wenn nichts produziert wird ($x_{ijt} = 0$), muß auch die Fertigungsschaltvariable y_{ijt} gleich null sein. Dies stellt die zweite Bedingungsgruppe sicher. (Sie geht in der obigen Form davon aus, daß im Produktionsfall zumindest ein Stück hergestellt wird.) Zwar ist die Fertigungsschaltvariable in der Zielfunktion mit Kosten BK_i verbunden und wird darum i.d.R. allein deshalb nicht unnötig den Wert 1 annehmen. Da jedoch ein auch nur eintägiger Maschinenstillstand voraussetzungsgemäß bei Wiederinbetriebnahme der Anlage zu Rüstkosten führt, könnte es je nach Datenlage günstig sein, trotz $x_{ijt} = 0$ die Variable y_{ijt} auf eins zu setzen, um unter Ausnutzung der Schaltbedingungen (5) Rüstkosten zu sparen. Damit diese Fehlmodellierung nicht greifen kann und der Ansatz daran gehindert wird, mit $y_{ijt} = 1$ eine rüstkostensenkende durchgehende Maschinenbelegung fälschlich vorzuspiegeln, sind die Bedingungen $x_{ijt} \geq y_{ijt}$ erforderlich.

Die Bedingungen (4) implizieren zusammenfassend:

$$x_{ijt} > 0 \quad \Leftrightarrow \quad y_{ijt} = 1$$
$$x_{ijt} = 0 \quad \Leftrightarrow \quad y_{ijt} = 0$$

Restriktionen (5): Umrüstungsschaltbedingungen

Wegen $x_{ijt} > 0 \Leftrightarrow y_{ijt} = 1$ ist Anlage i am Tag t genau dann auf Sorte j umzurüsten, wenn gilt: $y_{ijt} = 1$ und $y_{ijt-1} = 0$, d.h. $y_{ijt} - y_{ijt-1} = 1$. Umrüstungskosten entstehen nämlich voraussetzungsgemäß dann und nur dann, wenn auf der Anlage eine Sorte gefertigt wird, die am Vortage nicht gefertigt wurde.

$$y_{ijt} - y_{ijt-1} \leq u_{ijt} \qquad \forall\ i, j, t$$

Die Bedingungen implizieren, wie gefordert: $y_{ijt} - y_{ijt-1} = 1 \Rightarrow u_{ijt} = 1$. Da die Umrüstungsschaltvariable u_{ijt} im Ansatz nur Kosten verursacht und Kapazitäten reduziert, genügt diese Modellierung. Die Zielfunktion sorgt dafür, daß u_{ijt} nur dann gleich eins wird, wenn $y_{ijt} - y_{ijt-1} = 1$ gilt, also umgerüstet werden muß.

Aus dem Ausgangszustand der Anlagen ergeben sich die Anfangswerte y_{ij0} als Konstante: $y_{ij0} = 1$, falls Anlage i ohne Umrüstung produktionsbereit für Sorte j ist; anderenfalls $y_{ij0} = 0$.

Restriktionen (6): Nichtnegativität und Ganzzahligkeit

$$x_{ijt}, A_{jt}, L_{sjt} \geq 0 \qquad \forall\ i, j, s, t$$
$$y_{ijt}, u_{ijt} \in \{0; 1\} \qquad \forall\ i, j, t$$

b) Ansatz für die geschlossene Produktion.

Der Ansatz ist der gleiche wie in Aufgabe a). Es muß lediglich sichergestellt werden, daß die Produktion eines Tages nicht schon am selben Tage für die Folgestufe verwertbar ist, d.h., die Produktion der Stufe s + 1 darf am Tag t maximal den Anfangslagerbestand (nicht aber die laufende Fertigung $x_{i(s,\,j)jt}$) der Vorstufe s aufbrauchen. Zusätzlich zu den weiterhin gültigen Restriktionen (1) ist also zu fordern:

Restriktionen (1a): Geschlossene Produktion

$$\underbrace{x_{i(s+1,\,j)jt}}_{\substack{\text{Abgang durch}\\\text{Weiterverarbeitung}\\\text{in Folgestufe}}} \leq \underbrace{L_{sjt-1}}_{\text{Anfangsbestand}} \qquad \forall\,j,\,t,\,\forall\,s < m$$

$$\underbrace{A_{jt}}_{\substack{\text{Lagerabgang durch}\\\text{Absatz}}} \leq \underbrace{L_{mjt-1}}_{\substack{\text{Anfangsbestand}\\\text{der letzten Stufe}\\s = m}} \qquad \forall\,j,\,t$$

Literaturhinweise

ADAM, D.: Produktionsplanung bei Sortenfertigung, Wiesbaden 1969.

DOMSCHKE, W., SCHOLL, A., VOSS, S.: Produktionsplanung, 2. Aufl., Berlin u.a. 1997.

DREXL, A., HAASE, K., KIMMS, A.: Losgrößen- und Ablaufplanung in PPS-Systemen auf der Basis randomisierter Opportunitätskosten, in: ZfB, 65. Jg. (1995), S. 267–285.

Peter Letmathe

Produktionsplanung und Erfolgsrechnung für die Strategische Geschäftseinheit „Videoschnittsystem"

Die Optica AG, ein auf dem Markt führender Anbieter von digitalen Camcordern, plant die Einrichtung einer neuen Strategischen Geschäftseinheit. Diese Geschäftseinheit soll der gestiegenen Nachfrage nach kostengünstigen und einfach zu bedienenden Videoschnittsystemen Rechnung tragen. In diesem Zusammenhang kommt es der Optica AG, die auf diesem Gebiet noch über keine eigene Forschungs- und Entwicklungsabteilung verfügt, sehr gelegen, daß sie von dem Tüftler Dr. Innovatius das Patent für ein nahezu marktreifes Schnittsystem zum Preis von 1.000.000 Geldeinheiten (GE) angeboten bekommt. Die Optica AG schätzt, daß die weiteren Kosten für die Entwicklung des endgültigen Produkts 200.000 GE betragen.

Die Optica AG sieht das Marktpotential im Bereich der semiprofessionellen niedrigpreisigen Videoschnittsysteme bei ca. 250.000 Stück pro Jahr bzw. Periode. Die Videoschnittsysteme sind einfach zu bedienen und werden wie externe Laufwerke an herkömmliche PCs angeschlossen. Aufgrund des bereits vorhandenen positiven Images der Optica AG im Bereich „Videotechnik" glaubt die Unternehmensleitung, bei entsprechender Werbung bis zum Jahr 2004 einen Marktanteil von ca. 20 Prozent erreichen zu können. Im einzelnen werden bei dem angebotenen Produkt, das nach dem Jahr 2005 vom Markt genommen wird, folgende Absatzzahlen und Absatzpreise erwartet:

Periode	2000	2001	2002	2003	2004	2005
Absatz-menge	10.000	20.000	30.000	40.000	50.000	50.000
Absatz-preis	170 GE	150 GE	130 GE	110 GE	90 GE	70 GE
Werbung	400.000 GE	500.000 GE	600.000 GE	600.000 GE	400.000 GE	300.000 GE

Bei den obigen Absatzmengen wird vereinfachend davon ausgegangen, daß sich die Nachfragerate innerhalb der einzelnen Perioden nicht ändert. Die Preisänderungen treten jeweils zum Jahresbeginn in Kraft.

Das am Markt angebotene Videoschnittsystem besteht aus mehreren Komponenten, die alle fremdbezogen werden müssen. Lediglich die Herstellung der Steuerplatine, die Endmontage und die Verpackung des Produkts können im Werk IV der Optica AG durchgeführt werden. Je Schnittsystem werden folgende Teile benötigt:

Bezeichnung	Anzahl	Beschaffungspreis	Kosten je Beschaffung	Lieferant
Platinengrundkörper	1 Stück	0,50 GE / Stück	100 GE	A
Ätzlösung	3 ml	550 GE / Liter	20 GE	B
8-Ohm-Widerstand	3 Stück	0,05 GE / Stück	50 GE	C
1k-Ohm-Widerstand	1 Stück	0,10 GE / Stück	50 GE	C
Kondensator	1 Stück	0,20 GE / Stück	50 GE	C
Transistoren	6 Stück	0,15 GE / Stück	50 GE	C
Mikrochip Typ „OP4004"	1 Stück	2000: 50 GE / Stück 2001: 40 GE / Stück 2002: 30 GE / Stück 2003: 20 GE / Stück 2004: 10 GE / Stück 2005: 10 GE / Stück	200 GE	D
Buchse	1 Stück	0,40 GE / Stück	100 GE	E
Kabel	1 Stück	2,30 GE / Stück	100 GE	E
Verpackungsmaterial	1 Stück	0,30 GE / Stück	40 GE	F

Die angegebenen Preise sind mit Ausnahme des Mikrochips über den gesamten Planungszeitraum konstant. Für den Mikrochip sind die für die einzelnen Jahre prognostizierten Preise angegeben. Bei der Bestellmengenplanung ist zu berücksichtigen, daß die Widerstände, Kondensatoren und Transistoren auch gemeinsam bestellt werden können. Die Kosten je Bestellung fallen dann nur einmal an. Das gleiche gilt für die Buchse und das Kabel.

Für die Herstellung der Steuerplatine, die Endmontage und die Verpackung des Produkts soll eigens ein Fließband angeschafft werden, an dem pro Station eine Arbeitskraft eingesetzt wird. Ist das Fließband nicht während der gesamten Arbeitszeit ausgelastet, so können die Arbeitskräfte auch anderweitig beschäftigt werden. Das Fließband arbeitet mit einer vorgegebenen Taktzeit von 150 Sekunden. Die zur Herstellung eines Videoschnittsystems erforderlichen Arbeitsschritte sind der Tabelle auf der folgenden Seite zu entnehmen.

Das Fließband steht pro Jahr maximal 2.000 Stunden zur Verfügung. Je Inbetriebnahme des Fließbands entstehen Rüstkosten in Höhe von 500 Geldeinheiten. Die laufenden Kosten des Fließbands betragen 360 Geldeinheiten je Stunde. Jede Station verursacht Personalkosten in Höhe von 60 Geldeinheiten je Stunde. Die Anschaffungskosten inklusive aller Nebenkosten betragen 2.000.000 Geldeinheiten. Das Fließband kann nach Auslaufen des Produkts nicht mehr für andere Zwecke verwendet werden.

Der Rückbau des Fließbands inklusive der Entsorgung der Einzelteile ist mit 60.000 Geldeinheiten zu veranschlagen. Die variablen Vertriebskosten je Videoschnittsystem betragen 3,50 Geldeinheiten. Die Optica AG legt ihren Berechnungen einen Kalkulationszinsfuß von 6 Prozent pro Jahr zugrunde. Dabei wird von der Annahme ausgegangen, daß die Investition aus dem Eigenkapital des Unternehmens finanziert werden kann.

Arbeitselement	Beschreibung	Ausführungszeit	Nachfolger
1	Platinengrundkörper einlegen	20 Sekunden	{2}
2	Bohrungen vornehmen	100 Sekunden	{3}
3	Ätzlösung auftragen und trocknen	140 Sekunden	{4,5,6,7,8}
4	Widerstände löten	40 Sekunden	{6}
5	Kondensatoren löten	50 Sekunden	{7}
6	Transistoren löten	80 Sekunden	{9}
7	Trägerchip löten	90 Sekunden	{9}
8	Buchse anschrauben	70 Sekunden	{9}
9	Platine mit Gehäuse verschrauben	70 Sekunden	{10}
10	Platine, Kabel und Bedienungs-anleitung endverpacken	150 Sekunden	–

Aufgabe

Führen Sie für die gegebene Problemstellung den Fließbandabgleich, die Bestellmengen- und die Produktionsplanung durch! Ermitteln Sie außerdem den Kapitalwert des Projekts „Einführung Strategische Geschäftseinheit Videoschnittsysteme" sowie das Betriebsergebnis (nach Handelsrecht) und den kalkulatorischen Erfolg der Strategischen Geschäftseinheit in den einzelnen Perioden!

Lösung

Das vorliegende Planungsproblem kann in sieben aufeinander aufbauende Einzelprobleme aufgeteilt werden. Um die einzelnen Planungen in der richtigen Reihenfolge durchzuführen, sind zunächst die vorhandenen Abhängigkeiten zwischen den einzelnen Problemen zu identifizieren. So werden die für die Ermittlung des Master Production Schedule erforderlichen Produktionskosten im Rahmen des Fließbandabgleichs ermittelt. Außerdem müssen die Bestellmengenplanung und der Master Production Schedule aufeinander abgestimmt werden, da sonst eine Versorgung der Produktion mit den für die Herstellung des Videoschnittgeräts benötigten Teilen nicht gewährleistet ist. Die Investitionsplanung, die Ermittlung des Betriebsergebnisses und die Ermittlung des kalkulatorischen Erfolgs sind auf Planungsdaten des Fließbandabgleichs sowie der Bestellmengenplanung und des Master Production Schedule angewiesen. Daher sollte bei der Lösung der einzelnen Probleme die in Tabelle 1 angegebene Reihenfolge gewählt werden.

Tabelle 1: Reihenfolge der Teilprobleme bei der Lösung des Planungsproblems

Reihenfolge	Problemstellung
1	Fließbandabgleich
2	Aufstellung des Master Production Schedule
3	Bestellmengenplanung
4	Abstimmung von Bestellmengen- und Produktionsplanung
5	Investitionsplanung
6	Ermittlung des Betriebserfolgs nach Handelsrecht
7	Ermittlung des kalkulatorischen Erfolgs

1. Durchführung des Fließbandabgleichs

Aufgrund der hohen Stückzahlen soll das Videoschnittsystem mit Hilfe eines Fließbands gefertigt werden. Bei der Fließbandfertigung sind die einzelnen Arbeitsstationen durch eine automatische Transporteinrichtung miteinander verbunden. Daraus folgt, daß alle Arbeitsstationen einheitlich getaktet sein müssen, d.h., daß für alle Operationen einer Station das gleiche Zeitbudget zur Verfügung steht. In der Aufgabenstellung ist die Taktzeit mit 150 Sekunden je Arbeitsstation vorgegeben. Da an jeder Arbeitsstation eine Arbeitskraft beschäftigt werden muß, können die Durchlaufzeit eines Videoschnittsystems und damit auch die Kosten für dessen Herstellung durch eine möglichst geringe Anzahl an Arbeitsstationen minimiert werden. Dies setzt eine optimale Zuordnung der einzelnen Arbeitsgänge zu einzelnen Arbeitsstationen voraus. Vorgegebene Reihenfolgerelationen sind dabei zu beachten.

Probleme dieser Art lassen sich mit Methoden zum Fließbandabgleich lösen. Da optimierende Verfahren, z.B. das Modell von Bowman, aufgrund des hohen Rechenaufwands häufig nicht lösbar sind, wird hier auf die Heuristik von Helgeson und Birnie zurückgegriffen (vgl. Kistner/Steven [1993], S. 157 ff.). Dieses Verfahren gewährleistet eine für das vorgegebene Problem zulässige Lösung, die im Idealfall auch optimal sein kann. Wie im vorliegenden Beispiel gezeigt wird, kann die Lösung jedoch häufig durch Umverteilung von Operationen verbessert werden.

Die Grundidee der Heuristik von Helgeson und Birnie besteht darin, diejenigen Operationen einer Arbeitsstation zuerst zuzuweisen, bei denen die Restbearbeitungszeit, die Helgeson und Birnie als Positionswerte bezeichnen, am höchsten ist. Die Restbearbeitungszeit setzt sich aus der Bearbeitungszeit der betreffenden Operation plus der Bearbeitungszeit aller direkten und indirekten Nachfolger dieser Operation zusammen. Ein indirekter Nachfolger (Adjazent) ist ein Vorgang, der der einzulastenden Operation zwar nicht direkt nachfolgt, aber ein direkter Nachfolger eines direkten oder indirekten Nachfolgers der betrachteten Operation ist. Der Vektor der Positionswerte **PW** wird als Produkt der Adjazentenmatrix **A** plus der Einheitsmatrix **E** mit dem Vektor **t** der Bearbeitungszeiten berechnet:

$$\Rightarrow \ (\mathbf{E} + \mathbf{A}) \cdot \mathbf{t} = \mathbf{PW}$$

Die Adjazentenmatrix **A** enthält in der Zeile i und in der Spalte j eine 1, falls Operation j ein direkter oder indirekter Nachfolger der Operation i ist.

Nach der Ermittlung der Positionswerte wird die erste Arbeitsstation eröffnet. Die Zuordnung eines Arbeitselements zu einer Arbeitsstation setzt voraus, daß alle Vorgänger dieses Elements bereits zugeordnet sind und daß die Station über genügend Zeit verfügt, um das Element durchzuführen. Stehen mehrere Elemente zur Einlastung auf eine Station zur Verfügung, so erfolgt die Zuordnung des Elements mit dem höchsten Positionswert. Dies wird so lange wiederholt, bis der Station kein weiteres Element mehr zugeordnet werden kann. Falls noch nicht zugeordnete Elemente vorhanden sind, ist eine neue Arbeitsstation zu eröffnen. Das beschriebene Vorgehen wird so lange fortgesetzt, bis alle Arbeitselemente einer Station zugeordnet sind.

Für die hier gegebene Problemstellung erhält man die folgenden Positionswerte:

$$(\mathbf{E}+\mathbf{A}) = \begin{pmatrix} 1 & 1 & 1 & 1 & 1 & 1 & 1 & 1 & 1 & 1 \\ 0 & 1 & 1 & 1 & 1 & 1 & 1 & 1 & 1 & 1 \\ 0 & 0 & 1 & 1 & 1 & 1 & 1 & 1 & 1 & 1 \\ 0 & 0 & 0 & 1 & 0 & 1 & 0 & 0 & 1 & 1 \\ 0 & 0 & 0 & 0 & 1 & 0 & 1 & 0 & 1 & 1 \\ 0 & 0 & 0 & 0 & 0 & 1 & 0 & 0 & 1 & 1 \\ 0 & 0 & 0 & 0 & 0 & 0 & 1 & 0 & 1 & 1 \\ 0 & 0 & 0 & 0 & 0 & 0 & 0 & 1 & 1 & 1 \\ 0 & 0 & 0 & 0 & 0 & 0 & 0 & 0 & 1 & 1 \\ 0 & 0 & 0 & 0 & 0 & 0 & 0 & 0 & 0 & 1 \end{pmatrix} \qquad \mathbf{t} = \begin{pmatrix} 20 \\ 100 \\ 140 \\ 40 \\ 50 \\ 80 \\ 90 \\ 70 \\ 70 \\ 150 \end{pmatrix} \qquad \Rightarrow \mathbf{PW} = (\mathbf{E}+\mathbf{A}) \cdot \mathbf{t} = \begin{pmatrix} 810 \\ 790 \\ 690 \\ 340 \\ 360 \\ 300 \\ 310 \\ 290 \\ 220 \\ 150 \end{pmatrix}$$

Die gemäß dem obigen Vorgehen ermittelte Lösung ist der Tabelle 2 zu entnehmen. Die Positionswerte der verfügbaren Arbeitselemente sind jeweils in Klammern angegeben.

Tabelle 2: Fließbandabgleich nach dem Verfahren von Helgeson und Birnie

Vorgang	Stationszeit	Verfügbare Arbeitselemente
Eröffnung der Station 1	150	1 (810)
Zuordnung von Arbeitselement 1	150 − 20 = 130	2 (790)
Zuordnung von Arbeitselement 2	130 − 100 = 30	−
Eröffnung der Station 2	150	3 (690)
Zuordnung von Arbeitselement 3	150 − 140 = 10	−
Eröffnung der Station 3	150	4 (340), 5 (360), 8 (290)
Zuordnung von Arbeitselement 5	150 − 50 = 100	4 (340), 7 (310), 8 (290)
Zuordnung von Arbeitselement 4	100 − 40 = 60	−
Eröffnung der Station 4	150	6 (300), 7 (310), 8 (290)
Zuordnung von Arbeitselement 7	150 − 90 = 60	−
Eröffnung der Station 5	150	6 (300), 8 (290)
Zuordnung von Arbeitselement 6	150 − 80 = 70	8 (290)
Zuordnung von Arbeitselement 8	70 − 70 = 0	−
Eröffnung der Station 6	150	9 (220)
Zuordnung von Arbeitselement 9	150 − 70 = 80	−
Eröffnung der Station 7	150	10 (150)
Zuordnung von Arbeitselement 10	150 − 150 = 0	−

Das Verfahren von Helgeson und Birnie generiert zwar einen zulässigen, aber nicht immer einen optimalen Fließbandabgleich. Auch hier läßt sich die Lösung durch einfaches Umgruppieren von Elementen verbessern. Dies wird deutlich, wenn man der dritten Station nicht die Arbeitselemente 4 und 5, sondern 4 und 6 zuordnet. In der vierten Station werden dann die Arbeitselemente 5 und 7 bearbeitet. Die fünfte Station umfaßt die Arbeitselemente 8 und 9. Arbeitselement 10 verbleibt schließlich für die sechste Station. Durch diese Umgruppierung läßt sich die Zahl der benötigten Stationen von sieben auf sechs reduzieren. Die Gesamtdurchlaufzeit einer Produkteinheit beträgt dann statt 17,5 Minuten 15 Minuten, was sich auch in den Kosten niederschlägt, da ja an jeder Station eine Arbeitskraft für 60 Geldeinheiten/Stunde beschäftigt werden muß. Die beiden ermittelten Pläne können der Tabelle 3 entnommen werden. Die Arbeitselemente sind dabei jeweils mit AE abgekürzt und die Pufferzeiten der einzelnen Stationen grau hinterlegt.

Tabelle 3: Fließbandabgleich

	Verfahren von Helgeson und Birnie			Optimaler Fließbandabgleich		
Station 1	AE 1 (20)	AE 2 (100)	30	AE 1 (20)	AE 2 (100)	30
Station 2	AE 3 (140)		10	AE 3 (140)		10
Station 3	AE 5 (50)	AE 4 (40)	60	AE 4 (40)	AE 6 (80)	30
Station 4	AE 7 (90)		60	AE 5 (50)	AE 7 (90)	10
Station 5	AE 6 (80)	AE 8 (70)		AE 8 (70)	AE 9 (70)	10
Station 6	AE 9 (70)	80		AE 10		
Station 7	AE 10			–		

2. Produktionsplanung

Der Master Production Schedule enthält die in den einzelnen Perioden zu produzierenden Primärbedarfsmengen der Endprodukte. Er bildet die Grundlage für die weitere Bestellmengen- und Produktionsplanung. Da hier von einer konstanten Nachfragerate innerhalb der einzelnen Perioden ausgegangen wird, bietet es sich an, die Losgrößen für die Videoschnittsysteme in den einzelnen Perioden mit Hilfe des klassischen Losgrößenmodells zu planen. Um die Kapitalbindungskosten der einzelnen Produkteinheit bestimmen zu können, sind zunächst die variablen Herstellkosten des Videoschnittsystems zu ermitteln. Diese setzen sich aus den Sekundärbedarfsmengen je Stück multipliziert mit den jeweiligen Preisen zusammen. Zusätzlich sind die bei der Produktion anfallenden Personalkosten sowie die Betriebskosten des Fließbands zu berücksichtigen. Die Ergebnisse der Berechnungen sind in der Tabelle 4 aufgeführt.

Unter Berücksichtigung des Kalkulationszinsfußes in Höhe von 6 Prozent ergeben sich die Lagerhaltungskostensätze pro Jahr und Produkteinheit. Bei den angegebenen Nachfrageraten ist bereits berücksichtigt, daß die Kapazität in Höhe von 2.000 Stunden je Jahr lediglich ausreicht, um 48.000 Produkteinheiten herzustellen. Die 48.000 Stück erhält man, indem man die verfügbaren 2.000 Stunden durch die 150 Sekunden Produktionszeit je Videoschnittsystem dividiert. Die in den Perioden 2004 und 2005 jeweils fehlenden 2.000 Produkteinheiten müssen in der dritten Periode vorproduziert werden, so daß sich hier die zugrunde gelegte Nachfragerate um 4.000 Stück erhöht. In allen weiteren Perioden lohnt sich eine Vorproduktion aufgrund der sich zum Periodenanfang jeweils verringernden variablen Herstellkosten nicht. Die durch die Fließbandtaktung vorgegebene Produktionsgeschwindigkeit von 48.000 Stück pro Jahr ist bei der Bestimmung der optimalen Losgröße zu berücksichtigen. Die optimalen Losgrößen ergeben sich somit durch die um eine endliche Produktionsgeschwindigkeit erweiterte klassische Losgrößenformel (vgl. Kistner/Steven [1999], S. 247 ff.).

Tabelle 4: Variable Herstellkosten pro Produkteinheit

Bezeichnung	Anzahl	Beschaffungspreis	Kosten je Produkteinheit
Platinengrundkörper	1	0,50 GE / Stück	0,50 GE
Ätzlösung	3 ml	550 GE / Liter	1,65 GE
8-Ohm-Widerstand	3	0,05 GE / Stück	0,15 GE
1k-Ohm-Widerstand	1	0,10 GE / Stück	0,10 GE
Kondensator	1	0,20 GE / Stück	0,20 GE
Transistoren	6	0,15 GE / Stück	0,90 GE
Mikrochip Typ „OP4004"	1	2000: 50 GE / Stück 2001: 40 GE / Stück 2002: 30 GE / Stück 2003: 20 GE / Stück 2004: 10 GE / Stück 2005: 10 GE / Stück	2000: 50 GE 2001: 40 GE 2002: 30 GE 2003: 20 GE 2004: 10 GE 2005: 10 GE
Buchse	1	0,40 GE / Stück	0,40 GE
Kabel	1	2,30 GE / Stück	2,30 GE
Verpackungsmaterial	1	0,30 GE / Stück	0,30 GE
Betriebskosten des Fließbands	2,5	6,00 GE / min	15,00 GE
Personalkosten	15	1,00 GE / min	15,00 GE
variable Herstellkosten je Produkteinheit			**2000: 86,50 GE** **2001: 76,50 GE** **2002: 66,50 GE** **2003: 56,50 GE** **2004: 46,50 GE** **2005: 46,50 GE**

Durch Division der Nachfrageraten der einzelnen Perioden durch die gemäß dem klassischen Losgrößenmodell ermittelten optimalen Losgrößen erhält man eine nicht ganzzahlige Anzahl an Losen. Da es nicht sinnvoll ist, aufgrund der fallenden Kosten freiwillig mehr zu produzieren, als durch die Nachfragerate vorgegeben wird, ist die ermittelte optimale Losgröße entsprechend zu verringern bzw. zu erhöhen. Die sich daraus ergebende Losgröße führt zu einer ganzzahligen Anzahl von Losen, bei der die Gesamtproduktionsmenge der Nachfragerate der Periode entspricht. Hierfür ist auf der Basis der Periodenkosten zu vergleichen, ob die sich durch die optimale Losgröße ergebende Anzahl der Lose auf- oder abzurunden ist. Die geplante Losgröße ergibt sich dann als Nachfragerate der Periode dividiert durch die Anzahl der Lose. Die (gerundeten) Ergebnisse des beschriebenen Vorgehens sind in Tabelle 5 angegeben.

Tabelle 5: Ermittlung der optimalen Produktionspläne für die einzelnen Perioden

Periode	2000	2001	2002	2003	2004	2005
Lagerhaltungskostensatz	5,19	4,59	3,99	3,39	2,79	2,79
Rüstkosten	500	500	500	500	500	500
Nachfragerate	10.000	20.000	30.000	44.000	48.000	48.000
Produktionsrate	48.000	48.000	48.000	48.000	48.000	48.000
Kapazitätsauslastung	20,8%	41,7%	62,5%	91,7%	100,0%	100,0%
optimale Losgröße	1.560	2.733	4.478	12.480	48.000	48.000
Anzahl der Lose	6,41	7,32	6,70	3,53	1,00	1,00
Kosten je Periode bei optimaler Losgröße	6.410	7.319	6.700	3.528	500	500
Kosten je Periode bei Aufrundung der Anzahl der Lose	6.436	7.347	6.706	3.554	–	–
Kosten je Periode bei Abrundung der Anzahl der Lose	6.425	7.325	6.740	3571	–	–
geplante Losgröße	1.667	2.857	4.286	11.000	48.000	48.000
Anzahl der Lose	6	7	7	4	1	1

3. Bestellmengenplanung

Normalerweise wäre für jedes der einzelnen fremdzubeziehenden Teile eine separate Bestellmengenplanung durchzuführen. Da aber die Widerstände, Kondensatoren und Transistoren sowie die Buchsen und das Kabel jeweils vom gleichen Lieferanten bezogen werden, lassen sich bestellfixe Kosten sparen, indem gleiche Bestellzeitpunkte gewählt werden. Aufgrund der konstanten Nachfragerate innerhalb der einzelnen Perioden bietet es sich auch hier an, die Lösungen der Bestellmengenprobleme mit Hilfe des klassischen Auftragsgrößenmodells zu ermitteln. Da jeder Lieferant und jede Periode separat betrachtet werden, ergeben sich insgesamt 36 Bestellmengenprobleme, für die jeweils die variablen Lagerhaltungskosten, die bestellfixen Kosten und die Bedarfsmengen zu bestimmen sind. Die bestellfixen Kosten der einzelnen Lieferanten können unmittelbar der Aufgabenstellung entnommen werden. Die Bedarfsmengen ergeben sich aus der Stücklistenauflösung, indem man die Produktionsmengen in den einzelnen Perioden mit den Bedarfen an Bauteilen je Stück multipliziert. Da bei den Lieferanten C und E verschiedene Bauteile gleichzeitig bestellt werden, sind die Bedarfsmengen in den einzelnen Perioden in der Tabelle 6 auf Endprodukteinheiten normiert. Dies bedeutet beispielsweise, daß die Bedarfsmenge von 10.000 Stück bei Lieferant C im Jahr 2000 tatsächlich 30.000 8-Ohm-Widerstände, 10.000 1k-Ohm-Widerstände, 10.000 Kondensatoren und 60.000 Transistoren widerspiegelt.

Die variablen Lagerhaltungskosten ergeben sich aus den Beschaffungspreisen der bei den einzelnen Lieferanten beschafften Vorprodukte multipliziert mit dem zugrunde zu legenden Kalkulationszinsfuß in Höhe von 6 Prozent. Der variable Lagerhaltungskostensatz symbolisiert somit das im Lager gebundene Kapital je Mengeneinheit eines bestimmten Gutes. Die ermittelten Werte für die einzelnen Bestellmengenprobleme sind in der Tabelle 6 aufgeführt. Die optimale Auftragsgröße wurde mit Hilfe der klassischen Bestellmengenformel berechnet. Die Anzahl der Aufträge ergibt sich durch Division der Nachfragerate durch die optimale Bestellmenge. Die gerundeten Kosten je Jahr ergeben sich durch Multiplikation der Kosten je Bestellung (nicht aufgeführt) mit der Anzahl der Bestellungen. Aus diesem Vorgehen resultiert allerdings bezüglich der Bestellungen bei den Lieferanten A, B, C, E und F eine gewisse Suboptimalität, da periodenübergreifende Aufträge aufgrund der konstanten Beschaffungspreise der einzelnen Teile sinnvoll sein könnten. Auf eine diesbezügliche Planänderung wird hier jedoch verzichtet, da die ermittelten Aufträge ohnehin noch an den im vorhergehenden Abschnitt festgelegten Master Production Schedule angepaßt werden müssen.

Die optimalen Auftragsgrößen geben an, wie viele Mengeneinheiten von den einzelnen Bauteilen bei konstanter Nachfrage sowie gleichbleibenden Fremdbezugspreisen auf einmal bei dem jeweiligen Lieferanten bestellt werden sollten. Wie beim Master Production Schedule ergeben sich wiederum nicht-ganzzahlige Bestellhäufigkeiten, die im nächsten Abschnitt mit dem Master Production Schedule abzustimmen sind.

4. Abstimmung von Bestellmengen- und Produktionsplanung

Die in der Tabelle 6 dargestellte Bestellmengenplanung kann dazu führen, daß die Versorgung der Produktion mit den benötigten Teilen zeitweise nicht sichergestellt ist. Dies hängt damit zusammen, daß die benötigten Teile in den Perioden, in denen die Kapazitätsauslastung unter 100 Prozent liegt, nicht kontinuierlich, sondern in bestimmten Zeitabschnitten nachgefragt werden. Wenn die geplante Produktionsmenge an Videoschnittsystemen in einem Zeitpunkt aber höher ist als die am Lager vorrätige Menge eines oder mehrerer dafür benötigter Vorprodukte, so kann es zu Produktionsstillständen kommen. Hier zeigt sich, daß eine isolierte Planung zwar rechnerisch für einzelne Teilbereiche optimale Ergebnisse liefert, jedoch insgesamt zu unzulässigen Planungsergebnissen führt. Außerdem können durch Abstimmung der Lieferzeitpunkte mit dem Produktionsbeginn Kosten eingespart werden, da Bestellware erst dann angeliefert wird, wenn sie von der Produktion unmittelbar benötigt wird. Aus den genannten Gründen bedarf es einer Anpassung der Bestellmengenplanung an den Master Production Schedule.

Bei dieser Abstimmung ist darauf zu achten, daß die einzelnen Bestellmengen ein ganzzahliges Vielfaches der Produktionslose (Auftragsbündelung) bzw. die Fertigungslose ein ganzzahliges Vielfaches der Bestellmengen (Auftragssplittung) sind.

Tabelle 6: Vorläufige Bestellmengenplanung

	Periode	variable Lager-haltungskosten	bestellfixe Kosten	Nach-fragerate	optimale Bestell-menge	Kosten je Jahr	Bestell-häufig-keit
Lieferant A	2000	0,03	100	10.000	8165	245	1,225
	2001	0,03	100	20.000	11547	346	1,732
	2002	0,03	100	30.000	14142	424	2,121
	2003	0,03	100	44.000	17127	514	2,569
	2004	0,03	100	48.000	17889	537	2,683
	2005	0,03	100	48.000	17889	537	2,683
Lieferant B	2000	0,033	20	30.000	6030	199	4,975
	2001	0,033	20	60.000	8528	281	7,036
	2002	0,033	20	90.000	10445	345	8,617
	2003	0,033	20	132.000	12649	417	10,436
	2004	0,033	20	144.000	13212	436	10,899
	2005	0,033	20	144.000	13212	436	10,899
Lieferant C	2000	0,081	50	10.000	3514	285	2,846
	2001	0,081	50	20.000	4969	402	4,025
	2002	0,081	50	30.000	6086	493	4,930
	2003	0,081	50	44.000	7370	597	5,970
	2004	0,081	50	48.000	7698	624	6,235
	2005	0,081	50	48.000	7698	624	6,235
Lieferant D	2000	3,00	200	10.000	1155	3463	8,658
	2001	2,40	200	20.000	1826	4381	10,952
	2002	1,80	200	30.000	2582	4648	11,619
	2003	1,20	200	44.000	3830	4596	11,488
	2004	0,60	200	48.000	5657	3394	8,485
	2005	0,60	200	48.000	5657	3394	8,485
Lieferant E	2000	0,162	100	10.000	3514	569	2,846
	2001	0,162	100	20.000	4969	805	4,025
	2002	0,162	100	30.000	6086	986	4,929
	2003	0,162	100	44.000	7370	1194	5,970
	2004	0,162	100	48.000	7698	1247	6,235
	2005	0,162	100	48.000	7698	1247	6,235
Lieferant F	2000	0,018	40	10.000	6667	120	1,500
	2001	0,018	40	20.000	9428	170	2,121
	2002	0,018	40	30.000	11547	208	2,598
	2003	0,018	40	44.000	13984	252	3,146
	2004	0,018	40	48.000	14606	263	3,286
	2005	0,018	40	48.000	14606	263	3,286

Die Ermittlung der an den Master Production Schedule angepaßten Bestellmengen setzt umfangreiche Vergleiche verschiedener Auftragsgrößen voraus. Die in Tabelle 6 ermittelten Bestellmengen können als Ausgangspunkt gewählt werden und tragen so zu einer Verringerung des Lösungsaufwands bei. Die in Tabelle 7 angegebenen Auftragsgrößen basieren auf einer numerischen Lösung, die mit Hilfe des Tabellenkalkulationsprogramms Excel berechnet wurde.

Die Kosten nach der Abstimmung der Bestellmengenplanung mit dem Master Production Schedule betragen 39.666 Geldeinheiten. Ohne Abstimmung waren es gemäß der Daten aus Tabelle 6 in der Summe 38.942 Geldeinheiten. Die Abstimmung führt somit zu einer Kostensteigerung von 1,9 Prozent. Die mit Abstand größte Einzelabweichung liegt in Periode 2003 bei Lieferant C mit 8,0 Prozent. Die hier aufgeführten Kostensteigerungen sind vor dem Hintergrund zu sehen, daß nur so eine zulässige Lösung erzielt werden kann.

Weitere Verbesserungen der ermittelten Plangrößen können erzielt werden, wenn

- periodenübergreifende Bestellmengen zugelassen werden,

- die zeitliche Verteilung des Lagerbestands in der Auftragsgrößenplanung noch detaillierter berücksichtigt wird,

- Bestellungen in Perioden mit nicht voll ausgelasteter Kapazität ermöglicht werden, die nicht das ganzzahlige Vielfache der Bedarfsmenge eines Loses abdecken.

Schließlich trifft hier aufgrund der nicht kontinuierlichen Produktion auch die Annahme einer konstanten Nachfrage nach Vorprodukten nicht zu. Für eine „exaktere" Planung hätte das vorliegende Problem daher mit aufwendigeren Planungsmethoden gelöst werden müssen. Da dies für die hier gegebene Problemstellung keine bzw. nur geringfügige Verbesserungen erbringt, wird auf eine weitergehende Erläuterung dieser Methoden verzichtet.

Die Terminplanung für die einzelnen Bestellungen wird hier nicht vorgenommen; sie läßt sich aber unmittelbar aus den in der Tabelle 7 angegebenen Auftragsgrößen und den in Tabelle 5 zu findenden Fertigungslosen ableiten. Weiterhin läßt sich aus den in diesen Tabellen angegebenen Daten unmittelbar auch die Höhe der Rüst- und der bestellfixen Kosten berechnen. Da diese Kosten für die später durchzuführenden Erfolgsrechnungen relevant sind, wird ihre Ermittlung im folgenden kurz erläutert. Die Rüstkosten einer Periode entsprechen dem Produkt aus Rüstkosten je Los und Anzahl der Lose in der Periode, betragen also z.B. im Jahr 2001: $7 \cdot 500 = 3.500$ Geldeinheiten. Die bestellfixen Kosten der einzelnen Perioden errechnen sich als Produkte aus den bestellfixen Kosten und der Anzahl der Bestellungen bei den jeweiligen Lieferanten, summiert über alle Lieferanten. Die bestellfixen Kosten betragen z.B. für das Jahr 2001: $2 \cdot 100 + 7 \cdot 20 + 4 \cdot 50 + 14 \cdot 200 + 4 \cdot 100 + 2 \cdot 40 = 3.820$ Geldeinheiten.

Tabelle 7: Abgestimmte Bestellmengenplanung

	Periode	Bestell-menge	Bestell-häufig-keit	Kosten je Be-stellg.	Bestell-menge	Bestell-häufig-keit	Kosten je Be-stellg.	Kosten je Jahr
Lieferant	2000	10.000	1	250				250
A	2001	8.571	1	155	11.429	1	198	353
	2002	12.858	1	183	17.144	1	247	430
	2003	22.000	2	265				530
	2004	16.000	3	180				540
	2005	16.000	3	180				540
Lieferant	2000	5.000	6	34				203
B	2001	8571	7	40				281
	2002	12.858	7	50				352
	2003	11.000	12	35				422
	2004	13.091	11	40				436
	2005	13.091	11	40				436
Lieferant	2000	3.333	3	95				285
C	2001	5.714	3	116	2857	1	67	415
	2002	8.572	3	149	4.284	1	75	522
	2003	11.000	4	161				645
	2004	8.000	6	104				624
	2005	8.000	6	104				624
Lieferant	2000	833	12	304				3.650
D	2001	1429	14	322				4.514
	2002	2.143	14	338				4.729
	2003	3.667	12	383				4.600
	2004	6.000	8	425				3.400
	2005	6.000	8	425				3.400
Lieferant	2000	5.000	2	285				570
E	2001	5.714	3	232	2.857	1	133	830
	2002	8.572	3	298	4.284	1	150	1.045
	2003	5.500	8	156				1246
	2004	8.000	6	208				1.248
	2005	8.000	6	208				1.248
Lieferant	2000	5.000	2	63				125
F	2001	8.571	1	73	11.429	1	99	172
	2002	8.572	2	62	12.858	1	90	214
	2003	11.000	4	65				259
	2004	16.000	3	88				264
	2005	16.000	3	88				264

5. Investitionsplanung

Während es sich bei den bisher behandelten Teilproblemen um reine Produktionsplanungsprobleme handelte, liegt der Schwerpunkt der folgenden drei Rechnungen auf der Ermittlung von Ergebnissen, die den wirtschaftlichen Erfolg der durchzuführenden Maßnahme belegen. Insbesondere das Ergebnis der Investitionsrechnung dient der Optica AG als wichtige Grundlage für oder gegen die Einführung der Strategischen Geschäftseinheit „Videoschnittsysteme".

Für die Investitionsrechnung sind alle Zahlungen, die ursächlich auf die Einführung der Strategischen Geschäftseinheit zurückzuführen sind, den einzelnen Perioden zuzuordnen und mit Hilfe der Kapitalwertmethode zu beurteilen (vgl. zu den Methoden der Investitionsrechnung Schmidt/Terberger [1997]). Die auf die Einführung der Strategischen Geschäftseinheit zurückzuführenden Zahlungen und der auf dieser Basis berechnete Kapitalwert (Kalkulationszinsfuß: 6 Prozent) sind in der Tabelle 10 aufgeführt.

Tabelle 10: Ermittlung des Kapitalwerts der Strategischen Geschäftseinheit

	1999	2000	2001	2002	2003	2004	2005
Umsatz		1.700.000	3.000.000	3.900.000	4.400.000	4.500.000	3.500.000
Patenterwerb	–1.000.000						
Weiterentwicklung	–200.000						
Fließbandkauf	–2.000.000						–60.000
Material und Betrieb des Fließbands		–865.000	–1.530.000	–1.995.000	–2.486.000	–2.232.000	–2.232.000
Vertrieb		–35.000	–70.000	–105.000	–140.000	–175000	–175.000
Werbung		–400.000	–500.000	–600.000	–600.000	–400000	–300.000
Zahlungen für Fließbandinbetriebnahme		–3.000	–3.500	–3.500	–2.000	–500	–500
bestellfixe Zahlungen		–3.050	–3.820	–3.860	–4.000	–3.140	–3.140
Summe	–3.200.000	393.950	892.680	1.192.640	1.168.000	1.689.360	729.360
Kapitalwert nach jeweiliger Periode	–3.200.000	–2.828.349	–2.033.867	–1.032.503	–107.338	1.155.050	1.669.220

Da der Kapitalwert mit 1.669.220 Geldeinheiten positiv ist, lohnt es sich aufgrund von wirtschaftlichen Überlegungen, die Strategische Geschäftseinheit „Videoschnittsysteme" einzuführen. Außerdem kann aufgrund des sehr hohen Kapitalwerts davon ausgegangen werden, daß sich die Investition auch bei einem ungünstigen Geschäftsverlauf amortisiert. Bei einem sehr günstigen Geschäftsverlauf besteht jedoch die Gefahr, daß insbesondere in den Perioden 2003 bis 2005 die vorhandenen Kapazitäten nicht ausreichen, um die Nachfrage zu decken. Allerdings lohnt sich die Einführung der Videoschnittsysteme nur, wenn die damit verbundenen Investitionen mindestens bis einschließlich 2004 genutzt werden können. In den Perioden davor erhält man einen negativen nachperiodigen Kapitalwert, d.h., die Investitionen amortisieren sich erst im fünften Jahr ihrer Nutzung.

Bei den hier vorgenommenen Betrachtungen wurden strategische Aspekte bewußt ausgeklammert. Diese sind bei der Einführung einer neuen Strategischen Geschäfts-einheit ebenfalls zu berücksichtigen. Dabei spielt es u.a. eine Rolle, in welchen Märk-ten sich die Optica AG langfristig positionieren will. Würde z.B. die hier betrachtete Sparte als besonders zukunftsträchtig angesehen, so wäre es durchaus denkbar, daß die Optica AG die Strategische Geschäftseinheit selbst bei negativem Kapitalwert einführt, um während der ersten Jahre Marktanteile und Know-how zu gewinnen.

6. Ermittlung des Betriebserfolgs nach Handelsrecht

Zur Ermittlung des Betriebserfolgs kann weitgehend auf die Zahlen aus dem fünften Abschnitt zurückgegriffen werden. Lediglich die Anschaffungskosten für das Fließ-band und das Patent sowie die Entwicklungskosten des Videoschnittsystems sind in Form von Abschreibungen auf die Nutzungsdauer des Fließbands bzw. auf den Ange-botszeitraum des Schnittsystems zu verteilen. Dabei wird davon ausgegangen, daß die gesamte Summe zeitlich abgeschrieben wird. Der Abschreibungszeitraum wird mit sechs Jahren angesetzt. Weitere Unterschiede zur obigen Investitionsrechnung erge-ben sich durch den Ansatz der für die Jahre 2004 und 2005 vorproduzierten Lagerbe-stände. Während in der Investitionsrechnung der Zeitpunkt der Zahlung ausschlagge-bend für die richtige Periodisierung ist, sind die entsprechenden Herstellungskosten für die vorproduzierten Bestände an Videoschnittsystemen zu aktivieren (Umsatzko-stenverfahren) und erst in der Periode anzusetzen, in der ihnen ein entsprechender Umsatz gegenübersteht. Sie haben daher keinen Einfluß auf das Betriebsergebnis der Periode 2003. Die Herstellungskosten für jeweils 2000 Stück sind dann den Perioden 2004 und 2005 zuzuschlagen. Da alle Investitionen aus dem Eigenkapital finanziert werden, sind außerdem keine Fremdkapitalzinsen anzusetzen. Die Berechnung der Betriebserfolge der Jahre 2000 bis 2005 findet sich in der Tabelle 11 auf der folgen-den Seite.

7. Ermittlung des kalkulatorischen Erfolgs

Bei der Ermittlung des kalkulatorischen Erfolgs werden die variablen Herstellkosten ebenfalls auf die Perioden aufgeteilt, in denen die Videoschnittsysteme auch tatsäch-lich abgesetzt werden. Gegenüber der Ermittlung des Betriebserfolgs nach dem Han-delsrecht ergeben sich darüber hinaus folgende Unterschiede (vgl. Tabelle 12 auf der folgenden Seite sowie zur Kostenrechnung im allgemeinen z.B. Plinke [1997]):

Tabelle 11: Betriebserfolg der Strategischen Geschäftseinheit (nach Handelsrecht)

	2000	2001	2002	2003	2004	2005
Erträge	1.700.000	3.000.000	3.900.000	4.400.000	4.500.000	3.500.000
- variable Herstellungs-kosten (Fifo)	865.000	1.530.000	1.995.000	2.260.000	2.347.000	2.343.000
- Vertriebskosten	35.000	70.000	105.000	140.000	175.000	175.000
- Werbung	400.000	500.000	600.000	600.000	400.000	300.000
- Rüstkosten Fließband	3.000	3.500	3.500	2.000	500	500
- bestellfixe Kosten	3.050	3.820	3.860	4.000	3.140	3.140
- Rückbau des Fließbands						60.000
- Abschreibungen	533.333	533.333	533.333	533.333	533.333	533.333
jährlicher Betriebserfolg nach Handelsrecht	−139.383	359.347	659.307	860.667	1.041.027	85.027

Tabelle 12: Kalkulatorischer Erfolg der Strategischen Geschäftseinheit

	2000	2001	2002	2003	2004	2005
Erlöse	1.700.000	3000.000	3.900.000	4.400.000	4.500.000	3.500.000
- variable Herstellkosten	865.000	1.530.000	1.995.000	2.260.000	2.345.000	2.345.000
- variable Vertriebskosten	35.000	70.000	105.000	140.000	175.000	175.000
kalkulatorischer Erfolg auf der Basis von stück-variablen Kosten	800.000	1.400.000	1.800.000	2.000.000	1.980.000	980.000
- Werbung	400.000	500.000	600.000	600.000	400.000	300.000
- Rüstkosten Fließband	3.000	3.500	3.500	2.000	500	500
- bestellfixe Kosten	3.050	3.820	3.860	4.000	3.140	3.140
kalkulatorischer Erfolg auf der Basis von perio-denvariablen Kosten	393.950	892.680	1.192.640	1.394.000	1.576.360	676.360
- Abschreibungen inklusive Rückbau des Fließbands)	163.000	326.000	489.000	652.000	815.000	815.000
- kalkulatorische Zinsen auf betriebsnotwendiges Kapital	97.800	97.800	97.800	97.800	97.800	97.800
kalkulatorischer Erfolg	133.150	468.880	605.840	644.200	663.560	−236.440

- Die Abschreibungen werden leistungsbezogen ermittelt, indem die Anschaffungskosten für das Fließband, die Kosten des Patents, die Entwicklungskosten für das Videoschnittsystem und die Kosten für den Rückbau des Fließbands gleichmäßig auf die Stückzahl der insgesamt produzierten Ausbringungsmenge verteilt werden. Bei einer Division der gesamten abzuschreibenden Kosten in Höhe von 3.260.000 GE durch die gesamte Stückzahl von 200.000 Stück ergibt sich ein Kostensatz von 16,30 GE/Stück.

- Bei den kalkulatorischen Zinsen wird eine Durchschnittswertverzinsung vorgenommen, d.h., die Zinsen werden auf der Basis des halben Vermögenswertes (Patent, Entwicklung, Fließband inklusive Rückbau) ermittelt.

Zusammenfassung

Das in der hier vorgestellten Fallstudie beschriebene Vorgehen basiert auf der Lösung verschiedener Teilprobleme aus dem Bereich des betrieblichen Produktionsmanagements. Um nicht nur Teiloptima zu berechnen, war es notwendig, die zuvor durchgeführte Bestellmengenplanung auf den Master Production Schedule abzustimmen. Innerhalb der einzelnen Teilprobleme wurden aus didaktischen und aus pragmatischen Gründen bewußt einfache Methoden gewählt, wie sie auch in der betrieblichen Praxis verwendet werden. Die Integration zusätzlicher Gesichtspunkte, z.B. die Möglichkeit periodenübergreifender Bestellmengen, hätte zwar zu marginalen Ergebnisverbesserungen geführt, aber gleichzeitig den Lösungsaufwand stark erhöht. Beispielsweise hätte dann das klassische Auftragsgrößenmodell nicht mehr angewendet werden können. Dabei ist auch zu beachten, daß es sich bei den hier angestellten Überlegungen um eine Ex-ante-Planung für einen relativ langen Zeitraum handelt. Die Annahme konstanter Periodennachfragen wird so sicherlich nicht zutreffen. Die Optica AG wird nach der Realisation konkreter Nachfragemengen ohnehin eine laufende Feinplanung durchführen müssen. Aufgrund der dann schwankenden Nachfragen bietet es sich an, bei der Auftragsgrößenplanung dynamische Methoden mit unterschiedlichen Periodennachfragen zu verwenden, z.B. das Verfahren von Wagner/Whitin (vgl. z.B. Kistner/ Steven [1993], S. 52 ff.). Als Periodenlänge wird dann sicherlich auch nicht mehr ein Jahr zugrunde gelegt; die Planung wird vielmehr tage- oder wochenweise erfolgen. Die Feinplanung dient dabei dem Zweck, die Bestellmengen- und die Fertigungsplanung an den konkreten Nachfrageverlauf anzupassen. Wenn die jährlichen Prognosen der Aufgabenstellung insgesamt zutreffen, so werden sich die hier dargestellten Ergebnisse der Grobplanung zwar hinsichtlich der verschiedenen Planungsdetails ändern; jedoch dürften die aufgezeigten wirtschaftlichen Konsequenzen für die Optica AG zutreffend ermittelt worden sein. Neben der Ermittlung der wirtschaftlichen Konsequenzen liegt der Wert der Planungsergebnisse vor allem auch darin, daß das Videoschnittsystem mit den getätigten Investitionen auch tatsächlich in den geplanten Stückzahlen produziert werden kann, daß also überhaupt eine zulässige Lösung für die Planungsprobleme existiert.

Die Auswertung der Planungsergebnisse mit Hilfe der durchgeführten Erfolgsrechnungen zeigt die Zahlungen, den Betriebserfolg und den kalkulatorischen Erfolg der
einzelnen Perioden auf. Als Beurteilungskriterium für die Einführung der Strategischen Geschäftseinheit „Videoschnittsysteme" ist jedoch in erster Linie die Kapitalwertmethode relevant, bei der die durch die Strategische Geschäftseinheit ausgelösten
Zahlungen systematisch auf den Investitionszeitpunkt abgezinst werden. Über die hier
angestellten Betrachtungen hinaus könnte in diese Investitionsentscheidung auch der
Marktwert der Strategischen Geschäftseinheit nach dem Jahr 2005 in die Entscheidung einfließen. Dieser ist z.B. durch die Reputation, durch das Know-how und durch
die errungene Marktstellung gegeben. Da diese Faktoren jedoch außerhalb der Reichweite produktionswirtschaftlicher Fragestellungen liegen, wurde auf deren Betrachtung bewußt verzichtet.

Literaturhinweise

CORSTEN, H.: Produktionswirtschaft, 7. Aufl., München/Wien 1998.

KISTNER, K.-P., STEVEN, M.: Produktionsplanung, 2. Aufl., Heidelberg 1993.

KISTNER, K.-P., STEVEN, M.: Betriebswirtschaftslehre im Grundstudium, Band 1: Pro-
    duktion, Absatz, Finanzierung, 3. Aufl., Heidelberg 1999.

PLINKE, W.: Industrielle Kostenrechnung, 4. Aufl., Berlin/Heidelberg/New York 1997.

SCHMIDT, R.H., TERBERGER, E.: Grundzüge der Investitions- und Finanzierungstheo-
    rie, 4. Aufl., Wiesbaden 1997.

VI. Bibliographie von Übungsbüchern sowie Lehrbüchern mit Aufgaben und Lösungen zur Produktionswirtschaft

Heiko Burchert

Bibliographie

1. Reine Übungsbücher zur Produktionswirtschaft

ADAM, DIETRICH, Arbeitsbuch zur Produktionspolitik. Mit Lösungen. 4. Aufl., Gabler, Wiesbaden, 1987, 191 S., 34,00 DM.

ADAM, DIETRICH; KLAUS BACKHAUS, MATTHIAS BAUER, ACHIM DINGE, ULRICH JOHANNWILLE, MARKUS VOETH UND MICHAEL WELKER, Koordination betrieblicher Entscheidungen. Die Fallstudie Peter Pollmann. 2. Aufl., Springer, Heidelberg, Berlin, 1999, 308 S., 39,90 DM.

CORSTEN, HANS, Übungsbuch zur Produktionswirtschaft, Oldenbourg, München, Wien, 1998, 250 S., 39,80 DM.

DINKELBACH, WERNER UND ULRICH LORSCHEIDER, Übungsbuch zur Betriebswirtschaftslehre: Entscheidungsmodelle und lineare Programmierung. 3. Aufl., Oldenbourg, München, Wien, 1994, 300 S., 44,50 DM.

DYCKHOFF, HARALD; HEINZ AHN UND RAINER SOUREN, Übungsbuch Produktionswirtschaft. Springer, Berlin, Heidelberg, New York, 1999, 270 S., 29,80 DM.

GÜNTHER, HANS-O. UND HORST TEMPELMEIER, Übungsbuch Produktion und Logistik. 3. Aufl., Springer, Berlin, Heidelberg, 1998, 242 S., 29,80 DM.

HOLLNSTEINER, KURT UND MICHAEL KOPEL, Übungsbuch zur Betriebswirtschaftlichen Optimierung. Oldenbourg, München, Wien, 1999, 340 S., 39,80 DM.

JACOB, HERBERT (Hrsg.), Industriebetriebslehre. Handbuch für Studium und Prüfung. 4. Aufl., Gabler, Wiesbaden, 1990, 858 S., 128,00 DM.

JÖRS, BERND UND SABINE SCHLÖMER, Übungen zu quantitativen Methoden der Betriebswirtschaftslehre: Aufgaben und Lösungshinweise. S. Toeche-Mittler, Darmstadt, 1993, 120 S., 24,80 DM.

KUHN, AXEL UND MARKUS RABE, Simulation in Produktion und Logistik. Fallbeispielsammlung. Springer, Berlin, Heidelberg, 1998, 199 S., 68,00 DM.

NIESS, PETER S., Operatives Produktionsmanagement. 33 Kurzfallstudien mit ausführlichen Lösungen. Gabler, Wiesbaden, 1996, 274 S., 59,80 DM.

MISSBAUER, HUBERT; JOSEF NEUBÖCK, GÜNTHER ZÄPFEL UND GÜNTER HÖFLER, Übungen und Fallstudien zum Produktionsmanagement. R. Trauner-Verlag, Linz, 1995, 287 S., 44,50 DM.

2. Lehrbücher zur Produktionswirtschaft mit Aufgaben, Lösungen bzw. Fallstudien

ADAM, DIETRICH, Produktions- und Kostentheorie, 2. Aufl., J. C. B. Mohr (Paul Siebeck), Tübingen, und Werner-Verlag, Düsseldorf, 1977, 175 S., 24,80 DM.

ADAM, DIETRICH, Planung und Entscheidung. Modelle – Ziele – Methoden, mit Fallstudien und Lösungen, 4. Aufl., Gabler, Wiesbaden, 1996, 624 S., 68,00 DM.

ADAM, DIETRICH, Produktionsmanagement. 9. Aufl., Gabler, Wiesbaden, 1998, 720 S., 98,00 DM.

BLOECH, JÜRGEN; RONALD BOGASCHEWSKY, UWE GÖTZE UND FOLKER ROLAND, Einführung in die Produktion. 3. Aufl., Physica, Heidelberg, 1998, 410 S., 45,00 DM.

BLOHM, HANS; THOMAS BEER, ULRICH SEIDENBERG UND HERWIG SILBER, Produktionswirtschaft. Mit Kontrollfragen sowie Aufgaben und Lösungen. 3. Aufl., Verlag Neue Wirtschafts-Briefe, Herne, Berlin, 1997, 559 S., 78,00 DM.

DONDRUP, MATTHIAS, Produktion. Mit Übungsaufgaben und Lösungen. WRW-Verlag, 1998, 68 S., 7,80 DM.

DYCKHOFF, HARALD, Grundzüge der Produktionswirtschaft. Einführung in die Theorie betrieblicher Produktion. 2. Aufl., Springer, Berlin, Heidelberg, 1998, 387 S., 45,00 DM.

EVERSHEIM, WALTER UND GÜNTHER SCHUH, Produktion und Management. Springer, Berlin, Heidelberg, 1999, 1838 S., 249,00 DM.

GRUPP, BRUNO, Aufbau einer optimalen Stücklistenorganisation. Verlag Recht und Wirtschaft, Heidelberg, 1995, 223 S., 64,00 DM.

GRUPP, BRUNO, Materialwirtschaft mit EDV im Mittel- und Kleinbetrieb. 5. Aufl., Verlag Recht und Wirtschaft, Heidelberg, 1997, 206 S., 48,00 DM.

GÜNTHER, HANS O. UND HORST TEMPELMEIER, Produktionsmanagement. Einführung mit Übungsaufgaben. 2. Aufl., Springer, Berlin, Heidelberg, 1995, 447 S., 49,80 DM.

JEHLE, EGON; KLAUS MÜLLER UND HORST MICHAEL, Produktionswirtschaft. Eine Einführung mit Anwendungen und Kontrollfragen, 5. Aufl., Verlag Recht und Wirtschaft, Heidelberg, 1999, 239 S., 34,00 DM.

HAHN, DIETGER UND GERT LASSMANN, Produktionswirtschaft – Controlling industrieller Produktion. Band 2: Produktionsprozesse: Grundlegung und Beispiele aus der Wirtschaftspraxis. Physica, Heidelberg, 1989, 448 S., 65,00 DM.

KAHLE, EGBERT, Produktion. Lehrbuch zur Planung der Produktion und Materialbereitstellung. 4. Aufl., Oldenbourg, München, Wien, 1996, 378 S., 54,80 DM.

KUHN, AXEL; ADOLF REINHARDT UND HANS P. WIENDAHL, Handbuch Simulations-anwendungen in Produktion und Logistik. Vieweg, Düsseldorf, 1993, 440 S., 168,00 DM.

LEBEFROMM, UWE, Produktionsmanagement. Einführung mit Beispielen aus SAP R/3. 4. Aufl., Oldenbourg, München, Wien, 1999, 213 S., 49,80 DM.

OELDORF, GERHARD UND KLAUS OLFERT, Materialwirtschaft. 8. Aufl., Kiehl-Verlag, Ludwigshafen, 510 S., 39,80 DM.

POHMER, DIETER UND FRANZ X. BEA, Produktion und Absatz. Betriebswirtschaftlehre im Grundstudium der Wirtschaftswissenschaften II. 3. Aufl., UTB – Vandenhoeck und Ruprecht, 1994, 294 S., 32,80 DM.

SCHNEEWEISS, CHRISTOPH, Einführung in die Produktionswirtschaft. 7. Aufl., Springer, Berlin, Heidelberg, 1999, 368 S., 36,00 DM.

SCHWICKERT, AXEL C., Grundlagen der Produktions- und Kostentheorie. Übersichts-darstellungen, Aufgaben und Lösungen. Oldenbourg, München, Wien, 1998, 202 S., 39,80 DM.

STEINBUCH, PITTER A. UND KLAUS OLFERT, Fertigungswirtschaft. 6. Aufl., Kiehl-Verlag Ludwigshafen, 462 S., 39,80 DM.

VAHRENKAMP, RICHARD, Produktionsmanagement. 3. Aufl., Oldenbourg, München, Wien, 1998, 362 S., 59,80 DM.

Die Autoren des Bandes

Behrens, Sven: Dr. rer. pol., Dipl.-Math., geb. 1965, Wissenschaftlicher Mitarbeiter, Lehrstuhl für Angewandte Betriebswirtschaftslehre I – Produktionswirtschaft, Fakultät für Wirtschaftswissenschaft der Ruhr-Universität Bochum. Arbeits- und Forschungsgebiete: Produktionstheorie, prozeßorientierte Unternehmungstheorie, betriebliche Umweltökonomie, insb. Abfallwirtschaft, Controlling.

Bernhardt, Jürgen: Dipl.-Kfm., geb. 1966, Wissenschaftlicher Mitarbeiter, Lehrstuhl für Betriebswirtschaftslehre, insb. Marketing, Rechts- und Staatswissenschaftliche Fakultät der Ernst-Moritz-Arndt-Universität Greifswald. Arbeits- und Forschungsgebiete: Anreizgestaltung, Führungs- und Organisationsforschung, Strategische Unternehmensplanung.

Bogaschewsky, Ronald: Univ.-Prof. Dr. rer. pol., Dipl.-Kfm., geb. 1960, Lehrstuhl für Betriebswirtschaftslehre, insb. Produktionswirtschaft, Fakultät Wirtschaftswissenschaften der Technischen Universität Dresden. Arbeits- und Forschungsgebiete: Produktionsplanung und -steuerung, Produktions- und Kostentheorie, Beschaffungsmanagement, Prozeßorientiertes Management, Wissensmanagement.

Burchert, Heiko: Dr. rer. pol., Dipl. Ing. oec., geb. 1964, Wissenschaftlicher Assistent, Lehrstuhl für Allgemeine Betriebswirtschaftslehre und Betriebliche Finanzwirtschaft, insb. Unternehmensbewertung, Rechts- und Staatswissenschaftliche Fakultät der Ernst-Moritz-Arndt-Universität Greifswald. Arbeits- und Forschungsgebiete: Betriebliche Finanzwirtschaft, Betriebliche Transformationsprozesse, Gesundheitsökonomie (Telemedizin, Reha-Ökonomie), Organisationstheorie.

Buscher, Lioba: Dr. rer. nat., Dipl.-Stat., geb. 1967, Wissenschaftliche Assistentin, Professur für Quantitative Verfahren, insb. Ökonometrie, Fakultät Wirtschaftswissenschaften der Technischen Universität Dresden. Arbeits- und Forschungsgebiete: A-priori-Information in Regressionsmodellen, Zeitreihenanalyse, Kapitalmarktökonometrie.

Buscher, Udo: Dr. rer. pol., Dipl.-Kfm., geb. 1966, Wissenschaftlicher Assistent, Lehrstuhl für Betriebswirtschaftslehre, insb. Produktionswirtschaft, Fakultät Wirtschaftswissenschaften der Technischen Universität Dresden. Arbeits- und Forschungsgebiete: Produktionsplanung und -steuerung, prozeßorientiertes Beschaffungsmanagement, interorganisatorisches Logistikmanagement.

Daub, Anke: Dr. rer. pol., Dipl.-Kffr., geb. 1964, Wissenschaftliche Assistentin, Institut für Betriebswirtschaftliche Produktions- und Investitionsforschung, Abteilung für Unternehmensplanung, Wirtschaftswissenschaftliche Fakultät der Georg-August-Universität Göttingen. Arbeits- und Forschungsgebiete: Produktionsplanung und -steuerung, Krankenhausmanagement, Operations Research.

Dilger, Alexander: Dr. rer. pol., Dipl.-Vw., geb. 1968, Wissenschaftlicher Assistent, Lehrstuhl für Betriebswirtschaftslehre, insb. Personal- und Organisationsökonomie, Rechts- und Staatswissenschaftliche Fakultät der Ernst-Moritz-Arndt-Universität Greifswald. Arbeits- und Forschungsgebiete: Betriebliche Mitbestimmung, Insolvenzen, Personalökonomie, Spieltheorie.

Dinge, Achim: Dipl.-Ing., geb. 1969, Wissenschaftlicher Mitarbeiter, Institut für Industrie- und Krankenhausbetriebslehre, Wirtschaftswissenschaftliche Fakultät der Westfälischen Wilhelms-Universität Münster. Arbeits- und Forschungsgebiete: Produktions-, Operations- und Logistikmanagement, Recycling- und Demontageplanung, Umweltmanagement in Produktion und Logistik.

Götze, Uwe: Univ.-Prof. Dr. rer. pol., Dipl.-Kfm., geb. 1960, Lehrstuhl BWL III − Unternehmensrechnung und Controlling, Fakultät für Wirtschaftswissenschaften der Technischen Universität Chemnitz. Arbeits- und Forschungsgebiete: Investitionsrechnung und -management, Kostenrechnung und -management, Produktionswirtschaft, Controllingkonzeptionen und -instrumente, Strategisches Management, insb. Szenario-Technik und Standortstrukturgestaltung.

Hering, Thomas: PD Dr. rer. pol. habil., Dipl.-Kfm., geb. 1967, Lehrstuhl für Allgemeine Betriebswirtschaftslehre und Betriebliche Finanzwirtschaft, insb. Unternehmensbewertung, Rechts- und Staatswissenschaftliche Fakultät der Ernst-Moritz-Arndt-Universität Greifswald. Arbeits- und Forschungsgebiete: Investitions- und Finanzierungstheorie, Unternehmensbewertung, Unternehmensplanung und -steuerung, Rechnungswesen, Betriebswirtschaftslehre der Gemeinden.

Janker, Christian G.: Dipl.-Kfm., geb. 1972, Wissenschaftlicher Mitarbeiter, Lehrstuhl für Betriebswirtschaftslehre, insb. Logistik, Fakultät Wirtschaftswissenschaften der Technischen Universität Dresden. Arbeits- und Forschungsgebiete: Telematik im Straßengüterverkehr, rechnergestützte Tourenplanung, Analyse von Lieferantenbeziehungen, Logistik mit SAP R/3.

Johannwille, Ulrich: Dipl.-Kfm., geb. 1968, Wissenschaftlicher Mitarbeiter, Institut für Industrie- und Krankenhausbetriebslehre, Wirtschaftswissenschaftliche Fakultät der Westfälischen Wilhelms-Universität Münster. Arbeits- und Forschungsgebiete: Investitionstheorie, Kapitalmarkttheorie, Komplexitätsmanagement.

Keuper, Frank: Dr. rer. pol., Dipl.-Kfm., geb. 1966, Wissenschaftlicher Assistent, Institut für Industriebetriebslehre und Organisation, Arbeitsbereich Organisation und Industrielles Rechnungswesen, Wirtschaftswissenschaftliche Fakultät der Universität Hamburg. Arbeits- und Forschungsgebiete: Produktionsplanung und -steuerung, SAP R/3, strategisches Management, prozeßorientierte Unternehmensführung, Komplexitätsmanagement, Investitionstheorie, Finanzierungstheorie.

Klingelhöfer, Heinz Eckart: Dr. rer. pol., Dipl.-Wirtschaftsing., geb. 1966, Wissenschaftlicher Mitarbeiter, Lehrstuhl für Allgemeine Betriebswirtschaftslehre und Betriebliche Finanzwirtschaft, insb. Unternehmensbewertung, Rechts- und Staatswissenschaftliche Fakultät der Ernst-Moritz-Arndt-Universität Greifswald. Arbeits- und Forschungsgebiete: Investitions- und Finanzierungstheorie, Produktion, Betriebliche Umweltökonomie (insb. Entsorgung), Gesundheitsökonomie.

Kolbe, Markus: Dipl.-Ing., geb. 1967, Wissenschaftlicher Mitarbeiter, Lehrstuhl für Betriebswirtschaftslehre, insb. Produktionswirtschaft, Rechts- und Staatswissenschaftliche Fakultät der Ernst-Moritz-Arndt-Universität Greifswald. Arbeits- und Forschungsgebiete: Produktionsplanung und -steuerung, Absatzprognose, Produktionswirtschaftliches Controlling, Produktionsmanagement in R/3.

Letmathe, Peter: Dr. rer. pol., Dipl.-Kfm., geb. 1966, Wissenschaftlicher Assistent, Lehrstuhl für Angewandte Betriebswirtschaftslehre I – Produktionswirtschaft, Fakultät für Wirtschaftswissenschaft der Ruhr-Universität Bochum. Arbeits- und Forschungsgebiete: Betriebliche Umweltökonomie, Produktionsplanung und -steuerung, Kostenrechnung.

Maltry, Helmut: Dr. rer. pol., Dipl.-Math., geb. 1956, Akademischer Oberrat, Lehrstuhl für Allgemeine Betriebswirtschaftslehre und für Wirtschaftsprüfung, Wirtschafts- und Sozialwissenschaftliche Fakultät der Universität zu Köln. Arbeits- und Forschungsgebiete: Internes und Externes Rechnungswesen, Controlling.

Mikus, Barbara: Dr. rer. pol., Dipl.-Kffr., geb. 1966, Wissenschaftliche Assistentin, Institut für Betriebswirtschaftliche Produktions- und Investitionsforschung, Abteilung für Unternehmensplanung, Wirtschaftswissenschaftliche Fakultät der Georg-August-Universität Göttingen. Arbeits- und Forschungsgebiete: Produktionsplanung und -steuerung, Fertigungstiefenbestimmung, Logistikmanagement, Risikomanagement, Strategisches Management.

Roland, Folker: Prof. Dr. rer. pol., Dipl.-Kfm., geb. 1964, Professor für Logistikmanagement, Fachbereich Wirtschaftswissenschaften der Hochschule Harz, Wernigerode. Arbeits- und Forschungsgebiete: Produktions- und Kostentheorie, Beschaffungs- und Qualitätsmanagement.

Rollberg, Roland: Dr. rer. pol., Dipl.-Kfm., M. Sc., geb. 1965, Wissenschaftlicher Assistent, Lehrstuhl für Betriebswirtschaftslehre, insb. Produktionswirtschaft, Fakultät Wirtschaftswissenschaften der Technischen Universität Dresden. Arbeits- und Forschungsgebiete: Produktions- und Kostentheorie, Produktionsplanung, Beschaffungsmanagement, Investitionsrechnung, integrierte Unternehmensplanung, prozeßorientierte Unternehmensführung.

Rosemann, Michael: Dr. rer. pol., Dipl.-Kfm., geb. 1967, Senior Lecturer, School of Information Systems, Queensland University of Technology, Brisbane, Australien. Arbeits- und Forschungsgebiete: Produktionsplanung und -steuerung, Enterprise Resource Management, Informationsmodellierung, Prozeß- und Workflowmanagement.

Rosenberger, Bettine: ehemals Lehrerin und Chorleiterin, geb. 1943, Galerie „Blutbuche" in Mengebostel/Lüneburger Heide. Arbeitsgebiete: Hand-, Pinsel-, Rohrfeder-, Rötelstiftzeichnung, Collage/Assemblage, chinesische Wasserfarbenmalerei auf Leinwand, Metall-Ritztechnik, Buchillustrationen.

Schimpf, Tobias: Dipl.-Kfm., geb. 1969, Wissenschaftlicher Mitarbeiter, Lehrstuhl Controlling, Betriebswirtschaftliches Institut der Universität Stuttgart. Arbeits- und Forschungsgebiete: Wertorientierte Unternehmensführung, Prozeßmanagement,

Performance Measurement, Mehrdimensionale und Integrierte Steuerung der Produktentwicklung.

Schünemann, Gerhard: Prof. Dr. sc. oec., geb. 1944, Lehrstuhl für Betriebswirtschaftslehre, Rechnungswesen und Controlling im Fachbereich Maschinenbau an der Fachhochschule Stralsund. Arbeits- und Forschungsgebiete: Anwendung chaostheoretischer Erkenntnisse in der Betriebswirtschaftslehre, Investitionscontrolling, ökonomische Aspekte des Umweltschutzes, Rechnungswesen.

Steinmetz, Ulrich: Dipl.-Kfm., geb. 1969, Wissenschaftlicher Mitarbeiter, Lehrstuhl für Betriebswirtschaftslehre, insb. Produktionswirtschaft, Fakultät Wirtschaftswissenschaften der Technischen Universität Dresden. Arbeits- und Forschungsgebiete: Produktions- und Kostentheorie, Produktionsplanung und -steuerung, Beschaffungsmanagement.

Steinrücke, Martin: Dr. rer. pol., Dipl.-Kfm., geb. 1965, Wissenschaftlicher Assistent, Lehrstuhl für Produktions- und Investitionstheorie, Fernuniversität Hagen. Arbeits- und Forschungsgebiete: Produktions- und Kostentheorie, Produktionsplanung, Operations Research, Investition und Finanzierung.